한국어 의미 관계 형태론

이 저서는 2015년 정부(교육부)의 재원으로 한국연구재단의 지원을 받아 수행
된 연구임(NRF-2015S1A6A4A01013872)

This work was supported by the National Research Foundation of Korea Grant funded
by the Korean Government(NRF-2015S1A6A4A01013872)

한국어 의미 관계 형태론

최형용

역락

머리말

"어휘(語彙)는 언어학적 연구의 보고(寶庫)이다."

특히 한국에서의 형태론의 지위는 그동안 부침(浮沈)이 매우 심하였다. 품사론이 문법의 전부였던 전통 문법 시기에는 문법론이 곧 형태론으로 인식되기도 하였지만 변형 생성 문법의 도입으로 통사론이 곧 문법론으로 인식되면서부터는 형태론의 지위는 아예 부정되는 경우도 있었기 때문이다. 다행스럽게도 최근에는 단어 형성을 중심으로 문장론과 별도의 부문으로 인정되면서 형태론은 새로운 정착기를 맞이하고 있다.

그러나 형태론의 영역은 오랜 시간 동안 형태소의 확인을 중심으로 단어의 구조 분석과 형성 문제에 집중하면서 순환론적이고 비생산적인 한계를 드러낸 부분이 적지 않다. 이는 다른 학문 분야도 마찬가지라고 판단된다. 전문화가 영역의 고착화로 결과되면서 어느 정도 사고의 경직화를 가져온 것은 주지의 사실이다. 최근에는 다양한 학문 분야에서 융합적 사고가 호응을 얻으면서 형태론에서도 새로운 돌파구를 마련하기 위한 움직임이 일고 있다.

이 책은 이러한 대내외적인 흐름을 발판으로 의미 관계에 대한 형태론적 조명을 목적으로 한다. 의미 관계는 한 어휘가 다른 어휘와 가지는 역동적인 관계를 포착하게 해 줌으로써 그 어휘의 본질에 다가가기 위한 통로로 기능하여 왔다. 그러나 의미 관계는 어휘 의미론의 전유물로 여겨지면서 전적으로 의미에만 관심을 두거나 혹은 구조가 단순한 단일어 중심으로 전개되어 왔고 따라서 어휘가 가지는 다양한 의미 관계를 노정(露呈)

하기보다는 기초적이고 피상적인 수준에서 머물러 있었던 것을 부인하기 어렵다. 즉 내부 구조를 가지는 어휘의 구성 요소 사이에 존재하는 의미 관계와, 내부 구조를 가지는 어휘 사이에 존재하는 역동적인 의미 관계에 대해서는 특별히 주목한 바 없었던 것이다. 이는 어휘 의미론에서는 한편으로 어휘의 형태론적 구조에 대해 관심을 기울일 필요를 느끼지 못했던 데 따른 것이고 다른 한편으로 형태론에서는 어휘의 의미 관계에 대해 주목하지 않았던 전통을 답습한 결과라 할 수 있다.

그러나 어휘의 의미 관계에 대한 형태론적 고찰은 단순한 의미론과 형태론의 혼합이 아니라 새로운 가치를 창출할 수 있는 융합적 사고를 실현할 수 있다는 점에서 그 필요성이 절실하다고 할 수 있다. 이러한 측면에서 이 책에서 시도하고자 한 의미 관계에 대한 형태론적 고찰은 어휘가 가지는 새로운 사실에 주목하게 해 줌으로써 형태론과 어휘 의미론 두 영역에서 시너지효과를 창출하게 하는 작은 기폭제가 될 수 있기를 희망한다.

2018년 10월
저자 삼가 적음

차례

제1부 의미 관계와 단어 형성

제2부 단어 형성의 측면에서 본 어휘 사이의 의미 관계

제3부 단어 형성의 측면에서 본 어휘 내부의 의미 관계

제4부 의미 관계 형태론의 의의와 전망

제1부

의미 관계와 단어 형성

　그동안 어휘의 의미 관계는 어휘 의미론이라는 이름 아래 의미론의 분야에서 주로 논의되었다. 이러한 관점에서는 어휘의 형태 구조에 대해서는 큰 관심을 기울이기 어렵다. 그런데 어휘의 의미 관계는 형태 구조와도 밀접한 관련을 가지는 일이 적지 않다. 따라서 형태 구조의 측면에서 어휘의 의미 관계에 주목하기 위해서는 두 가지 준비 작업이 필요하다.

　첫 번째는 어휘 의미론의 관점에서 어휘의 의미 관계에 대한 그동안의 관심사가 어떠한 것이었느냐를 개관하는 것이다. 이를 위해 어휘의 의미 관계를 계열적인 측면에서 바라볼 수 있는 유의 관계, 반의 관계, 상하 관계와 결합적인 측면에서 바라볼 수 있는 다의어와 동음이의어로 나누어 살펴볼 필요가 있다.

　두 번째는 어휘 의미론의 의미 관계를 형태론적으로 조망하기 위해 어휘 의미론의 의미 관계가 형태론적 측면에서 어떻게 재조명될 수 있는지를 개관하는 것이다. 이를 위해서는 먼저 형태론에 대한 기본적인 논의가 제시될 필요가 있다. 이는 형태론의 관심사인 단어가 어휘 의미론의 어휘와 가지는 상관관계를 분명히 하고 단어 형성의 재료에 대한 논의 틀을 제공하기 위한 것이다.

　이러한 준비 작업은 어휘 의미론의 의미 관계가 어휘 사이에서는 공통된 요소를 통해 형태론적으로 관련을 맺을 수 있다는 관점의 전환을 가져올 뿐만 아니라 한 어휘 내부에서도 의미 관계를 포착할 수 있다는 사실을 깨닫게 한다.

1. 어휘 의미론의 의미 관계

어휘 의미론(lexical semantics)에서의 '어휘'는 흔히 단어들의 집합으로 일컬어지며 이때 단어는 어휘소(lexeme)와 비슷한 의미로 쓰인다(김광해 1993 : 39). 우선 이때의 단어는 후술하는 바와 같이 단어의 여러 가지 개념 가운데 '어휘적 단어'에 해당하는 것임에 유의할 필요가 있다.[1]

그렇다면 어휘 의미론이란 무엇을 연구 대상으로 삼는 분야일까? 최경봉(2015 : 3)에서는 어휘 의미론의 과제를 다음과 같이 질문의 형식으로 제시하고 있다.

(1) 가. 사람들은 단어를 어떻게 기억할까?
　　나. 사람들은 말을 할 때 단어를 어떻게 선택할까?
　　다. 사람들은 말을 들을 때 그 안에 쓰인 단어를 어떻게 해석할까?

(1)의 질문에서 핵심어는 '기억', '선택', '해석'이라고 할 수 있다. '기억'의 문제는 '저장'과 관련이 있으므로 어휘부(lexicon)와[2] 직접적인 연관

---

1) 이것은 곧 한국어의 조사는 단어의 하나로 간주되는 일이 흔하지만 단어 가운데서도 문법적 단어에 해당하여 어휘 의미론의 대상이 되지는 않는다는 것을 의미한다. 따라서 우선 '단어'라는 표현은 '어휘적 단어'를 의미한다는 점에 주의할 필요가 있다. 결국 '어휘적 단어'들의 모임이 '어휘'에 해당하므로 서로 구별이 가능하지만 형태론적 관점이 중요한 이 책에서는 경우에 따라 '어휘적 단어', '단어', '어휘'를 특별한 구별 없이 사용하는 일이 있음에 주의할 필요가 있다. 단어가 가지는 다양한 외연과 그에 따른 단어의 부류 그리고 형태론의 영역과의 관련성에 대해서는 최형용(2016a)의 4장을 참고할 것.

성을 가지고 있고 '선택'과 '해석'은 '산출'을 전제로 한다는 점에서 '사용'과 밀접한 관련성을 가진다고 할 수 있다.[3]

그러나 단어는 독립적으로 존재하는 것이 아니라 다른 단어와의 관계 속에서 존재한다. 이를 (1)의 핵심어와 관련지어 본다면 단어는 다른 단어와의 관련 속에서 '기억'되고 '선택'되며 '해석'되는 성질을 갖는다. 이때 다른 단어와의 관계를 의미 관계(semantic relation)라 한다.[4]

그동안 어휘 의미론에서 전개된 단어 사이의 의미 관계는 이를 다시 의미의 계열 관계와 의미의 결합 관계로 나눌 수 있다. 의미의 계열 관계란 단어와 단어가 서로 '선택'의 관계에 놓여 있음을 뜻하고 의미의 결합 관계란 단어의 의미가 그것을 포함한 문장이나 담화에서 '규정'되는 관계에

2) 어휘부는 '예외들의 목록'에서부터 문법의 '독자적인 부문(component)'에 이르기까지 연구자와 문법 모델에 따라 다양한 자리매김을 가지고 있다. 특히 그동안의 형태론과 관련된 논의에서 어휘부가 가지는 지위와 위치 변화에 대해서는 최형용(2013a)에서 종합적으로 검토한 바 있다.

3) 물론 이러한 어휘 의미론의 과제는 지극히 현재적 관점을 반영하는 것이라고 할 수 있다. Geeraerts(2010)에서는 어휘 의미론이 단어의 변화를 주 대상으로 하는 역사언어학의 전통에서 시작된 것으로 보고 있는데 이러한 관점에서의 과제라면 그 범위가 (1)과는 판이하게 다를 것임을 예측하기 어렵지 않다. Geeraerts(2010)에서는 어휘 의미론을 1850년에서 1930년경까지의 역사적-철학적 의미론, 1930년대 소쉬르로 대표되는 구조주의자 의미론, 1960년대 생성 문법에 기반한 생성주의자 의미론, 구조주의자 의미론을 생성주의적 관점에서 다룬 신구조주의자 의미론, 1980년대 원형 이론, 개념 은유로 대표되는 인지 의미론으로 나누어 그 발달 양상을 살펴보고 있다. 이 책에서 관심을 기울이려는 의미 관계는 주지하는 바와 같이 구조주의자 의미론에서 본격적으로 다루어지기 시작한 것이다.

4) '의미 관계'를 달리 '어휘 관계'라 하기도 한다. 그러나 이 책은 어휘 내부의 의미 관계에도 관심을 기울이려는 의도를 가지고 있기 때문에 '어휘 관계'라는 용어를 사용하지 않기로 한다. '어휘 관계'는 어휘 사이만을 전제하고 어휘 내부를 관심사로 삼기 어렵기 때문이다. 'lexical field'에 대해 '어휘장'이나 '낱말밭' 대신 '의미장'이라는 용어를 사용하려는 것도 같은 맥락에서이다. 물론 이들 용어들은 어휘 의미론 내에서도 초점에 따라 달리 사용되어 왔다. '어휘장'은 단어들의 조직적 관계를 중시하는 반면 '의미장'은 그 단어들의 의미 체계를 중시하기 때문이다. Lyons(1977 : 253)에서는 이들 외에 '개념장'이라는 용어도 사용하고 있는데 이때 '개념장'은 '의미장'과 흡사한 것으로 개념들의 구조를 초점으로 하고 있음을 밝히고 있다. 그러나 다시 한 번 언급하거니와 이 책에서는 '의미 관계'에서와 마찬가지로 단어 내부도 관심 대상으로 삼고 있으므로 이러한 점에서 '어휘장'이라는 용어 대신 '의미장'이라는 용어를 사용하고자 하는 것이다.

놓여 있음을 나타낸다.[5]

1.1. 의미의 계열 관계

그동안의 논의에서 의미의 계열 관계로 제시된 것은 대표적으로 유의 관계, 반의 관계, 상하 관계의 세 가지이다.[6]

1.1.1. 유의 관계

말소리는 다르지만 의미가 서로 비슷한 경우를 유의 관계(類義關係, synonymy)라 하고 유의 관계를 보이는 단어들을 유의어(類義語, synonym)라고 한다.

　　(2) 참다-견디다, 기쁨-환희(歡喜), 기르다-키우다

---

5) 그러나 이것이 계열 관계와 결합 관계가 서로 무관하다는 것을 의미하는 것은 아니다. 최근의 연구에서는 맥락에 따라 계열 관계가 달리 조직화될 수 있다는 점에 관심을 기울이는 경우가 많은데 이는 결합 관계가 계열 관계에 일정한 영향을 미칠 수 있다는 것을 의미하기 때문이다. 가령 '공기 관계'를 이용해 반의 관계를 책정할 수 있다고 보는 것이 그 한 예인데 이에 따르면 '고래 싸움에 새우등 터진다.'와 같은 속담에서 '고래'와 '새우등'이 반의 관계에 놓일 수 있다고 본다. 이를 포함하여 문장이나 담화도 이른바 '맥락'으로 작용할 수 있다. 가령 최경봉(2010 : 75)에서 제시된 바와 같이 '파란불'과 '빨간불'이 반의 관계에 놓이는 것은 '신호등 체계'라는 맥락에 의해 가능하고 '백포도주'와 '적포도주'가 반의 관계에 놓이는 것은 '포도주 구분'이라는 맥락에 의해 가능한데 이를 보면 '빨간'은 '파란'뿐만 아니라 '백'과도 반의 관계를 이룰 수 있다. 이것도 역시 결합 관계가 계열 관계에 영향을 미치는 경우라고 할 수 있다.

6) 김광해(1990)에서는 이들 의미 관계를 개념론의 기호 삼각형을 이용하여 개념(C), 기호(S), 지시대상(R)이 각각 관계를 가져 나타나는 것으로 보았다. 즉 유의 관계는 기호 사이의 관계, 반의 관계는 개념 사이의 관계, 상하 관계는 지시대상 사이의 관계라는 것이다.

유의어들은 의미의 비슷한 정도에 차이가 있다.[7] 가령 (2)의 '참다'와 '견디다'는 다음의 예문을 통해 두 단어의 의미가 똑같지 않다는 것을 알 수 있다.[8]

    (3) 가. 이 구두는 오래 {*참지, 견디지} 못한다.
        나. 내가 이번만은 {참지만, *견디지만} 한 번 더 그런 일이 있으면
           가만히 있지 않겠다.

(3가)의 예문은 '견디다'는 가능하지만 '참다'는 되지 못하는 예이고 (3 나)는 반대로 '참다'는 가능하지만 '견디다'는 불가능한 예이다. 이들을 '동의 관계'가 아니라 '유의 관계'로 표현한 것은 이러한 차이 때문이다. Bloomfield(1933 : 145)의 언급처럼 개별적인 언어 형식은 독자적인 의미를 가지고 있는데 그 형태가 다르다면 의미도 다르다고 보아야 하므로 서로 다른 기호가 정확히 같은 의미를 갖는다는 것은 어렵다고 보아야 한다.

그러나 전술한 바와 같이 그 유의성의 정도에는 차이가 있을 수 있다. 가령 '욕심쟁이'와 '욕심꾸러기'는 다음 예문에서 보는 바와 같이 그 의미가 (3)과는 달리 하나는 가능하지만 다른 하나는 불가능한 경우를 생각하기가 상대적으로 쉽지 않다.

    (4) 가. 그는 세상에 둘도 없는 {욕심쟁이, 욕심꾸러기}라서 물건을 모두
           독차지했다.
        나. 그 아이에게 가난만은 물려주어서는 안 된다는 생각이 그를 {욕
           심꾸러기, 욕심쟁이}로 만들었다.

---

7) 이는 달리 말하자면 유의 관계는 의미의 차이점도 존재한다는 것을 뜻한다. 최경봉(201
5 : 160)에서는 이러한 점에 기반하여 유의 관계를 "의미적 공통점도 지니면서 의미적 차
이점도 있다."고 표현한 바 있다.
8) 전통적으로 유의 관계는 이처럼 문장에서 상호 대체 가능성을 따지는 과정을 통해서 의
미의 유사성 정도를 검증하는 것이 가장 일반적이다.

(4)의 '욕심쟁이'와 '욕심꾸러기'는 이러한 측면에서 동의어라 할 만하다.9) 따라서 이 책에서는 유의성의 정도를 구별하기 위해 '유의 관계', '유의어'와 '동의 관계', '동의어'를 적절히 섞어 사용하기로 한다.10) 사전 가운데서도 유의성의 정도가 높은 것을 동의어라 하여 기호로도 이를 '=' 표시로, 유의성의 정도가 낮은 것을 유의어라 하여 기호로도 이를 '≒' 표시로 서로 구분하고 있는 것은 이러한 사정을 반영한 것이라 할 수 있다.

한편 '기쁨'과 '환희'의 관계에서 알 수 있는 바와 같이 고유어와 한자어 사이에 유의 관계가 형성되는 일이 적지 않은 것은 한국어 어휘 체계가 가지고 있는 특징 중의 하나이다. '생각'과 '사고', '땅'과 '육지'의 관계도 모두 이러한 측면에서 바라볼 수 있다.

그런데 비슷하거나 거의 같은 의미를 가지고 있는 둘 이상의 단어가 서로 경쟁하는 일도 적지 않다.11) 서로 경쟁하는 경우 발생하는 결과는 매우 다양하다. 심재기(2000 : 38)에서는 이를 모두 다섯 가지로 정리하고 있는데 첫 번째는 두 단어가 공존하는 경우이다. 이러한 관계는 '메아리'와 '산울림', '옥수수'와 '강냉이' 등에서 찾을 수 있다.

두 번째는 한쪽은 남고 다른 쪽은 사라지는 경우이다. 그리고 이 경우 고유어가 사라지고 한자어가 남는 경우가 일반적인데 고유어 'ㄱ름'과 한자어 '江', 고유어 '지게'와 한자어 '門', 고유어 '온'과 한자어 '百' 등에서 'ㄱ름', '지게', '온'이 사라진 것이 이에 대한 예가 된다.

세 번째는 같은 의미를 가지는 단어가 결합하여 하나의 단어를 이루는

---

9) 이러한 동의성은 접미사는 차이가 나지만 어근은 공유하고 있기 때문에 나타나는 현상이라고 할 수 있다. 이에 대한 보다 자세한 논의는 §3.2에서 제시하기로 한다.

10) 그러나 이것이 '유의 관계'와 '동의 관계'가 대등한 관계를 의미하는 것으로 보는 것은 문제가 있다. 보다 엄밀히 따진다면 '유의 관계'가 '동의 관계'를 포함한다고 보는 것이 옳을 것이다.

11) 이 경우를 일컬어 '동의 충돌'이라고 하는데 이것도 역시 '유의'보다는 '동의'라고 표현할 만큼 유의성의 정도가 높은 경우라고 할 수 있다.

경우이다. '틈새'와 '가마솥'에서 이를 확인할 수 있다.

네 번째는 경쟁하는 단어의 어느 한쪽이 의미 영역을 바꾸는 경우이다. 예를 들어 '시(時)'와 유의 관계를 보이던 '끠(>끼)'가 '식사'의 의미만 가지게 된 것이라든가 '형체', '모습'의 의미를 가지던 '얼굴'이 '눈, 코, 입이 있는 머리의 앞면'의 의미를 가지게 된 것이 이에 속한다. 여기서도 의미 영역이 바뀌는 것은 주로 고유어에 해당한다는 것을 알 수 있다.

그러나 최형용(2007b : 332-333)에서 '살얼음'과 '박빙(薄氷)'을 들어 언급한 바와 같이 의미 영역이 바뀌는 쪽이 언제나 고유어인 것은 아니다. '살얼음'과 '박빙(薄氷)'은 축자적인 측면에서 보면 동의 관계를 보여야 할 것으로 판단된다. 실제로 『표준국어대사전』에서는 '살얼음'과 '박빙(薄氷)'을 동의어로 제시하고 있다. 뜻풀이와 용례를 함께 보이면 다음과 같다.

> (5) 가. 박빙 (薄氷)
> 「명」「1」=살얼음. 「2」 (주로 '박빙의' 꼴로 쓰여) 근소한 차이를 비유적으로 이르는 말. ¶박빙의 승부/이번 시합에서는 우리 팀이 박빙의 우위를 지켜 가고 있다.
> 나. 살-얼음
> 「명」 얇게 살짝 언 얼음. ≒박빙[1]. ¶살얼음이 얼다/살얼음이 끼다/며칠 날씨가 쌀쌀하더니 어느새 강에 살얼음이 살짝 얼었다.

현대 한국어에서는 '살얼음' 자리에 '박빙(薄氷)'이 들어가는 경우를 보기 힘들고 '박빙의 승부'라는 표현에서 '박빙' 자리에 '살얼음'이 들어가기도 쉽지 않다. 달리 말하자면 두 단어는 서로 동의 관계에 있다고 보기 어려운 것이다. 그런데 이러한 결과가 생긴 것은 동의 충돌 때문이다. 우선 다음 예문을 보자.

(6) 일월의 조심ᄒᆞ며 두립고 박빙을 드듸며 침상을 님ᄒᆞᆫ 듯 ᄒᆞ다가 ≪명

주보월빙≫

내 이 곳에 이시미 박빙을 듸디고 심년을 님혼 듯ᄒ니 ≪벽허담관제
언록≫

홍노(紅爐)의 졈셜(點雪) 갓고 양춘(陽春)의 박빙(薄氷) 갓튼니 ≪완월
회맹연≫

죠심ᄒ고 숨가미 쥬쥬 야야의 늠늠 촉촉ᄒ야 박빙을 드뒨 닷 ᄒ며
≪완월회맹연≫

　

(6)은 현대 한국어 이전 시기에 '박빙(薄氷)'이 '살얼음'과 대치될 수 있
는 의미를 지닌 채 쓰이고 있음을 보여 주고 있다. 그런데 이러한 '박빙(薄
氷)'과 '살얼음'의 관계가 흥미를 끄는 것은 충돌의 결과가 앞에서 살펴본
일반적인 동의 충돌의 특징 및 결과와는 반대의 모습을 보여 주고 있기
때문이다. 즉 '박빙(薄氷)'과 '살얼음' 가운데서 살아남은 것은, 그 구체적
의미를 그대로 보존하고 있다는 측면에서, 고유어 '살얼음'이라고 보아야
하는데 이는 '음절이 짧은 쪽이 살아남는다.'는 원리와도 배치되고 '문화
적으로 우위에 있는 말이 살아남는다.'는 특징과도 배치되는 것이다.

다섯 번째는 어느 한 단어의 의미 가치가 바뀌는 경우이다. 의미 가치
는 긍정적인 쪽으로의 변화와 부정적인 쪽으로의 변화가 대표적인데 의
미 가치는 대체로 부정적인 쪽으로 바뀌는 것이 더 일반적이다. 가령 '겨
집(>계집)'과 '여자' 가운데 앞의 것이 부정적 의미를 가지게 된 것이 여
기에 해당한다.[12]

---

12) 최형용(2007a)에서는 '점입가경(漸入佳境)'과 '타산지석(他山之石)'의 두 예를 들어 의미
　　가치의 변화 양상에 주목한 바 있는데 '점입가경(漸入佳境)'은 긍정적 의미에서 부정적
　　의미로, '타산지석(他山之石)'은 부정적 의미에서 긍정적 의미로 가치가 달라진 경우에
　　해당한다.

1.1.2. 반의 관계

둘 이상의 단어에서 의미가 서로 짝을 이루어 대립하는 경우를 반의 관계(反義關係, antonymy)라고 하고 이 단어들을 반의어(反義語, antonym)라고 한다.13)

> (7) 가. 더위-추위, 길다-짧다, 쉽다-어렵다
>   나. 남성-여성, 참-거짓, 살다-죽다

반의 관계는 (7가)의 '더위-추위', '길다-짧다', '쉽다-어렵다'처럼 정도(程度)의 측면에서 대립하는 경우도 있고14) (7나)의 '남성-여성', '참-거짓', '살다-죽다'처럼 상호 배타적으로 대립하는 경우도 있다.15)

정도의 측면에서 대립하는 경우와 상호 배타적으로 대립하는 경우는 서로 몇 가지 측면에서 구별되는 특성을 보여 준다.

> (8) 가. 그 사람의 다리는 길지도 않고 짧지도 않다.
>   나. 그 사람의 다리는 {매우, 조금, 꽤} 길다/짧다.
>   나'. 그 사람의 다리는 저 사람의 다리보다 길다/짧다.

(8가)는 정도 대립어 '길다'와 '짧다'가 동시에 부정될 수 있음을 보여

---

13) Lyons(1977)와 Cruse(1986) 그리고 이들의 영향을 받은 국내 학자들 가운데는 '반의 관계'를 '대립 관계' 가운데 정도성을 가지는 것들에 한정해서 사용하는 일이 일반적이다. 그러나 이 책에서는 '반의 관계'를 '대립 관계'와 같이 포괄적 의미로 사용하고 이를 더 세분하지는 않기로 한다. 이는 이 책의 초점이 대립 관계를 다양한 측면에서 나누려는 데 있는 것이 아니라 이를 형태론적 측면에서 조명하는 데 있기 때문이다. 의미 관계 가운데 대립 관계의 분류에 대한 그동안의 논의에 대해서는 도재학(2013)에 자세하다.
14) 정도의 측면에서 대립한다는 것은 곧 중간 영역을 가진다는 것을 의미한다.
15) 상호 배타적이라 함은 달리 상호 보완적이기도 하다는 것을 의미한다. 따라서 이러한 점에 초점을 둔다면 상호 배타적으로 대립하는 어휘는 보다 상위의 개념을 나누어 가지고 있음을 의미하는 것이기도 하다.

주고 있다. (8나)는 '길다/짧다'가 정도 부사의 수식을 받을 수 있음을 보여 주고 (8나')을 통해서는 비교 표현도 가능하다는 것을 알 수 있다. 이는 정도 대립어가 중간 영역을 가지고 있기 때문에 가능한 일이다.

> (9) 가. *그 책의 내용은 참도 아니고 거짓도 아니다.
> 　　나. *그 책의 내용은 {매우, 조금, 꽤} 참이다/거짓이다.
> 　　나'. *그 책의 내용은 저 책의 내용보다 참이다/거짓이다.

그러나 상호 배타적으로 대립하는 경우에는 (9가, 나, 나')에서 볼 수 있는 바와 같이 동시에 부정되거나 정도 부사의 수식을 받을 수 없으며 비교 표현도 불가능하다. 이는 상호 배타적 대립어가 정도 대립어와는 달리 중간 영역을 가지고 있지 않기 때문이다.

한편 반의 관계를 보이는 단어들 가운데는 상황에 따라 하나의 단어에 여러 개의 단어들이 대립하는 경우도 찾을 수 있다.

> (10) 가. 옷을 벗었다. / 옷을 입었다.
> 　　나. 안경을 벗었다. / 안경을 썼다.
> 　　다. 양말을 벗었다. / 양말을 신었다.
> 　　라. 장갑을 벗었다. / 장갑을 끼었다.

(10)에서 보는 바와 같이 '벗다'는 사물에 따라 '입다, 쓰다, 신다, 끼다'로 대립하고 있다. 앞에서 살펴본 정도 대립어와 상보 대립어는 대체로 다른 언어에서도 보편적으로 적용되는 데 비해 (10)과 같은 대립 관계는 언어마다 문화적 차이를 반영하는 경우가 적지 않다.

1.1.3. 상하 관계

한 단어가 의미상 다른 단어를 포함하거나 다른 단어에 포함되는 의미 관계를 상하 관계(上下關係, hyponymy)라고 한다. 이때 포함하는 단어를 상의어(上義語) 혹은 상위어라고 하고 포함되는 단어를 하의어(下義語) 또는 하위어라고 한다.

(11) 동물-개, 개-삽살개, 삽살개-청삽사리

(11)의 '동물-개'에서 '동물'은 상의어이고 '개'는 하의어이다. 그러나 상하 관계는 고정불변한 것이 아니다. '개'와 '삽살개'에서는 '개'가 '삽살개'를 포함하는 상의어가 되고 '삽살개'와 '청삽사리' 가운데는 '삽살개'가 상의어가 되기 때문이다. 대체로 상하 관계에 놓이는 단어들은 상의어일수록 일반적이고 포괄적인 의미를 지니며 하의어일수록 개별적이고 한정적인 의미를 지닌다.

그러나 임지룡(2006)의 언급처럼 이것이 가장 상위에 있는 단어가 항상 가장 기본적이라는 것을 의미하는 것은 아니다. '동물-개-삽살개-청삽사리'의 경우만 하여도 '동물'이 가장 기본적이라고 보기는 어렵고 '개'가 더 기본적이라는 여러 가지 증거가 있다. 첫째, 인지적인 측면에서 볼 때 기본 층위의 단어는 사람들이 보다 보편적으로 사물을 지각하고 개념화하는 층위에 있다. 가령 우리가 어떤 사물을 보고 "저것이 무엇이냐?"라고 물을 때 '동물'보다는 '개'로 대답할 가능성이 더 높기 때문에 '동물', '삽살개'보다는 '개'가 더 기본 층위에 해당한다는 것을 알 수 있다. 둘째, 기본 층위의 단어는 발생 빈도가 높고 언어 습득 단계에서 가장 이른 시기에 습득된다. 이러한 측면에서 볼 때 '동물', '삽살개'보다는 '개'의 빈도가 더 높고 언어 습득 단계에서도 더 이른 시기에 습득되므로 '개'가 더 기본 층위에 존재한다는 것을 짐작할 수 있다. 셋째, 언어적인 측면에서 기본 층위에 속하는 단어일수록 형태가 짧고 단어 구조가 단일하며 고유어로 되어 있을 가능성이 높다. '동물', '삽살개'는 '개'보다 형태가 길 뿐만 아니라 합성어로서 내부 구조가 단일하지 않으며 '동물'의 경우는 한자어로 되어 있음을 알 수 있다. 이런 점에서 '개'가 기본 층위에 해당한다는 것을 알 수 있다.

한편 상하 관계와 관련된 것으로 부분 관계(meronymy)를 더 들기도 한다. 부분 관계는 '전체'와 '부분' 사이에 존재하는 의미 관계이다.

> (12) 가. '얼굴', '코'
> 나. '나무', '가지'

(12)는 부분 관계의 예인데 (12가)의 '얼굴'과 '코', (12나)의 '나무'와 '가지'가 가지는 관계에서 알 수 있는 바와 같이 후행어는 선행어의 한 부분이다. 따라서 '코는 얼굴의 일부이다.'나 '가지는 나무의 일부이다.'와 같은 문장이 성립한다.

따라서 이러한 부분 관계는 분류적 측면에서 개념적 포함 관계에 적용되는 상하 관계와 일정한 차이를 갖는다. 즉 부분 관계와 달리 전술한 '동물'과 '개' 사이에 존재하는 상하 관계는 '개는 동물이다.'와 같은 관계가 성립한다. 이에 대해 '*코는 얼굴이다.'나 '*가지는 나무이다.'는 성립하지 않는다.16)

---

16) 의미장도 대체로 상하 관계를 전제로 하지만 이를 포괄적으로 바라보는 논의에서는 부분 관계에 속하는 단어들도 같은 의미장의 테두리에서 다루는 경우가 적지 않다. 가령 [신체]의 의미장에는 '손'과 '손가락'이 모두 속하고 [손]의 의미장에는 '손가락, 손목'이 모두 속한다. 이때 어휘 '신체'와 '손'은 물론 '신체'와 '손가락'도 상하 관계에 속한다고 할 수 있지만 어휘 '손'에 대해서는 '손가락'과 '손목'이 모두 부분 관계를 보이기는 하지만 상하 관계에 속한다고 할 수는 없다. '*손가락은 손이다.'가 성립하지 않고 대신

1.2. 의미의 결합 관계

앞서 언급한 유의 관계, 반의 관계, 상하 관계는 개별적인 어휘 사이에서 선택에 의해 이루어지는 의미 관계의 전형이다. 그런데 의미 관계 가운데는 맥락을 통해 그 의미 관계가 확인되는 경우가 있다. 다의어와 동음이의어가 여기에 속한다.[17]

1.2.1. 다의어

다의어(多義語, polysemy)는 두 가지 이상의 뜻을 가진 단어를 일컫는다. 가령 『표준국어대사전』을 보면 신체 일부로서의 '손'은 다음과 같이 여러 가지 뜻풀이를 하고 있음을 볼 수 있다.

> (13) 손01 「명사」
> 「1」사람의 팔목 끝에 달린 부분. 손등, 손바닥, 손목으로 나뉘며 그 끝에 다섯 개의 손가락이 있어, 무엇을 만지거나 잡거나 한다.
> ¶ 손으로 잡다/손으로 가리키다/손을 뻗다/손을 내젓다/손을 비비다/손에 잔을 들다/두 손 모아 기도하다/손이 곱다/아이는 손을 흔들며 친구에게 작별 인사를 했다./할머니가 손자의 손에 용돈을 쥐어 주었다./이 약을 아이의 손이 안 닿는 곳에 두어라.

'손가락은 손의 일부이다.'가 성립하기 때문이다. 즉 의미장에 대한 논의는 상하 관계와 부분 관계 모두를 대상으로 하기 때문에 2부에서는 '어휘 사이의 상하 관계'와 '어휘 사이의 의미장'을 별도의 장으로 나누어 살펴보기로 한다.

17) 이러한 점에 근거하여 김광해(1990)에서는 다의어를 의미 관계에서 다루고 있지 않다. 이러한 논지는 최경봉(2015)에서도 유지되고 있다. 이 책에서도 후술하는 바와 같이 의미 관계 가운데 형태론적인 관점에서 조명하고자 하는 것은 계열적 의미 관계인 유의 관계, 반의 관계, 상하 관계의 세 가지이다. 다의나 동음이의어는 의미는 구별되지만 동일한 형태를 가지고 있다는 점에서 논리적인 측면에서 형태론적인 상관성을 상정하는 것이 불가능하기 때문이다.

「2」=손가락.
¶ 손에 반지를 끼다.
「3」=일손「3」.
¶ 손이 부족하다/손이 달리다/손이 많다/요즘이야 손이 모자라니 삼
십육계 친 놈을 어디까지 따라다닐 수야 없지요.≪김원일, 불의 제
전≫
「4」어떤 일을 하는 데 드는 사람의 힘이나 노력, 기술.
¶ 나는 부모님이 돌아가셔서 할머니의 손에서 자랐다./그 일은 손이
많이 간다./그는 농사를 많이 지어서 마을 사람의 손을 빌리지 않고
는 가을걷이를 할 수가 없다.
「5」어떤 사람의 영향력이나 권한이 미치는 범위.
¶ 손에 넣다/일의 성패는 네 손에 달려 있다./그 일은 선배의 손에
떨어졌다./범인은 경찰의 손이 미치지 않는 곳으로 도망갔다./이모부
는 사업에 실패해서 살던 집까지 남의 손에 넘어갔다./헌병 사령관
은…헌병과 경찰의 조직 체계를 한 손에 지휘하고 통치하였다.≪최
명희, 혼불≫/이제 앞으로의 일은 너희 손에 맡겨도 될 것 같아 마음
든든하다.≪이문열, 우리들의 일그러진 영웅≫
「6」사람의 수완이나 꾀.
¶ 장사꾼의 손에 놀아나다/왜의 손에 노는 이 나쁜 정부를 둘러엎어
야 한다고 주먹을 불끈불끈 쥐었다.≪김구, 백범일지≫

　다의어는 대체로 일상에서 자주 사용하는 말들이 여러 가지 상황에서
다양한 의미로 사용되어 생긴다. 이때 다의어의 의미는 중심적 의미와 주
변적 의미로 나뉜다. 중심적 의미는 가장 기본적이며 핵심적인 의미이고
주변적 의미는 중심적 의미가 확장된 의미이다. 위에 제시된 '손'의 경우
의미 첫 번째와 두 번째가 중심적 의미이고 세 번째부터는 주변적이고 확
장된 의미라고 할 수 있다.[18]

---

18) 이러한 다의화는 은유와 직접적으로 연관되어 있다. 이에 대해서는 11장에서 자세히 살
　펴보기로 한다.

1.2.2. 동음이의어

동음이의어(同音異義語, homonym)는 소리는 같으나 뜻이 서로 다른 단어를 가리킨다. 동음이의어도 계열적 의미 관계에 속하는 유의 관계, 반의 관계, 상하 관계와 마찬가지로 개별적인 어휘 사이의 관계라고 볼 수도 있지만 그 의미가 맥락에서 확인된다는 점은 다의어와 마찬가지이다. 또한 다의어의 의미 가운데 일부가 아예 동음이의어로 발전하기도 한다는 점에서 역시 의미의 결합 관계로 다룰 수 있다. 따라서 동음이의어는 다의어와 밀접한 관련을 갖는다고 할 수 있다.

앞서 살펴본 다의어의 '손'에는 '01'이라는 표시가 있었는데 이는 같은 [손]이라는 음을 가진 다른 단어들이 더 있다는 암시이다.

(14) 손02 「명사」
「1」다른 곳에서 찾아온 사람.
¶ 손을 맞다/우리 집에는 늘 자고 가는 손이 많다./행여나 무슨 좋은 소식이 있나 하고 승지를 찾는 것이었다. 손들은 밤이 이슥하도록 사랑으로 꼬리를 이어 찾았다.≪박종화, 임진왜란≫
「2」여관이나 음식점 따위의 영업하는 장소에 찾아온 사람.
¶ 그 가게는 손이 많다./그새 시간이 제법 가서 저녁 술손님들이 하나둘 찾아들고 있었다. 옆방에도 왁자하게 손이 드는 기척이 났다. ≪이문열, 변경≫
「3」지나가다가 잠시 들른 사람.
¶ 주인은 상이 하나밖에 더 없어서 외상으로 대접 못한다고 발명하여 말하고 황천왕동이는 일시 지나가는 손을 너무도 정숙하게 대접한다고 치사하여 말하였다.≪홍명희, 임꺽정≫
「4」=손님마마.

(15) 손03 「명사」『민속』
날짜에 따라 방향을 달리하여 따라다니면서 사람의 일을 방해한다

는 귀신. 초하루와 이틀날은 동쪽, 사흘날과 나흘날은 남쪽, 닷샛날
과 엿샛날은 서쪽, 이렛날과 여드렛날은 북쪽에 있고, 9・10・19・20・
29・30일은 하늘로 올라가기 때문에 손이 없다고 한다. 이사를 하거
나 먼 길을 떠날 때는 손 없는 날과 방향을 택한다.

⋮

이와 같이 '손'은 소리는 같지만 의미는 다양해 사전에서는 이를 '01,
02, 03' 등과 같이 구분해 풀이하고 있다. 이는 '손'이라는 단어가 동음이
의어로 쓰이고 있음을 나타낸다.

그리고 '손01', '손02'를 보면 그에 대한 뜻풀이가 여러 개 제시되어 있
는데 하나만 제시되어 있는 '손03'과 비교해 보면 '손01', '손02'가 각각
다의어라는 사실을 알 수 있다.

2. 단어 형성의 측면에서 본 의미 관계

그런데 지금까지 어휘 의미론에서 제시된 의미 관계는 단어의 구조에 대해서는 큰 관심을 기울이지 않았다. 이는 곧 내부 구조를 가지는 단어에 대해서는 어휘 의미론의 영역에서 별다른 관심을 기울이지 못했다는 것으로 요약된다. 그러나 한국어의 단어를 비롯하여 많은 수의 단어들이 내부 구조를 가지고 있다. 단어가 내부 구조를 가진다는 것은 하나의 단어가 여러 개의 형태소로 이루어져 있다는 것을 의미하는 것이다. 주지하는 바와 같이 형태소는 그것이 문법적인 것이라도 '의미'를 가지고 있으므로 의미 관계의 대상이 될 수 있다.

따라서 이러한 사항을 고려할 때 단어의 내부 구조는 의미 관계의 측면에서 다시 두 가지로 조명할 필요가 있다고 판단된다. 하나는 단어와 단어 사이에서 의미 관계를 따질 때 각 단어의 내부 구조에 대해서도 관심을 기울일 필요가 있다는 점이다. 이는 전형적인 어휘 의미론이 단어와 단어 사이를 대상으로 삼는다고 하더라도 그 적용 영역이 확대될 필요가 있음을 의미한다.

다른 하나는, 앞에서 언급한 바와 같이 단어를 이루는 내부 요소가 곧 형태소와 대응되고 형태소는 의미를 가지는 단위이므로 하나의 단어 내부에서도 의미 관계를 따질 수 있다는 점이다. 이 역시 어휘 의미론의 적용 영역의 확대를 의미하는 것이라는 점에서 앞의 관점과 밀접한 관련을 갖는다.

이상의 두 가지 사실은 이 책에서의 의미 관계가 일차적으로 유의어, 반의어, 상하어를 대상으로 하는 계열적 의미 관계에 관심을 가지고 외적, 내적으로 확대될 수 있다는 것을 의미한다. 이렇게 형태소를 중심으로 하여 단어의 내부 구조에 관심을 가지는 것은 그동안 형태론의 주된 관심사로 인식되어 왔다. 따라서 단어의 내부 구조에 관심을 가지는 형태론적 관점에서 의미 관계를 조명해 보려는 것이 바로 이 책의 목적이라고 할수 있다. 이 책의 제목을 '의미 관계 형태론'이라고 단 것도 바로 이러한 사실을 강조하기 위한 것이다.

이제 단어 사이와 단어 내부에서 관찰되는 다양한 의미 관계를 형태론적인 측면에서 조명하기 위해 우선 단어의 개념에 대해 정리하고 의미 관계를 살펴보기 위한 단어 개념은 무엇인지 그동안 형태론에서 전개된 논의 내용을 간단하게 살펴보기로 한다. 또한 그에 따라 의미 관계 형태론을 위한 단어 형성의 다양한 요소에 대해서도 함께 정리하고자 한다.

2.1. 단어의 개념과 단어 형성의 요소

2.1.1. 단어 정의의 어려움

그동안 형태론을 포함한 문법론의 논의에서 여러 차례 드러난 것처럼 '단어'의 정의를 내리는 것은 매우 어렵다. 단어는 인식적 측면에서는 매우 오래 전부터 사용된 언어 단위이지만 역설적이게도 이런 이유가 단어의 정의를 내리는 데 긍정적으로 작용하지 못한 것이다.[1] 따라서 단어의 정의에

---

1) 최형용(2016a : 67)의 언급처럼 형태소는 처지가 다르다. 형태소는 일반적으로 Bloomfield

따라 어휘와의 관련성도 때로는 가깝게 때로는 멀게 느껴지게 된다.

이러한 사정에 대해서는 임홍빈·장소원(1995)를 참고로 하면 그동안 제기된 단어에 대한 몇 가지 정의와 그 문제점에 대해 쉽게 이해할 수 있다.

    (1) 가. 단일한 의미를 가지는 음 결합체
        나. 최소의 자립 형식
        다. 휴지가 개입할 수 없고 내부가 분리되지 않는 형식

(1가)의 정의는 '의미'를 기준으로 단어를 정의하려는 시도이다. 어떤 단위가 단일한 의미를 가지고 있다면 그것을 단어로 볼 수 있다는 것이다. 가령 '애인'은 형태소 '애(愛)-'와 '-인(人)'이 결합하여 '사랑하는 사람'이라는 의미를 가지고 있으며 늘 이러한 단일한 의미를 가지고 쓰이므로 단어라고 보는 것이다. 그러나 '의미'라는 기준은 항상 그렇듯이 모호한 구석이 있어[2] '애-'나 '-인'이 '단일한 의미'를 가지고 있지 않다고 분명히 말하기 어렵고 '애인'과 '사랑하는 사람'이 서로 별 차이 없는 의미를 가지고 있는데도 '애인'은 한 단어이지만 '사랑하는 사람'은 그렇지 않다는 것도 '단일한 의미'라는 기준이 가지는 문제가 아닐 수 없다. 어휘와의 관련성 측면에서도 이러한 정의는 문제를 가진다. '애인'은 하나의 어휘이

가 그의 저서 『Language』(1933)에서 이를 처음 사용했다고들 일컫지만 Mugdan(1986)에 의하면 러시아 언어학자 Courtenay가 1880년에 처음 '형태소' 즉 'morpheme'을 사용했다고도 한다. 어느 쪽이 시작이건 그 차이가 50여년에 불과하다는 점과 19세기 말 혹은 20세기 초의 일이라는 점을 감안하면 그 연원의 깊이가 '단어'에 비할 수 없기 때문이다. 우리의 경우를 보면 주시경이 『말의소리』(1914)에서 '늣씨'라는 개념을 도입한 적이 있음에 주목한 바 있다. 이에 따르면 '해바라기'라는 단어를 '해', '바라-', '-기'로 분석하였는데 이는 형태소와 매우 흡사하다. 이러한 사정은 곧 형태소가 단어와는 달리 지극히 언어학적 접근의 산물임을 의미하는 것으로 이해할 수 있게 한다.

2) 어휘 의미론의 논의에서 어떤 단어의 의미 성분 분석을 하는 경우에도 이러한 경우를 쉽게 살펴볼 수 있다. 자질은 이분적인 사고를 지향하지만 의미는 이분적인 경우가 그렇게 많다고 보기 어렵기 때문이다.

지만 '사랑하는 사람'은 하나의 어휘가 아니기 때문이다.

(1나)의 정의는 이러한 문제를 해결하기 위해 제시된 것이다. '자립'이라고 하는 것은 '자립'과 '의존' 혹은 '자립'과 '비자립'으로 언급할 수 있으므로 다분히 이분적인 개념이다. 따라서 이는 정도성을 본질적 속성으로 가지는 '의미'보다 훨씬 객관적이게 단어의 범위를 한정지을 수 있도록 도움을 준다. 이에 따르면 '애인'의 '애-'와 '-인'은 자립 형태소가 아니기 때문에 단어라고 할 수 없고 '사랑하는 사람'은 문법적으로 자립하는 두 요소 즉 '사랑하는'과 '사람'으로 나뉘기 때문에 단어가 아니며 '애인'의 경우만 단어라는 사실을 정확히 예측할 수 있다는 장점을 갖는다. 그러나 이러한 정의도 문제가 없는 것은 아니다. 가령 '책상'과 같은 단어는 이 단어를 이루고 있는 '책'과 '상'도 각각 자립 형식이다. 즉 단어 가운데는 자립 형식과 자립 형식이 결합하여 형성되는 경우도 적지 않으므로 단어를 '최소'의 자립 형식으로 정의하는 것은 적지 않은 예외를 가지게 된다.[3] 어휘의 측면에서 보아도 '애인'과 '책상'은 동일한 가치를 가지는 어휘로 묶여야 하는데 (1나)에서는 그렇지 못할 수 있다는 문제가 생기는 것이다.

그런데 (1다)의 정의는 우선 이러한 문제를 매끄럽게 해결할 수 있다. 최소 자립 형식의 결합으로 간주될 수 있는 '책상'이라는 단어의 사이에도 휴지(休止)가 개입하기 어렵고 또 내부가 다른 형식에 의해 분리되지도 않기 때문이다. 물론 '애인'과 '사랑하는 사람'의 경우에도 이러한 논리를 그대로 적용하여 단어와 단어 아닌 것을 구분할 수 있다. 그러나 이러한

---

[3] '최소 자립 형식'의 '최소'를 독립된 발화 단위로 보는 견해도 있다. 이는 발화를 기준으로 단어의 기준을 상대화시키는 것인데 이에 따르면 '애인'은 물론 '책상'과 같은 경우도 독립된 발화 단위로서의 최소 자립 형식 조건을 만족시킬 수 있다. 그러나 이렇게 보면 후술하는 (1다)의 경우처럼 '애인이', '책상에'와 같은 조사 결합형도 단어로 인정해야 하는 문제가 생긴다. '애인이'나 '책상에'도 독립된 발화 단위로서는 최소일 수 있기 때문이다.

정의도 문제가 없는 것은 아니다. '철수도'와 같은 구성에서는 '철수'와 '도' 사이에 휴지가 있다고 보기 어렵고 또 '철수'와 '도' 사이에 다른 요소가 들어가는 것도 일정한 제약이 있는데도 불구하고 '철수도'를 한 단어라고 보기는 어렵기 때문이다. 더욱이 '깨끗하다'와 같이 단어임이 분명한 경우에는 '깨끗도 하다', '깨끗은 하다'처럼 '도'나 '은'과 같은 요소가 내부를 분리하는 경우도 있는 것이다. 어휘의 측면에서 보더라도 비록 '깨끗하다'와 같이 용언의 경우에 한정되기는 하지만 내부가 분리되는 현상은 (1다)의 정의가 가지는 문제점을 잘 보여 준다.

이상의 경우에서 드러난 단어 정의의 어려움은 단어라는 말이 오래 사용되는 동안 너무 많은 개념이 이와 연관되기 때문에 나타난 현상이다. 따라서 단어에 대해서는 그것이 포괄하고 있는 모든 것을 충족할 수 있는 정의를 모색하기보다는 단어가 가지는 여러 가지 속성에 맞게 그 범위를 분리하여야 할 필요성이 생긴다. 이렇게 보면 앞서 '어휘 의미론'의 '어휘'를 '어휘적 단어'라고 한 것도 결국은 '단어'가 가지는 여러 가지 의미 가운데 하나를 특정하려는 의도를 담고 있다는 점을 참고할 필요가 있는 것이다.

2.1.2. 단어의 종류

이상과 같은 단어 정의의 어려움을 해결하기 위해 최형용(2016a : 67-80)에서는 단어를 그 초점에 따라 음운론적 단어, 문법적 단어, 어휘적 단어의 세 가지로 나눈 바 있다.

2.1.2.1. 음운론적 단어

음운론적 단어(phonological word)란 기식군(氣息群, breath group)에 의해 휴지 단위로 단어를 정의하자는 것으로 앞서 (1다)의 단어 정의와 밀접한 관련

을 갖는다. 한국어를 기준으로 할 때 휴지 단위란 대체로 어절(語節)과 일
치한다. 다만 영어를 비롯한 인구어의 경우에는 품사 분류의 대상이 되는
단어가 곧 어절로서 띄어쓰기의 단위와 일치하지만 한국어의 경우에는
조사와 어미가 있어 그 두 가지가 일치하지 않는다는 점에 주의할 필요가
있다.

주지하는 바와 같이 한국어는 조사와 어미의 지위를 어떻게 볼 것이냐
에 따라 단어 개념도 그 경우의 수만큼 존재하게 된다. 음운론적 단어 개
념은 조사와 어미도 모두 단어의 일부로 간주한다는 것을 의미하는데 한
국어의 전통 문법에서도 이러한 개념에 입각하여 단어를 바라본 경우가
없었던 것은 아니다. 정렬모(1946)은 이러한 견해의 대표라 할 수 있다. 장
하일(1947)이나 이숭녕(1953, 1954, 1956, 1961), 김민수 외(1960)도 음운론적 단
어 개념에 입각하여 한국어의 단어를 정의하고자 하였다.

현행 학교 문법에서는 그 명칭에서 보듯이 조'사(詞)'는 독립된 단어로
인정하고 있고 어'미(尾)'는 한 단어의 일부로 인정하고 있다. 즉 이러한
분류에서는 조사를 품사로 인정하고 있기 때문에 음운론적 단어 개념이
그 역할을 일관적으로 수행하고 있다고 보기 어렵다.

그런데 이것이 한국어에서 음운론적 단어 개념이 유용성이 없다는 것
을 의미하는 것은 아니라는 점에 주의할 필요가 있다. 즉 음운론적 단어
개념은 형태소의 교체가 단어 내부에서 일어난다는 사실을 설명할 수 있
다는 이점이 있다. 가령 '강이', '배가'를 보면 주격 조사 '이'와 '가'가 서
로 교체한다는 것을 알 수 있다. 그런데 '이'와 '가'는 조사로서 단어의 자
격을 가지기 때문에 만약 '강이'와 '배가'를 단어와 단어의 결합으로 보면
형태소의 교체가 단어 경계에서 일어난다고 설명해야 하는 문제가 생긴
다. 그러나 '강이'와 '배가' 전체를 각각 하나의 단어라고 한다면 단어 내
부에서 형태소의 교체가 일어나는 것은 아무런 문제가 없는 것이다. 이러

한 점을 염두에 둔다면 형태소의 교체는 음운론적 단어 개념이 아니고서는 받아들이기 어려운 개념이 된다.[4]

이러한 음운론적 단어는 특히 한국어의 경우 어휘 의미론의 어휘와 일대일로 대응되지 않는 경우가 적지 않으므로 의미 관계를 따질 수 있는 대상으로서의 단어 개념으로 적합하다고 보기는 어렵다.

2.1.2.2. 문법적 단어

최형용(2016a)에서는 문법적 단어(文法的 單語, grammatical word)를, 가리키는 내용에 따라 다시 두 가지로 나눈 바 있다. 하나는 통사론적 측면 즉 문장 형성에서 가장 기본이 되는 단어를 가리키는 것이고 다른 하나는 단어의 내용이 문법적인 것을 지시하는 것이다. 이에 따라 앞의 것을 '문법적 단어$_1$', 뒤의 것을 '문법적 단어$_2$'로 명명하였다.

문법적 단어$_1$은 문장을 형성하는 최소 단위가 단어라는 의미를 가진다. 이는 곧 문법적 단어$_1$이 문장 구성의 최소 단위로서 구(句) 이상과 결합할 수 있다는 것을 의미한다.

> (2) 가. 학교에 갔다.
>   가'. 학교에 가서 공부를 하였다.
>   나. 강을 건넜다.
>   나'. 깊은 강을 건넜다.

(2가)에서 사태를 과거에 일어난 것으로 만들어 주는 것은 '-았-'이다. 그런데 (2가')에서 '가서'도 과거에 일어난 일이다. 이것은 (2가)와 마찬가지로 '공부를 했다'의 '-였-' 때문에 가능한 해석이다. 따라서 이와 관련

---

4) 이 밖에도 최형용(2011a)에서 살펴본 것처럼 음운론적 단어가 품사 분류의 대상이 되는 단어와 일치하는 인구어와 유형론적인 측면에서 비교하기 위해서도 한국어에서 음운론적 단어 개념은 그 나름대로의 의의를 인정할 필요가 있다.

된 (2가)의 문장 구조는 [[학교에 가서 공부를 하]였다]와 같이 표시할 수 있다. 이것은 '-였-'이 음운론적으로는 '하-'에 결합되어 있지만 문장의 형성에서는 '학교에 가서 공부를 하-' 전체에 결합되어 있음을 의미한다. '학교에 가서 공부를 하-'는 하나의 단어가 아니며 구(句) 이상이므로 이것과 결합하고 있는 '-였-'은 통사적인 측면 즉 문장 형성의 측면에서는 단어라고 해야 한다.

이러한 사실은 (2나, 나)을 통해서도 확인할 수 있다. '강을'의 '을'은 음운론적으로는 '강'에 결합하고 있지만 (2나')에서 '깊은'이 꾸며 주는 것은 '강'이므로 결국 '깊은 강'에 결합하고 있는 것으로 보아야 한다. 따라서 '깊은 강을'의 구조는 '[[깊은 강]을]'과 같다고 볼 수 있고 이때 '을'도 '깊은 강'이라는 구(句) 이상의 단위와 결합하고 있으므로 문장 형성의 측면에서는 단어라고 보아야 한다.

'-였-'이나 '을'처럼 문장 형성에서 최소의 단위로 기능하는 것들을 문법적 단어$_1$이라고 하면 뒤에서 기술하게 되는 문법적 단어$_2$와 구별할 필요가 있다. 문법적 단어$_1$에는 '책'과 같은 어휘 형태소이면서 자립 형태소인 것은 모두 해당하거니와 조금 전에 살펴본 '-였-'이나 '을'처럼 문법 형태소이면서 의존 형태소인 것 가운데 많은 것이 들어있다. 즉 문법 형태소이면서 의존 형태소 가운데 단어 형성에 참여하는 접두사와 접미사를 제외한 요소들은 전부 문법적 단어$_1$에 해당한다.

문법적 단어$_1$ 개념이 중요한 이유는 이를 통해 문장 형성의 최소 단위가 단어가 된다는 것을 확인할 수 있다는 점 때문이다.[5] 그렇지 않다면 '-였-'이나 '을'은 형태소가 바로 문장 형성에 참여할 수 있다는 것을 의미할 가능성이 있다. 그러나 형태소는 단어 내부의 요소이고 따라서 문장

---

5) 이것은 다름 아니라 바로 문법적 단어$_1$이 문장 구성 요소 즉 품사 분류의 대상이 된다는 것을 의미하는 것이기도 하다.

에 직접적으로 참여할 수는 없다.[6]

다음으로 그 기능이 문법적인 것을 가리키는 문법적 단어$_2$는 그 기능이 어휘적인 것과 대비되는 개념이다. 즉 형태소를 의미의 실질성에 따라 어휘 형태소와 문법 형태소로 나눈 것처럼 문장에서의 단어도 어휘적 단어와 문법적 단어로 나눌 수 있다고 할 때의 문법적 단어에 해당하는 것이다. 따라서 이러한 개념의 단어는 어휘적 단어도 포함하는 문법적 단어$_1$과는 구별할 필요가 있으므로 이를 문법적 단어$_2$라고 부른 것이다.

이러한 문법적 단어$_2$에는 앞에서 언급한 문법적 단어$_1$ 가운데 문법 형태소이면서 의존 형태소 가운데 단어 형성에 참여하는 접두사와 접미사를 제외한 요소들 즉 조사와 어미가 해당된다. 이처럼 문법적 단어$_2$를 따로 설정하는 이유는 어휘적 단어가 단어 형성의 대상이 되므로 그렇지 않은 단어들을 따로 구분할 필요가 있기 때문이다.

이상에서 살펴본 문법적 단어의 두 가지 개념 가운데 지금까지 어휘 의미론의 어휘는 기본적으로 조사와 어미를 대상으로 하는 문법적 단어$_2$는 배제한 것임을 알 수 있다. 따라서 조사와 어미를 포함하는 문법적 단어$_1$도 역시 어휘 의미론의 어휘와는 거리가 있다고 할 수 있다.[7]

2.1.2.3. 어휘적 단어

어휘적 단어(語彙的 單語, lexical word)란 앞에서 이미 언급한 것처럼 그 의

---

6) 즉 앞에서 가령 '강이', '배가'에서 '이'와 '가'를 형태소라고 분석한 것을 염두에 둔다면 '이'와 '가'는 형태소이자 단어임을 의미하는 것이 된다. 즉 형태소는 단어와 '형태소ㄷ 단어'의 관계를 갖는다.

7) 그러나 이것이 조사와 어미는 의미 관계의 관심 대상이 될 수 없다는 것을 의미하는 것은 아니다. 가령 조사 가운데 '조차', '마저', '까지'가 비슷한 의미를 가진다고 할 때 이들은 유의 관계를 보이는 것이라 할 수 있고 어미 가운데 '-고'가 '-(으)나'와 서로 반대되는 의미를 가진다고 할 때 이들은 반의 관계를 보이는 것이라 할 수 있기 때문이다. 그러나 이들 문법적 단어$_2$가 가지는 의미 관계에 대해서는 이 책에서 살펴볼 여력이 없다. 이에 대해서는 후일을 기약하기로 한다.

미가 실질적이며 따라서 문법적이지 않은 단어들이다. 이는 문법적 단어₁ 가운데 문법적 단어₂를 제외한 것인데 어휘적 단어를 설정하는 가장 큰 이유는 어휘적 단어가 단어 형성의 직접적인 대상이 되기 때문이다. 즉 단어 형성에서 문제 삼는 '단어' 개념이 바로 어휘적 단어가 되는 셈이다.

따라서 그 이름에서도 짐작되는 바와 같이 어휘 의미론의 어휘가 바로 이 어휘적 단어와 가장 밀접한 것임을 알 수 있다. 그런데 여기에서 주의 할 점은 이러한 어휘적 단어도 형태론적 측면에서 보면 그 종류가 다양하 다는 점이다.

(3) 가. 강, 배
　　나. 눈물, 책상
　　다. 덧신, 들볶다, 덮개, 먹이다
　　라. 정말로, 되도록

우선 어휘적 단어는 내부 구조를 가지지 않는 것과 내부 구조를 가지는 것으로 나눌 수 있다. 내부 구조를 가지지 않는다는 것은 단어가 어휘 형 태소 하나로만 이루어진 것을 의미한다. (3가)에 제시한 '강', '배'가 이에 속하는데 이를 단일어(單一語, simple words)라 한다. 그런데 이렇게 내부 구조 를 가지지 않는 단어들은 의미 관계의 측면에서 다른 단어와만 관련을 갖 게 된다.

한편 내부 구조를 가진다는 것은 단어가 두 개 이상의 형태소로 이루어 져 있다는 것을 의미한다. (3가)를 제외한 (3나, 다, 라)의 단어들이 모두 이에 속하는데 이를 복합어(複合語, complex words)라 한다. 이들은 단일어와 는 달리 단어 내부에서도 의미 관계를 찾을 수 있다는 점에 주목할 필요 가 있다.

이러한 복합어는 구성 형태소의 종류에 따라 두 가지로 크게 나눌 수 있다. 하나는 어휘 형태소의 결합으로 이루어진 것으로 (3나)의 '눈물', '책상'이 이에 속하는데 이들을 합성어(合成語, compound words)라고 한다. 다른 하나는 어휘 형태소와 문법 형태소로 이루어진 것인데 이는 문법 형태소의 성격에 따라 다시 두 가지로 나눌 수 있다.

먼저 문법 형태소가 접두사나 접미사인 경우인데 (3다)의 단어들이 이에 해당한다.8) 이러한 단어들을 파생어(派生語, derivative words)라 한다. 다음으로 문법 형태소가 조사나 어미인 경우가 있는데 (3라)의 단어들이 이에 해당한다. 이러한 단어들을 최형용(2003a)에서는 통사적 결합어(統辭的 結合語, syntactically combined words)라 부른 바 있다.

조사나 어미는 기본적으로는 문장의 형성에 참여하는 요소들이므로 그 자체로 어휘적 단어가 되는 일은 없지만 선행 요소와 결합하여 '정말로'나 '되도록'처럼 하나의 단어로 굳어지는 일이 있다. 이는 곧 한국어의 '교착어(膠着語, agglutinating language)'로서의 특징을 나타내 주는 것으로 볼 수 있다.9) '교착어'의 '교착'이란 '결합하는 요소가 특별한 변화 없이 서로 단단히 달라붙어 있음'의 의미를 가지기 때문이다. 한편 주지하는 바와 같이 학교 문법에서는 파생어와 합성어만 인정하고 통사적 결합어에 대해서는 따로 자리를 마련하고 있지 않다.10)

이제 (3)에서 제시된 어휘적 단어는 다음과 같이 정리될 수 있다.

---

8) '들볶다', '먹이다'에서 '-다'도 형태소이지만 이는 단지 '들볶다', '먹이다'가 용언임을 나타내 주는 기능만 하기 때문에 단어 형성에서는 따로 문제 삼지 않아 왔다. 따라서 보다 정확하게는 '놓이-', '들볶-'으로 표시하는 것이 합당하지만 관례에 따라 '놓이다', '들볶다'처럼 어미 결합형으로도 표시하기로 한다. 아래도 마찬가지이다.

9) 이러한 통사적 결합어는 대체로 부사의 경우가 가장 많은데 역시 교착어인 일본어에서도 이러한 단어들이 적지 않다. 한국어와 일본어에서 관찰되는 부사 통사적 결합어의 이동 (異同) 양상에 대해서는 최형용·劉婉瑩(2016)을 참고할 것.

10) 이 통사적 결합어는 특히 단어 내부에서 나타나는 의미 관계를 다양하게 보여 주는데 이에 대해서는 3부의 각 의미 관계에서 자세히 살펴보기로 한다.

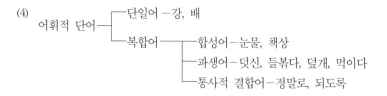

(4)
어휘적 단어 ─┬─ 단일어 ─ 강, 배
            └─ 복합어 ─┬─ 합성어 ─ 눈물, 책상
                      ├─ 파생어 ─ 덧신, 들볶다, 덮개, 먹이다
                      └─ 통사적 결합어 ─ 정말로, 되도록

　앞서 암시한 바와 같이 지금까지 살펴본 여러 가지 단어 개념 가운데
이 책에서 의미 관계를 통해 관심을 가지려는 대상은 바로 (4)의 체계를
가지는 어휘적 단어이다. 그동안 어휘 의미론의 어휘도 바로 이 어휘적
단어와 외연이 상당히 비슷하다. 그러나 여기서 중요한 것은 어휘적 단어
라 하더라도 의미 관계의 관심 대상이 되는 것은 (4)의 단일어가 아니라
내부 구조를 가지는 복합어라는 점이다. 이는 어휘적 단어 개념이 단어
형성의 대상으로 관심을 받아왔다는 사실과 밀접한 연관을 갖는다. 따라
서 그동안의 어휘 의미론과는 달리 어휘적 단어 가운데 복합어에 관심을
기울여 의미 관계를 살펴보려는 것이 바로 이 책의 목적임을 알 수 있다.
　여기서 한 가지 주의할 것은 앞에서 살펴본 여러 단어 개념이 서로 배
타적인 것은 아니라는 점이다.

(5) 가. 학교에 갔다.
　　나. 학교 갔다.

　(5가)는 (2가)를 다시 가져온 것이고 (5나)는 여기에서 조사 '에'를 실현
시키지 않은 것이다. (5가)의 '학교에'는 음운론적 단어이지만 문법적 단
어도 아니고 어휘적 단어도 아니다. 그러나 (5나)의 '학교'는 음운론적 단
어이면서 문법적 단어에 해당하며 어휘적 단어에도 해당한다. 따라서 경
우에 따라서는 음운론적 단어, 문법적 단어, 어휘적 단어가 동일한 지시
대상을 가리킬 수도 있는 것이다.

2.1.3. 어근과 접사

앞에서 의미 관계의 측면에서 관심을 기울이고자 하는 단어는 어휘적 단어 가운데 복합어라고 하였다. 단어 형성의 관점에서 그동안 복합어 가운데 파생어는 어근과 접사의 결합으로 이루어지고 합성어는 어근과 어근의 결합으로 이루어진다고 언급하여 왔다. 따라서 어근과 접사는 단어 형성의 대표적인 재료라고 할 수 있다.

의미 관계를 따질 때 전제 조건은 대등한 문법적 지위이다. 따라서 어근과 어근은 의미 관계를 따질 수 있지만 어근과 접사는 의미 관계를 따지기 힘들다.[11] 어근과 어근도 의미 관계를 따질 수는 있지만 언제나 그러한 것은 아니다. 형태소 두 개 이상으로 이루어진 어근은 형태소 하나로 이루어진 어근과 의미 관계를 따지기 어렵기 때문이다.[12] 이러한 측면에서 보면 의미 관계를 따지기 위해서도 어근이나 접사를 그 성격에 따라 다시 몇 가지로 나눌 필요가 있다. 먼저 어근의 경우를 살펴보기로 한다.

2.1.3.1. 어근의 종류

2.1.3.1.1. 단일 어근과 복합 어근

어근은 우선 그것을 이루고 있는 형태소의 수에 따라 단일 어근과 복합 어근으로 나눌 수 있다.

---

11) 그러나 후술하는 바와 같이 '외따로'와 '연이어'의 경우처럼 어근과 접사 사이에 일정한 의미 관계가 형성되는 경우가 있다. 이들에서의 '외-', '연-'은 모두 접두사로 처리되고 있는데 이들을 제외한 '따로', '이어'와 각각 유의 관계에 놓여 있다. 이는 특히 이들 접두사가 모두 한자라는 특성과 무관하지 않다. 그러나 그렇더라도 이러한 경우를 반의 관계나 상하 관계에서는 찾기가 쉽지 않다는 점에 주의할 필요가 있다.

12) 따라서 '동쪽'과 '서쪽'은 서로 의미 관계에 놓이지만 '동쪽'과 '서'는 서로 의미 관계를 따질 수 없다. 이는 단어 사이에서뿐만 아니라 단어 내부에서도 그대로 적용된다.

    (6) 가. 생밤

       나. 생죽음

       다. 생거짓말

  (6)은 접두사 '생-'과 결합하고 있는 파생어이므로 이를 제외한 나머지 부분이 어근이라고 보아야 한다. 그런데 그 성격이 각각 모두 다르다. 먼저 (6가)의 '생밤'은 '생-'을 제외한 나머지 '밤'이 어휘 형태소로서 어근, 그 가운데서도 단일 어근의 자격을 갖는다는 점에서 특별한 문제가 없다.

  그런데 이에 대해 두 개 이상의 형태소로 이루어져 있는 (6나, 다)의 어근을 이해하기 위해서는 먼저 '직접 성분(immediate constituent, IC)'의 개념에 대해 알아 둘 필요가 있다. 직접 성분이란 어떤 구성이 세 개 이상의 요소로 이루어져 있고 이를 이분지적(二分支的, binary)으로 나타낼 때 제일 처음 갈라지는 두 요소를 일컫는다. 즉 (6나, 다)가 세 개 이상의 형태소로 이루어져 있지만 이들을 파생어로 규정지을 수 있는 것은 이들의 직접 성분이 접두사 '생-'과 나머지 요소이기 때문이다. 이때 이러한 직접 성분을 찾는 과정을 '직접 성분 분석'이라고 부르는데 (6나, 다)의 예들을 직접 성분 분석하여 도식화하면 다음과 같다.

    (7) 가. 생죽음

       나.

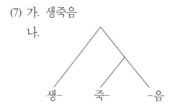

           생-   죽-   -음

(8) 가. 생거짓말

나.

생-   거짓   말

(7나)는 (7가)의 '생죽음'을 직접 성분 분석한 것이다. '생죽음'에는 형태소가 '생-', '죽-', '-음'으로 세 개 들어 있어 '생-'과 '죽음', '생죽-'과 '-음'으로 직접 성분 분석될 가능성이 있다. 그러나 이 가운데 뒤의 경우 즉 '생죽-'에 '-음'이 결합했다고 보기는 어렵다. '죽음'은 존재하지만 '생죽-'은 단어로서 존재하지 않기 때문이다. 따라서 직접 성분 분석의 결과는 앞의 경우인 '생-'과 '죽음'이다.

(8나)는 (8가)의 '생거짓말'을 직접 성분 분석한 것이다. '생거짓말'에도 형태소가 '생-', '거짓', '말'의 세 개가 들어 있으므로 앞의 경우를 참고하면 '생-'과 '거짓말' 혹은 '생거짓'과 '말'로 직접 분석될 가능성이 있지만 이 가운데 뒤의 경우인 '생거짓'에 '말'이 결합했다고 보기 어렵다. '생거짓'은 존재하지 않는 대신 '거짓말'은 존재하기 때문이다. 따라서 '생거짓말'의 직접 성분은 '생-'과 '거짓말'이다.

(7), (8)에서 살펴본 직접 성분 분석은 우선 이들이 아무리 내부 구조가 복잡하더라도 파생어임을 알려 준다는 점에서 매우 중요한 의미를 갖는다. 즉 파생어는 직접 성분 가운데 하나가 접사인 단어라고 보다 정확하게 정의할 수 있는 것이다.[13]

---

13) 이는 최형용(2017)에서 언급한 바와 같이 파생어를 '실질 형태소에 접사가 결합하여 하나의 단어가 된 말.'이라는 『표준국어대사전』의 정의가 충족적이지 않음을 말해 준다. 한편 이처럼 직접 성분은 내부 구조가 복잡한 단어를 파생어나 합성어 가운데 어디에 속하는지 판정해 주는 데에도 유용할 뿐만 아니라 구성 요소 사이의 의미 관계가 직접적인지 간접적인지를 가늠하는 데도 유용하다. 이에 대해서는 동의 중복 현상과 관련하

그렇다면 접두사 '생-'을 제외한 나머지 부분에 해당하는 (7)의 '죽음', (8)의 '거짓말'은 모두 어근의 자격을 갖는다는 사실을 알 수 있다. 그런데 (6가)의 '생밤'에서는 어근 '밤'이 어휘 형태소 하나로 이루어져 있지만 (7), (8)의 어근은 형태소가 둘 이상으로[14] 이루어져 있다는 점에서 차이가 있다. '밤'처럼 어휘 형태소 하나로 이루어진 어근을 단일 어근이라 하였는데 이에 대해 '죽음', '거짓말'처럼 둘 이상의 형태소로 이루어진 어근을 복합 어근이라 한다.[15]

의미 관계의 측면에서 보면 어근과 어근은 서로 다양한 의미 관계에 놓일 수 있으므로 단일 어근과 복합 어근도 의미 관계의 측면에서 특별한 제약을 가진다고 보기는 어렵다. 다만 여기서 주목해야 할 부분은 복합 어근이 형태소 두 개 이상으로 이루어진 것을 의미하므로 그 안에서 다시 의미 관계를 맺을 수 있다는 점이다. 따라서 어근을 형태소의 수에 따라 나누는 것은 의미 관계의 측면에서도 매우 중요한 의미를 갖는다는 것을 알 수 있다.

여 3부 7장에서 자세히 다루기로 한다.

14) '둘'이 아니라 '둘 이상'이라고 표현한 것은 식물 명칭인 '개도둑놈의갈고리'가 직접 성분으로 '개-'와 '도둑놈의갈고리'로 분석된다고 할 때 '도둑놈의갈고리'처럼 셋 이상의 형태소로 구성된 단어들도 적지 않기 때문이다.

15) 최형용(2016a)에서 언급한 바와 같이 단일 어근만 어근이라고 하고 복합 어근은 어기(語基, base)라 하는 일도 있고 단일 어근과 복합 어근을 포괄하여 어기라고 하는 경우도 있다. 앞의 견해는 어근을 형태소에만 국한시켜 결과적으로 어근이 모든 것을 제외한 근원 부분이라는 원래 의미를 보존할 수 있다는 장점이 있다. 뒤의 견해는 복합 어근을 결국 어근이라고 부르는 것이 합당하지 않다는 시각을 반영한 것이라는 점에서 앞의 견해와 일맥상통하는 부분이 있다. 어떤 견해를 취하든 어기라는 새로운 단위를 도입해야 한다는 점은 부담으로 작용할 수 있고 더욱이 이 어기가 서양의 언어에서는 굴절 접사와 결합하는 것도 포괄하는 데 비해 한국어는 그렇게 보기 어렵다는 점에서 어기를 도입하는 대신 어근의 범위를 확대하는 방법을 취하기로 한다. 이는 결과적으로 우리의 학교 문법이 취하고 있는 방향이기도 할 뿐만 아니라 의미 관계의 측면에서 어근과 어기를 나누는 것이 별 다른 경제성을 결과시키지 않는다는 의도를 반영한 것이기도 하다.

2.1.3.1.2. 형태소 어근과 단어 어근

단일 어근과 복합 어근은 어근의 형태소 수가 하나인지 그보다 많은지 즉 형태소의 수에 따라 구분한 것이지만 형태소의 수와는 상관없이 어근이 가지는 문법적 지위가 형태소와 같은지 아니면 단어와 같은지에 따라 어근의 종류를 나눌 수도 있다. 먼저 다음 예를 보기로 하자.

(9) 가. 거드럭스럽다
가'. *거드럭{이, 을, 의, 에 …}
나. 거짓스럽다
나'. 거짓{이, 을, 의, 에 …}

(9가)와 (9나)의 '거드럭-'과 '거짓'은 모두 접미사 '-스럽-'과 결합하고 있는 어근에 해당하고 또 하나의 어휘 형태소로 이루어져 있다는 점에서 앞에서 언급한 단일 어근에 해당한다. 그런데 이 가운데 '거드럭-'은 (9가')에서 보는 바와 같이 어떤 격 조사와도 결합이 불가능한 데 비해 '거짓'은 (9나')에서 보는 바와 같이 격 조사와의 결합에 제약이 없다. 격 조사와의 결합이 불가능하다는 것은 이것이 곧 문장 형성에 참여하는 문법적 단어의 자격을 가지지 못한다는 것을 의미한다. 즉 '거드럭-'은 어휘 형태소의 자격만 가지지만 '거짓'은 어휘 형태소이면서 문장 형성에 참여할 수 있는 어휘적 단어의 자격도 갖는 것이다. '거드럭-'처럼 어근이 단지 형태소의 자격만을 가지는 것을 형태소 어근이라 하고 '거짓'처럼 단어의 자격도 가질 수 있는 어근을 단어 어근이라 한다.[16]

이러한 구별은 우선 형태론적 측면에서 '거드럭-'은 '거드럭스럽다'나

---

16) 이곳의 '형태소 어근', '단어 어근'을 '불규칙적 어근', '규칙적 어근'이라고 부르는 일도 있다. 그러나 '불규칙적'이나 '규칙적'이라는 말은 지시하는 의미가 분명하지 않고 어간과 어미의 결합에서 나타나는 '불규칙', '규칙'과 혼동될 여지가 있다는 점에서 최형용 (2016a)에서는 이를 '형태소 어근', '단어 어근'이라는 말로 처음 표현한 바 있다.

'거드럭거리다'와 같은 단어를 통해서만 그 모습을 드러낼 수 있는 간접적인 존재인 데 비해 '거짓'은 그 자체로 단어의 자격을 가지므로 굳이 다른 단어의 구성 요소로서 기능하지 않아도 그 모습을 직접적으로 드러낼 수 존재라는 사실을 포착할 수 있게 해 준다. 그러나 의미 관계의 측면에서 이보다 중요한 것은 그동안의 어휘 의미론에서는 어휘적 단어만 관심 대상으로 삼았기 때문에 형태소 어근인 '거드럭-'과 같이 오로지 단어 내부의 요소인 것들에는 직접적인 주목을 하지 못했다는 점이다. 전술한 바와 같이 이 책에서는 단어 내부 요소도 의미 관계의 측면에서 관심을 기울이고 있기 때문에 단어 어근뿐만이 아니라 형태소 어근도 관심 대상이 될 수 있음에 큰 의미를 부여하고자 한다.

이에서 더 나아가 형태소 어근과 단어 어근이라는 개념은 어근이 오로지 형태소 하나로 이루어진 경우에만 국한되는 것은 물론 아니다.

> (10) 가. 공손(恭遜)스럽다, 과감(果敢)스럽다, 군색(窘塞)스럽다, 늠름(凜凜)
> 스럽다 …
> 나. 감격(感激)스럽다, 감탄(感歎)스럽다, 경사(慶事)스럽다, 고생(苦生)
> 스럽다 …

(10가)에서 '-스럽-'과 결합하고 있는 어근 '공손-', '과감-', '군색-', '늠름-'은 모두 한자로 이루어져 있다는 점에서 모두 두 개의 어휘 형태소로 이루어진 복합 어근의 자격을 가지고 있다. 그러나 '공손-'은 다음과 같이 격 조사와 결합하는 일이 없다.

> (11) *공손{이, 을, 의, 에 …}

따라서 '공손-'은 두 개의 어휘 형태소로 이루어져 있지만 그 지위는 (9

가)의 '거드럭-'과 동일해서 일차적으로 단어 형성에 참여해야 한다는 점에서 문장에서는 그 모습을 간접적으로 드러낸다. 즉 '거드럭-'은 단일 어근이면서 형태소 어근이지만 '공손-'은 복합 어근이면서 형태소 어근에 속하는 것이다.

이에 대해 (10나)에서 '-스럽-'과 결합하고 있는 어근 '감격', '감탄', '경사', '고생'도 모두 어휘 형태소의 자격을 가지는 두 개의 한자로 이루어져 있지만 모두 어휘적 단어의 자격을 갖는 것들이다. 그래서 가령 '감격'은 다음과 같이 격 조사와 결합할 수 있다.

(12) 감격{이, 을, 의, 에 …}

따라서 '감격'은 두 개의 어휘 형태소로 이루어져 있으면서 그 지위는 (9나)의 '거짓'과 동일해서 단어 형성에 참여하지 않아도 문법적 단어로서 그 모습을 문장에서 직접적으로 드러낼 수 있다. 즉 '거짓'은 단일 어근이면서 단어 어근에 해당하지만 '감격'은 복합 어근이면서 단어 어근에 해당하는 것이다.

이러한 점에서 보면 단어 어근은 어근이 단어의 지위를 갖는다는 것을 의미하며 형태소 어근은 어근이 형태소 하나로 이루어져 있다는 의미가 아니라 두 개 이상의 형태소로 이루어져 있다고 하더라도 마치 형태소의 지위만 가져 문장의 형성에 직접적으로 참여하지 못한다는 것을 의미한다는 점에 주의할 필요가 있다. 의미 관계의 측면에서 보자면 그동안의 논의와 다르게 형태소 어근도 의미 관계의 대상이 될 수 있다는 점에서 이들 어근의 종류를 구별하는 것은 의미가 있다는 사실을 다시 한 번 강조할 필요가 있다.

2.1.3.2. 접사의 종류

어근을 일정한 기준에 따라 여러 가지로 나눈 것이 의미 관계의 측면에서도 중요한 역할을 하는 것처럼 접사도 일정한 기준에 따라 몇 가지로 나누는 것이 의미 관계의 측면에서 유용할 수 있다.

2.1.3.2.1. 접두사와 접미사

접사를 나누는 가장 보편적인 방법은 이미 앞서 언급한 것처럼 그것이 나타나는 위치에 따라 나누는 것이다. 접두사란 어근을 기준으로 할 때 그 앞에 나타나는 접사를 가리키고 접미사란 어근을 기준으로 할 때 그 뒤에 나타나는 접사를 가리킨다. 지금까지 살펴본 단어들을 대상으로 이를 몇 가지 정리해 제시하면 다음과 같다.

> (13) 가. '생-'('생밤'), '들-'('들볶다')
>
> 나. '-개'('덮개'), '-스럽-'('거짓스럽다'), '-이-'('먹이다'), '-하-'('연구하다')

(13가)는 접두사의 예이고 (13나)는 접미사의 예이다. 한국어에는 접두사보다 접미사가 훨씬 많은데 이는 한국어가 서술어가 끝에 오는 언어에 속한다는 점과 관련이 있다.[17] 서술어가 제일 먼저 나오는 언어의 경우에는 접두사가 접미사보다 상대적으로 많은 것이다. 한국어는 분포를 결정짓는 핵(head)이 오른쪽에 오는 언어에 속하므로 접두사는 핵이 아니지만 접미사는 핵이 된다는 점에서도 접두사와 접미사의 구별은 매우 중요하다.

---

17) 이는 유형론적으로도 뒷받침을 받는데 외국의 논의에서는 한국어의 어미도 흔히 접미사로 간주되는 경우가 적지 않다. 그렇게 보면 한국어는 단어 형성에 참여하는 접두사와 접미사보다 훨씬 더 접미사가 많은 언어가 된다. 이에 대한 보다 자세한 논의는 최형용(2013c : 36-38)을 참고할 것.

의미 관계의 측면에서 보면 접두사는 접두사끼리, 접미사는 접미사끼리 주로 의미 관계를 맺는다. 따라서 단어 내부라도 접두사와 어근, 접미사와 어근 사이에서는 의미 관계를 상정하기가 어렵다. 이는 결국 접두사나 접미사가 의미 관계에 관여하는 경우는 대부분 단어 내부가 아니라 단어 사이에서 가장 활발하다는 것을 의미한다.

2.1.3.2.2. 한정적 접사와 지배적 접사

접두사와 접미사가 위치에 따른 접사의 분류라면 한정적 접사와 지배적 접사는 접사의 기능에 따른 분류이다.

한정적 접사는 어근의 의미를 한정해 주기만 할 뿐 어근과 동일한 품사인 단어를 형성시키는 접사를 말한다. 이에 대해 지배적 접사란 어근의 의미를 한정해 주는 것은 물론 어근과 다른 품사인 단어도 형성시키는 접사를 말한다. (13)에 제시한 접두사와 접미사를 한정적 접사와 지배적 접사로 나누면 다음과 같다.

(14) 가. '생-'('생밤'), '들-'('들볶다'), '-이-'('먹이다')
　　　나. '-개'('덮개'), '-스럽-'('거짓스럽다'), '-하-'('연구하다')

(14가)는 한정적 접사의 예이고 (14나)는 지배적 접사의 예이다. 먼저 (14가)의 '생-', '들-'은 접두사인데 각각 어근 '밤', '볶다'와 결합하여 '생밤', '들볶다'라는 단어를 형성하고 있으나 이들의 품사는 어근의 품사인 명사, 동사와 일치한다. 마찬가지로 '-이-'는 접미사인데 어근 '먹-'과 결합하여 '먹이다'라는 단어를 형성하고 있으나 '먹이다'는 어근의 품사인 동사와 일치한다. 따라서 이들 접두사와 접미사는 한정적 접사의 예이다.

이에 비해 (14나)의 '-개', '-스럽-', '-하-'는 모두 접미사인데 각각 어근 '덮-', '거짓', '연구'와 결합하여 '덮개', '거짓스럽다', '연구하다'라는

단어를 형성하고 있다. 이들의 품사는 어근의 품사인 동사, 명사, 명사와는
달리 각각 명사, 형용사, 동사이다. 이는 접미사 '-개', '-스럽-', '-하-'에
의해 품사가 달라진 것이므로 이들 접미사는 지배적 접사임을 알 수 있다.

　한국어의 경우 접두사는 모두 한정적 접사로 보아도 무방하고 접미사
의 경우에는 한정적 접사도 존재하고 지배적 접사도 존재한다. 앞에서 언
급한 바와 같이 물론 한정적 접사라도 그것이 접미사인 경우에는 분포를
결정짓는 핵이 된다는 점에는 변함이 없다. 다만 의미 관계는 품사를 변
화시킬 수 있느냐의 여부와는 큰 관련이 없기 때문에 한정적 접사와 지배
적 접사라는 구별이 접두사와 접미사라는 구별보다 의미 관계의 측면에
서 크게 변별적인 기능을 갖는다고 보기는 어렵다. 그러나 지배적 접사의
경우 품사까지도 변화시킨다는 점에서 가의적 기능만을 담당하는 한정적
접사보다 의미 관계에 관여하는 부분이 제한적일 수 있다. 한정적 접사의
경우에는 가령 '합리-비합리'처럼 품사의 변화를 가져오지 않기 때문에
동일한 범주 사이에 형성되는 의미 관계에 영향을 미치지 않기 때문이다.

2.1.3.3. 한국어 접사의 몇 가지 특성

　이상의 논의를 보면 접사는 단어 형성뿐만이 아니라 의미 관계의 측면
에서도 매우 큰 역할을 담당하고 있다. 그런데 한국어 접사의 경우 다른
언어와는 달리 몇 가지 구분되는 측면이 있다. 따라서 여기서는 이에 대
해 언급해 보기로 한다.

2.1.3.3.1. 접사와 한자

　어휘 의미론과는 달리 형태론의 측면에서는 어떤 언어 요소의 지위가
접사인지 아니면 어근인지가 매우 중요하다. 그에 따라 파생어 혹은 합성
어로 소속이 달라지는 일이 적지 않기 때문이다. 의미 관계도 이에 따라
각각 다른 위치에서 조명될 수 있다. 이처럼 접사와 어근 사이에서 논의

의 여지가 적지 않은 대표적인 것이 한자라고 할 수 있다. 따라서 이에 대해 언급하는 것은 앞으로의 논의를 위해 매우 중요한 의미를 갖는다.

한자는 그 자체로 어휘적 의미를 가지고 있기 때문에 어휘 형태소로 간주하는 일이 많다. 그러나 한 단어를 놓고 보았을 때 직접 성분이 하나는 단어이고 나머지는 그것에 딸려 있는 것이 명백할 경우에는 한자라도 접사로 간주할 수 있다. 즉 한자는 동일한 한자라도 경우에 따라 어휘 형태소와 문법 형태소의 자격 두 가지를 줄 수 있다는 것이다. 앞서 제시한 '생밤'의 '생(生)-'과 '생선'의 '생(生)-'은 그 의미만 생각할 때는 서로 통하는 바가 적지 않다. 그러나 앞의 단어는 '밤'이 자립 형태소이고 뒤의 단어는 '-선'이 의존 형태소라는 점에서 '생밤'의 '생-'은 접두사로, '생선'의 '생-'은 어근의 자격을 가지는 것으로 간주할 수 있다. 이에 따르면 '생밤'은 파생어가 되는 것이고 '생선'은 합성어가 되는 것으로 그 지위가 달라진다.

따라서 이 책에서는 한자는 단어 내부의 위치와 구성 방식에 따라 그 지위가 달라지는 것으로 간주하고자 한다. 이를 한자 '별(別)'을 통해 보다 자세히 살펴보기로 한다.

 (15) 가. 별과(別科), 별대(別隊), 별미(別味), 별실(別室)
　　　나. 별것, 별놈
　　　다. 별구경, 별궁리, 별사건, 별세상, 별수단 ; 별걱정, 별꼴, 별말씀, 별맛, 별사람, 별소리
　　　라. 별하다, 별나다, 별다르다, 별스럽다
　　　마. 별로, 별의별(별별)
　　　바. 능력별, 성별, 직업별, 학년별

(15)는 한자 '별(別)'이 단어 형성에 참여한 경우를 몇 가지로 나누어 본

것이다. 물론 이들을 의미 차이의 다과(多寡)에 따라 더 나눌 수도 있고 한데 묶을 수도 있을 것이지만 (15가)는 '별(別)'을 어근으로 볼 수 있는 경우이고 (15나)는 관형사로 볼 수 있는 경우이다. 한편 (15다)는 관형사가 단어 형성에 참여한 경우라고 볼 수도 있지만 직접 성분 분석에서 '별(別)'을 제외한 나머지가 단어의 자격을 가지고 있다는 점에서 '별(別)'을 접두사로 간주할 수도 있는 경우라 할 수 있다. 더욱이 '별걱정'부터 제시한 것처럼 고유어와도 자유롭게 결합하고 있다는 점에서 이러한 처리 가능성이 더 높다고 할 수 있다.[18] (15라)는 '별'이 용언 형성에 참여하고 있다는 점에서 관형사로 해석할 수는 없는 경우를 보이기 위한 것이고 (15마)는 조사와 결합하고 있다는 점에서 관형사나 어근으로 해석할 수 없고 이를 명사로 분석해야 한다는 것을 알 수 있다. (15바)는 그것이 결합하고 있는 선행 성분이 단어의 자격을 가지고 있다는 점에서 '별(別)'이 접미사로도 발전한 것이라고 할 수 있다. 고유어 가운데도 '새엄마', '큰아버지'의 '새'와 '큰'처럼 접두사인지 관형사인지 판단하기 어려운 경우가 없는 것은 아니지만 이러한 경우가 '별(別)'처럼 접두사뿐만이 아니라 접미사로도 간주할 수 있는 경우는 고유어에서는 찾아보기 어렵다.

'별(別)'의 경우는 이러한 경우의 극단적인 모습을 보이는 것이라고 할 수 있지만 일반적인 한자도 접사 또는 어근으로 간주되는 일이 매우 빈번하다. '인간'의 '인(人)-'이 '위인'에서도 어근이지만 그 위치가 선행 요소뿐만이 아니라 후행 요소로도 가능하고 '우주인'에서는 어휘적 단어 '우

---

18) 특히 고유어 단어와 결합할 수 있는 한자에 한해 이를 접사로 인정할 수 있다고 보는 견해는 김창섭(1999)에서 보인다. 그러나 이에 따르면 한자어 단어와만 결합하는 한자는 접사가 아닌 어근으로 간주해야 하는데 이 책에서는 이러한 견해를 따르지는 않는다. 즉 고유어 단어이든 한자어 단어이든 이들과 결합할 수 있는 한자는 접사가 될 수 있다고 보고자 한다. 이에 대해서는 3장에서 동의파생어를 다루는 자리에서 다시 한 번 더 논의하고자 한다.

주'에 결합하고 있는 접미사로 간주될 수 있는 경우도 이러한 예의 하나이다.[19]

앞서 언급한 바와 같이 의미 관계는 원칙적으로 같은 범주 사이에 형성되는 것이므로 어떤 언어 단위가 접사이냐 어근이냐 하는 것은 매우 중요한 문제이다. 따라서 한자의 접사 여부 판정도 이러한 관점에서 보면 그 중요성을 짐작하기 어렵지 않다.

2.1.3.3.2. 접사와 형태소

앞서 언급한 바와 같이 파생어는 직접 성분 가운데 어느 하나가 접사인 단어이다. 그런데 이를 형태소의 측면에서 보면 경우가 그렇게 단순하지 않다. 즉 형태소의 측면에서 보면 파생어는 우선 어휘 형태소와, 문법 형태소 가운데 접두사 혹은 접미사가 결합한 단어라고 할 수 있다. 그런데 이때 '문법 형태소'라는 명칭을 두고 '접두사' 혹은 '접미사'라는 명칭을 새로 도입한 이유가 무엇인지 따져볼 필요가 있다. 그 가운데 하나는 문법 형태소가 어휘적 단어 형성에만 관여하는 것은 아니기 때문이다.

(16) 가. 덮개가 크다.

나.

덮-	-개	가	크-	-다
어휘 형태소	문법 형태소	문법 형태소	어휘 형태소	문법 형태소

(16나)는 (16가)의 문장을 형태소로 나누고 이를 어휘 형태소와 문법 형

---

19) 이는 곧 이 책이 어떤 언어 요소에 대해 단일범주적 입장이 아니라 다범주적 입장을 취하고 있음을 의미한다. 다범주적 입장은 저자가 최형용(1997a)에서부터 견지하고 있는 견해이다. 이에 따르면 의미의 측면에서는 동음이의적 입장이 아니라 다의어적 입장을 취하는 것과 일맥상통하는 것이며 품사의 측면에서는 품사 전성이 아니라 품사 통용의 관점을 취하는 것과 동궤임을 언급하고자 한다.

태소로 나눈 것이다. 그런데 문법 형태소 가운데 '-개'만 어휘적 단어 형성에 관여하고 있고 나머지 '가'와 '-다'는 문장 형성에 관여하고 있다. 따라서 문법 형태소 가운데 어휘적 단어 형성에만 관여하는 것을 한정하여 '접사'라는 명칭을 붙이고 그 위치에 따라 접두사와 접미사로 나눈 것이다. 물론 유형론적 측면에서 보면 굴절어인 인구어에는 굴절 접사(屈折接辭, inflectional affix)도 존재하고 이들도 그 위치에 따라 접두사와 접미사로 나뉘므로 접사가 늘 새로운 단어 형성에만 관여하는 것은 아니다. 그러나 굴절 접사는 새로운 단어 형성에 관여하는 것이 아니라 다양한 문법 범주를 실현하여 다양한 단어형(word form)을 실현시키는 역할을 담당한다. 그리고 이 경우에도 굴절 접사는 문장 형성에 관여하는 것은 아니라는 점이 중요하다. 즉 굴절어의 굴절 접사도 구 이상과 결합하는 경우가 없다는 점에서 해당 구성은 여전히 어휘적 단어의 범위를 넘어서지 못하는 것이다. 다만 한국어에는 어휘적 단어의 범위를 넘어서지 못하는 굴절 접사가 존재하지 않으므로[20] 접사란 파생어 형성 즉 새로운 단어 형성에 관여하는 파생 접사에만 한정된다고 할 수 있다.

한편 문법 형태소와 마찬가지로 문법 형태소의 대(對)가 되는 어휘 형태소도 단어 형성에만 참여하는 것은 아니다. (16나)에서 어휘 형태소는 '덮-'과 '크-'가 있는데 이 가운데 어휘적 단어 형성에 참여하고 있는 것은 '덮-'이다. 이처럼 어휘 형태소 가운데 어휘적 단어 형성에 참여하는 것을 '어근'이라고 부른 바 있다. 이에 대해 '크다'의 '크-'는 문장 형성에 참여하고 있다는 점에서 이를 '어간'이라고 불러 서로 구분할 필요가 있다.

무엇보다도 어휘 형태소와 어근의 관계는 일대일의 관계가 아니다. 앞서 언급한 바와 같이 어근에 복합 어근을 설정하고 있다는 사실이 이러한

---

20) 이는 곧 한국어의 조사나 어미는 굴절 접사와는 달리 구 이상과 결합하여 문장 형성에 참여하고 있음을 나타낸다.

관계를 단적으로 보여 준다. 어근은 형태소 두 개 이상으로 이루어질 수 있고 이를 복합 어근이라는 말로 부르고 있기 때문이다.

그렇다면 접사와 형태소의 관계는 어떠할까? 대답부터 제시하자면 한국어의 경우 접두사나 접미사 즉 접사도 어휘 형태소와 어근의 관계와 마찬가지로 문법 형태소와 일대일의 관계를 가지는 것은 아니다. 접사는 대부분 형태소 하나로 이루어져 있지만 최형용(2017)에서 언급한 바와 같이 한국어의 접사 가운데 적어도 접미사는 형태소 두 개 이상으로 이루어진 경우도 존재할 수 있는 것이다.

(17) 가. '-당하-'('거절당하다, 무시당하다')
　　가'. '-장이'('간판장이, 땜장이')
　　나. '-(으)ㅁ직스럽-'('먹음직스럽다, 믿음직스럽다')
　　나'. '-(으)ㅁ직하-'('먹음직하다, 믿음직하다')
　　나''. '-스레하-'('거무스레하다, 넓적스레하다')
　　나'''. '-스름하-'('거무스름하다, 넓적스름하다')
　　다. '-맞이'('달맞이, 손님맞이')
　　다'. '-박이'('점박이, 금니박이')
　　다''. '-붙이'('살붙이, 피붙이')
　　다'''. '-살이'('감옥살이, 타향살이')
　　다''''. '-잡이'('고기잡이, 고래잡이')

(17)은 『표준국어대사전』에서 접미사로 제시된 것들인데 이들은 두 개 이상의 형태소로 분석될 가능성이 높은 것들이다.

(17가, 가')은 한자가 관여한 것인데 (17가)에서 '-당하-'의 '-당(當)', (17가')에서 '-장이'의 '-장(匠)'이 이에 해당한다. (17가)의 '-당하-'를 동음의 어휘적 단어 '당하다'와 달리 접미사로 처리한 것은 '피동'의 의미를 중시한 것으로 보인다. 그러나 '거절당하다'나 '무시당하다'가 모두 '거절을

당하다', '무시를 당하다'로 의미 차이 없이 환원이 가능하다는 점에서 접미사로 간주되는 데 문제가 없는 것은 물론 아니다.

(17가)의 '-장이'에서 '-이'는 사람을 의미하는 접미사이고 '-장(匠)'은 한자로서 이 역시 '기술자'인 사람을 의미하므로 선행 요소가 한자어일 경우 아직 다음과 같이 '-장'만으로도 '-장이'와 공존하는 경우가 적지 않다.

> (18) 간판장이 - 간판장, 유기장이 - 유기장, 도채장이 - 도채장, 모의장이 - 모의장, 소목장이 - 소목장, 염장이 - 염장, 옥장이 - 옥장, 옹기장이 - 옹기장, 은장이 - 은장, 인석장이 - 인석장, 조궁장이 - 조궁장, 토기장이 - 토기장

따라서 접미사로서의 자격에 문제가 있는 '-당하-'와는 달리 적어도 위의 경우에서는 '-장'과 '-이'에 각각 형태소 자격을 줄 수밖에는 없을 듯하다.21)

(17나, 나)의 '-(으)ㅁ직스럽-'과 '-(으)ㅁ직하-'는 단어 형성에 참여하는 경우가 극히 제한되어 있기 때문에 사전에서는 이들을 하나의 접미사로 처리하고 있으나 그동안의 논의에서는 이들을 '-(으)ㅁ직-'과 나머지 '-스럽-', '-하-'로 나누어 왔다. 즉 '-(으)ㅁ직-'에 대해서는 시제 요소가 개입 가능한 것과 그렇지 않은 것으로 나누되 시제 요소가 개입하지 않은 것만을 접미사로 간주한 것이다(김창섭 1985 : 165-166). 이때의 '-(으)ㅁ'은 어미라고 할 수 있다. 따라서 '-(으)ㅁ직스럽-'이나 '-(으)ㅁ직하-'는 최대 세 개의 형태소로 분석될 가능성도 존재한다. 그리고 현대 한국

---

21) 따라서 (18)의 단어쌍들은 어근은 변화가 없지만 접미사에 변화가 있되 그 의미는 차이가 없는 동의파생어에 해당한다고 할 수 있다. 이에 대해서는 §3.2에서 자세히 다루기로 한다.

어 공시적으로 '-스럽-'과 '-하-'에 접미사 자격을 주는 데는 문제가 없으므로 적어도 '-(으)ㅁ직-'과 '-스럽-' 혹은 '-(으)ㅁ직-'과 '-하-'로 분석하는 데는 이견(異見)이 없었던 것으로 보인다.

그러나 이러한 분석에서 문제가 되는 것은 '-스럽-'이나 '-하-'를 제외한 '믿음직-'이나 '먹음직-'이 단어의 지위를 가지지 못한다는 점이다. 따라서 '믿음직-'이나 '먹음직-'은 단어 어근이 아니라 형태소 어근으로 처리할 수밖에는 없고 '-(으)ㅁ직-'도 지위를 부여한다면 접미사일 수밖에는 없으므로 이때의 '-(으)ㅁ직-'을 이른바 '어근 형성 접미사'로 간주하게 된다.

그런데 여기서 생기는 문제는 접미사에 대한 정의이다. 접미사는 통상 '새로운 단어를 형성하는 요소'로 정의되는데 경우에 따라서는 단어 아닌 '새로운 어근'을 형성하는 경우도 있다고 인정해야 하므로 그 정의를 수정해야 한다. 따라서 '새로운 단어를 형성하는 요소'로 접미사를 정의하려는 주장을 유지하기 위해서는 '-(으)ㅁ직스럽-'이나 '-(으)ㅁ직하-'를 통째로 하나의 접미사로 간주할 가능성이 없지 않다. 이것은 달리 말하자면 결과적으로 두 개 이상의 형태소로 구성된 접미사를 인정하게 되는 셈이다. 이러한 문제는 경우는 다르지만 (17나″, 나‴)의 '-스레하-', '-스름하-'에도 동일하게 적용된다.

한편 (17다, 다′, 다″, 다‴, 다‴′)의 예들은 이른바 'NV이'형 통합 합성어(synthetic compound)와 관련된 것들 가운데 '-V이'가 접사로 간주될 수 있는 경우라는 점에서 공통성이 있다. 여기에서 주목하고자 하는 것은 '-V이'가 접미사로 간주된다면 이때 '-V이'가 형태소 두 개로 이루어진 것임을 부정하기 어렵다는 것이다. (17다, 다′, 다″, 다‴, 다‴′)에서 '-V이'를 접미사로 인정할 수 있다고 보는 이유는 크게 두 가지 때문이다. 하나는 (17다, 다′, 다″, 다‴, 다‴′)에서 접미사 '-이'를 제외한 나머지가, '남의집살다'

와 같은 경우가 없는 것은 아니지만 다음과 같이 합성 동사로 존재하지
않는 경우가 대부분이라는 사실이다.

> (19) 가. '-맞이' : *달맞다, *손님맞다 …
> 나. '-박이' : *점박다, *금니박다 …
> 다. '-붙이' : *살붙다, *쇠붙다 …
> 라. '-살이' : *감옥살이, *타향살다 …
> 마. '-잡이' : *고기잡다, *고래잡다 …

다른 하나는 '-V이'가 (19)의 경우들과는 달리 'NV'를 상정하기 어려울
만큼 특정한 의미를 가지는 경우도 적지 않다는 점이다.

> (20) 가. '-박이' : 장승박이, 본토박이 …
> 나. '-붙이' : 쇠붙이, 금붙이 …
> 다. '-살이' : 종살이, 가난살이 …
> 라. '-잡이' : 총잡이, 칼잡이 …

(20)에서의 '-V이'는 선행하는 'N'과의 의미 관계가 (19)의 경우들과는
현저히 차이가 나고 따라서 그 의미도 특수화를 겪은 경우라 할 수 있다.

따라서 이러한 사정을 고려한다면 (17다, 다', 다", 다'", 다"")의 '-V이'는
접미사로 분석하는 것이 가능하고 이때 '-V이'는 형태소 두 개로 이루어
진 접미사로 보아야 한다는 결론이 도출된다.

이상의 논의는 어근을 형태소의 수에 따라 단일 어근과 복합 어근으로
나눈 것처럼 접사도 형태소의 수에 따라 단일 접사와 복합 접사로 나눌
수 있다는 결론을 가능하게 한다. 다만 한국어의 접사 가운데 형태소 두
개 이상으로 이루어진 것은 접미사에만 한정되므로 복합 접사는 접미사
의 경우에만 문제가 된다는 차이가 있을 뿐이다.

파생어의 경우 직접 성분 가운데 하나가 접사이므로 이를 의미 관계의 측면에서 몇 가지 경우의 수로 살펴볼 수 있다. 우선 어근과 접사는 서로 대등한 범주가 아니므로 서로 의미 관계에 놓이기 어렵다. 그러나 어근 가운데는 복합 어근이 존재하고 이때 복합 어근의 구성 요소 사이에는 의미 관계가 존재할 수 있다. 이에 대해 접사의 경우에는 복합 접사라도 구성 요소 사이에 의미 관계가 존재할 수 없다. (18)에서 제시한 '간판장이'와 '간판장'은 서로 유의 관계에 놓여 있지만 이것은 어휘적 단어와 어휘적 단어 사이의 문제이지 접미사 '-장'과 '-이' 사이의 의미 관계라고 보기 어렵기 때문이다. 따라서 형태소 두 개 이상으로 이루어진 접미사와 형태소 두 개 이상으로 이루어진 어근은 의미 관계의 측면에서도 구별할 필요가 있다.

2.1.3.4. 합성어의 종류

합성어는 접사가 포함되어 있더라도 직접 성분이 모두 어근으로 이루어진 단어이다. 앞서 언급한 것처럼 해당 어근이 복합 어근인 경우에는 어근 사이에도 의미 관계가 성립할 수 있다. 그런데 이때 어근 사이의 관계가 어떻게 구성되어 있느냐에 따라 의미 관계의 양상도 달라질 수 있다. 여기서는 이러한 관점에서 합성어의 종류에 대해 살펴보고자 한다.

2.1.3.4.1. 대등 합성어와 종속 합성어

먼저 합성어는 어근과 어근의 비중에 따라 대등 합성어와 종속 합성어로 나눌 수 있다. 대등 합성어는 구성 요소가 가지는 비중이 어느 한쪽으로 쏠리지 않은 합성어를 말한다. 이에 대해 종속 합성어는 구성 요소가 가지는 비중이 어느 한쪽으로 쏠린 합성어를 일컫는다.

(21) 가. 논밭, 마소 …

가. 높푸르다, 오가다 …
가″. 산수(山水), 춘추(春秋), 물불 …
나. 헌책, 돌다리 …
나. 검붉다, 검기울다 …
나″. 까치둥지, 범꼬리 …

(21가, 가)은 대등 합성어의 예이다. '논밭'의 '논'이나 '밭', '마소'의 '마'와 '소'는 그 비중이 어느 한쪽으로 쏠리지 않고 그야말로 대등한 자격으로 연결되어 있다. 종래에는 대등 합성어를 주로 명사에만 한정하여 논의해 왔지만 (20가)처럼 용언의 경우에도 대등 합성어를 설정할 수 있다. '높푸르다'와 '오가다'는 그 의미가 '높고 푸르다', '오고 가다'이지 '높아서 푸르다'나 '와서 가다'가 아니므로 어느 쪽으로 쏠림 현상이 일어나지 않는다. 따라서 대등 합성어로 보아도 문제가 없음을 알 수 있다.

(21가″)도 겉으로 보기에는 '산(山)'과 '-수(水)'가 결합하고 '춘(春)-'과 '-추(秋)', '물'과 '불'이 결합하고 있으므로 (21가)와 같은 대등 합성어의 예라고 말할 수 있다. 그러나 그 의미는 '산과 물'이나 '봄과 가을', '물과 불'에서 나아가 각각 '자연', '나이', '어려움'이나 '위험'을 의미하기도 한다. 이처럼 그 의미가 구성 요소와 전혀 다른 합성어를 융합 합성어 또는 외심 합성어(exocentric compounds)라 한다. 외심 합성어란 그 의미나 분포의 중심이 단어 내부에 존재하지 않는다고 하여 붙여진 이름이다.

이들 대등 합성어의 경우 어근과 어근의 비중이 같다는 것은 결국 범주가 동일하다는 것을 의미하는 것이다. 따라서 이들 사이에서는 일정한 의미 관계가 형성된다. 가령 (21가)의 '오가다'는 어근과 어근이 서로 반의 관계에 놓인 것을 확인할 수 있다. 이는 융합 합성어의 경우에도 마찬가지이다. 비록 그 전체 의미는 구성 요소의 합과 같지는 않지만 어근 사이에서의 의미 관계는 여전히 유효하기 때문이다. 따라서 (21가″)의 '물불'의 어근 '물'과 '불'은 서로 반의 관계라는 의미 관계를 가지고 있다고 할 수 있다. 이들은 각각 단어 어근의 자격을 가지고 있지만 형태소 어근의 자격을 가지고 있는 '춘추'의 '춘-'과 '추-'도 역시 마찬가지 의미 관계를 가지고 있다는 점에 주목할 필요가 있다.

(21나, 나')은 종속 합성어의 예이다. (21나)의 '헌책'은 '헌'과 '책'이 대등한 자격을 가지는 것이 아니라 '헌'이 '책'의 의미를 한정해 주고 있다. '돌다리'의 경우도 마찬가지라고 할 수 있는데 이는 '돌과 다리'의 의미가 아니라 '돌로 만든 다리'의 의미이므로 '돌'은 '다리'를 만드는 재료로서 그 의미를 한정해 주고 있다.

종속 합성어를 판정하는 방법으로 흔히 '헌책도 책이다.', '돌다리도 다리이다.'와 같은 검증 틀을 사용하는데[22] 이것은 어근과 어근이 대등한 자격으로 결합된 것이 아니라 앞의 어근이 뒤의 어근에 딸려 있음을 포착하기 위한 것이다. 그런데 한국어의 종속 합성어는 거의 언제나 앞의 어근이 뒤의 어근에 딸려 있는 구조를 가지고 있다. 이것은 한국어가 오른쪽 핵 언어에 속한다는 원리 때문인데 이는 파생어에도 해당하는 것임을 살펴본 바 있다.

(21나')은 용언에서 찾을 수 있는 종속 합성어의 예이다. '검붉다'는 '검고 붉다'의 의미가 아니라 '검은빛을 띠면서 붉다'는 의미이므로 이 역시 '돌다리'와 마찬가지로 '검붉은 색도 붉은색이다.'와 같은 종속 합성어의

---

22) 이를 Allen(1978)에서는 '이다 조건(IS A Condition)'으로 명명하였다. 이를 Allen(1978 : 105)에서는 "[( )x ( )y]z라는 합성어에서 Z는 Y이다."로 도식화한 바 있다. 한편 이러한 관계는 앞서 살펴본 의미 관계 가운데 상하 관계를 연상시킨다. 따라서 '헌책'과 '책', '돌다리'와 '다리'는 서로 상하 관계에 놓여 있다. 다만 이들이 '개'와 '동물' 사이의 상하 관계와 차이를 가지는 것은 '개'와 '동물'은 형태론적인 측면에서 상관관계를 가지지 않는 반면 '헌책'과 '책', '돌다리'와 '다리'는 공통 요소 '책', '다리'를 가지고 있다는 점에서 형태론적 상관관계를 가진다는 점이다. 의미 관계를 형태론적 측면에서 조명하려는 이 책의 관점에서는 이처럼 공통 요소가 존재한다는 사실이 매우 중요하다.

검증 틀을 만족한다. '검기울다'도 종속 합성어에 해당하는데 이 단어는 의미보다 '검-'과 '기울-'의 품사에서 쏠림 현상을 발견할 수 있다. '검-'은 형용사이고 '기울-'은 동사인데 '검기울다'는 품사가 동사이다. 즉 '검-'이 '기울-'의 의미를 한정하는 역할을 하고 있음을 알 수 있으므로 '검기울다'는 종속 합성어임을 알 수 있다. 대등 합성어와 종속 합성어는 그 의미나 분포의 중심을 합성어 내부에서 찾을 수 있다는 점에서 내심 합성어(endocentric compounds)라고도 하여 그렇지 않은 외심 합성어와 구별한다.

(21나")의 '까치둥지'는 어근의 쏠림으로만 보면 종속 합성어에 해당한다고 할 수 있다. '까치둥지는 둥지이다.'의 검증 틀을 만족하기 때문이다. 그러나 이 합성어는 융합 합성어이다. 그 의미가 '부스스하게 흐트러진 머리'를 의미하기 때문이다. 이는 '부스스하게 흐트러진 머리'를 '까치둥지'에 비유(比喩)한 것인데 대등 합성어적 구성이 아니라도 융합 합성어가 생길 수 있음을 말해 주는 단어라고 할 수 있다. '범꼬리'도 역시 종속 합성어적 구성으로 융합 합성어가 된 경우이다. 이 역시 '범꼬리는 꼬리이다.'의 검증 틀을 만족하므로 종속 합성어적 구성이지만 그 의미는 '마디풀과의 여러해살이풀'로서 '까치둥지'처럼 비유 관계에 놓여 있는 융합 합성어의 예가 된다.

그렇다면 어근과 어근 사이의 비중 관계가 대등한 대등 합성어와 마찬가지로 종속 합성어의 경우에도 어근 사이에 의미 관계를 찾을 수 있을까? 결론부터 언급하자면 의미 관계를 찾을 수 있기는 하되 그 종류가 제한된다고 할 수 있다. 즉 어휘 의미론의 대표적인 의미 관계 가운데 유의 관계와 반의 관계는 의미의 대등성에 기반하고 있으므로 이는 대등 합성어의 전유물임을 알 수 있다. 그러나 상하 관계는 의미의 종속성에 기반하고 있으므로 대등 합성어에서는 이를 찾아볼 수 없다. 대신 대등 합성어에서는 찾아볼 수 없는 상하 관계를 찾을 수 있는 경우가 종속 합성어라고 할 수 있다. 따라서 종속 합성어인 '봄철'의 경우에서 볼 수 있는 바와 같이 어근 '봄'과 '철'은 서로 의미 관계의 측면에서도 상하 관계에 놓여 있음을 알 수 있다. 다만 이러한 어근과 어근 사이에서 발견되는 상하 관계는 (21나, 나', 나")의 단어들에서는 발견되지 않는다는 점에 주의할 필요가 있다. 즉 종속적 합성어 가운데는 '헌책'과 '책'의 관계에서 볼 수 있는 바와 같이 단어와 단어 사이에만 종속적 관계를 가지는 것들이 적지 않은데 이러한 관계는 '헌책'의 어근 '헌'과 '책' 사이에서는 성립되지 않는다. 따라서 종속적 합성어 가운데는 '헌'과 '책'이 아니라 '봄'과 '철'처럼 어근과 어근도 종속적 관계를 가지는 경우에만 상하 관계가 발견되는 것이다.

2.1.3.4.2. 통사적 합성어와 비통사적 합성어

한편 합성어 가운데는 어근이 단어일 때 그 단어의 연결이 문장에서의 단어 배열 방식과 일치하는 것이 있다. 이를 통사적 합성어라 하고 그렇지 않은 것을 비통사적 합성어라 한다.[23]

> (22) 가. 논밭, 샘물 ; 헌책, 새해 …
> 　　가. 힘들다, 빛나다 ; 본받다, 힘쓰다 ; 그만두다, 잘되다 …
> 　　나. 붉돔, 건너편, 덮밥 ; 따로국밥 …
> 　　나. 낮잡다, 굶주리다, 맵짜다, 붙박다 …

(22가, 가)은 통사적 합성어의 예이다. (22가)는 통사적 합성어 가운데 명사에 해당하는데 '연필, 책', '철수 책'처럼 문장에서도 명사와 명사가 나란히 오는 경우가 있으므로 '논밭'이나 '샘물'도 문장에서의 단어 배열

---

23) 합성어를 통사적 합성어와 비통사적 합성어로 나눈 것은 Bloomfield(1933 : 233)에서 발견된다. 이것을 한국어에 받아들인 비교적 이른 시기의 논의로는 허웅(1963 : 186)을 들 수 있다.

과 일치한다. '헌책'이나 '새해'의 경우 '헌'과 '새'는 관형사이므로 그 다음에 체언이 오는 것은 문장에서도 매우 자연스러운 일이다.

이러한 통사적 합성어는 용언에서도 발견된다. (22가)의 예들이 이에 해당하는데 문장에서도 '나 간다', '밥 먹자', '빨리 가라'처럼 주어와 서술어, 주어와 목적어, 부사어와 서술어가 결합하는 것이 자연스럽기 때문에 문장으로 치면 주어와 서술어의 결합인 '힘들다, 빛나다', 목적어와 서술어의 결합인 '본받다, 힘쓰다', 부사어와 서술어의 결합인 '그만두다, 잘되다'와 같은 합성어도 존재한다.

이에 대해 (22나, 나')의 예들은 비통사적 합성어의 예들이다. (22나)는 비통사적 합성어 가운데 명사에 해당하는데 '붉돔', '건너편', '덮밥'은 모두 용언의 어간 '붉-', '건너-', '덮-'이 곧바로 명사에 결합되어 있다. 문장에서라면 반드시 관형사형 전성 어미가 필요하여 '붉은', '건넌', '덮은' 정도가 되어야 할 것이다. '따로국밥'은 부사 '따로'가 '국밥'과 결합하여 합성어를 만들고 있는데 문장에서라면 '따로'가 명사 앞에 오는 일이 없으므로 이 역시 비통사적 합성어라고 할 수 있다.

(22나')은 비통사적 합성어 가운데 용언을 제시한 것이다. '낮잡다', '굶주리다', '맵짜다', '붙박다'는 용언의 어간 '낮-', '굶-', '맵-', '붙-'이 다시 각각 용언 어간인 '잡-', '주리-', '짜-', '박-'과 결합하고 있는데 문장에서라면 연결 어미가 필요해 그 의미에 따라 '낮게', '굶고', '맵고', '붙게' 정도가 되어야 할 것이다.[24]

---

24) 여기서 한 가지 주의해야 할 것은 '통사적 결합어'라는 말이 곧 통사적 원리를 이용한 단어 형성을 의미하는 것으로 보는 것은 무리가 있다는 점이다. 사실 '통사적 합성어'라는 말은 이러한 의도를 짙게 깔고 있고 실제로 문장을 형성하는 원리가 단어를 형성하는 데에도 적용된다고 보는 견해가 적지 않다. 이러한 시각에서는 '비통사적 합성어'는 무언가 불규칙하고 예외적인 합성어라는 인식을 주게 된다. 그러나 최형용(2016a : 431-437)에서 언급한 바와 같이 통사적 합성어든 비통사적 합성어든 단어 형성을 의미론적 빈칸을 채우는 과정으로 본다면 굳이 통사적 원리를 통해 단어가 형성된 것이라고

통사적 합성어와 비통사적 합성어의 구별은 앞서 언급한 대등 합성어와 종속 합성어의 구별만큼 의미 관계의 측면에서 특별한 역할을 한다고 보기는 어렵다. 범주의 대등성만 유지된다면 통사적 합성어든 비통사적 합성어든 단어 내부에서 의미 관계를 살펴볼 수 있기 때문이다. 가령 (21)의 '물불'과 '헌책'은 모두 통사적 합성어이지만 '물불'만 단어 내부에서 의미 관계가 발견되고 '오가다', '검붉다'도 모두 비통사적 합성어이지만 '오가다'만 단어 내부에서 의미 관계가 발견되는 것이다. 그러나 통사적 합성어든 비통사적 합성어든 이들은 모두 문장과의 관계를 문제 삼는다는 점에서 단어 내부의 어근이 모두 단어 어근이어야 한다는 제약을 가지고 있다는 점에 주목할 필요가 있다. 즉 통사적 합성어와 비통사적 합성어는 대등 합성어, 종속 합성어 가운데 어근이 단어 어근인 경우만 해당하므로 단어 내부의 의미 관계도 그만큼 제한적으로 다룰 수밖에 없는 것이다.

2.2. 형태론적 관점에서 본 의미 관계

지금까지 의미 관계를 형태론적 측면에서 고찰하기 위해 몇 가지 기본적인 개념에 대해 살펴보면서 그것이 의미 관계와 가지는 관계에 대해 언급해 보았다. 그동안 단어 내부 요소의 의미 관계에 대해 관심이 전혀 없었던 것은 아니지만 이는 어디까지나 황화상(2001), 채현식(2003b)에서 언급된 바와 같이 논항 관계에 한정되어 전개되어 왔다고 보아도 과언이 아니다. 그러나 논항 관계는 엄밀한 의미에서 본다면 대치가 가능한 계열 관

보지 않아도 된다.

계가 아니라 공기 관계를 중심으로 한 결합 관계를 지향한 것이었다고 할 수 있다.

이 책에서 관심을 가지고 있는 의미 관계는 결합 관계가 아니라 계열 관계이다. 따라서 형태론적 측면에서 의미 관계를 살펴본다는 것이 어떠한 관점 전환을 가져오는지에 대해 먼저 종합적으로 언급할 필요가 있다.

2.2.1. 유의 관계의 형태론적 조명

그동안 유의어에 대해 이를 형태론적인 관점에서 조명한 경우는 거의 없었다고 보아도 과언이 아니다. 이는 유의어에 대한 분류에서 단적으로 드러난다. 가령 임지룡(1992 : 137-141)에서는 Jackson(1988 : 68-74)의 논의를 토대로 한국어의 유의어를 방언, 문체, 전문성, 내포, 완곡어법의 다섯 가지로 분류하고 있다. 이들 각각에 대한 예의 일부를 보이면 다음과 같다.

> (23) 가. 백부(伯父) : 큰아버지(대구・상주)-맏아버지(안동)
> 　　　 백모(伯母) : 큰어머니(대구・상주)-맏어머니(안동)
> 　　나. 고유어-한자어 : 머리-두상(頭上), 이-치아(齒牙)
> 　　　　고유어-서구어 : 불고기집-가든, 가게-수퍼마켓, 동아리-써클
> 　　　　고유어-한자어-서구어 : 소젖-우유-밀크
> 　　다. 화학 : 염화나트륨-소금, 지방-기름
> 　　　　승려 : 곡차-술
> 　　라. 즐겁다-기쁘다, 불쌍하다-가엾다
> 　　　　간호부-간호사
> 　　마. 죽다-돌아가다, 천연두-마마

그런데 (23)에 제시된 유의어들은 §2.1에서 살펴본 바와 같이 단어를 형태소의 수, 직접 성분 분석에 따른 접사와 어근의 단어 형성 참여 양상에

따라 단일어, 파생어, 합성어로 나눈다고 할 때는 다시 다음과 같이 분류
할 수 있다.

> (24) 가. 단일어-단일어
>   동아리-써클, 즐겁다-기쁘다
>   나. 단일어-파생어
>   불쌍하다-가엾다
>   다. 단일어-합성어
>   머리-두상(頭上), 이-치아(齒牙), 불고기집-가든, 가게-수퍼마켓,
>   소젖-우유-밀크, 염화나트륨-소금, 지방-기름, 곡차-술, 죽다-
>   돌아가다
>   라. 파생어-파생어
>   간호부-간호사
>   마. 합성어-파생어
>   백부(伯父)-맏아버지(안동)
>   백모(伯母)-맏어머니(안동)
>   바. 합성어-합성어
>   천연두-마마

(24)의 분류에 대해서는 연구자나 관점에 따라 이견이 있을 수 있으
나[25] 유의어의 형태론적 구조가 단일어, 파생어, 합성어 모두에서 다양하
게 발견된다는 데는 별다른 이견이 없을 듯하다. 이 가운데 (24다)의 경
우가 가장 많은 것은 그동안 여러 차례 언급되어 온 바와 같이 고유어와
한자어가 유의어 쌍을 보이는 경우가 여기에 속하는 일이 적지 않기 때

---

25) 가령 '즐겁다-기쁘다'에서 보이는 접미사 '-업-', '-브-'는 공시적으로는 더 이상 생산
성을 가지지 않으므로 최형용(2016a : 35-36)에서는 이들에 형태소의 자격을 주기가 어
렵다고 보았다. 그러나 최형용(2008 : 29)에서는 '즐겁다-기쁘다'를 (24라)의 '파생어 :
파생어'로 처리한 바 있다. 여기서는 최형용(2016a)에 따라 '즐겁다-기쁘다'의 경우를
단일어와 단일어 사이에서 나타나는 유의 관계로 처리하고자 한다.

문이다.

(24)의 예들은 단어와 단어 사이에 나타나는 유의 관계에 해당하고 이러한 경우에 대해서는 그동안 어휘 의미론의 측면에서도 관심을 기울인 바 있다. 그런데 이러한 의미 관계에 있어서 이 책에서 주목하고자 하는 것은 단어와 단어 사이에서도 형태론적인 측면에서 공통 요소를 가지는 경우이다. 즉 (24라)의 '간호부'와 '간호사'는 다른 예들과는 달리 '간호'라는 공통 요소를 가지고 있으므로 두 단어가 단어 형성의 측면에서 연관성을 갖는다. 앞의 논의를 참고한다면 '간호부'나 '간호사'는 모두 복합 어근이자 단어 어근인 '간호'에 접미사이자 한정적 접사인 '-부'와 '-사'가 교체하면서 의미 관계를 맺는 경우에 해당한다.

(24)에서는 이러한 예들이 많지 않은데 이것은 필연적인 결과가 아니라 그동안의 어휘 의미론의 논의가 단어의 형태 구조에 관심을 기울이지 않았던 데 그 이유가 있다. 한국어에는 이처럼 공통 요소를 보이면서 서로 의미 관계를 가지는 예들이 적지 않은데 이 책에서는 바로 이러한 점에 착안하여 단어 사이의 유의 관계에 대해 주목하고자 하는 것이다. 이러한 측면에서 보면 (23)에 대한 (24)의 관점 전환은 그동안의 어휘 의미론이 형태론의 측면에서는 별다른 관심을 가지지 않았던 사실을 단적으로 보여 주는 것으로 해석할 수 있게 한다.

이처럼 단어의 형태론적 측면에 대한 고려가 중요한 것은 의미 관계를 단어 내부에도 적용할 수 있다는 점이다. 따라서 유의 관계도 단어와 단어 사이에만 존재하는 것은 아니다.

> (25) 가. 담장(墻 또는 牆), 뼛골(骨), 널판(板), 몸체(體), 애간장(肝臟), 옻칠(漆), 글자(字)
>
> 가′. 본(本)밑, 기(機)틀, 족(足)발, 언(堰)덕, 형(型)틀, 연(淵)못
>
> 나. 굳건(建)하다, 익숙(熟)하다, 온전(全)하다

(25)는 심재기(2000 : 39-40)에서 제시된 예를 바탕으로 한 것인데 먼저 (25가)는 고유어를 관형어처럼 거느리고 한자(어)가 뒤따라 반복된 단어의 예들로 제시된 것이다. (25가')은 이에 대해 한자가 앞에 나오고 고유어가 뒤따르는 형태의 낱말로 제시된 것이다. (25가, 가')이 명사임에 비해 (25 나)는 형용사의 예들이다. 이들 예는 모두 단어 내부의 요소들이 유의 관계를 보이는 것이라 할 수 있는데 이를 단어 어근과 형태소 어근으로 나누어 대응 관계를 보이면 다음과 같다.

(26) 가. 애간장
    나. 담장, 뼛골, 널판, 몸체, 옻칠, 글자, 본밑, 기틀, 족발, 형틀, 연못,
        굳건하다, 익숙하다
    다. 언덕, 온전하다

(26가)는 단어 어근과 단어 어근이 유의 관계를 보이는 예이고 (26나)는 단어 어근과 형태소 어근이 유의 관계를 보이는 예이다. 이에 대해 (26다)는 형태소 어근과 형태소 어근이 유의 관계를 보이는 것으로 볼 수 있는 경우이다.

이 가운데 (26가)의 '애'와 '간장'은 단일 어근과 복합 어근 사이에 유의 관계를 보이고 있다는 점을 알 수 있다. 이에 대해 나머지 (26나, 다)는 모두 단일 어근과 단일 어근 사이에 유의 관계가 성립한다.

이러한 관점을 확대하면 단어 내부에서 유의 관계를 지니는 한자(어)와 한자(어)의 복합어 예들은 사실 그 수를 헤아리기 어려울 만큼 많다.

(27) 가. 가옥(家屋), 증오(憎惡), 사상(思想), 가치(價値), 안목(眼目), 신체(身
        體), 비애(悲哀), 환희(歡喜), 곡절(曲折) …
    나. 순간순간(瞬間瞬間), 요소요소(要所要所), 조목조목(條目條目)
    나'. 사사건건(事事件件), 시시각각(時時刻刻), 명명백백(明明白白)

(27가)는 유의 관계를 이루는 한자와 한자가 결합된 복합어로 그 수로 따진다면 가장 많은 경우가 이에 속한다고 할 수 있다. '가옥'에서 '신체' 까지는 노명희(2009a : 297)에서 가져온 것인데 공교롭게도 한국어의 동의 중복 현상을 포괄적으로 다룬 노명희(2009a)에서 이들에 대해 언급하지 않고 있는 것을 익명의 심사자가 제시한 것이라는 점에서 흥미롭다. (27나) 는 한자어끼리 결합된 경우를 든 것이고 (27나')은 반복의 양상이 (27나)와 는 달리 고유어의 반복 양상과 차이를 가진다는 사실을 보이기 위한 것이다.26)

이들도 앞의 논의에 따라 단어 어근과 형태소 어근으로 나누어 그 대응 관계를 정리하면 다음과 같다.

> (28) 가. 순간순간, 요소요소, 조목조목, 사사건건, 시시각각, 명명백백
> 나. 가옥, 증오, 사상, 가치, 안목, 신체, 비애, 환희, 곡절

(28가)는 (26가)와 마찬가지로 단어 어근과 단어 어근이 유의 관계를 보이는 것이고 (28나)는 (26다)와 마찬가지로 형태소 어근과 형태소 어근이 유의 관계를 보이는 경우이다. 한자와 한자가 단어 내부에서 유의 관계를 보이는 경우는 특히 (28나)와 같이 형태소 어근과 형태소 어근이 유의 관계를 보이는 경우가 지배적이고 (26나)와 같이 형태소 어근과 단어 어근이 유의 관계를 보이는 경우는 찾기 힘들다.

---

26) 노명희(2009a)에서는 한국어의 동의 중복 현상을 하위 분류할 때는 동종 어휘와 이종 어휘로 나누었다. 동종은 이를테면 고유어와 고유어, 한자(어)와 한자(어) 결합에서 나타나는 경우이고 이종은 고유어와 한자(어) 혹은 한자(어)와 고유어의 결합에서 나타나는 경우이다. 이종에는 한자(어) 외에 '바자회(bazar會), 남포등(<lamp燈)'의 '바자', '남포'와 같은 외래어의 경우도 제시되어 있으나 형태론적 측면에서는 한자(어)와 고유어의 결합과 구별되는 특성이 나타나지 않기 때문에 이 책에서는 이들에 대해서는 따로 언급하지 않기로 한다. 반의 관계, 상하 관계도 마찬가지이다.

2.2.2. 반의 관계의 형태론적 조명

유의 관계와 마찬가지로 반의 관계에 놓인 어휘 사이의 관계도 형태론적 측면에서 조명할 수 있다. 우선 반의어를 몇 가지 제시해 보기로 한다.

(29) 가. 춥다-덥다, 마르다-뚱뚱하다
　　　나. 시골-도시, 시아버지-시어머니

(29가)는 정도 반의어의 예이고 (29나)는 상보 반의어의 예이다.[27] 그런데 이들은 앞의 유의 관계에서와 마찬가지로 형태론적 측면에서는 다시 다음과 같이 정리될 수 있다.

(30) 가. 단일어-단일어
　　　　춥다-덥다
　　　나. 단일어-파생어
　　　　마르다-뚱뚱하다
　　　다. 단일어-합성어
　　　　시골-도시
　　　라. 파생어-파생어
　　　　시아버지-시어머니

---

27) 박철우(2013 : 465-466)에서는 반의어를 최소한 '상보대립어, 등급반의어, 방향반의어, 관계반의어'의 넷으로 구분해야 한다고 보았는데 이 가운데 '관계반의어'는 2항 관계 이상의 관계를 나타내는 서술어들이 반의어로 이해되는 경우로서 어떤 2항 관계어의 두 논항의 관계를 반대로 만들어 주는 2항 관계어가 있다면 그 두 서술어 사이의 관계를 관계반의적이라고 하였다. 이에 따르면 가령 '팔다'와 '사다'는 "철수가 영희에게 사과를 팔았다."가 "영희가 철수에게서 사과를 샀다."를 통해 반의 관계를 확인할 수 있다고 본다. 이러한 관계에 따라 "돌이가 순이를 잡았다."도 "순이가 돌이에게 잡혔다."에서의 '잡다'와 '잡히다' 즉 능동사와 피동사도 서로 관계반의어 관계에 있다고 보았다. 물론 연구자에 따라서는 이보다 더 많은 부류의 반의어를 설정하기도 한다. 그러나 이 책은 어휘 의미론의 측면에서 반의 관계를 보이는 단어들을 분류하는 데 초점이 놓여 있는 것이 아니라 이를 형태론적으로 조명하는 것이 주된 목적이므로 이에 대해 더 자세히 논의하지는 않기로 한다.

(30가)는 정도 반의어 '춥다-덥다'가 단일어와 단일어 사이의 반의 관계를 보여 주고 (30나)는 정도 반의어 '마르다-뚱뚱하다'가 단일어와 파생어 사이에서 반의 관계에 놓여 있음을 보여 주고 있다. 한편 (30다)는 상보 반의어 '시골-도시'가 단일어와 합성어 사이의 반의 관계를 보여 주고 (30라)는 상보 반의어 '시아버지-시어머니'가 파생어와 파생어 사이에서 반의 관계에 놓여 있음을 보여 주고 있다.

이는 곧 (29)에서 제시하지 않은 나머지의 파생어와 합성어, 합성어와 합성어 사이에서도 반의 관계를 찾을 수 있음을 의미한다.

(31) 가. 파생어-합성어
　　　　미성숙-성숙
　　나. 합성어-합성어
　　　　헌것-새것

(31가)는 반의 관계에 놓여 있는 '미성숙-성숙'이 파생어와 합성어의 형태 구조를 가지고 있음을 보여 주고 (31나)는 반의 관계에 놓여 있는 '헌것-새것'이 합성어와 합성어의 형태 구조를 가지고 있음을 보여 준다.

앞서 살펴본 바와 같이 이들 가운데 단어 형성의 측면에서 살펴볼 수 있는 것은 파생어나 합성어에 해당하고 또한 서로 공통 요소를 가진 경우에만 단어 형성의 측면에서 논의할 수 있음을 염두에 둘 때 (30)과 (31)은 다시 두 부분으로 나눌 수 있다. 하나는 유의 관계에서와 마찬가지로 반의 관계에 놓인 단어들이 서로 계열 관계를 이루는 경우이다. (30라)와 (31나)가 이에 속한다.

그런데 반의 관계에서는 이들과는 달리 단어 형성의 관계가 직접적으로 관련되는 경우가 있다는 점에 주목할 필요가 있다. 이는 (31가)에서 살펴볼 수 있다. 즉 (30라)의 경우는 접두사 '시(媤)-'가 중심이기는 하지만

'시아버지'를 출발로 하여 '시어머니'가 형성되었다고 보기 어려우며 (31
나)의 경우도 '헌것'을 출발로 하여 '새것'이 형성되었다고 보기 힘든 데
비해 (31가)는 '성숙'에 접두사 '미(未)-'가 결합하여 형성된 것이기 때문이
다. 즉 (30라)와 (31나)가 단어 형성의 측면에서 계열적이고 간접적이라면
(31가)의 경우는 통합적이고 직접적인 것이다.

유의 관계에서와 마찬가지로 반의 관계에서도 단어 사이가 아니라 단
어 내부를 관심 대상으로 삼을 수 있다.

(32) 가. 남녀(男女), 노소(老少), 자녀(子女), 시비(是非), 부모(父母), 출입(出
入), 상하(上下), 좌우(左右), 동서(東西), 남북(南北), 가감(加減), 승
제(乘除), 가부(可否), 천지(天地), 개폐(開閉), 음양(陰陽), 선후(先
後), 대소(大小), 전후(前後), 출결(出缺), 신구(新舊), 존비(尊卑), 강
약(强弱), 냉온(冷溫), 장단(長短), 고저(高低), 주야(晝夜), 자타(自
他), 자웅(雌雄), 수족(手足), 종횡(縱橫), 원근(遠近), 허실(虛實) …
　　가'. 손발, 암수, 밤낮, 가로세로 …
　　나. 허허실실(虛虛實實)

(32가)는 단어 내부에서 한자(어)와 한자(어)가 반의 관계에 놓여 있는
경우이고 (32가')은 고유어와 고유어가 반의 관계에 놓여 있는 경우이다.
(32나)는 (32가)에 제시된 '허실'이 반복될 때 '*허실허실'과 같은 구성을
이루는 것이 아님을 보여 준다.

단어 내부를 대상으로 의미 관계를 고찰할 때 드러나는 흥미로운 측면
한 가지는 유의 관계와의 비교를 통해서이다. 앞서 유의 관계로 이루어진
한자의 경우들에는 '한자(어)+고유어', '고유어+한자(어)'의 경우처럼 어
종(語種)이 서로 이질적인 경우가 적지 않았을 뿐만 아니라 가장 대표적인
경우 가운데 하나이지만 반의 관계의 경우에는 이러한 것들이 잘 보이지
않기 때문이다.[28]

유의 관계에서 살펴본 것처럼 반의 관계를 보이는 요소가 반드시 어휘 곧 단어의 자격을 가져야 하는 것은 아니다. 따라서 단어 내부의 의미 관계를 문제 삼는 경우에는 단어 어근이 아니라 형태소 어근도 대상으로 삼을 수 있으나 어휘 내부의 반의 관계는 단위의 측면에서만 보면 다음과 같이 경우의 수가 줄어든다는 특징이 있다.

> (33) 가. 손발, 밤낮, 가로세로, 동서, 남북, 음양, 남녀, 상하, 선후, 대소,
>   좌우, 전후, 강약, 종횡, 허실, 허허실실
>   나. 노소, 자녀, 시비, 부모, 출입, 가감, 승제, 가부, 천지, 개폐, 출결,
>   신구, 존비, 냉온, 장단, 고저, 주야, 자타, 자웅, 종횡, 원근, 허실

(33)은 (32)의 각 경우를 구성 요소의 자격에 따라 나눈 것인데 (33가)는 구성 요소가 단어 어근과 단어 어근으로 이루어진 것이고 (33나)는 형태소 어근과 형태소 어근으로 이루어진 경우이다. 그런데 유의 관계에서는 단어 어근이 형태소 어근과 결합한 경우를 찾기 어렵지 않았던 데 비해 반의 관계에서는 이를 찾기 어렵다. 이는 곧 유의 관계가 어종(語種)의 측면에서 고유어와 한자의 결합으로 이루어진 경우가 적지 않은 것과 직접적인 연관을 맺는다.

2.2.3. 상하 관계의 형태론적 조명

유의 관계, 반의 관계와 마찬가지로 상하 관계도 이를 형태론적으로 조명할 수 있다.

---

28) 이는 곧 단어 내부에서의 의미 관계를 살펴볼 때 '어종(語種)'이 하나의 변수가 된다는 것을 말해 준다. 이에 대해서는 2부에서 본격적으로 살펴보기로 한다.

(34) 동물-개, 개-삽살개, 삽살개-청삽사리

(34)는 §1.1.3에서 상하 관계의 예로 들었던 (11)의 예를 다시 가져온 것
이다. 이를 우선 단일어, 합성어와 같은 형태론적 연관관계에 따라 살펴보
면 다음과 같다.

(35) 가. 합성어-단일어
　　　　동물-개, 개-삽살개
　　나. 합성어-합성어
　　　　삽살개-청삽사리

이제 앞의 논의에 따라 (35가)의 두 쌍은 형태론적으로 연관관계를 가
지느냐에 따라 구별이 된다. '동물-개'의 쌍은 형태론적으로 같은 형식을
공유하지 않지만 '개-삽살개'의 쌍은 형태론적으로 같은 형식인 '개'를
공유하기 때문이다.

한편 (35가)의 '삽살개'는 유의어로 '삽사리'라는 단어도 존재한다는 점
에 주목할 필요가 있다. '삽사리'는 형태소 어근 '삽살-'에 접미사 '-이'
가 결합한 것으로 분석되고 이 '삽사리'의 존재는 (35나)의 '청삽사리'에
서도 확인된다. 다만 '청삽사리'는 직접 성분이 '[청[삽사리]]'이므로 이를
합성어로 간주했을 뿐이다. 따라서 (35)에는 다음과 같은 쌍들이 추가될
수 있다.

(36) 가. 단일어-파생어
　　　　개-삽사리
　　나. 파생어-합성어
　　　　삽사리-청삽사리

단어 형성의 관점에서는 단어와 단어 사이에 동일한 요소의 존재가 필수적이므로 (35가)의 '개'와 '삽살개', (36나)의 '삽사리'와 '청삽사리'가 이러한 조건을 충족시킨다는 사실을 알 수 있다.

전술해 온 바와 같이 유의 관계와 반의 관계에서 기존의 어휘 의미론적 접근과 가지는 차이 가운데 하나는 그 단위에 있다. 어휘 의미론은 어휘적 단어를 전제하기 때문에 단어 내부에 관심을 가지는 경우에도 그 구성 요소가 어휘 즉 단어 어근인 경우에 한정되는 경우가 지배적이다. 따라서 가령 '밤낮'은 어휘 의미론에서도 관심을 가질 수 있지만 '다소'와 같이 그 내부 요소가 어휘와 어휘로 결합하지 않은 경우 즉 형태소 어근과 형태소 어근인 경우에는 관심을 가지지 않았을 뿐만 아니라 가질 수도 없었던 것이다.

그런데 단어 내부의 유의 관계와 반의 관계는 단어 어근에 관심을 가지느냐 혹은 단어 어근보다 작은 형태소 어근에도 관심을 가지느냐 정도의 차이만 있지만 상하 관계에 대한 논의에서는 그 대상부터 차이가 난다는 점에 우선 주목할 필요가 있다.

> (37) 가. 개다리, 밤나무, 꽃봉오리 …
>   나. 찍소리, 자진모리장단, 여인, 가산(加算) …

(37가)는 이민우(2011 : 253)에서 합성어 내부에서 상하 관계가 발견되는 예로 제시한 것이다. '의미'를 기준으로 할 때 '개다리'는 '다리'이므로 '개다리'와 '다리'가 상하 관계에 있다고 본 것이다. '밤나무', '꽃봉오리'도 마찬가지로 '나무', '봉오리'와 상하 관계에 놓여 있다. 그러나 이 책에서는 이들은 형태론적 관점에서 단어 내부의 상하 관계의 예로 다루지 않고자 한다. 즉 이들은 단어와 단어 사이의 관계에서 상하 관계를 보이는 예에

해당할 수는 있어도 단어 내부에서 상하 관계가 발견되는 경우로 다루지는 않기로 한다.

이 책에서는 '의미'를 그 단어 전체의 의미가 아니라 그 구성 요소의 의미에 있다고 본다는 점에서 단어 내부의 상하 관계를 언급할 때는 (37나)의 것들만 대상으로 삼고자 한다. 즉 '찍'은 '소리'이고 '자진모리'도 '장단'이다.

한편 유의 관계, 반의 관계에서 살펴본 것처럼 단어 내부에서 상하 관계를 보이는 요소가 반드시 어휘 곧 단어의 자격을 가져야 하는 것은 아니므로 어휘 내부의 상하 관계도 단위의 측면에서 보면 다음과 같이 경우의 수를 다시 나눌 수 있다.

(38) 가. 찍소리, 자진모리장단
　　　나. 여인
　　　다. 가산(加算)

(38가)는 상하 관계를 보이는 요소가 모두 단어 어근에 해당하는 경우이다. 이를 더 세분하자면 '찍소리'의 '찍'과 '소리'는 단일 어근과 단일 어근 사이에 존재하는 상하 관계이고 '자진모리장단'의 '자진모리'와 '장단'은 복합 어근과 복합 어근 사이에 존재하는 상하 관계에 해당한다. 그리고 '찍'과 '소리', '자진모리'와 '장단'은 모두 형태소 어근이 아니라 단어 어근에 해당한다는 특징이 있다. 이에 대해 (38나)는 단어 어근이 형태소 어근과 상하 관계를 보이는 예에 해당한다. 반면 (38다)는 형태소 어근과 형태소 어근이 상하 관계를 보이는 예에 해당한다.

이러한 양상은 반의 관계보다 유의 관계와 흡사하다는 점에 주목할 필요가 있다. 다만 한국어는 오른쪽 핵 언어에 속하므로 단어 내부에서 상하 관계를 이룰 때에는 대체로 오른쪽 요소가 상의어에 해당하고 왼쪽의 요소가 하의어에 해당하는 것이 지배적이라는 것을 알 수 있다. 따라서 '여'는 '-인'이며, '가-'는 '-산'이라는 관계가 성립한다.[29]

　지금까지의 논의를 통해 어휘 의미론의 논의가 형태론적 관점을 통해 새롭게 전환되는 과정을 살펴보았다. 이제 이를 바탕으로 어휘와 어휘 사이의 의미 관계 그리고 어휘 내부의 의미 관계로 나누어 단어 형성의 측면에서 의미 관계를 조명해 보기로 한다.

---

29) 이에 따라 어휘 내부 요소가 단어 어근인 경우에는 가령 '자진모리장단'이 같은 의미를 가지면서 '자진모리'로도 쓰이게 된다. 이에 대해서는 3부 9장에서 더 자세히 다루고자 한다.

제2부

단어 형성의 측면에서 본 어휘 사이의 의미 관계

　단어 형성의 측면에서 본 어휘 사이의 의미 관계는 유의 관계, 반의 관계, 상하 관계를 근간으로 한다. 단어 형성의 측면에서 이들 의미 관계를 살펴본다는 것은 서로 공통 요소를 가지되 이것이 단어 형성에서도 직간접적으로 관심의 대상이 된다는 것을 의미한다. 그런데 그 양상은 의미 관계에 따라 고유한 양상을 띤다.

　유의 관계에서는 어종이 매우 중요한 변수가 된다. 이는 한자어와 고유어가 대응 양상을 보이는 경우가 유의 관계에서 가장 폭넓게 관찰되기 때문이다. 그러나 그에 비해서는 형식 측면에서 공통 요소를 가질 가능성이 거의 없기 때문에 단어 형성의 측면에서는 살펴볼 수 있는 것이 상대적으로 많지 않다. 대신 공통 요소를 가지면서 접사에서만 차이가 나는 단어들에 주목할 필요가 있다. 이들은 곧 한국어 어휘의 특성을 나타내는 것으로 간주될 수 있기 때문이다. 한편 유의 관계에 대한 형태론적 고찰은 이른바 내적 변화어들을 단어 형성의 측면에서 관계 맺게 해 준다는 점에서 관심을 기울일 필요가 있다.

　이러한 측면에서 보면 단어 형성의 측면에서 보다 적극적인 관계를 가지는 것은 반의 관계라고 할 수 있다. 접사 가운데 접두사가 결합하여 반의 관계를 이루는 경우가 이의 대표적인 예에 해당한다. 합성어의 경우도 이러한 예가 발견되는데 접사가 결합한 경우와 차이가 나는 부분은 합성어의 반의 관계는 그 경우의 수가 간단하지 않다는 점이다. 즉 합성어가 어근과 어근의 결합으로 이루어지고 이들 어근의 차이가 반의 관계를 결과시킨다면 선행 요소나 후행 요소 모두 반의 관계를 성립시킬 수 있기 때문이다. 따라서 반의 관계는 파생어와 합성어 모두에서 단어 형성의 특징을 보여 준다는 사실을 알 수 있다.

　어휘 의미론의 논의에서 상하 관계란 어디까지나 의미 대 의미의 관계로 존재하는 것이었다. 그러나 공통 요소라는 형태론적 관점은 이를 순수 의미론적 관점과는 구별되는 것으로 자리매김하게 해 준다. 이에 따라 고유 명사 가운데 공통 요소를 가지는 경우에 대해서는 형태론의 측면에서 새롭게 관심사를 발굴한 경우가 될 수 있다.

　의미장은 공통된 의미를 전제하는 단어들의 무리이다. 그런데 의미장에 속하는 구성원들이 적지 않을 때는 상하 관계뿐만이 아니라 부분 관계도 발견되고 반의 관계, 유의 관계도 찾을 수 있다. 이는 의미 관계의 종합판이라고 할 수 있는데 그만큼 공통된 요소를 기반으로 의미 관계에 대해 고찰하는 것이 단어 형성 논의에 얼마나 기여할 수 있는지를 단적으로 보여 준다는 점에서 흥미롭지 않을 수 없다.

3. 단어 형성의 측면에서 본 어휘 사이의 유의 관계

3.1. 어휘 사이의 유의 관계와 어종

단어 형성의 측면에서 어종(語種)이 관여하는 양상은 그것이 유의 관계를 이루는 변수를 구성할 때이다. 따라서 이를 다시 '고유어-고유어', '고유어-한자어', '한자어-한자어'의 세 가지 경우로 나누어 살펴볼 필요가 있다.

3.1.1. 고유어와 고유어의 유의 관계

앞서 2장에서 언급한 바와 같이 한국어의 접사 가운데는 그 기능을 기준으로 할 때 품사를 바꾸는 지배적 접사와 의미만을 한정해 주는 한정적 접사가 있고 한국어의 접두사는 모두 한정적 접사라 할 수 있다.[1] 한편

---

1) 최형용(2016a : 347-348)에서 언급한 바와 같이 영어와 같은 언어에서는 가령 접두사 'en-'이 형용사 'rich'에 결합하면 동사 'enrich'를 형성하므로 지배적 접두사가 존재하지만 한국어에서는 이처럼 접두사가 지배적 접사가 되는 일은 없고 접미사 가운데만 지배적 접사가 존재한다는 특징을 갖는다. '기력'에 대해 '*기력하다'는 존재하지 않지만 '무기력하다'가 존재하는 것을 두고 접두사 '무-'가 어근의 품사를 바꾸는 것으로 보는 견해도 있으나 접두사 '무-'가 결합한 것은 명사 '기력'이고 '무기력하다'는 역시 명사 '무기력'에 '-하-'가 결합한 것이므로 '무-'가 품사를 바꾸는 지배적 접사로 보는 것은 무리가 있다. 만약 이렇게 본다면 '군소리'와 같은 단어도 '*소리하다'는 없지만 '군소리하다'는

접미사는 한정적 접미사 외에 지배적 접미사도 존재한다. 다음의 부사들은 이들 가운데 한정적 접사가 결합한 예들인데 이미 접미사를 제외한 단어가 부사로 존재하고 따라서 새로이 형성된 부사도 그 의미에 큰 차이가 없어 서로 대치가 가능하므로 결과적으로 동의어를 형성하는 경우라 할 수 있다.

> (1) 가. 곰곰-곰곰이, 벙긋-벙긋이, 생긋-생긋이, 생끗-생끗이 …
> 가'. 가뜩가뜩-가뜩가뜩이, 까끗까끗-까끗까끗이, 나긋나긋-나긋나긋이 …
> 나. 가득-가득히, 감감-감감히, 빠끔-빠끔히 …
> 나'. 가만가만-가만가만히, 따끈따끈-따끈따끈히 …

(1가, 나)는 이러한 경우가 단일어와 파생어 사이에서 나타나는 예들을 제시한 것이다. 단어 형성 전후가 모두 부사이므로 이때 보이는 '-이', '-히'는 한정적 접사라는 것도 공통적이다.[2] 이에 대해 (1가', 나')은 이러

존재하므로 '군-'도 역시 어근의 품사를 바꾸는 지배적 접두사의 예가 된다고 해야 할 것이다. 그러나 이 단어도 '군소리'에 '-하-'가 결합한 것이므로 '군-'이 명사에 결합하고 그 결과도 다시 명사임을 염두에 둔다면 접두사 '군-'을 한정적 접사로 보는 데 문제가 없다고 할 수 있다. 한편 '개척'과 '미개척'의 경우는 '기력'과 '무기력'과는 반대의 양상을 보여 준다. 즉 '기력'과 '무기력'의 경우는 *기력하다', '무기력하다'의 경우를 보여 주지만 '개척'과 '미개척'의 경우는 '개척하다', *미개척하다'의 경우를 보여 주기 때문이다. 이러한 경우도 역시 한국어의 접두사가 어근의 품사를 바꾸는 것으로 보기는 어렵다는 것을 보여 준다.

2) 이는 단어 형성의 순서가 가령 '곰곰'에 접미사 '-이'가 결합하는 방향성을 가진다는 사실을 염두에 둔 것이다. 단어 형성의 논의에서 방향성은 몇 가지 중요한 역할을 한다. 우선 방향성은 단어 형성을 첨가에 의한 것인지 아니면 탈락에 의한 것인지를 결정해 준다. 만약 '곰곰이'가 먼저라면 여기에서 '-이'가 '탈락'한 것으로 보아야 하고 '곰곰'이 먼저라면 여기에 '-이'가 첨가된 것으로 볼 수 있다. 바로 후술하는 것처럼 박보연(2005), 이은섭(2007), 최형용(2009b) 등의 논의에서 언급한 바와 같이 '탈락'에 의해서도 단어가 형성되는 경우가 없는 것은 아니지만 '곰곰'의 경우에는 여기에 '-이'가 첨가되어 '곰곰이'가 된 것으로 보는 것이 자연스럽다고 할 수 있다. 다음으로 방향성은 단어 형성을 결합에 의한 것인지 아니면 대치에 의한 것인지를 판가름해 주는 역할도 한다. 단어 형성을 결

한 경우가 합성어와 파생어 사이에서 나타나는 예들을 제시한 것이다. 그러나 단어 형성 전후가 모두 부사이므로 '-이', '-히'가 한정적 접미사라는 것은 동일하다. 최형용(2016a : 397)에서 언급한 바와 같이 그동안 한정적 접미사를 언급하는 경우에 이처럼 부사를 대상으로 한 경우가 별로 없지만 그 수는 생각보다 많다는 점에 주의할 필요가 있다.

(1)과 같은 예가 부사에만 한정되는 것은 물론 아니다. 다음은 명사에서 이러한 예가 발견되는 경우를 몇 가지 제시한 것이다.

(2) 가. 부엉-부엉이, 올창-올챙이(<올창이)
　　 나. 반디-반딧불이

(2가)에서의 '-이'는 동물이나 곤충의 형성에서 나타나는 한정적 접미사인데 이미 이들을 제외한 요소가 동물이나 곤충을 지시하고 있는데도 잉여적으로 결합한 것이라 할 수 있어 결과적으로 동의어를 형성하는 경우에 해당한다. 특히 (2나) '반딧불이'의 경우가 흥미로운데 이 단어는 우선 '[[반디+불]+-이]'로 분석된다. '반딧불'은 '반디'의 꽁무니에서 나오는 빛이므로 '반딧불이'는 이미 '반디'라는 단어가 존재하는데 이 '반디'의 속성을 부각하여 새롭게 형성된 단어이기 때문이다.3)

합에 의한 것으로 본다는 것은 단어 형성을 규칙으로 설명하려는 것과 일맥상통하는 것이고 단어 형성을 대치에 의한 것으로 본다는 것은 단어 형성을 유추(analogy)로 설명하려는 것과 일맥상통하는 것이다. 규칙은 방향성의 측면에서 일방향적이지만 유추는 방향성의 측면에서 일방향성과 양방향성 두 가지가 모두 가능하다. '곰곰'과 '곰곰이'를 규칙으로 설명하려는 논의는 '곰곰 + -이 → 곰곰이'에서 '곰곰'과 '곰곰이'를 일반화하려는 데서 발생하기 때문에 그 방향성은 언제나 일방향적이다. 그런데 '곰곰'과 '곰곰이'를 유추로 설명하려는 논의는 '벙긋 : 벙긋이 = 곰곰 : X'라는 도식을 상정하여 '벙긋이'와 '곰곰이'의 선후 관계를 논할 때는 일방향성을 상정할 수 있지만 모음 교체나 자음 교체에 의한 단어 형성의 경우에는 선후 관계를 논하기 어렵기 때문에 양방향성을 상정해야 한다.
3) '설거지하다'라는 단어도 이러한 측면에서 상통하는 바가 있다. '설거지'는 현대 한국어에

(1), (2)는 접사 첨가에 의해 동의어가 형성되었다는 점에서 공통성이 있지만 접사 삭제에 의해 동의어가 형성되는 경우도 찾을 수 있다. 우선 고유어와 고유어 사이에서 이러한 관계를 찾을 수 있는 것으로 최형용 (2009b)에서 언급한 다음의 예를 들 수 있다.

(3) 새삼스레-새삼

(3)의 '새삼'에서 먼저 고려해야 하는 것은 '새삼스럽다'이다. 잘 알려진 바와 같이 '-스럽-'은 선행하는 어근으로 단어 어근이나 형태소 어근을 요구한다. '새삼'은 명사로서의 쓰임을 가지지는 않으므로 형태소 어근으로 보아야 할 텐데 당당히 부사로서의 자격을 가지게 된 것은 선뜻 이해하기 어렵다.[4] 따라서 여기서는 이러한 관련성을 설명하는 방법으로 (3)의 부사로서의 '새삼'이 곧 '새삼스레'라는 부사와 연관되었을 가능성이 높다고 판단하고자 한다. 즉 '새삼스레'에서 접미사 결합체인 '-스레'가 탈락하여 부사 '새삼'이 형성되었다고 볼 수 있다는 것이다.[5]

다음은 동음 충돌이 동의어를 결과시킨 것이라고 볼 수 있는 경우이다.

서는 자취를 감춘 동사 '*설겆-'에 '-이'가 결합한 명사인데 이를 다시 동사화하기 위해 '설거지하다'라는 단어를 만든 것이기 때문이다.

4) 송철의(1992)는 '갑작스럽다, 새삼스럽다, 뒤스럭스럽다'의 예에서 '갑작, 새삼, 뒤스럭'을 부사성 어근이라 한 바 있다. 그러나 부사의 지위를 가지는 '새삼'과는 달리 '갑작', '뒤스럭'은 부사의 지위를 가지고 있지는 않다. 만약 형태소 어근이 부사화한 것이라면 문법 형태소와의 관계가 발견되지는 않지만 폭넓은 의미에서 역문법화나 어휘화의 테두리에 들어갈 수도 있다.

5) 따라서 앞서 언급한 바와 같이 (1), (2)와 (3)의 단어는 방향성에서 차이를 갖는다. 즉 '곰곰'과 '곰곰이'는 '곰곰 + -이 → 곰곰이'와 같은 형식화가 가능하다면 '새삼스레'와 '새삼'은 '새삼스레 → 새삼'으로 방향성을 상정해야 한다. 이러한 형식화는 '새삼'이 접사의 탈락을 통해 형성된 것이라는 방향성을 상정하고 있다는 점에서 형식의 증가가 아니라 형식의 감소를 통한 단어 형성이라는 의미를 갖는다. 물론 이 책에서 강조하고자 하는 바는 이러한 단어 형성의 결과가 유의 관계라는 의미 관계를 맺고 있다는 점이다. '새삼'과 같은 경우는 한자어에도 존재하는데 이에 대해서는 후술하기로 한다.

(4) 곧듣다-곧이듣다

현대 한국어에서 '곧'은 『표준국어대사전』의 다음 뜻풀이에서 볼 수 있는 바와 같이 '즉(卽)'의 의미를 가지는 부사로서의 쓰임이 가장 두드러진다.

(5) 「부사」
「1」 때를 넘기지 아니하고 지체 없이. 늑즉변(卽便)「1」.
¶ 전화 끊자마자 곧 그리로 가겠습니다./몇 시간 안 걸릴 거외다. 그대로 곧 가시죠≪염상섭, 무화과≫/소화, 이 편지를 지금 곧 우리 어머님한테 전하시오. 꼭 어머님한테.≪조정래, 태백산맥≫
「2」 시간적으로 머지않아. 늑즉변「2」.
¶ 조금만 더 기다려보자. 어머니께서 곧 오실 거야/앞으로의 문제를 사장님이 잘 선처하시면 그까짓 작은 물의야 곧 가라앉지 않겠어요? ≪박완서, 오만과 몽상≫
「3」 바꾸어 말하면. 늑즉변「3」.
¶ 사회는 그 의식 표면을 덮고 있는 또 다른 열정, 곧 긍정과 승인 위에 바탕한 열정에 의지해 그 계속성을 유지해 나갔다.≪이문열, 시대와의 불화≫
「4」 다름 아닌 바로.
¶ 사랑이 있는 곳이 곧 천국이다.

(5)에서의 '곧'은 '곧다(直)'의 어간이었으므로6) '곧듣다'는 문장에서의 단어 배열 방식과 다른 이른바 비통사적 합성어에 해당하고 '곧차다'와 같은 단어에서도 이러한 의미가 발견된다. 따라서 어간 '곧-'은 부사 '곧'과 동음 충돌을 일으켜 '곧듣다'와 같은 경우에는 이를 '곧게 듣다'의 의

---

6) 따라서 '곧'은 이른바 어간형 부사에 해당한다. 어간형 부사에는 '낮추, 더디, 이루, 내리' 등이 더 있다.

미를 가지는 것으로 분명하게 표현할 필요가 생기게 되었고 이를 보다 확실하게 나타내는 부사 '곧이'를 사용하여 결과적으로 '곧든다'의 동의어로 '곧이든다'를 결과시키게 된 것으로 해석할 수 있다.

음운 변동과 관련된 측면에서도 동의어가 결과되는 경우가 있다.

　　(6) 부나방-불나방, 부나비-불나비 …

주지하는 바와 같이 합성어나 파생어를 형성할 때 선행 요소가 'ㄹ'을 가지는 경우 후행 요소가 'ㄴ', 'ㄷ', 'ㅅ', 'ㅈ' 등 치음 계열일 경우 이 'ㄹ'이 탈락하는 경우가 규칙적이었다. '소나무', '무더위', '화살', '바느질' 등이 모두 이러한 예이다. 그러나 현대 한국어에서는 이러한 규칙을 찾을 수가 없어서 '솔나방', '활시위', '쌀집' 등에서 볼 수 있는 바와 같이 'ㄹ'이 탈락하지 않는다. 이러한 현상에 따라 원래 'ㄹ'이 복원된 경우가 (6)의 '불나방', '불나비'라고 할 수 있는데 이들 단어가 기존의 단어들과 공존하여 결과적으로 동의어가 발생한 경우가 (6)의 예들이라고 할 수 있다.

한편 한국어의 경우에는 특히 색채어의 경우에서 미묘한 어감의 차이를 가지는 유의어들이 많은데 이들은 계열 관계를 형성한다는 점에서 단어 형성의 측면에서 새롭게 조명할 필요가 있다. 이러한 측면에서 다음의 예들을 살펴보기로 한다.

　　(7) 불그데데하다-불그뎅뎅하다-불그무레하다-불그숙숙하다-불그죽죽
　　　하다 …

(7)의 예들에서는 계열적 관계를 통해 '붉-'과 이를 제외한 '-으데데하다', '-으뎅뎅하-', '-으무레하-', '-으숙숙하-', '-으죽죽하-' 등을 분석

할 수 있다. 여기에서 '붉-'을 제외한 요소들에는 대체로 접미사의 자격을 주지 않는 경우가 일반적이다. 그러나 다음에서 보는 바와 같이 이들은 일정한 계열체를 형성한다.

(8) 가. 거무데데하다, 누르데데하다 …
나. 거무뎅뎅하다, 푸르뎅뎅하다 …
다. 거무레하다, 노르무레하다 …
라. 거무숙숙하다, 푸르숙숙하다 …
마. 거무죽죽하다, 누르죽죽하다 …
⋮

따라서 '검-', '누르-', '푸르-' 등을 제외한 나머지 형식들에 접미사의 자격을 부여하는 방안에 대해 고민할 필요가 있다.[7] 이처럼 유의 관계나 동의 관계를 통해 새로운 접미사를 발굴할 수 있는 경우로 다음과 같은 예들에도 주목할 필요가 있다.

(9) 가. 널찌감치-널찍이, 느지감치-느직이, 멀찌감치-멀찍이, 일찌감치
-일찍이
나. 미리감치

---

7) 홍석준(2015)의 언급처럼 '거무데데하다'를 '검-', '-으데데-', '-하-'로 분석하는 것도 가능하다. 그런데 이때 '-으데데-'에도 접미사의 지위를 부여하고 있다는 점에 주의를 요한다. 이것은 곧 '검으데데-'가 단어의 자격을 가지지 못하는 형태소 어근이라는 점에 서 접미사 가운데 '어근 형성 접미사'를 인정해야 한다는 것을 의미하기 때문이다. 이렇 게 되면 2장에서 언급한 바와 같이 접미사를 포함한 접사의 정의를 '새로운 단어나 어근 을 형성하는 요소'로 수정해야 한다. 이 책에서는 접미사의 정의를 '어근 뒤에 결합하여 새로운 단어를 형성하는 요소' 정도로 상정한 바 있는데 이는 곧 어근 형성 접미사를 인 정하는 대신 '-으데데하-' 전체를 하나의 접미사로 인정하고 있음을 뜻하는 것이다. 다 만 여기서 생기는 문제는 형태소 두 개 이상으로 이루어진 접미사를 인정해야 한다는 점 인데 한국어에서 형태소 두 개 이상으로 이루어진 접미사를 인정할 수 있음에 대해서는 §2.1.3.3.2에서 이미 언급한 바 있다.

(9가)의 '널찌감치', '느지감치', '멀찌감치', '일찌감치'에서 보이는 '-암치'는 생산성이 높지 않다고 판단되어 '소리 나는 대로' 표기된 것이다.[8] 따라서 다음에 살펴볼 '동의파생어'에는 포착되지 않지만 이들과 함께 제시된 '널찍이', '느직이', '멀찍이', '일찍이'와 동의 관계를 보인다는 점에서 '-암치'에 접미사의 자격을 부여할 수 있다고 판단된다. 이러한 점에서 흥미로운 예는 (9나)의 '미리감치'이다. '미리감치'는 '어떤 일이 생기기 훨씬 전에. 또는 어떤 일을 하기에 훨씬 앞서'의 의미인데 이때의 '감치'는 (9가)에서 보이는 '감치'라고 할 수 있다. 화자들의 입장에서는 '-암치'가 '소리 나는 대로' 적히면서 '-감치'가 된 것에 접미사의 자격을 부여한 결과가 '미리감치'라는 단어 형성이라고 할 수 있다는 점에서 '-암치'도 접미사의 자격을 부여할 수 있는 근거가 마련된다고 할 수 있기 때문이다.

(8)이나 (9)는 결국 어근은 공유하면서 접미사에서 차이가 나는 경우라고 할 수 있지만[9] 물론 차이 나는 요소가 이들과는 달리 어근에 해당할 수도 있다.

(10) 망신감-망신거리, 바느질감-바느질거리, 반찬감-반찬거리, 일감-일
거리, 자랑감-자랑거리 …

(10)의 예들은 선행 어근은 공유하면서 후행 요소에 해당하는 '감'과 '거리'가 차이가 나는 유의 관계 단어들을 제시한 것이다. '땔감', '안줏감'이나 '먹을거리, 볼거리', '이야깃거리'에서 알 수 있는 바와 같이 관형사

---

8) 이는 고영근(1992/1993)에서 제시한 '형성소'와 '구성소'의 구별을 떠올리게 한다. 이러한 관점에 따르면 '-암치'에는 형성소가 아니라 구성소의 자격을 줄 만한 것이다.
9) 이러한 점에서 이들은 후술할 동의파생어의 범주에 포함시킬 수 있는 가능성이 매우 크다.

형 어미의 수식을 받거나 사이시옷이 출현한다는 점에서 '감'이나 '거리'
는 명사의 자격을 가지고 있음을 알 수 있다. 따라서 (7), (9)의 단어들이
파생어와 파생어 사이에서 유의 관계를 가지는 데 비해 (10)의 예들은 합
성어와 합성어 사이에서 유의 관계를 가지는 경우에 해당한다. 그러나 이
러한 차이보다 여기서 중요한 것은 이처럼 공통 요소를 가지는 경우에는
그렇지 않은 것보다 그 동의성의 정도가 현저히 높다는 점이다.

또한 후행 요소가 아니라 선행 요소가 차이가 나는 경우도 찾을 수
있다.

> (11) 큰누이-맏누이, 큰동서-맏동서, 큰딸-맏딸, 큰매부-맏매부, 큰며느
> 리-맏며느리, 큰사위-맏사위, 큰손녀-맏손녀, 큰손자-맏손자, 큰시
> 누-맏시누, 큰아들-맏아들, 큰언니-맏언니, 큰오빠-맏오빠, 큰조카-
> 맏조카, 큰형-맏형, 큰형수-맏형수

(11)은 후행 요소는 동일하지만 선행 요소가 '큰'과 '맏-'으로 차이가
나면서 유의 관계를 보이는 경우이다. 물론 이때 '큰'은 친족 관계에 한정
되고 있다는 점에서 접두사의 자격을 부여할 수 없는 것은 아니지만 『표
준국어대사전』에서는 '맏-'의 경우에만 접두사의 자격을 부여하고 있다.
따라서 (11)은 합성어와 파생어 사이에 존재하는 유의 관계에 해당한다.
만약 '큰'에 접두사의 자격을 부여할 수 있다면 (11)의 예들은 앞에서 접
미사가 차이가 나는 경우로 들었던 것들과는 달리 접두사의 경우가 차이
가 나는 예들에 속하게 될 것이다.

3.1.2. 고유어와 한자어의 유의 관계

고유어와 한자어는 어종을 달리하기 때문에 유의어가 생기는 대부분의 예가 여기에 속한다는 사실에 대해서는 이미 언급한 바 있다. 따라서 유의성의 정도도 그와 맞물려 논의되는 경우가 적지 않았다.

(12) 가. 버릇-습관
  나. 비슷하다-근사하다

먼저 (12가)의 '버릇'과 '습관'은 이러한 예의 전형이라고 할 수 있다. (12가)는 단일어와 합성어 사이의 유의 관계에 해당하고 (12나)는 파생어와 파생어 사이의 유의 관계에 해당한다.[10] 그러나 이들을 동의 관계에 놓여 있다고 보지 않고 유의 관계에 놓여 있다고 하는 이유는 다음과 같이 맥락에 따라 대치되지 않는 경우가 있기 때문이다.

(13) 가. 눈을 찡그리는 {버릇, 습관}이 있다.
  나. 어른들한테 대들다니 {버릇, *습관}이 없구나.

(13가, 나)에서 볼 수 있는 바와 같이 '오랫동안 자꾸 반복하여 몸에 익어 버린 행동'의 의미를 가지는 경우는 '버릇'과 '습관'을 대치하여 쓸 수 있지만 '버릇'이 '윗사람에 대하여 지켜야 할 예의'의 의미를 가지는 경우는 '습관'과 대치하여 쓸 수 없다.

이러한 현상은 (12나)의 '-하-' 결합 파생어에도 그대로 적용된다.

---

10) 엄밀한 의미에서 보면 (12나)의 '근사하다'는 접미사 '-하-'의 존재 때문에 한자어라고 보기 어렵다. 그러나 '비슷하다'와 '근사하다' 사이에 유의 관계가 형성되는 것은 '비슷'과 '근사'에 말미암는 것이고 이때 '비슷'과 '근사'는 각각 고유어와 한자어에 해당하므로 이러한 점을 중시하여 이를 고유어와 한자어 사이의 유의 관계에서 다루고자 한다. 아래도 마찬가지이다.

(14) 가. 예상이 {비슷하게, 근사하게} 들어맞다.

　　 나. 겨울 바다 여행은 생각만 해도 {*비슷하다, 근사하다}.

(14가)에서 볼 수 있는 바와 같이 '비슷하다'는 '근사(近似)하다'와 유의 관계에 있지만 '근사하다'가 (14나)에서 볼 수 있는 바와 같이 '그럴싸하게 괜찮다'의 의미를 가질 때는 서로 대치할 수 없음을 보여 주고 있다.

또한 고유어와 한자어는 전형적으로 일대다(一對多)의 관계를 가지는 것으로 논의되어 왔다. 김광해(1989)는 바로 이러한 고유어와 한자어의 대응 양상을 살펴본 대표적인 논의 가운데 하나인데 가령 김광해(1989 : 170-171)에서는 다음과 같이 그 예를 제시하고 있다.[11]

(15) 땅 : 陸地, (地塊, 黃地, 積塊)

　　　　 大地, (地維)

　　　　 土地, 土壤

　　　　 地表, 地盤, 地殼, 地面 ; 地上, (地皮, 土皮, 地所)

　　　　 領土, 國土, 領地, 屬地, 屬土, 疆土, (境土, 壤土, 壤地)

　　　　 土臺

　　　　 宅地, 垈地, (家垈)

　　　　 大陸

　　　　 地球, (大塊, 地輿, 方輿, 輿地, 坤輿, 渾圓球)

　　　　 地方, 地域, 地區, 區域

　　　　 田土, 田地, 田畓

그러나 이렇게 일대다 관계를 보이는 경우 고유어와 한자어가 형태론적으로 일정한 관련성을 가지는 경우가 있을 수 있다.

(16) 가. 보호색-{은닉색, 은폐색, 의색}

---

11) 괄호 안에 제시되어 있는 것들은 빈도가 높지 않은 것들이다(김광해 1989 : 213).

　　나. 가림색
　　다. 가림빛

　(16)의 예들은 모두 (16가)의 '보호색'과 유의 관계에 있는 단어들을 정리한 것이다. (16가)는 이것이 다시 한자어와 유의 관계를 보이는 예를 함께 제시한 것인데 여기서 주목할 것은 (16나)와 (16다)의 '가림색'과 '가림빛'이다. 우선 이때 '가림'은 고유어의 예이고 '색'은 한자어, '빛'은 고유어에 해당하므로 '보호색'과 '가림빛'은 합성어와 합성어 사이에서 고유어와 한자어의 유의 관계를 보이는 예로 간주할 수 있다.

　(16)의 예에서 '보호색'과 '가림색'은 전술한 '비슷하다-근사하다'와 마찬가지로 단어 구성 요소의 일부에서만 고유어와 한자어의 대립을 보여 주는데 다음의 예들은 이러한 측면에서 보다 체계적인 모습을 보여 준다.[12]

　　(17) 가. 산돼지, 산나물, 산누에, 산비둘기, 산짐승
　　　　나. 멧돼지, 멧나물, 멧누에, 멧비둘기, 멧짐승

　주지하는 바와 같이 '산(山)'은 현대 한국어에서 자립성을 확보하고 있으므로 이의 고유어에 해당하는 '메'는 자립적으로 쓰이는 일이 거의 없다. 따라서 (17나)와 같이 합성어에 그 자취를 남기고 있는데 '멧'의 'ㅅ'은 '메'가 명사임을 알려 주는 사이시옷에 해당한다. 사이시옷 구성 가운데는 '웃-', '숫-', '햇-', '헛-'처럼 접두사화하는 일도 있고 '-꾼'처럼 접미사화하는 경우도 있다. 그 분포를 참조한다면 '멧'은 접두사화한 것으로

---

12) 이처럼 구성 요소가 서로 계열적 관계에 놓여 있고 이를 보다 분명하게 드러내기 위해 '산돼지-멧돼지, 산나물-멧나물 … '처럼 표시하지 않고 (17)처럼 (가), (나)로 나누어 계열적 대응 양상을 보이기로 한다. 아래의 (18), (19)도 마찬가지이다.

다룰 법도 하지만 아직은 접두사로 간주되고 있지 않다. 따라서 (17)은 합성어 사이에서 고유어와 한자어의 대응 관계를 보이는 동의 관계어라 할 수 있다.

　물론 단어 구성 요소의 일부에서 고유어와 한자어의 대립을 보이는 경우 (17)과 같이 선행 요소가 아니라 후행 요소가 대응 관계를 보이는 경우도 적지 않다.

(18) 가. 감정값, 반값, 본값, 약값, 열값, 원잣값, 전셋값, 찬값, 책값, 헐값
　　 나. 감정가, 반가, 본가, 약가, 열가, 원자가, 전세가, 찬가, 책가, 헐가

(19) 가. 가중값, 가측값, 경계값, 계급값, 고윳값, 극값, 극댓값, 극솟값,
　　　　극한값, 근삿값, 기댓값, 대푯값, 숫값, 어림값, 절댓값, 정격값,
　　　　중앙값, 진릿값, 최댓값, 최빈값, 최솟값, 충격값, 측정값, 평년값,
　　　　혈당값
　　 나. 가중치, 가측치, 경계치, 계급치, 고유치, 극치, 극대치, 극소치,
　　　　극한치, 근사치, 기대치, 대표치, 수치, 어림치, 절대치, 정격치,
　　　　중앙치, 진리치, 최대치, 최빈치, 최소치, 충격치, 측정치, 평년치,
　　　　혈당치

　(18)과 (19)는 후행 요소가 대응 관계를 보이는 경우인데 (18)은 '값'이 '-가(價)'와 대응 관계를 보이는 데 비해 (19)는 '값'이 '-치(值)'와 대응 관계를 보이는 예에 해당한다. '값'은 단어 어근이고 '-가'와 '-치'는 접미사이므로 (18가)와 (18나)의 관계나 (19가)와 (19나)의 관계는 모두 합성어와 파생어 사이에서 발견되는 유의 관계에 해당한다.

　한편 경우에 따라서는 '값'이 '-가'와는 물론 '-치'와도 대응을 보여 다음과 같이 세 단어가 유의 관계를 보이는 경우도 찾을 수 있다.

(20) 실측값-실측가-실측치

(17)~(19)는 '하늘 천'과 같이 한쪽은 훈, 다른 한쪽은 음의 관계를 가지
는 고유어와 한자어의 대응 관계에 해당한다는 공통점이 있다. 이러한 경
우는 다음과 같이 한국어에서는 가장 흔하게 발견되는 현상이다.

> (21) 가. 방전빛-방전광, 방패춤-방패무, 변광별-변광성, 봉급날-봉급일,
> 　　　 삼림띠-삼림대, 충격힘-충격력, 하숙집-하숙옥 …
> 　　 나. 돌문-석문, 흰운모-백운모, 빈치사-공치사 …
> 　　 다. 모래무늬-사문, 돌무늬-석문 …

(21가)는 후행 요소가 훈과 음의 대응을 보여 주는 경우이고 (21나)는
선행 요소가 훈과 음의 대응을 보여 주는 예다. 이에 대해 (21다)는 선
행 요소와 후행 요소 모두 한자와 고유어의 대응 관계를 보여 주고 있다.
이때 한자가 접사의 자격을 가지는 경우에는 앞의 (18), (19)와 같은 파생
어와 합성어 사이의 유의 관계가 성립하게 되고 한자가 어근의 자격을 가
지는 경우에는 합성어와 합성어 사이의 유의 관계가 성립하게 된다. 파생
어와 합성어 사이에서 유의 관계가 성립하는 경우에는 파생어는 단어 어
근을 가지는 경우가 되고 합성어는 단어 어근과 단어 어근이 결합한 경우
가 된다. 한편 합성어와 합성어 사이에서 유의 관계가 성립하는 경우에는
이를 다시 두 가지로 나눌 수 있다. 하나는 (21나)의 '돌문'과 '석문'의 관
계에서 보는 바와 같이 한자어 합성어에서 형태소 어근과 단어 어근이 결
합한 경우이고 다른 하나는 (21다)의 경우에서 볼 수 있는 바와 같이 고유
어 합성어는 단어 어근과 단어 어근이 결합하고 한자어 합성어는 형태소
어근과 형태소 어근이 결합하는 경우이다.
　이상과 같이 고유어와 한자어가 대응하여 유의 관계가 성립하는 경우
에 이를 단어 형성의 측면에서 바라볼 수 있는 방법은 대치뿐이다.[13] 유
의 관계를 보이는 두 단어 사이에서 형식이 증가하거나 감소한 것은 아니

기 때문에 결합으로 이를 설명할 수는 없기 때문이다. 앞서 언급한 바와 같이 대치의 경우는 이를 유추로 설명할 수 있다고 하였는데 이때 문제가 되는 것은 어떤 것이 모형 단어 쌍인가 하는 점이다. 역사적으로 볼 때는 고유어를 한자가 대치하였으므로 고유어가 먼저 존재하고 이에 대해 한자어가 나중에 생긴 것으로 볼 수 있겠으나 한자의 단어 형성에서의 생산성을 고려한다면 이렇게 일률적으로 보기는 어려워 보인다. 따라서 어떤 경우에는 고유어를 한자가 대치하는 경우도 있다고 보아야 하고 반대로 한자를 고유어가 대치하는 경우도 있다고 볼 수 있다.

이러한 관점에서 (20)에서 제시한 바와 같이 고유어 구성 요소에 대해 두 개의 한자 구성 요소가 가능하여 결과적으로 세 가지 유의어가 존재하는 경우를 염두에 둘 때 (18)-(20)은 다음과 같은 과정을 상정하는 것이 가능해 보인다.

(22) 가. [X값] ↔ [X가]
　　 나. [Y값] ↔ [Y치]
　　 다. [Z값] → [Z가]
　　　　　　 ↘ [Z치]

(22가)는 (18)의 경우를 위한 것이다. 유의어 상호 간에 쌍방향 화살표를 둔 것은 고유어와 한자 사이의 대응이 일방향이라고 보기 어려운 경우가 있기 때문이다.[14] (22나)는 (19)의 경우를 위한 것인데 역시 쌍방향 화

---

13) 물론 각각의 단어를 대상으로 삼을 때는 결합에 의한 단어 형성도 가능하다.
14) 이는 사용 빈도에 의해서도 뒷받침을 받는다고 판단된다. 가령 (18가)의 '감정값'보다는 (18나)의 '감정가', (18나)의 '반가'보다는 (18가)의 '반값'이 더 사용 빈도가 높으므로 '감정값'과 '감정가'에서는 '감정가'가, '반값'과 '반가'에서는 '반값'이 출발점일 가능성이 높다. 사용 빈도는 동의어가 경쟁하는 데도 매우 중요한 변수가 된다. 사용 빈도가 높을수록 경쟁에서 살아남을 확률이 더 높기 때문이다.

살표를 둔 것은 앞의 경우와 동일한 이유 때문이다. 이에 대해 (22다)는 (20)의 경우를 위한 것인데 (22가, 나)와는 달리 일방향 화살표를 두고 고유어 구성 요소를 앞에 둔 것에 주의할 필요가 있다. 즉 (22다)는 (22가, 나)의 과정이 모두 적용된 것으로 볼 수 있는데 대신 '-가'와 '-치' 사이에 직접적인 관계를 상정하지 않은 것은 (20)의 경우가 그리 많지 않기 때문이다. 만약 '-가'와 '-치' 사이에도 직접적인 관계가 상정된다면 (20)과 같은 경우가 훨씬 많아야 할 것이다.

3.1.3. 한자어와 한자어의 유의 관계

한자어와 한자어 사이에도 (3)과 같이 접사가 탈락하여 결과적으로 동의어를 형성하는 경우를 찾을 수 있다.

(23) 급거히-급거, 돌연히-돌연, 무진히-무진, 흡사히-흡사

(23)은 이러한 예 가운데 (3)과 평행한 부사의 예를 든 것이다.[15] (23)의 '급거', '돌연', '무진', '흡사'는 모두 '급거히', '돌연히', '무진히', '흡사히'와 같은 부사를 가지고 있고 '-하-' 파생어를 가지고 있다. '-하-' 파생어가 부사가 되는 가장 자연스러운 방법은 접미사 '-히'를 가지는 것이고 '급거', '돌연', '무진', '흡사'는 명사로서의 쓰임도 보이고 있지 않다는 점에서 이들도 '급거히', '돌연히', '무진히', '흡사히' 각각에서 '-히'가 탈락한 것이라고 볼 가능성이 높은 예들이 된다.[16]

---

15) 따라서 이들 예들도 '새삼스레 → 새삼'과 동일한 방향성을 갖는다.
16) '은근(慇懃)'과 같은 예도 매우 흥미롭다. '은근'은 그 자체로 명사의 자격을 가지고 있지만 '은근 재미있다'에서는 부사의 용법을 보인다. 이러한 점을 중시하면 단순한 명사의 부사화로 간주될 가능성이 없지 않다. 그러나 이것도 '완전히'처럼 부사 '은근히'가 존

역시 드물지만 명사의 경우에도 이러한 예들을 찾을 수 없는 것은 아니다.

(24) 가. 경비원-경비, 사회자-사회
    나. 색주가-색주

(24가)의 '경비', '사회'는 원래 행위이고 '경비원', '사회자'이어야 그 행위를 하는 사람을 지시하였지만 지금은 '경비', '사회'만으로도 사람을 지시하므로 결과적으로 접사가 없이도 그 행위를 하는 사람을 지시하여 동의어가 된 경우에 해당한다.17) 이에 대해 (24나)의 '색주가'는 장소를 의미하는 '-가(家)'가 결합하지 않더라도 '색주'만으로 장소를 의미하게 되어 동의어가 형성된 경우라고 할 수 있다.18)

(24가)의 경우가 어떤 행위가 그 행위를 하는 사람을 지시하게 됨으로써 동의어를 형성한 것이라면 다음은 행위의 대상이 그 행위가 이루어지는 장소를 의미하게 됨으로써 동의어를 형성한 경우에 해당한다.

(25) 복덕방-부동산

(25)의 '복덕방(福德房)'은 '부동산을 매매하는 일이나 임대차를 중계해

재한다는 점에서 '완전'처럼 '-히'가 탈락한 예일 가능성이 높아 보인다.

17) 이처럼 동의어로 결과된 경우는 아니지만 행위를 지시하는 말이 그 행위를 하는 사람을 지시하는 경우는 드물지 않다. 영어의 'cook'도 그러한 경우이지만 한국어의 '판사(判事)', '검사(檢事)'의 '-사'는 그 자체로 행위를 지시하는 말이면서 이것이 결합한 단어가 모두 그 일을 하는 사람을 가리키므로 이 경우도 역시 행위가 그 행위를 하는 사람을 지시하게 된 경우라고 할 수 있다. 한편 '경비원', '사회자'뿐만 아니라 '색주가'도 어휘 내부에서 상하 관계를 찾을 수 있는 예에 해당하는데 이에 대해서는 3부 9장에서 어휘 내부의 상하 관계를 언급하는 마당에서 더 자세히 살펴보기로 한다.

18) 물론 '색주가'는 '색줏집'의 동의어로도 존재하는데 이는 전술한 바와 같이 구성 요소인 한자와 고유어의 대응 관계에 따른 것이다.

주는 곳'의 의미를 갖는다. 그에 대해 '부동산'은 아직 『표준국어대사전』에서는 '움직여 옮길 수 없는 재산. 토지나 건물, 수목 따위이다.'의 뜻풀이를 가지고 있으므로 행위의 대상으로서만 그 의미가 명세되어 있다. 그러나 현재는 '복덕방'보다도 그 의미로 '부동산(不動産)'을 사용하는 일이 더 일반적이라고 판단된다.

한편 고유어에서는 그러한 경우를 찾아보기 어렵지만 한자어 가운데는 그 구성 요소의 순서를 바꾸어도 의미가 같은 것들이 적지 않게 존재한다.

(26) 가. 금방(今方)-방금(方今), 첨가(添加)-가첨(加添), 삭감(削減)-감삭(減削), 거주(居住)-주거(住居), 왕래(往來)-내왕(來往), 대면(對面)-면대(面對), 척도(尺度)-도척(度尺), 색전(塞栓)(증)-전색(栓塞)(증), 색정(色情)-정색(情色), 석방(釋放)-방석(放釋), 석양(石羊)-양석(羊石), 무마(撫摩)-마무(摩撫) ; 곡직불문(曲直不問)-불문곡직(不問曲直) …

나. 관계(關係)-계관(係關)

(26가)는 쓰임의 빈도에 차이가 있을 수는 있지만[19] 동의성의 정도가 매우 높아서 어떠한 경우에도 서로 대치가 가능한 경우이다. 이러한 경우가 대다수이지만 이에 대해 (26나)는 쓰임의 빈도 차이뿐만 아니라 동의성의 정도도 상대적으로 낮은 경우에 해당한다. 이는 사전에서의 뜻풀이 차이에서도 드러난다.

(27) 가. 「1」둘 이상의 사람, 사물, 현상 따위가 서로 관련을 맺거나 관련

---

19) 가령 국립국어원(2005)에서는 '금방'의 경우 명사로서는 2회, 부사로서는 180회 사용되었지만 '방금'의 경우 명사로서는 16회, 부사로서는 81회 사용된 것으로 되어 있어 빈도의 차이가 있고 '첨가'의 경우는 명사로서 6회 사용된 것으로 되어 있으나 '가첨'의 경우에는 사용된 경우가 없는 것으로 보고되어 있다.

이 있음. 또는 그런 관련. ≒계관01(係關)「1」.

¶ 남녀 관계/사제 관계/국제 관계/관계 정상화/관계가 깊다/관계를 청산하다/관계를 맺다/관계를 끊다/관계를 정립하다/불편한 관계를 정상화하다/노사 간의 관계를 조정하다/문학은 우리의 현실 생활과 분리할 수 없는 관계에 있다./두 사람은 친구의 관계를 넘어 애인의 관계로 발전하게 되었다./요즘 사람들은 맺었던 관계를 깨는 데 익숙하다./농민과 노동자 사이의 강력한 유대를 통하여 농촌과 도시의 동맹 관계를 이룬다.≪황석영, 무기의 그늘≫

「2」어떤 방면이나 영역에 관련을 맺고 있음. 또는 그 방면이나 영역.

¶ 교육 관계 서적/관계 법규의 정비/무역 관계의 일에 종사하다.

「3」남녀 간에 성교(性交)를 맺음을 완곡하게 이르는 말.

¶ 관계를 가지다/본남편을 비롯해서 자기와 관계를 가진 남자마다 죽고 없다는 것이었다.≪오유권, 대지의 학대≫/조준구는 삼월이를 불러들이지 않았을 뿐만 아니라 홍 씨 이외 계집종들과 관계를 맺은 일은 없는 모양이다.≪박경리, 토지≫

「4」어떤 일에 참견을 하거나 주의를 기울임. 또는 그런 참견이나 주의.

¶ 내가 내 돈 쓰겠다는데 당신이 무슨 관계야?

「5」(('관계로' 꼴로 쓰여))'까닭', '때문'의 뜻을 나타낸다.

¶ 사업 관계로 자주 출장을 가다/하수도 공사 관계로 통행에 불편을 끼쳐 대단히 죄송합니다./운신을 하지 못하는 관계로 3, 4일 이곳에 두었다가 산청으로 데리고 갈 참이다.≪이병주, 지리산≫

나. 「1」=관계05(關係)「1」.

¶ 우리야 이 석수장이를 뜯어먹든지 삶아 먹든지 너희 놈에게 무슨 계관이 있단 말이냐?≪현진건, 무영탑≫

「2」사람들이 서로 꺼리거나 어려워함.

¶ 당시 그녀와 나는 아무런 계관이 없었으나, 요즈음에 와서 퍽 멀어졌다.

(27가)는 '관계'의 뜻풀이를, (27나)는 '계관'의 뜻풀이를『표준국어대사전』에서 가져온 것이다. '관계'의 다섯 가지 뜻풀이 가운데 처음 것만 '계관'의 뜻풀이와 동의 관계에 있음을 알 수 있고 '관계'의 나머지 네 가지 뜻풀이는 '계관'에서 찾을 수 없을 뿐만 아니라 '계관'의 두 번째 뜻풀이도 '관계'에서는 찾을 수 없다. 이러한 의미 차이는 단어 형성 측면에서의 비대칭성(asymmetry)으로도 결과된다.

> (28) 가. 관계되다, 관계하다, 관계자
>   가′. 계관되다, *계관하다, *계관자
>   나. 관계없다, 관계있다
>   나′. 계관없다, *계관있다

(28가, 가′)은 '관계'와 '계관'이 파생어 형성에 참여한 경우인데 '관계하다'에 대한 '*계관하다', '관계자'에 대한 '*계관자'는 동의어로 존재하지 않는다. 이에 대해 (28나, 나′)은 '관계'와 '계관'이 합성어 형성에 참여한 경우인데 '관계있다'에 대한 '*계관있다'는 역시 존재하지 않는다.[20]

사실 (26)과 같이 구성 요소의 순서를 바꾸어서 유의 관계를 형성하고 있는 것은 한국어의 영향이 아닌 중국어의 영향이라고 볼 수 있다. 그러나 한국어의 어순이 반영되어 동의 관계를 형성하고 있는 것도 찾을 수 있다.

> (29) 불출세-불세출(不世出)

중국어의 어순이라면 '하선(下船)', '등산(登山)', '상경(上京)', '재가(在家)'에

---

[20] 이 가운데 '관계있다'와 '관계없다'는 어휘 사이의 반의 관계를 보이고 그 가운데서도 합성어 사이에 나타나는 반의 관계에 해당한다. 따라서 이에 대해서는 §4.2에서 후술하기로 한다.

서 보는 바와 같이 문장으로 치면 '서술어+부사어'의 어순을 갖는다. 따라서 '출세(出世)'도 이러한 어순에 따른 것임을 알 수 있다. 그런데 한자어 가운데는 한국어의 어순을 반영하는 것들이 많지는 않지만 없지는 않다 (최형용 2016a : 440).

    (30) 가. 음차(音借), 훈차(訓借), 면식(面識)
         가´. 면식범(面識犯), 반면식(半面識), 일면식(一面識)
         나. 철부지(不知)

  (30가)의 예들은 문장으로 치면 '서술어+목적어'의 중국어 어순이 아니라 '목적어+서술어'로 한국어 어순을 따르는 명사들이다. (30가)의 '음차'와 '훈차'는 각각 '음을 빌림', '훈을 빌림'의 의미이고 '면식'은 '얼굴을 앎'의 의미를 가지고 있다. (30가)의 예들은 이러한 '면식'이 다시 명사 형성에 참여하고 있는 경우를 든 것이다. (30나)의 '철부지'는 매우 흥미로운 예에 해당한다. '부지'는 '알지 못함'의 의미를 가지는 한자어인데 문장으로 치면 목적어에 해당하는 고유어 '철'이 '부지철'이 아니라 '철부지'가 됨으로써 '목적어+서술어'의 어순을 가지고 있기 때문이다.

  이러한 관점에서 보면 (29)의 '불세출'은 '*세출'이라는 한자어가 따로 존재하지는 않지만 '세상에 나타나지 아니할 만큼 뛰어남'의 의미를 가진다는 점에서 '세-'와 '-출'은 문장으로 치면 '부사어+서술어'의 어순을 취하고 있는 예이다. 따라서 그 결과로 중국어의 어순을 반영하는 '불출세'와 동의 관계를 보이는 단어가 형성된 것임을 알 수 있다.

3.2. 한국어의 동의파생어와 저지 현상

어휘 사이에 유의 관계를 보이는 단어들 가운데는 §1.1.1에서 살펴본 '욕심쟁이'와 '욕심꾸러기'와 같은 단어들이 적지 않다. 이들은 특히 유의성의 정도가 높아 유의어보다는 동의어에 가깝다고 한 바 있다. 형태론적인 측면에서 이러한 단어 쌍은 어근은 공통되면서 접미사에서만 차이를 보이고 있다는 특징이 있다. 이처럼 동의성을 보이는 단어들이 모두 파생어이면서 접사에만 차이를 보이는 것들을 '동의파생어'라 일컬을 수 있다.[21] 그런데 이들 동의파생어는 다른 유의 관계 어휘들과는 달리 특별한 관심을 기울여야 할 필요가 있다.

첫째, 전술한 바와 같이 동의파생어는 매우 높은 정도의 동의성을 가지기 때문에 동의어에 대한 형태론적 접근이 동의어의 정도성 측정에 기여할 수 있는 부분을 찾을 수 있다는 것이다. 이는 동의파생어가 접사에서 차이를 가지고 있기는 하지만 의미의 중심부에 해당하는 어근을 공유하기 때문에 나타나는 현상이다.

둘째, 동의파생어는 형태론의 논의, 더 자세히는 단어 형성의 측면에서 특히 저지 현상(blocking)과 관련하여 매우 중요한 사실을 암시해 준다. 사실 저지 현상은 동의파생어가 높은 정도의 동의성을 가지고 있다는 사실을 전제해야만 성립할 수 있다는 점에서 앞의 논의와도 연관된다.

저지 현상은 주지하는 바와 같이 Aronoff(1976)에서 다음과 같은 빈칸을 설명하기 위해 도입된 것이다.

---

21) '동의파생어'라는 말은 최형용(2008)에서부터 사용한 바 있는데 이광호(2007a)에서는 이를 '동의적 파생어'라 부르고 있다. 따라서 이 부분은 최형용(2008)에 크게 기대고 있는데 최형용(2008)은 단어 형성의 측면에서 의미 관계에 관심을 기울이기 시작한 논의로 이 책의 출발점이 된 것임을 밝히고자 한다.

(31) 가.	curious	*	curiosity	curiousness
	various	*	variety	variousness
	specious	*	speciosity	speciousness
나.	glorious	glory	*gloriosity	gloriousness
	furious	fury	*furiousity	furiousness
	gracious	grace	*graciosity	graciousness

즉 (31)의 'Xous' 형용사들은 명사 형성을 위해 단 하나의 칸만 가지고 있는데 (31나)의 'glory'에서 보듯 이 칸이 이미 채워지면 다른 명사 형성(이를테면 'gloriosity'와 같은 단어)이 의미론적으로 저지된다는 것이다. 다만 '-ness'에 의해 형성되는 단어는 저지되지 않는데 이에 대해 Aronoff(1976)은 '-ness'의 생산성이 매우 높아 이에 의해 형성된 단어는 어휘부에 저장되지 않기 때문이라고 하고 있다. 이는 곧 저지 현상을 어휘부에 저장되는 덜 생산적인 단어가 더 생산적인 단어 형성을 가로막는 것으로 보는 것이다. 그러나 그 자신도 언급한 바와 같이 여기에도 'decency/*decentness', 'aberrancy/*aberrantness', 'profligacy/ *profligateness'와 같은 예외가 있다는 사실을 염두에 둘 필요가 있다. 따라서 (31가)의 'curiosity/curiousness'와 같은 예들은 이 책에서 설정한 동의파생어의 예가 되는 셈이다.

국내의 논의에서도 이러한 저지 현상에 따라 단어 형성을 서로 상관적으로 파악한 논의가 있어 왔다. 가령 송철의(1992 : 22)에서는 '높이, 길이, 넓이'에 대해 척도 명사로서 '*키'가 존재하지 않는 것은 '크기'가 존재하여 이를 저지하기 때문이라고 본 바 있으며 김창섭(1996b : 181-185)에서는 '-하-', '-답-', '-되/롭-', '-스럽-'과 '-的'의 배타적인 분포를 저지로 파악하고 있다.

그러나 우선 저지 현상은 (31)에서 살펴본 바와 같이 전형적으로 덜 생산적인 단어 형성이 더 생산적인 단어 형성을 저지하는 것이다. 그런데

'높이, 길이, 넓이'에 대해 '크기'가 '*키'의 형성을 저지한다고 할 때 과연 '크기'보다 '높이'와 같은 단어 형성의 생산성이 더 높다고 볼 수 있는지 에 대해서는 의문이 없지 않다. 이 또한 김창섭(1996b)에서도 마찬가지 언급이 가능하다. '-하-', '-답-', '-되/롭-', '-스럽-'과 '-的' 사이에 존재하는 배타적인 분포는 일정한 방향성을 가지지 않기 때문에 단어 형성의 생산성 우위를 언급하기 어렵기 때문이다. 더욱이 김창섭(1996b)에서 제시한 '-하-', '-답-', '-되/롭-', '-스럽-' 등이 모두 형용사 파생 접미사인데 비해 '-的'은 형용사 파생 접미사로 보기 어렵다는 점에서 역시 Aronoff(1976)에서의 저지 현상과는 일정한 차이가 있다고 할 수 있다.

이 책에서 강조하고자 하는 것은 동의파생어의 존재가 Aronoff(1976)의 저지 현상에 대한 반례가 된다는 점에 있다. 이것이 의미하는 것은 동의 파생어의 존재가 단순한 예외의 자격을 가지는 것이 아니라 오히려 어휘부가 잉여성을 가지고 있다는 사실을 방증하고 있다는 점에서도 매우 중요하게 평가될 필요가 있다는 점이다.[22]

이상과 같은 측면에서 여기에서는 최형용(2008)의 논의를 바탕으로 동의 파생어의 범위를 한정 짓고 이를 여러 가지 유형으로 분류하는 과정을 통해 그 특징을 밝히고자 한다.

---

[22] 여기서는 저지 현상 그 자체보다는 동의파생어의 존재가 가지는 의의와 연관해서만 그 내용을 간략하게 언급하였지만 저지 현상과 관련된 세부적인 내용은 사실 단순하지 않다. 또 그에 대한 평가도 가령 Kiparsky(1982)에서는 저지 현상을 '동의어 회피 원칙 ("Avoid Synonymy" principle)'으로 달리 명명하고 파생어뿐만이 아니라 굴절형에서도 'men, feet'가 '*mens, *feets'를 저지하는 것으로 보아 저지 현상의 범위를 확대하는 경우도 있다. 한편 Scalise(1984)에서처럼 저지 현상을 하나의 경향으로 해석하는 경우도 찾을 수 있다. 저지 현상을 빈도와 관련하여 살펴보고 있는 경우는 Haspelmath(2002)에서 개관을 얻을 수 있고 빈도뿐만 아니라 생산성과도 저지 현상이 관련되어 있다는 논의는 이광호(2007a)를 참고할 수 있다.

3.2.1. 동의파생어의 범위와 저지 현상

저지 현상에 대한 반례로서의 동의파생어의 범위를 한정 짓기 위해 먼저 필요한 것은 그 규모를 파악하는 일이다. 만약 저지 현상에 대한 반례로서 한국어 동의파생어의 규모가 그리 크지 않다면 이것은 한낱 예외로 치부되어도 좋을 것이기 때문이다.

동의파생어의 규모를 파악하기 위해 최형용(2008)에서 참고한 일차적인 자료는 국립국어연구원(1999)의 『표준국어대사전』이다. 전술한 바와 같이 다른 사전들과는 달리 『표준국어대사전』에서는 유의어와 동의어를 구분하여 표시하고 있다는 데 우선 주목할 필요가 있다.[23] 『표준국어대사전』의 사전적 특성을 분석한 국립국어연구원(2002a : 81)에 의하면 전체 표제항 509,076개 가운데 뜻풀이 뒤에 동의어를 제시한 표제어가 50,488개이고 뜻풀이를 하지 않고 기본 표제어의 동의어로 돌린 표제어가 70,340개이다. 유의어가 아니라 동의어라고 한 만큼 동의성의 정도가 높은 것만을 가려 뽑았다는 것을 감안하고 이들 동의어 표제항에는 가령 후술하는 바와 같이 이 책에서는 동의파생어의 범위에 들어오는 '경사롭다-경사스럽다, 낭패롭다-낭패스럽다, 다사롭다-다사스럽다, 여유롭다-여유스럽다, 명예롭다-명예스럽다, 번화롭다-번화스럽다'와 같은 것들이 배제되어 있다는 것을 참고한다면 국어에서 동의어가 차지하는 비율이 낮지 않다고 할 수 있다.

---

23) 주지하는 바와 같이 국립국어연구원(1999)의 『표준국어대사전』은 종이사전이다. 그 이후로 종이사전으로는 개정판이 나온 적이 없으며 국립국어원 홈페이지에서 제공하고 있는 웹사전은 2008년에 일차적으로 큰 수정이 있었다. 그 이후로도 한해에 네 차례씩 웹사전을 대상으로 수정 작업이 이루어지고 있다. 따라서 이 책에서 제시하고 있는 동의파생어들은 현재의 웹사전과는 차이가 있을 수 있다는 점에 주의할 필요가 있다. 그러나 수정 작업은 표제어 추가, 뜻풀이 추가 혹은 삭제, 품사 정보 수정 등이 주된 대상이 되므로 동의파생어 목록에는 큰 차이가 없을 것으로 판단된다.

이 많은 숫자의 단어들에서 동의파생어의 범위를 한정 짓기 위해서는 몇 가지 작업이 더 필요하다. 최형용(2008)에서 이들 작업 가운데 가장 먼저 수행한 것은 파생어에 필수적인 접사의 범위를 결정하는 일이었다.

2장에서도 잠시 언급한 바와 같이 그동안 접사에 대해서는 여러 가지 논의가 있어 왔다. 이 문제의 중심에 있는 것은 한자 접사의 범위를 어디까지로 한정할 것인가 하는 점이다. 고유어계 접사는 그 위치가 한정되어 있어 접두사는 접두사로만, 접미사는 접미사로만 쓰이므로 별 문제가 없다. 그러나 한자 접사는 그 어원상 어근 혹은 단어의 자격도 가지는 일이 매우 빈번하다.

따라서 2장에서 논의한 바와 같이 가령 '인간(人間)'과 '외국인(外國人)'에서의 '인(人)'을 처리하는 방법은 크게 두 가지가 있을 수 있다. 하나는 같은 모양을 가지는 요소가 쓰이는 위치와 상관없이 동일한 범주를 부여하는 것이다. 이러한 견해에 따르면 '인간'과 '외국인'의 '인'은 그 위치에 상관없이 모두 동일한 범주를 부여 받게 된다. '인간'에서의 '인'에는 접사의 자격을 부여하기가 어렵고 어근의 자격을 부여하는 것이 자연스럽기 때문에 '외국인'의 '인'에도 어근의 자격을 부여하는 것은 이러한 입장에 따른 것이다. 이에 따르면 '인간'뿐만이 아니라 '외국인'도 합성어의 자격을 가지게 된다. 직접 성분인 '인간'의 '인', '간', '외국인'의 '외국', '인' 모두 어근의 자격을 가지고 있다고 보기 때문이다. 이러한 견해를 따르게 되면 한자 접사는 그 범위가 크게 축소되는데 김창섭(1999)에서 고유어와 다수의 결합 예를 보이는 것만을 접미사 혹은 접두사로 간주하고 거의 한자어와만 결합하는 것은 접두어근으로 간주하고 있는 것도 이러한 논리에 따른 결과이다. 즉 이러한 논의에서는 '외국인(外國人)'에서의 '-인(人)'과 마찬가지로 '비공식(非公式)', '비무장(非武裝)'에서의 '비(非)-'는 접미냐 접두냐의 차이가 있기는 하지만 접사가 아니라 모두 어근의 자격을 갖게 된다.

다른 하나는 단어 내부에서 담당하는 역할에 따라 동형의 요소에 별도의 범주를 부여할 수 있다고 보는 것이다. 이러한 입장에 따르면 '인간'의 '인'은 어근이지만 '외국인'의 '인'은 접사 그 가운데서도 접미사로 간주하게 된다. '인간'을 합성어로 보는 것은 앞의 견해와 같지만 '외국인'은 직접 성분 가운데 하나가 접사이므로 파생어로 본다는 점에서 앞의 견해와 차이가 난다. 마찬가지로 '비공식', '비무장'의 '비(非)-'도 접두사의 자격을 갖는다고 본다. 이러한 처리는 '외국인', '비무장'과 같은 단어들에서 '외국', '무장'에 대해 자립성이나 의미 관계에 있어 종속적인 지위를 가지는 '-인'과 '비-'를 어근으로 처리하는 것은 합리적이라고 보기 어렵다는 판단에 따른 것이다.

이 두 가지 견해 가운데 이 책이 취하고 있는 관점은 다범주적인 접근인 후자의 것임을 2장에서 살펴본 바 있다. 이제 이러한 논의를 바탕으로 우선 다음의 몇 개 단어를 대상으로 동의파생어의 범위를 한정하는 방법의 일단을 보이기로 한다.

> (32) 가경일-가경절
> 　　　가농작-내농작
> 　　　가닐대다-가닐거리다
> 　　　가도관-헛물관
> 　　　가동대다-가동거리다
> 　　　가둥대다-가둥거리다
> 　　　가드락대다-가드락거리다
> 　　　가득가득히-가득가득
> 　　　가든가든히-가든가든
> 　　　가들대다-가들거리다
> 　　　가들랑대다-가들랑거리다

가들막대다-가들막거리다
가뜩가뜩이-가뜩가뜩
가뜩이-가뜩
가뜬가뜬히-가뜬가뜬
가락가락이-가락가락
가랑대다1-가랑거리다1
가랑대다2-가랑거리다2
가르랑대다-가르랑거리다
가만가만히-가만가만
가만히-가만
⋮

(32)는 『표준국어대사전』을 대상으로 동의어로 처리된 표제항 가운데 극히 일부를 보인 것이다. 이들 가운데 '-대-', '-거리-' 파생어는 한국어에 존재하는 가장 전형적인 동의파생어라 할 수 있다.24) 그러나 '가경일(嘉慶日)', '가경절(嘉慶節)'과 '가농작(假農作)', '내농작(內農作)'은 사정이 간단하지 않다. 우선 '-일(日)'과 '-절(節)'은 생산성의 차이는 있지만 둘 다 접미사로 보아 무방하다.25) '가농작'의 '가(假)-'도 마찬가지로 접두사로 간주할 수 있다. 그러나 '내농작'의 '내(內)'는 자립적으로 쓰이는 '내'(건물 내)와의 연관성을 고려한다면 접두사로 간주하기 어렵다. 따라서 '가경일'과 '가경절'은 직접 성분이 '가경'으로 공통되고 이때 '가경'은 복합 어근

---

24) 이는 곧 같은 동의파생어들 가운데서도 '-대-', '-거리-' 동의파생어의 동의성 정도가 매우 높다는 것을 의미하는데 최형용(2004a)에서도 국어의 '-대-', '-거리-' 동의파생어가 Aronoff(1976)의 저지 현상에 대한 반례로 가장 적절한 것임을 주장한 바 있다.

25) 그러나 『표준국어대사전』에서는 '-일(日)'은 접미사로 간주하고 있지만 '-절(節)'은 접미사로 간주하고 있지 않다. 그렇다고 해서 명사 '-절(節)'에 '-일(日)'에 대당하는 의미를 싣고 있지도 않다. 이 책에서는 '가경절(嘉慶節)', '광복절(光復節)', '제헌절(制憲節)' 등의 '-절(節)'을 접미사로 간주하고자 한다. 박형익(2004 : 458)에 의하면 참고한 7개 사전 가운데 『표준국어대사전』과 이기문 감수 『동아 새국어사전』에서만 '-절(節)'을 접미사로 처리하지 않고 있다.

이자 단어 어근에 해당하고 접미사에서만 차이를 보이는 동의파생어 관계를 보인다고 할 수 있다. 이에 비해 '가농작'과 '내농작'은 동의파생어 관계에 있다고 할 수 없다. '내농작'이 합성어로 판명되기 때문이다. '가도관(假導管)'과 '헛물관'도 흥미로운 예이기는 하지만 역시 동의파생어의 범위에 들어오는 경우는 아니다. '가(假)-'와 '헛-'은 모두 접두사이지만 '도관'과 '물관'이 서로 다른 형태이기 때문이다.

한편 '가득가득히'와 '가득가득'류는 부사 파생 접미사가 결합한 것과 그렇지 않은 것이 서로 동의어를 이루는 경우이다. 그러나 이것도 '가득가득'이 파생어가 아니므로 동의파생어의 테두리에 들어오지 않는다.[26] 이상의 논의를 바탕으로 하면 (32) 가운데 동의파생어는 다음과 같다.

(33) 가경일-가경절
　　　가닐대다-가닐거리다
　　　가동대다-가동거리다
　　　가둥대다-가둥거리다
　　　가드락대다-가드락거리다
　　　가들대다-가들거리다
　　　가들랑대다-가들랑거리다
　　　가들막대다-가들막거리다
　　　가랑대다1-가랑거리다1
　　　가랑대다2-가랑거리다2
　　　가르랑대다-가르랑거리다
　　　　　⋮

이상과 같은 작업을 거쳐 최형용(2008)에서 얻은 동의파생어의 쌍은 표제어를 기준으로 하여 모두 4,041개에 이른다. 물론 연구자나 연구 대상

---

26) 이는 앞서 §3.1.1의 (1나)에서 살펴본 '가만가만-가만가만히'류와 동일한 예라고 할 수 있다.

에 따라 다른 수치가 얻어질 수도 있고 『표준국어대사전』 자체가 가지는 문제가 있을 수도 있다. 대표적으로 '-롭-' 파생어와 '-스럽-' 파생어에 대한 처리가 이에 해당하는 것이 아닌가 한다.

> (34) 가. 상서롭다-상서스럽다, 호사롭다-호사스럽다, 인자롭다-인자스럽다, 평화롭다-평화스럽다
> 나. 경사롭다-경사스럽다, 다사롭다-다사스럽다, 영예롭다-영예스럽다, 폐롭다-폐스럽다
> 다. 낭패롭다-낭패스럽다, 명예롭다-명예스럽다, 번화롭다-번화스럽다, 보배롭다-보배스럽다, 수고롭다-수고스럽다, 신비롭다-신비스럽다, 영화롭다-영화스럽다, 예사롭다-예사스럽다, 요괴롭다-요괴스럽다, 자비롭다-자비스럽다, 자유롭다-자유스럽다, 재미롭다-재미스럽다, 저주롭다-저주스럽다, 초조롭다-초조스럽다, 풍아롭다-풍아스럽다, 한가롭다-한가스럽다, 혐의롭다-혐의스럽다, 호기롭다-호기스럽다, 호화롭다-호화스럽다
> 라. 여유롭다-여유스럽다
> 마. 신기롭다-신기스럽다

(34가)는 『표준국어대사전』에서 동의어 처리가 되어 있는 것이고 (34나)는 유의어로 표시되어 있다. 한편 (34다)는 서로의 연관성이 전혀 언급되어 있지 않고 (34라)는 '여유스럽다'가 아예 등재되어 있지 않으며 (34마)는 "'신기스럽다'는 '신기롭다'의 잘못"으로 풀이되어 있다. 그러나 '-롭-'과 '-스럽-'은 빈도 차이는 있을 수 있지만 그 기능과 의미 사이에서의 차이는 크다고 보기 어렵다. 이처럼 '-롭-' 파생어와 '-스럽-' 파생어가 동의어로서 공존하는 것은 '-롭-'의 생산성과 '-스럽-'의 생산성 차이에서 그 원인을 찾을 수 있다. 즉 원래 '-롭-'만이 가능했던 영역을 '-스럽-'이 자신의 생산성을 늘려 가는 과정에서 침범하고 있다고 해석할 수 있는 것이다(송철의 1992 : 209).

최형용(2008)에서 제시한 4,041개 동의파생어 쌍에는 (34가)의 경우만 포함되어 있다. 이 정도만 하더라도 국립국어연구원(2002a : 21)에 제시된 품사별 표제어 분류에서 대명사, 수사, 관형사, 조사, 감탄사, 보조 동사, 보조 형용사의 수를 모두 더한 것(3,671개)보다도 많은 수치에 해당한다. 이는 가령 저지 현상과 같은 어떤 단일 현상에 대한 '예외'라고는 도저히 부를 수 없는 성질의 것임을 알 수 있다. 이제 이들을 유형 분류하고 그 특성에 대해 언급해 보기로 한다.

3.2.2. 동의파생어의 유형과 특성

3.2.2.1. 빈도 및 품사

우선 동의파생어의 전체적인 모습을 살피기 위해 항목 빈도와 품사에 따라 분류해 보기로 한다. 4,041개 동의파생어 쌍은 접미사가 대응소인 경우가 4,003개(99.1%)로 압도적으로 많고 접두사가 대응소인 경우는 38개 (0.9%)뿐이다. 그리고 동의파생어 쌍 전체는 모두 151개 유형으로 나누어지는데 이 가운데 136개 유형이 접미사가 대응소인 것이고 나머지 15개 유형은 접두사가 대응소인 것이다. 이는 곧 접미사의 경우보다 접두사의 경우가 빈도에 비해 유형이 많으며 해당 예가 한 쌍뿐인 것도 적지 않다는 것을 의미한다.

먼저 접미사가 대응소인 것을 빈도 순으로 정리하여 제시하면 다음과 같다. 괄호 안의 숫자가 빈도이며 같은 유형의 동의파생어가 한 번뿐인 것은 별다른 표시를 하지 않았다.[27] 이는 접두사가 대응소인 경우도 마찬가지이다.

---

27) 여기서는 해당 유형을 하나씩만 제시하고 전체 목록은 책의 끝에 <부록>으로 제시하기로 한다.

[표 1] 접미사가 대응소인 동의파생어 유형

가닐대다-가닐거리다(3,624)	벌목부-벌목꾼(2)	사기사-사기꾼	채약사-채약인
경락자-경락인(78)	성탄제-성탄절(2)	사기한-사기꾼	철물상-철물점
가무스레하다-가무스름하다(21)	수단가-수단꾼(2)	사임장-사임원	철물전-철물점
고실자-고실가(18)	수속료-수속금(2)	생산고-생산액	출납장-출납부
공작품-공작물(15)	욕심보-욕심꾸러기(2)	생판쟁이-생판내기	칠성당-칠성각
독단설-독단론(12)	거주소-거주지	서양류-서양풍	칠성전-칠성각
난봉쟁이-난봉꾼(9)	검장-검공	수직간-수직실	토포관-토포사
구금소-구금장(8)	겸양사-겸양어	수축소-수축공	통행증-통행권
늦잠쟁이-늦잠꾸러기(6)	고문장-고문실	숙설소-숙설청	풍요하다-풍요롭다
도덕인-도덕가(6)	공무부-공무국	시계장이-시계사	필경공-필경생
밀회처-밀회소(6)	광고장-광고지	시장증-시장기	필경사-필경생
불평객-불평가(6)	교차가-교차율	시장배-시장아치	혼혈인-혼혈아
경호인-경호원(5)	구류장-구류간	신뢰심-신뢰감	화류장-화류계
대장공-대장장이(5)	구실바치-구실아치	실제파-실제가	
소유주-소유자(5)	기어이-기어코	심사율-심사령	
선전자-선전원(5)	꾀꾼-꾀보	안경잡이-안경쟁이	
가경일-가경절(4)	꾀쟁이-꾀보	안달이-안달뱅이	
기관수-기관사(4)	내향성-내향형	야경원-야경꾼	
도리깨꾼-도리깨잡이(4)	노동가-노동요	야살이-야살쟁이	
도회처-도회지(4)	노릇꾼-노릇바치	양심수-양심범	
방청인-방청객(4)	느림뱅이-느림보	어학도-어학생	
상서롭다-상서스럽다(4)	덜렁꾼-덜렁쇠	옥인-옥장이	
밀도기-밀도계(3)	덜렁이-덜렁쇠	요양소-요양원	
기공도-기공율(3)	덤벙꾼-덤벙이	운반자-운반체	
날파람쟁이-날파람둥이(3)	돌짜리-돌쟁이	유치수-유치인	
방독복-방독의(3)	동일화-동일시	이발관-이발소	
방랑객-방랑자(3)	등대수-등대지기	입찰액-입찰가	
부양비-부양료(3)	무지자-무지한	자유인-자유민	
사령서-사령장(3)	바람직스럽다-바람직하다	잠수공-잠수부	

수단꾼-수단객(3)	발목쟁이-발모가지	잠수구-잠수기
신호수-신호원(3)	발아세-발아력	장사꾼-장사치
염색사-염색가(3)	방수액-방수제	장악서-장악원
의심쩍다-의심스럽다(3)	배수구-배수로	전환기-전환자
투시화-투시도(3)	배심관-배심원	점자-점쟁이
다혈성-다혈질(2)	배중론-배중률	정비원-정비공
도매소-도매점(2)	배차계-배차원	조각장이-조각가
땅딸이-땅딸보(2)	벌목공-벌목꾼	조율공-조율사
매장인-매장꾼(2)	변덕맞다-변덕스럽다	졸업자-졸업생
미괄형-미괄식(2)	보험액-보험금	졸업증-졸업장
밀렵자-밀렵꾼(2)	북극양-북극해	주정배기-주정뱅이
배달부-배달원(2)	불교도-불교가	징역꾼-징역수

[표 1]에서 제시한 바와 같이 조사된 동의파생어 가운데 가장 높은 항목 빈도를 보이는 것은 '가닐대다-가닐거리다' 유형이다. 전체 4,041개 가운데 3,624개가 이 유형에 속하는데 비율로 따지면 89.7%에 이른다. 조남호(1988 : 68)에서는 '-대-' 파생어가 '-거리-' 파생어보다 '적극적인 동작'을 의미한다고 보아 두 접미사의 의미 차이를 언급한 바 있고 '흔들거리다-*흔들대다', '*으스거리다-으스대다, *어기거리다-어기대다'와 같이 어느 한 쪽만 가능한 경우도 보고된 바 있지만 『표준국어대사전』에서는 이 가운데 '흔들대다'는 '흔들거리다'와 동의어로 제시되어 있다. 한 쌍만 동의파생어로 존재하는 것은 모두 84개로 2.1%에 해당한다.

품사별로는 '가닐대다-가닐거리다'류만 동사이고, '가무스레하다-가무스름하다', '상서롭다-상서스럽다', '의심쩍다-의심스럽다', '바람직스럽다-바람직하다'류와 '변덕맞다-변덕스럽다', '풍요하다-풍요롭다'는 형용사이다. '기어이-기어코'는 부사의 예이고 그 나머지는 모두 명사이다. 즉 항목 빈도는 '가닐대다-가닐거리다'류 때문에 동사의 경우가 가장 높지만 유형 빈도는 명사가 전체 유형 136개 가운데 128개로 압도적으로 높다.
이번에는 접두사가 대응소인 동의파생어를 보이면 다음과 같다.

[표 2] 접두사가 대응소인 동의파생어 유형

날고치-생고치(16)	건주낙-민주낙	대사리-한사리
불가역-비가역(6)	공걸음-헛걸음	불강도-날강도
건구역-헛구역(2)	군기침-헛기침	생술-풋술
몰비판-무비판(2)	날바닥-맨바닥	연수필-경수필
생아버지-친아버지(2)	다소득-고소득	잡식구-군식구

접미 파생어가 접두 파생어보다 압도적으로 많은 것처럼 동의파생어에
도 접두사가 대응소인 동의파생어 유형은 접미사가 대응소인 경우에 비
하면 그 수가 많지 않다. [표 2]에서 볼 수 있는 바와 같이 전체 동의파생
어 쌍은 38개이지만 유형으로는 15개이고 이 가운데 '날고치-생고치' 유
형이 16개로 42.1%를 차지한다. 한 쌍만 동의파생어로 존재하는 것은 모
두 10개로 66%에 해당하는 것은 대응소가 접미사인 경우와 크게 차이가
나는 부분이다. 한편 대응소가 접두사인 경우에는 품사가 모두 명사뿐이
라는 점도 특징이라고 할 수 있다.

3.2.2.2. 대응하는 접사의 어종에 따른 동의파생어의 유형

이번에는 [표 1]과 [표 2]를 바탕으로 대응하는 접사의 어종에 따라 동
의파생어를 분류해 보기로 한다. 대응하는 접사는 크게 고유어 접사 對
고유어 접사, 고유어 접사 對 한자 접사, 한자 접사 對 한자 접사의 세 부
류로 나눌 수 있다. 이를 차례대로 정리해 보기로 한다.

[표 3] 고유어 접사 對 고유어 접사[28]

접미사			접두사
가닐대다-가닐거리다(3,624)	구실바치-구실아치	바람직스럽다-바람직하다	군기침-헛기침
가무스레하다-가무스름하다(21)	기어이-기어코	발목쟁이-발모가지	날바닥-맨바닥
난봉쟁이-난봉꾼(9)	꾀꾼-꾀보	변덕맞다-변덕스럽다	불강도-날강도
늦잠쟁이-늦잠꾸러기(6)	꾀쟁이-꾀보	생판쟁이-생판내기	
도리깨꾼-도리깨잡이(4)	노릇꾼-노릇바치	안경잡이-안경쟁이	
상서롭다-상서스럽다(4)	느림뱅이-느림보	안달이-안달뱅이	
날파람쟁이-날파람둥이(3)	덜렁꾼-덜렁쇠	야살이-야살쟁이	
의심쩍다-의심스럽다(3)	덜렁이-덜렁쇠	장사꾼-장사치	
땅딸이-땅딸보(2)	덤벙꾼-덤벙이	주정배기-주정뱅이	
욕심보-욕심꾸러기(2)	돌짜리-돌쟁이	풍요하다-풍요롭다	

[표 4] 고유어 접사 對 한자 접사

접미사			접두사
대장공-대장장이(5)	벌목공-벌목꾼	점자-점쟁이	날고치-생고치(16)
수단꾼-수단객(3)	사기사-사기꾼	조각장이-조각가	건구역-헛구역(2)
매장인-매장꾼(2)	사기한-사기꾼	징역꾼-징역수	건주낙-민주낙
밀렵자-밀렵꾼(2)	시계장이-시계사		공걸음-헛걸음
벌목부-벌목꾼(2)	시장배-시장아치		대사리-한사리
수단가-수단꾼(2)	야경원-야경꾼		생술-풋술
등대수-등대지기	옥인-옥장이		잡식구-군식구

---

28) 주지하는 바와 같이 '-꾼'과 '-장이', '-쟁이'는 한자 '軍', '匠'이 그 기원이다. 그러나 이들에서 발전한 '-꾼'과 '-장이'는 원래 한자가 가지는 어휘보다 더 확대된 의미로 쓰이고 적어도 표기상 음운의 변화가 아울러 반영되었다는 점에서 고유어 접미사로 보아 무방하다. 이러한 것에 '직(直)'에 '이'가 결합한 '-지기', '동(童)'에 '이'가 결합한 '-둥이'가 더 있다. 이들은 초기에는 '장정군-장정꾼, 각직-각지기, 근원동-근원둥이, 모의장-모의장이'처럼 동의어 쌍을 갖는다는 공통점을 보인다. 이에 대한 보다 자세한 논의는 최형용(2006c : 356-358)을 참고할 것. '-장이', '-쟁이', '-지기', '-둥이'는 결과적으로 두 개의 형태소가 결합하여 하나의 접미사로 기능하는 경우에 해당하는데 이에 대해서는 2장에서 살펴본 바 있다.

[표 5] 한자 접사 對 한자 접사

접미사			접두사
경락자-경락인(78)	거주소-거주지	심사율-심사령	불가역-비가역(6)
고실자-고실가(18)	검장-검공	양심수-양심원	몰비판-무비판(2)
공작품-공작물(15)	겸양사-겸양어	어학도-어학생	생아버지-친아버지(2)
독단설-독단론(12)	고문장-고문실	요양소-요양원	다소득-고소득
구금소-구금장(8)	공무부-공부국	운반자-운반체	연수필-경수필
도덕인-도덕가(6)	광고장-광고지	유치수-유치인	
밀회처-밀회소(6)	교차가-교차율	이발관-이발소	
불평객-불평가(6)	구류장-구류간	입찰액-입찰가	
경호인-경호원(5)	내향성-내향형	자유인-자유민	
소유주-소유자(5)	노동가-노동요	잠수공-잠수부	
선전자-선전원(5)	동일화-동일시	잠수구-잠수기	
가경일-가경절(4)	무지자-무지한	장악서-장악원	
기관수-기관사(4)	발아세-발아력	전환기-전환자	
도회처-도회지(4)	방수액-방수제	정비원-정비공	
방청인-방청객(4)	배수구-배수로	조율공-조율사	
밀도기-밀도계(3)	배심관-배심원	졸업자-졸업생	
기공도-기공율(3)	배중론-배중률	졸업증-졸업장	
방독복-방독의(3)	배차계-배차원	채약사-채약인	
방랑객-방랑자(3)	보험액-보험금	철물상-철물점	
부양비-부양료(3)	북극양-북극해	철물전-철물점	
사령서-사령장(3)	불교도-불교가	출납장-출납부	
신호수-신호원(3)	사임장-사임원	칠성당-칠성각	
염색사-염색가(3)	생산고-생산액	칠성전-칠성각	
투시화-투시도(3)	서양류-서양풍	토포관-토포사	
다혈성-다혈질(2)	수직간-수직실	통행증-통행권	
도매소-도매점(2)	수축소-수축공	필경공-필경생	
미괄형-미괄식(2)	숙설소-숙설청	필경사-필경생	
배달부-배달원(2)	시장증-시장기	혼혈인-혼혈아	
성탄제-성탄절(2)	신뢰심-신뢰감	화류장-화류계	
수속료-수속금(2)	실제파-실제가		

우선 [표 3]에서 제시한 바와 같이 고유어 접사와 고유어 접사가 대응

할 때 대응소가 접미사인 경우는 30개 유형, 3,698개 항목이고 대응소가 접두사인 경우는 3개 유형, 3개 항목이다. 다음으로 [표 4]에서 제시한 바와 같이 고유어 접사와 한자 접사가 대응할 때 대응소가 접미사인 경우는 17개 유형, 27개 항목이고 대응소가 접두사인 경우는 7개 유형, 23개 항목이다. 마지막으로 [표 5]에서 보는 바와 같이 한자 접사와 한자 접사가 대응할 때 대응소가 접미사인 경우는 89개 유형, 278개 항목이고 접두사인 경우는 5개 유형, 12개 항목이다.

접사의 대응 양상과 관련하여 동의파생어가 보이는 가장 큰 특징은 고유어 접사 對 고유어 접사, 한자 접사 對 한자 접사의 대응 유형이 고유어 접사 對 한자 접사의 경우보다 유형이나 항목 빈도에서 대체로 더 높은 비중을 차지하고 있다는 점이다. 이 점은 그동안 동의어가 존재하는 가장 원천적인 이유가 한 언어에 계열을 달리하는 어휘군이 존재하기 때문이라고 본 것(심재기 2000 : 37)이 동의파생어에는 그대로 적용되기 어렵다는 것을 뜻한다. 만약 이러한 견해를 참고한다면 접사를 제외한 어근의 어종을 감안하더라도 고유어 對 한자 접사의 대응이 가장 많은 부분을 차지해야 하기 때문이다.[29] 사실 고유어 접사와 결합하는 어근이 항상 고유어인 것은 아니고 한자 접사와 결합하는 어근이 항상 한자인 것은 아니므로 단어 전체를 기준으로 할 때는 이러한 논리를 적용하는 것 자체가 매우 한정적일 수밖에는 없을 것이다.

따라서 동의어의 충돌과 관련된 부분도 역시 동의파생어에서는 다른 양상을 가질 것으로 기대할 수 있다. 즉 심재기(2000 : 38)에서는 동의어의 충돌에서 살아남는 쪽에 '음절이 짧은 쪽이 살아남는다, 일반적인 용어가 살아남는다, 문화적으로 우위에 있는 말이 살아남는다.'의 세 가지 특징이

---

29) 한자 접사와 고유어 접사 대응의 구체적인 양상에 대해서는 최형용(2006c)에서 살펴본 바 있다.

있다고 하였지만 동의파생어에는 이 세 가지가 하나도 적용되지 않는다. 동의파생어는 기본적으로 음절 수가 같고 고유어 접사끼리 대응하거나 한자 접사끼리 대응한 경우는 어느 쪽이 일반적인 용어인지를 따지기도 어렵기 때문이다. 문화적 우위란 한자어를 염두에 둔 표현이지만 앞서 언급한 바와 같이 한 단어 안에도 한자와 고유어가 모두 존재하는 경우가 적지 않기 때문에 동의파생어에는 이러한 논리가 적용되기도 힘들다.

동의 충돌의 결과에 대해서도 동의파생어는 다른 측면에서의 해석을 적용 받는다. 즉 심재기(2000 : 39)에서는 동의어가 충돌할 때 그 결과는 '둘 다 공존하는 경우, 어느 한 쪽만 남는 경우, 동의 중복이 되는 경우, 의미 영역이 바뀌는 경우, 의미 가치가 바뀌는 경우'의 다섯인데 이들 가운데 기본적으로 동의파생어는 '둘 다 공존하는 경우'에 해당이 되고 '어느 한 쪽만 남는 경우'는 부분적으로만 적용되며 나머지는 해당 사항이 거의 없다고 볼 수 있다.

여기서 '부분적으로만 적용된다.'고 한 것은 의미에서는 동의성을 확보하고 있지만 동의어 쌍 가운데 어느 하나가 더 높은 빈도를 가지기 때문에 결국 낮은 빈도를 보이는 것은 사라질 가능성이 존재하기 때문이다. 이러한 양상은 국립국어연구원(2002b)를 통해 간접적으로 살펴볼 수 있다. 즉 한자 접미사 對 한자 접미사의 대응 양상을 보여 주는 예 가운데 '동호인-동호자' 쌍은 국립국어연구원(2002b)에 따르면 '동호인'만 4회로 23,041위를 차지하고 있지만 '동호자'는 단 한 차례도 보고되어 있지 않다. 고유어 접미사 對 고유어 접미사의 대응 양상을 보여 주는 '바람둥이-바람쟁이'의 경우도 '바람둥이'는 6회로 18,540위이지만 '바람쟁이'는 보이지 않는다. 이러한 결과는 접미사의 생산성 차이에서 기인하는 것으로 볼 가능성도 없지는 않다. 그러나 가령 '동호인-동호자'와 같은 부류인 '보행인-보행자' 쌍은, 이번에는 '보행자'만 7회로 16,941위를 차지하고 '보행인'은 보이지 않는데 이것을 보면 접미사의 생산성만으로는 이 현상이 설명되기 어렵다는 사실을 알 수 있다.

3.2.2.3. 대응소의 의미에 따른 동의파생어의 유형

동의파생어는 대응소가 지시하는 의미에 따라 다시 몇 가지로 분류할 수 있다. 대응소가 접두사인 것은 '불가역-비가역(6)', '몰비판-무비판(2)' 정도에서 [부정]의 의미가 눈에 뜨일 뿐 별다른 것은 보이지 않는다. 이에 비해 대응소가 접미사인 경우는 몇 가지 뚜렷한 양상을 보인다. 그 가운데 가장 주목을 끄는 것은 접미사 대응소가 [사람]을 지시하는 경우가 가장 많다는 점이다.

[표 6] 접미사 대응소의 의미가 [사람]인 경우

예	접미사의 종류
경락자-경락인(78), 고실자-고실가(18), 난봉쟁이-난봉꾼(9), 늦잠쟁이-늦잠꾸러기(6), 도덕인-도덕가(6), 불평객-불평가(6), 경호인-경호원(5), 대장공-대장장이(5), 소유주-소유자(5), 선전자-선전원(5), 기관수-기관사(4), 도리깨꾼-도리깨잡이(4), 방청인-방청객(4), 날파람쟁이-날파람둥이(3), 방랑객-방랑자(3), 수단꾼-수단객(3), 신호수-신호원(3), 염색사-염색가(3), 땅딸이-땅딸보(2), 매장인-매장꾼(2), 밀렵자-밀렵꾼(2), 배달부-배달원(2), 벌목부-벌목꾼(2), 순단가-수단꾼(2), 욕심보-욕심꾸러기(2), 검장-검공, 구실바치-구실아치, 꾀꾼-꾀보, 꾀쟁이-꾀보, 노룻꾼-노룻바치, 느림뱅이-느림보, 덜렁꾼-덜렁쇠, 덜렁이-덜렁쇠, 덤벙꾼-덤벙이, 돌짜리-돌쟁이, 등대수-등대지기, 무지자-무지한, 배심관-배심원, 벌목공-벌목꾼, 불교도-불교가, 사기사-사기꾼, 사기한-사기꾼, 생판쟁이-생판내기, 시계장이-시계사, 실제파-실제가, 안경잡이-안경쟁이, 안달이-안달뱅이, 야경원-야경꾼, 야살이-야살쟁이, 양심수-양심범, 어학도-어학생, 옥인-옥장이, 유치수-유치인, 자유인-자유민, 장수공-잠수부, 장사꾼-장사치, 점자-점쟁이, 정비원-정비공, 조각장이-조각가, 조율공-조율사, 졸업자-졸업생, 주정배기-주정뱅이, 징역꾼-징역수, 채약사-채약인, 토포관-토포사, 필경공-필경생, 필경사-필경생, 혼혈인-혼혈아	-자, -인, -가, -쟁이, -꾼, -꾸러기, -객, -원, -공, -장이, -주, -수, -사, -잡이, -둥이, -이, -보, -부, -장, -바치, -아치, -뱅이, -쇠, -짜리, -지기, -한, -관, -도, -내기, -파, -범, -생, -민, -치, -배기, -아

[표 6]에서 볼 수 있는 바와 같이 대응소가 [사람]을 의미하는 경우는 68개 유형, 227개 항목에 달하며 접미사의 종류도 36개에 이른다. 전체 유형이 136개이므로 50%가 [사람]을 지시하는 셈이다. 이러한 높은 비율은 다른 의미를 지시하는 경우와는 달리 특히 [사람]의 의미를 가지는 동의파생어가 3항 관계로 나타나는 양상에 대한 설명을 제공하는 것으로 해석할 수 있다.30)

> (35) 가. 꾀꾼-꾀보-꾀쟁이, 덜렁이-덜렁꾼-덜렁쇠, 욕심꾸러기-욕심쟁이-욕심보
> 나. 문학인-문학가-문학자, 방청인-방청자-방청객, 소유인-소유주-소유자, 호사자-호사객-호사가, 출납인-출납자-출납원, 필경공-필경생-필경사
> 다. 벌목공-벌목꾼-벌목부, 사기사-사기꾼-사기한, 수단가-수단객-수단꾼, 조각사-조각장이-조각가

(35가)는 고유어 접미사가 대응소인 동의파생어가 [사람]의 의미를 가지며 3항 관계를 보이는 경우이고 (35나)는 한자 접미사가 대응소인 동의파생어가 [사람]의 의미를 가지며 3항 관계를 보이는 경우이다. (35다)는 역시 동의파생어가 [사람]을 의미하되 고유어 접미사와 한자 접미사가 섞여 있는 경우이다.

한편 접미사 대응소가 구체적인 [장소]나 [사물]을 지시하는 경우도 적잖이 발견된다.

---

30) 물론 [사람]의 경우에만 3항 쌍을 보여 주는 것은 아니다. 극히 드물지만 '성탄일-성탄절-성탄제'나 후술하는 바와 같이 [장소]를 나타내는 '칠성당-칠성각-칠성전', '철물전-철물상-철물점'과 같은 경우도 존재하기 때문이다.

[표 7] 접미사 대응소의 의미가 [장소]인 경우

예	접미사의 종류
구금소-구금장(8), 밀회처-밀회소(6), 도회처-도회지(4), 도매소-도매점(2), 거주소-거주지, 고문장-고문실, 구류장-구류간, 수직간-수직실, 숙설소-숙설청, 요양소-요양원, 이발관-이발소, 장악서-장악원, 철물상-철물점, 철물전-철문점, 칠성당-칠성각, 칠성전-칠성각, 화류장-화류계	-소, -장, -처, -지, -점, -실, -간, -청, -원, -관, -서, -상, -전, -각, -계

[표 8] 접미사 대응소의 의미가 [사물]인 경우

예	접미사의 종류
밀도기-밀도계(3), 방독복-방독의(3), 사령서-사령장(3), 투시화-투시도(3), 광고장-광고지, 방수액-방수제, 사임장-사임원, 잠수구-잠수기, 졸업증-졸업장, 출납장-출납부, 통행증-통행권	-기, -계, -복, -의, -서, -장, -화, -도, -지, -액, -제, -원, -구, -증, -부, -권

[표 7]에서 볼 수 있는 바와 같이 대응소가 [장소]를 나타내는 경우는 17개 유형, 33개 항목으로 전체 유형 가운데 12.5%를 차지한다. 또한 [표 8]에서 볼 수 있는 바와 대응소가 구체적인 [사물]을 지시하는 경우는 11개 유형, 19개 항목으로 전체 유형 가운데 8.1%를 차지한다.

여기서 한 가지 더 언급하여야 할 것은 각 의미 유형 대 접미사의 비율이다. 즉 [사람]은 68개 유형을 36개의 접미사가 나타내고 있고, [장소]는 17개 유형을 15개 접미사가, [사물]은 11개 유형을 16개의 접미사가 나타내고 있는데 접미사 대 동의파생어의 비율을 보면 각각 1.89, 1.13, 0.69이다. 이것은 [사람]을 나타내는 접미사가 단순히 다른 접미사들보다 많다는 것을 의미하는 것이 아니라 [장소]나 [사물]을 나타내는 접미사보다 적극적으로 동의파생어를 형성시킨다는 것을 나타내고 마찬가지로 [장소]를 나타내는 접미사는 [사물]을 나타내는 접미사보다 더 생산적으로 동의파생어를 형성시킨다는 것을 의미하는 것으로 해석된다.

3.2.3. 동의파생어의 확장 가능성

이상의 논의는 동의파생어를 어근은 동일하고 접사에 차이가 있는 것들로 한정하여 접근한 것이다.[31] 그러나 접미사화의 과정 속에서 새로운 접사가 자리를 잡기 전에 공존하는 다음과 같은 양상도 동의파생어의 예로 다룰 수 있어 보인다.

> (36) 간판장이-간판장, 유기장이-유기장, 도채장이-도채장, 모의장이-모
> 의장, 소목장이-소목장, 염장이-염장, 옥장이-옥장, 옹기장이-옹기
> 장, 은장이-은장, 인석장이-인석장, 조궁장이-조궁장, 토기장이-토
> 기장

(36)은 2장에서 제시한 예문 (18)을 다시 가져온 것이다. 2장에서 논의의 중심은 (36)에서 보이는 '-장이'가 두 개의 형태소가 결합한 접미사에 해당한다는 것이었지만 결과적으로 '-장'과 공존하는 (36)의 예들은 동의어에 해당한다. 따라서 접사가 완전히 다른 것은 아니지만 역시 동의파생어의 경우로 다룰 수 있다고 판단된다.

한편 (36)을 포함하여 앞서 제시한 동의파생어의 예들은 모두 『표준국어대사전』에서 동의어 표시가 되어 있는 것들을 대상으로 한 것이라는 점에서 공통점이 있다. 그러나 『표준국어대사전』에서 동의어 표시가 되어 있지 않은 다음과 같은 단어들의 쌍도 동의파생어의 범주에 넣을 수 있을 것으로 보인다.

> (37) 가. 열차가 곧 도착합니다.

---

31) 보다 엄밀하게는 『표준국어대사전』에 제시된 것들을 『표준국어대사전』에서 제시한 범
주를 존중하여 분석한 것이다. 따라서 앞서 언급한 바와 같이 새롭게 접미사의 자격을
부여할 수 있는 것들도 동의파생어의 범위를 확장할 수 있는 후보가 된다.

가′. 열차가 곧 도착됩니다.
나. 국회에서 법안을 처리하였다.
나′. 국회에서 법안을 처리시켰다.

　(37)의 예들은 유경민(2005)에서 제시된 것들인데 (37가, 가′)은 '도착하다'와 '도착되다'가 동의 관계를, (37나, 나′)은 '처리하다'와 '처리시키다'가 동의 관계에 놓여 있다고 본 것이다. 우선 (37가)의 '도착하다'는 타동사가 아니라 자동사로서 (37가′)의 '도착되다'와는 능동과 피동의 관계에 놓여 있지 않으면서 특별한 의미 차이를 가진다고 보기 어렵다. 이에 대해 (37나, 나′)에서 '처리하다'는 타동사로서 역시 '처리시키다'와 큰 의미 차이를 가진다고 보기 어려운 경우이다.[32] 이때 보이는 '-하-'와 '-되-', '-하-'와 '-시키-'는 모두 접미사의 지위를 가지고 있다는 점에서 이들 예들도 동의파생어의 범위에 포함시키는 데 큰 문제가 없다는 것을 알 수 있다.[33]

[32] 안예리(2014 : 426)에서는 잡지 『삼천리』를 대상으로 '소속하다', '유전하다'처럼 현대 국어에서는 '소속되다', '유전되다'로 쓰이는 단어들을 제시하고 있다.

[33] 유경민(2005)에서는 (37가, 가′)에 해당하는 단어의 쌍이 1,268개이고 (37나, 나′)에 해당하는 단어의 쌍이 303개임을 밝히고 있는데 이러한 수치는 이 책에서 제시한 '-거리-', '-대-' 동의파생어쌍 다음으로 많은 수치이다. 따라서 이들을 모두 동의파생어에 포함시킨다면 한국어의 동의파생어의 숫자는 그만큼 크게 늘어날 것임을 짐작할 수 있다. 다만 유경민(2005)에서는 이들 예들의 목록을 제시하고 있지 않은데 이 책에서는 <부록>에서 『표준국어대사전』을 대상으로 '-하-'가 '-되-'와 대치되어도 별 다른 의미 차이가 없어 동의파생어로 간주할 수 있는 것들의 일단(一團)을 정리해 두었다. 한편 자동사를 형성시키는 접미사 '-하-'와 '-되-'의 대응은 곧 '하-'가 '되-'의 의미를 가지고 있다가 분화되고 있음을 의미하는데 이러한 주장은 '-게 ᄒ엿-'이 '-겠-'으로 문법화되었다고 보는 주장과도 일맥상통한다. 가령 임동훈(1996)에서는 '-게 ᄒ엿-'이 사동 구문에서 나온 것이라는 데는 동의하고 있지만 그 의미가 '-게 되어 있-'으로 해석된다고 하여 '-어 잇-'에 피동적인 의미를 부여하고 있다. 즉 '-어 잇-'이 가진 상태 지속의 의미 때문에 '-어 잇-' 앞에 오는 타동사는 그 동작주 의미역이 약화되어 피동적 해석을 받고, '-게 ᄒ엿-'이 '-게 되어 잇-'의 의미를 띠면서 '-게 ᄒ-'의 동작주 주어는 실격되어 문면에 실현되지 못하게 되었다는 것이다. 그러나 이에 대해 이병기(1997 : 77-78)에서는 다음 예문들을 들어 이미 중세 한국어에 'ᄒ-'가 현대 한국어의 '되-'에 해당

이상에서 살펴본 바와 같이 동의파생어는 단순히 저지 현상의 예외가 된다고 보기 어려울 정도로 다양한 유형과 빈도를 보이고 있다. 동의파생어는 동의성의 정도가 매우 높은 유의어이므로 단어 형성의 측면에서는 잉여적인 존재라고 할 수 있다. 현재로서는 이러한 동의파생어가 한국어에 특정적인 현상인지는 확신하기 어렵지만 그만큼 단어 사이에 존재하는 유의 관계의 특이한 양상이라는 점은 분명하다.

3.3. 내적 변화어와 유의 관계

의성의태어는 한국어 어휘의 특징을 대표하는 것 가운데 하나이다. 국립국어연구원(2002a : 24)를 참고하면 부사는 주표제어와 부표제어를 합하여 모두 17,895개로 3.52%를 차지하고 있고 이 가운데 주표제어가 14,093개인데 이들 가운데 절대 다수가 의성의태어이다.[34] 그런데 이들 의성의태어는 형태론적 측면에서 그 구조가 일률적이지 않다.

    (38) 구불-구불구불 …

는 의미도 가지고 있었다는 점을 들고 있어 흥미롭지 않을 수 없다.
　　아랫 五根온 子細히 아니 닐어도 흐리라<月釋17 : 59>
　　刺史의 眞實ㅅ 符節을 구틔여 논호디 아니ᄒᆞ야도 흐리로다(刺史眞符不必分)<杜諺6 : 35>
　　열 ᄒᆡ예 어루 甲을 바사도 흐리니(十年可解甲)<杜諺10 : 23>
이병기(1997)은 이에 따라 '-게 되엇(ᄃᆞ외야 잇)-' 구성과 같은 의미를 가졌던 '-게 ᄒᆞ엿-'이 현대의 '-겠-'으로 문법화하였다는 결론을 내리고 있다. 최형용(1997b)에서도 이러한 견해를 지지한 바 있다.
34) 의성의태어는 동의파생어를 형성시키는 '-거리-, -대-'뿐만 아니라 '-이-'의 어근으로도 기능하므로 이들까지를 포함한다면 한국어 어휘에서 차지하는 비중을 가늠하기 어렵지 않다. 한편 손달임(2012)에서는 모두 10,743개의 의성의태어를 목록으로 제시하고 있다.

(39) 가. 자르랑-짜르랑-차르랑 …

　　나. 찰카닥-철커덕 …

　　다. 싱글벙글-생글방글 …

한국어 의성의태어의 형태 구조는 크게 두 가지로 나눌 수 있다. 하나는 (38)처럼 '반복'이 일어나는 경우이고 다른 하나는 (39)처럼 '교체'가 나타나는 경우이다. (39가)는 자음의 교체, (39나)는 모음의 교체, (39다)는 자음과 모음 모두에서 교체가 나타나는 경우이다.[35]

지금까지 (38)의 예들은 전형적으로 반복에 의한 합성으로 보아 단어 형성법에서 다루어 왔으나[36] (39)는 사정이 다르다. 교체되는 것이 자음이나 모음, 혹은 음절과 같은 단위이고 결과된 단어들도 서로 큰 의미 차이가 있다고 판단되지 않는다는 점을 중시하여 이를 '음성 상징'으로 간주한 것은 주로 음운론과 관련된 논의에서였다.

그러나 단어 형성의 측면에서도 (39)와 같은 현상을 포착할 수 없는 것은 아니다. 가령 송철의(1992)에서는 '날씬하다-늘씬하다, 따뜻하다-뜨뜻하다, 가득하다-그득하다' 등을 '내적 파생'으로 다루었는데 이러한 방법론을 의성의태어에도 적용할 수 있기 때문이다. '내적 파생'이란 형식적인 증가가 없이 이루어지는 자음이나 모음의 교체를, 합성과 파생으로 대표되는 단어 형성의 체계 내에서 다루기 위한 일종의 고육지책이라 할 수 있다. 즉 형식적인 증가로 결과되는 접사 첨가는 '외적 파생'이 되고 그렇지 않은 것은 '내적 파생'으로 보려는 것이지만 이러한 견해는 자음이나 모음, 음절이 접미사가 아닌 이상 이를 '파생'으로 포괄하는 데 따른 부담

---

35) '싱'과 '벙', '생'과 '방'의 교체에 초점을 맞추면 이는 음절 교체형이라고 할 수도 있다. 손달임(2012 : 167)에서도 이를 음절 교체형으로 분류하여 그 특성을 살펴보고 있다.

36) '구불구불'은 '구불'이라는 형태소 어근이 반복되었는데 의미로만 본다면 이들 어근 사이의 관계는 완전 동의라고 할 수 있다. 따라서 이에 대해서는 3부의 §7.3에서 다루기로 한다.

을 안아야 한다는 한계가 있다.

그런데 우선 자음이나 모음의 교체를 보이는 단어들도 단어 형성의 관심사로 삼기 위해서는 (39)에서 교체의 관계에 있다고 제시된 단어들이 서로 별개의 단어라는 사실을 확인할 필요가 있다. 다음은 이들이 서로 별개의 단어로 간주될 수 있는 몇 가지 증거라 할 수 있다.

첫째, 의성의태어 가운데는 단순한 어감상의 차이를 넘어 의미 차이가 나는 것들이 적지 않게 존재한다.[37)]

> (40) 가. 살짝
>   「1」남의 눈을 피하여 재빠르게.
>   ¶ 그는 모임에서 살짝 빠져나갔다.
>   「2」힘들이지 아니하고 가볍게.
>   ¶ 이것 좀 살짝 들어 봐라./그녀는 고개를 살짝 들고 상대편을
>   쳐다보았다.
>   「3」심하지 아니하게 아주 약간.
>   ¶ 시금치를 살짝 데치다/소녀는 부끄러운지 얼굴을 살짝 붉혔
>   다./누가 살짝 건드려 주기만 하여도 달아나고 싶은 심정이었던
>   것이다.≪박경리, 토지≫
>   「4」표 나지 않게 넌지시.
>   ¶ 그는 그 일을 내게만 살짝 알려 주었다.
>   가'. 슬쩍
>   「1」남의 눈을 피하여 재빠르게.
>   ¶ 남의 물건을 슬쩍 훔쳐 도망가다/그들은 내 주머니에다 슬쩍
>   시계를 집어넣고는 일단 파출소에다 도둑놈이라고 신고를 했다.
>   ≪황석영, 어둠의 자식들≫
>   「2」힘들이지 않고 거볍게.

---

37) '날씬하다-늘씬하다, 따뜻하다-뜨뜻하다, 가득하다-그득하다' 등은 의성의태어보다도 더 큰 의미 차이를 가지는 것이다. 가령 "날씨가 {따뜻하다/*뜨뜻하다}." 등에서도 그 의미 차이를 볼 수 있으며 통시적으로 각자의 의미 영역을 구축한 '낡다-늙다' 등의 의미 차이는 이들을 서로 완전히 별개의 단어라고 하여도 무방할 정도이다.

¶ 슬쩍 건드렸는데도 아프다고 야단이다./달주는 몸을 슬쩍 피하며 날아오는 목침을 손으로 덥석 잡아 버렸다.≪송기숙, 녹두 장군≫

「3」심하지 않게 약간.

¶ 슬쩍 익히다/봄나물을 슬쩍 데쳐 갖은 양념을 넣어 무쳐 먹었다.

「4」표 나지 않게 넌지시.

¶ 의중을 슬쩍 떠보다/슬쩍 화제를 돌리다.

「5」특별히 마음을 쓰거나 정성을 들이지 않고 빠르게.

¶ 그는 책을 한 번 슬쩍 훑어보더니 재미없다는 듯 곧 팽개쳐 버렸다.

나. 꼴깍

「1」적은 양의 액체나 음식물 따위가 목구멍이나 좁은 구멍으로 한꺼번에 넘어가는 소리. 또는 그 모양.

¶ 침을 목구멍으로 꼴깍 넘기다/술잔을 꼴깍 비우다/정 주사는 도미찜 소리에 침이 꼴깍 넘어가고 시장기가 새로 드는 것 같았다.≪채만식, 탁류≫

「2」분한 마음 따위를 간신히 참는 모양.

¶ 그는 분한 마음을 꼴깍 참았다.

「3」잠깐 사이에 없어지거나 죽는 모양.

¶ 숨이 꼴깍 넘어가다.

나'. 꿀꺽

「1」액체나 음식물 따위가 목구멍이나 좁은 구멍으로 한꺼번에 많이 넘어가는 소리. 또는 그 모양.

¶ 침을 꿀꺽 삼키다/하나 남은 빵 조각을 꿀꺽 먹어 버렸다./그는 여태껏 고스란히 눈앞에 놔 두었던 잔을 들어 한숨에 꿀꺽 마셔 버렸다.≪유진오, 가을≫/나는 오랜만에 식욕을 느끼며 나도 모르게 소리가 나도록 침을 꿀꺽 삼켰다.≪김용성, 도둑 일기≫

「2」분한 마음이나 할 말, 터져 나오려는 울음 따위를 억지로 참는 모양.

¶ 분노를 꿀꺽 삼키다/초봉이는 울음을 꿀꺽 삼키면서 반사적으로 일어서기는 했으나….≪채만식, 탁류≫/큰놈은 말을 하다가

엄마의 눈치를 보고 꿀꺽 말을 삼켰던 것이다.≪이정환, 샛강≫
「3」옳지 못한 방법으로 남의 재물 따위를 제 것으로 만드는 모양.
¶ 남의 돈 몇십만 냥을 한꺼번에 꿀꺽 삼켜도 아무 탈이 없는데 제
돈 겨우 엽전 한 푼 먹은 게 무슨 탈이 나……≪박종화, 전야≫
(밑줄 저자)

　(40)은 『표준국어대사전』의 뜻풀이와 용례를 가져온 것인데 (40가, 가')
은 '슬쩍'의 경우에서 '살짝'에는 없는 의미가 더 추가되어 서로 의미 차
이가 나는 것을 볼 수 있고 (40나, 나')은 '꼴깍'과 '꿀꺽'이 의미 명세의
수에서는 같지만 역시 단순한 어감의 차이로는 설명할 수 없는 의미 차이
를 가진다는 것을 보여 준다.[38]

　(40)과 같이 의미 차이가 나는 것들을 포함하여 무엇보다 사전에서 자
음 교체나 모음 교체 관계에 놓인 의성의태어들을 모두 별개의 표제어로
등재하고 있다는 사실은 화자들이 이들 단어들을 서로 별개의 단어로 구
별하고 있다는 사실을 반영하는 것으로 해석할 수 있게 한다.

　둘째, 자음 교체나 모음 교체에 놓인 쌍들이 단어 형성의 측면에서 비
대칭성을 보이는 예들이 많다는 점에도 주목할 필요가 있다.

(41) 가. 간질-간질간질(-간질간질하다)-간질거리다-간질대다-간질이
　　　　다-간지럽다-간지럽히다
　　가'. 근질-근질근질(-근질근질하다)-근질거리다(-근질대다-근질이
　　　　다)-근지럽다-*근지럽히다
　　나. 구불(-*구불하다)-구불거리다(-구불대다)-*구불이-구불구불(-구

불구불하다)-구부러지다

나'. 꾸불(-*꾸불하다)-꾸불거리다(-꾸불대다)-*꾸불이-꾸불꾸불(-꾸
불꾸불하다)-꾸부러지다

나". *구붓(-구붓하다)-*구붓거리다(-*구붓대다)-구붓이-구붓구붓
(-구붓구붓하다)-*구부서지다

(41가, 가')의 '간질'과 '근질'은 모음 교체를 보이는 예인데 '간지럽히
다'라는 단어는 있지만 '*근지럽히다'라는 단어는 없으므로 단어 형성의
측면에서 비대칭적인 면을 볼 수 있다. (41나, 나', 나")은 자음 교체를 보
이는 예인데 '구불'과 '꾸불'은 단어 형성의 측면에서 대칭적이지만 '구
불'과 '구붓'의 자음 교체형은39) 단어 형성의 측면에서 서로 대칭적인 부
분이 훨씬 더 적다는 사실을 알 수 있다.

셋째, 한국어에서는 찾기 어렵지만 일종의 자음 교체를 통해 품사의 변
화가 결과되기도 한다. Bauer(1988 : 26)에서 제시된 다음 예들을 살펴보기
로 한다.

(42) mouth[mauθ] "입"   mouth[mauð] "말하다"
     sheath "칼집"   sheathe "칼집에 넣다"
     strife "분쟁"   strive "싸우다"
     thief "도둑"   thieve "훔치다"
     wreath "화환"   wreathe "장식하다"

즉 (42)에서 명사들은 무성 마찰음을 가지고 있는데 이것이 유성 마찰
음으로 바뀌면서 동사로 바뀌었다고 보고 있다. 한국어의 경우에는 자음
이나 모음의 교체가 이처럼 명사에서 동사로의 변화 같은 품사의 변동을

---

39) 손달임(2012 : 161-162)에서는 '구불구불'과 '구붓구붓'을 자음 교체를 통해 어감의 차
   이를 보이는 예로 제시하였다.

일으키는 경우가 없다는 점에서 (42)와 같은 예는 매우 흥미롭지 않을 수 없다. 품사가 변하는 이상 두 단어를 '어감상의 차이'에 묶어 놓을 수는 없기 때문이다.

다음으로 접사를 전제로 하는 '내적 파생'이 가진 한계를 극복하기 위해서는 '파생'에 대한 시각을 수정할 필요가 있다. 이러한 측면에서 최형용(2003a)에서는 '내적 파생'을 '내적 변화'로 수정할 것을 제안한 바 있다.[40] 이는 곧 단어 형성의 차원에서 합성이나 파생과는 구별되는 별도의 과정을 인정해야 한다는 것을 의미하는 것이기도 하다.

주지하는 바와 같이 합성이나 파생은 전형적으로 형식이 증가하는 속성을 가지고 있다. 따라서 단어 형성을 형태소 기반 모형(morpheme-based model)으로 설명하는 데 큰 문제가 없다. 즉 형태소 기반 모형은 통합 관계(syntagmatic relation)에 기반하고 있으며 구성 요소들이 횡적 연쇄(concatenation)를 보이는 경우에 적용이 가능하다고 할 수 있다. 형태소 기반 모형은 더 짧은 형식에서 출발하여 더 긴 형식으로 결과된다는 점에서 아울러 방향성도 갖는다.

그런데 이러한 형태소 기반 모형의 한계는 외현적으로 형식이 증가하지 않는 경우가 존재한다는 데 있다. 단어 형성 과정에서 외현적으로 형식이 증가하지 않는 경우는 크게 두 가지이다. 하나는 단어 형성 과정 전후에 형식의 크기에 아무런 변화가 없는 경우이고 다른 하나는 오히려 단어 형성 후에 형식이 줄어드는 경우이다. 한국어에서 앞의 과정을 대표하는 것이 내적 변화와 영변화이고 뒤의 과정은 §3.1에서 이미 살펴본 '새삼스레-새삼, 급거히-급거' 등의 예들뿐만 아니라 '째어지다'에서 나온 '째지다', 활용형 '어쩌면'에서 감탄사 '어쩜'이 된 것 등을 예로 들 수

---

40) 최형용(2003a)에서는 형식적 실체를 가지지 않는 영접미사(zero-suffix)를 인정하지 않음에 따라 '영파생'(zero-derivation)도 인정하지 않았으며 이를 '영변화'로 수정한 바 있다.

있다.41)

따라서 이들까지를 포괄적으로 설명하기 위해서는 형태소 기반 모형이 아니라 단어 기반 모형(word-based model)이 도입될 필요가 있다. 단어 기반 모형은 구성 요소들의 결합이 아니라 단어와 단어의 대치를 통해 단어 형성 과정을 설명할 수 있다고 본다. 즉 단어 기반 모형은 통합 관계가 아니라 계열 관계(paradigmatic relation)에 기반하며 비연쇄적 과정에도 적용될 수 있다. 또한 대치 과정을 통해 새로운 단어 형성을 설명하므로 방향성에 대해 가지는 제약도 형태소 기반 모형에 비해 훨씬 적다.42)

단어 기반 모형에서 자음 교체나 모음 교체를 통한 단어 형성은 다음과 같이 형식화가 가능할 것이다.43)

---

41) 이에 대한 보다 자세한 논의는 최형용(2003b), 박보연(2005), 이은섭(2007)을 참고할 것. 단어 형성에 대한 논의에서 흔히 접하게 되는 'babysitter-babysit, airconditioner-aircondition'과 같은 역형성(back-formation)도 형식이 줄어드는 경우에 해당한다. 그러나 단어 형성뿐만이 아니라 굴절의 테두리에서 다루어질 법한 경우에서도 형식이 줄어드는 경우를 찾는 것은 그리 어렵지 않다.

    가. nyoon "양"   nyoo "양들"
       wawoc "하얀 왜가리"   wawo "하얀 왜가리들"
       onyiit "갈빗대"   onyii "갈빗대들"
       rottin "전사"   rotti "전사들"

                                    (Haspelmeth, 2002 : 24에서 재인용)

    나. hi : nk "(개가) 짓다"   hi : n "짓었다"
       ñeid "보다"   ñei "보았다"
       ñeok "말하다"   ñeo "말했다"

                                 (Haspelmeth, 2002 : 167에서 재인용)

(가)는 Murle에서 마지막 자음을 삭감하여 복수를 나타내는 경우이며 (나)는 Tohono O'odham의 예로 역시 마지막 자음을 탈락시켜 과거를 나타내는 경우이다.

42) 형태소 기반 모형과 단어 기반 모형의 보다 자세한 차이는 최형용(2013c : 101-105)를 참고할 것. 2장에서도 언급한 바와 같이 합성어인 경우에는 그 자체를 결합 즉 형태소 기반 모형으로 설명하는 것이 가능하지만 '슬쩍'과 '살짝'처럼 단일어인 경우에는 이들 단어 형성을 형태소 기반 모형으로 설명할 수 없고 이들 사이의 의미적 연관성이 매우 큰 만큼 대치 즉 단어 기반 모형으로 설명하는 것이 훨씬 더 큰 타당성을 가지고 있다.

43) 이는 앞서 제시한 §3.1.2의 (22)와 일맥상통하는 것이라 할 수 있다. 다만 (22)의 경우는 대치되는 것이 형태소의 자격을 가지는 것임에 비해 (43)에서 대치되는 것은 형태소의 자격을 가질 수 없는 것이다. 따라서 (43)에서 이들 단어 형성을 결합에 의해 설명하는

(43) 가.

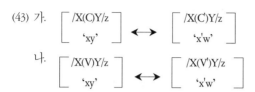

(43가)는 자음(C) 교체를 위한 단어 기반 모형이고 (43나)는 모음(V) 교체를 위한 단어 기반 모형이다. 'z'는 품사 범주이고 'x, y, w'는 의미 명세인데 'x'은 어감의 차이를 반영한 것이고 'w'는 서로 구별되는 의미를 나낸 것이다. (40)을 참고한다면 경우에 따라서는 의미가 더 명세될 수도 있고 원래 있는 의미가 사라지는 경우도 있을 수 있다. 음절이 교체되는 경우도 이에 준해 표시할 수 있다. 또한 양방향 화살표(↔)는 이들 가운데 어느 것을 출발점으로 삼아야 할지 알기 어려운 경우를 포괄하기 위한 것으로 대부분의 의성의태어는 이처럼 방향성을 따지는 것이 쉽지 않다. 단어 기반 모형은 전술한 바와 같이 이러한 방향성 제약에서도 자유롭다는 장점이 있다.

최형용(2015a)에서는 내적 변화어를 단어 형성의 측면에서 다룰 수 있음을 강조한 바 있다. 그리고 그 과정에서 형태소 기반 모형이 가지는 한계를 극복하고 단어 기반 모형의 장점을 부각함으로써 내적 변화어가 한국어의 단어 형성에 대한 새로운 모형을 제시하는 데 크게 기여할 수 있음을 언급한 바 있다.

그런데 이러한 관점은 의미 관계의 측면에서는 어휘 사이의 유의 관계를 전제하고 있다는 점에서 주목할 필요가 있다. (40)에서 제시한 바와 같이 서로 의미 차이가 있는 것은 동의성의 정도가 낮지만 그렇지 않은 것들은 동의성의 정도가 매우 높은 것으로 구별할 수 있기 때문이다. 그러

것은 불가능하다.

나 그 동의성의 정도를 판단하는 것은 지금까지 제시한 대치에 의한 문장
성립 여부를 따지는 것과는 차이가 있다는 점에 주의할 필요가 있다.

(44) 가. 감감-하다
　　　　「1」멀어서 아득하다.
　　　　¶ 감감한 수평선/감감하게 먼바다에서 배 한 척이 가물거리고
　　　　있다./남들은 가뭄 걱정에 여념이 없어도, 분통이는 자신의 앞길
　　　　이 감감해서 밤이면 소리 없는 울음을 터뜨릴 때가 많았다.≪김
　　　　정한, 축생도≫
　　　　「2」어떤 사실을 전혀 모르거나 잊은 상태이다. '깜깜하다[2]'보
　　　　다 여린 느낌을 준다.
　　　　¶ 자네가 그런 사고를 당한 줄은 감감하게 모르고 있었네./기억
　　　　을 샅샅이 뒤적거려 보아도 그저 감감하기만 했다.≪윤흥길, 완
　　　　장≫
　　　　「3」소식이나 연락이 전혀 없다.
　　　　¶ 쥐 죽은 듯이 감감하다/소란스러운 바깥 기척에 누구 하나쯤
　　　　쫓아 나올 법도 한데 감감하여 아내 보기에 민망한 것이다.≪박
　　　　경리, 토지≫
　　　가'. 깜깜-하다
　　　　[1]「1」아주 까맣게 어둡다.
　　　　¶ 깜깜한 밤/옆에서 귀뺨 때려도 모르게 깜깜한 어둠 속에서 돌
　　　　투성이 고갯길을 오르자니, 자연히 행보가 더뎠다.≪현기영, 변
　　　　방에 우짖는 새≫
　　　　「2」희망이 없는 상태에 있다.
　　　　¶ 그녀는 직장도 남편도 없이 오 남매를 키울 생각을 하니 앞이
　　　　깜깜하였다./장차 그들이 겪어야 할 험한 고난을 어떻게 이겨야
　　　　좋을지 눈앞이 깜깜하기만 하였다.≪문순태, 타오르는 강≫
　　　　[2] 【…에】 (('…에' 대신 '…에 대하여'가 쓰이기도 한다))
　　　　어떤 사실을 전혀 모르거나 잊은 상태이다.
　　　　¶ 나는 미술에 깜깜하다./그는 여자와 연애하는 데는 아주 깜깜
　　　　한 사람이었다./모두들 그 일에 대해서는 깜깜하게 모르고 있

었다.

나. 슬슬

　「1」남이 모르게 슬그머니 행동하는 모양.

　¶ 슬슬 피하다/슬슬 눈치를 보다.

　「2」눈이나 설탕 따위가 모르는 사이에 스르르 녹아 버리는 모양.

　¶ 초콜릿이 입 안에서 슬슬 녹는다./산비둘기가 울 때마다 순이의 가슴은 화로 위에 눈덩이처럼 슬슬 녹아내렸다.≪정비석, 성황당≫

　「3」심하지 않게 가만가만 거볍게 만지거나 문지르는 모양.

　¶ 바닥을 슬슬 문지르다/가려운 곳을 슬슬 긁다/러닝샤쓰 속으로 손을 집어넣어 배를 슬슬 만지면서 침대에서 빠져나온 김 중사가 하는 말이다.≪이상문, 황색인≫

　「4」남을 슬그머니 달래거나 꾀는 모양.

　¶ 슬슬 달래다/슬슬 꾀다/슬슬 구슬리다.

　「5」바람이 부드럽게 부는 모양.

　¶ 어디선가 시원한 바람이 슬슬 불어온다.

　「6」거볍게 눈웃음을 치는 모양.

　¶ 눈웃음을 슬슬 치다.

　「7」서두르지 않고 천천히 행동하는 모양.

　¶ 이제 슬슬 출발하자./쉬엄쉬엄 슬슬 해라.

　「8」힘들이지 않고 쉽게 하는 모양.

　¶ 새끼를 슬슬 꼬다.

나'. 살살

　「1」남이 모르게 살그머니 행동하는 모양.

　¶ 빚쟁이를 살살 피해 다니다.

　「2」눈이나 설탕 따위가 모르는 사이에 사르르 녹아 버리는 모양.

　¶ 사탕이 입 안에서 살살 녹는다./서리 맞은 열매가 혀끝에서 살살 녹는 맛은 맛보지 않은 사람은 모른다.

　「3」심하지 않게 가만가만 가볍게 만지거나 문지르는 모양.

　¶ 살살 어루만지다/살살 건드리다/살살 문지르다/어린애는 엄마의 다리를 살살 긁었다.

「4」남을 살그머니 달래거나 꾀는 모양.

¶ 살살 꾀어내다/살살 구슬리다/살살 달래다.

「5」바람이 보드랍게 살랑살랑 부는 모양.

¶ 봄이 되니 봄바람이 살살 불어온다./가을바람이 살살 불더니 어느새 나뭇잎이 다 떨어졌다.

「6」가볍게 눈웃음을 치는 모양.

¶ 눈웃음을 살살 치다.

「7」얽힌 실 따위가 순조롭게 잘 풀리는 모양.

¶ 실 꾸러미가 살살 잘 풀린다.

다. 껑충-껑충

「1」긴 다리를 모으고 계속 힘 있게 솟구쳐 뛰는 모양. '겅중겅중'보다 세고 거센 느낌을 준다.

¶ 토끼가 껑충껑충 뛰어간다./술에 지나치게 취한 젊은 사람들은 신이 오른 사람처럼 껑충껑충 뛰면서 마당을 다졌다.≪심훈, 영원의 미소≫/상대편의 허리를 걷어차 버리고는, 껑충껑충 곤두박질치며 달아난다.≪최인훈, 구운몽≫

「2」<u>어떠한 단계나 순서를 잇따라 건너뛰는 모양.</u>

¶ 새해 들어 물가가 껑충껑충 뛰어올랐다.

다'. 깡충-깡충

짧은 다리를 모으고 자꾸 힘 있게 솟구쳐 뛰는 모양. '강중강중'보다 세고 거센 느낌을 준다.

¶ 깡충깡충 뛰다.

(밑줄 저자)

(45) 가. 살며시

「1」남의 눈에 띄지 않게 가만히.

¶ 선물을 살며시 건네주다/집안 어른 노릇을 하자고 드는 잔소리를 듣곤 하기 때문에 그것이 성가시어 살며시 제 방으로 들어가려고 했었다.≪채만식, 탁류≫

「2」행동이나 사태 따위가 가벼우면서도 은근하고 천천히.

¶ 살며시 눈을 감다/살며시 손을 잡다/여란은 마침내 숨과 마음

이 갑갑한 걸 참지 못하고 안에서 꼭꼭 여몄던 홑이불 자락을
살며시 들추었다.≪박완서, 미망≫
「3」감정 따위가 속으로 천천히 은밀하게.
나. 슬며시
「1」남의 눈에 띄지 않게 넌지시.
¶ 슬며시 자리를 뜨다/슬며시 선물을 건네주다/슬며시 도망을 치
다/그는 어느새 내 옆으로 다가와 슬며시 손목을 잡았다.
「2」행동이나 사태 따위가 은근하고 천천히.
¶ 슬며시 눈을 감다/슬며시 고개를 숙이다/슬며시 대문을 열다/
흉흉하던 민심은 슬며시 가라앉고 말았다.≪현기영, 변방에 우짖
는 새≫
「3」감정 따위가 속으로 천천히 은밀하게.
¶ 치수는 성업이한테 술을 뺏긴 생각을 하면 슬며시 부아가 돋
았다.≪이무영, 농민≫

(44가, 가)의 '감감하다'와 '깜깜하다'는 자음 교체를 보이는 예인데 의
미 차이가 커서 대치 관계를 만족시키기가 어려울 만큼 동의성의 정도가
낮다고 할 수 있다. 이에 대해 (44나, 나)과 (44다, 다)의 '슬슬'과 '살살',
'껑충껑충'과 '깡충깡충'은 모음 교체를 보이는 예인데 그 의미 차이는
(40)에서 제시한 단어들과 평행하게 밑줄 친 부분의 의미가 있고 없고의
차이를 보인다. 이러한 경우에는 동일한 의미에서는 대치가 가능하지만
별도의 의미에서는 대치가 불가능하다는 점에서 전형적인 유의 관계를
보이는 예로 간주할 수 있다.

이에 대해 (45)의 경우는 모음 교체를 보이는 '살며시'와 '슬며시'가 의
미 명세에서 큰 차이가 없어 이른바 어감상의 차이만 가지는 경우이다.
이러한 경우에는 모든 경우에서 대치가 가능하다고 할 수 있다. 그러나
그동안의 논의에서는 이것이 동의 관계를 의미하는 것으로 받아들여진
것이 아니라 오히려 어감상의 '차이'를 강조하기 위한 것으로 이용되었다.

즉 의성의태어의 경우 어감상의 차이만을 가지는 (45)와 같은 경우에는 일반적인 어휘 사이일 경우 모든 경우에서 대치가 가능하면 동의 관계를 보장한다는 기준을 반대로 적용하였던 것이다. 이 역시 내적 변화어가 가지는 특징이라고 할 수 있다.

이상과 같은 사실들에 기반할 때 그동안 단어 형성의 측면에서 크게 부각된 바 없지만 유의 관계라는 의미 관계를 기반으로 내적 변화어들을 단어 형성의 관점에서 바라보게 되면 단어 형성 전체에 미치는 파급 효과가 작지 않다는 사실을 알 수 있다. 단어 형성 모형은 특정 부류를 위한 별도의 과정을 따로 두기보다는 특정 부류까지도 설명할 수 있는 과정으로 상정하는 것이 훨씬 설명력이 크고 따라서 보다 경제적이기 때문이다.

4. 단어 형성의 측면에서 본 어휘 사이의 반의 관계

최경봉(2015 : 155)에서는 반의 관계를 보이는 어휘의 특성으로 다음과 같은 세 가지를 제시하고 있다.

> (1) 가. 반의 관계의 어휘들은 상의어를 공유한다는 점에서 의미적으로
>   공통성을 지닌다.
>   나. 반의 관계의 어휘들은 양립할 수 없다.
>   다. 반의 관계의 어휘들은 최소의 차이에 근거하여 대립적이다.

그런데 이들 특성 가운데는 유의 관계의 어휘들과 공유하는 것이 있다. 첫째는 (1가)에서 제시한 바와 같이 '의미적으로 공통성을 지닌다.'는 것이고 둘째는 (1다)에 제시된 바와 같이 '의미적으로 차이를 갖는다.'는 것이다. 유의 관계의 어휘들이 반의 관계의 어휘들과 가지는 차이는, 의미적으로 공통성을 지니되 반의 관계의 어휘들은 상의어를 공유한다는 점이고 의미적으로 차이를 가지되 그것은 '최소'라는 점이다. 유의 관계 가운데 동의 관계에는 의미적인 공통성이 최대치가 되어 거의 구별이 되지 않는 것임을 살펴본 바 있지만 그러한 경우 의미적으로 등가이기 때문에 논리적으로 상의어를 공유할 수 없다.

유의 관계의 어휘가 반의 관계의 어휘들과 가지는 본질적인 차이는 (1 나)인데 유의 관계에 있는 어휘는 최소한이더라도 맥락적 대치가 가능해

야 포착될 수 있는 관계인 데 비해 반의 관계에 있는 어휘는 아예 양립이 불가능하기 때문에 최소한이라도 대치할 수 없다는 것이다.

이러한 점에서 주목해야 할 필요가 있는 것은 (1다)의 '최소'이다. 이 말은 곧 반의 관계의 어휘들이 역설적이게도 일반적인 유의 관계 어휘들보다 공통점이 더 많다고 할 수 있는 부분이 있음을 의미하기 때문이다. 가장 대표적인 것은 유의 관계 어휘들은 어종(語種)이 다른 경우에도 성립할 수 있지만 반의 관계의 어휘들은 그것이 불가능하다. 즉 반의 관계의 어휘들은 어종도 동일해야 한다는 것이다. 이에 따라 유의 관계처럼 이를 '고유어-고유어, 고유어-한자어, 한자어-한자어'로 나누는 것은 특별한 의미가 없다. '고유어-한자어' 쌍이 논리적으로 결여되어 있기 때문이다. 따라서 유의 관계에서와는 달리 어휘들 사이의 반의 관계를 살피는 과정에서는 이를 파생어와 합성어로 이분하여 살펴보기로 한다.

4.1. 반의 관계 파생어의 형성과 유형

4.1.1. 반의 관계 접두 파생어의 형성과 유형

접두사에 초점을 둘 때 단어 사이에 반의 관계가 형성되는 경우는 형태론적 측면에서 우선 다음의 두 가지를 구별할 필요가 있다.

> (2) 가. 시아버지-시어머니, 극좌-극우
> 　　나. 악감정-호감정[1]

---

1) 『표준국어대사전』에서는 '호(好)-'는 접두사로 등재되어 있고 '악(惡)-'은 그렇지 않은데 2장에서 다른 예를 들어 논의한 바와 같이 '악(惡)-'도 접두사로 간주할 수 있다. 지금까지의 접사 선정은 해당 단어나 접사를 중심으로 한 단어들을 위주로 그 여부를 판단한 경우가 대부분이었던 것으로 판단된다. 그러나 앞으로는 계열적 특성을 고려한 범주 설

나'. 호경기-불경기

  (2가)는 접두사가 동일한 형식으로 고정되고 어근이 변화하여 반의 관
계를 이루는 경우이고 (2나)는 반대로 어근이 고정되고 접두사가 변화하
여 반의 관계를 이루는 경우이다.2) (2가)에서는 어근이 서로 반의 관계에
놓여 있어 동일한 접두사가 결합하여도 그 반의 관계가 그대로 유지되는
것이다. 이러한 점에서 보면 (2나')과 같은 예들에도 관심을 기울일 필요가
있다. 일반적으로 (2나')의 '호(好)-'와 '불(不)-'은 반의적 의미 관계에 놓여
있다고 보기 어렵기 때문이다. 이를 참고한다면 형태론적으로 어떤 요소
를 공유하여 서로 반의 관계를 맺고 있다고 하더라도 공통되는 요소가 아

―――
  정이 필요할 것으로 보인다. 물론 의미 관계도 계열적 특성 가운데 하나에 해당한다. 한
  편 '악(惡)-'과 관련된 반의어가 '호(好)-'로만 존재하는 것은 물론 아니다. 이를 (2나)의
  경우를 포함하여 정리하면 다음과 같다.
    가. 악필-달필
    나. 악담-덕담
    다. 악덕-선덕, 악용-선용, 악의-선의, 악인-선인, 악행-선행
    라. 악조건-호조건, 악상-호상, 악수-호수, 악영향-호영향, 악운-호운, 악인상-호인상,
       악재-호재, 악천후-호천후, 악평-호평
    마. 악법-양법, 악서-양서, 악약-양약, 악주-양주, 악처-양처
  (가)와 (나)의 경우는 그 수가 많지 않을 뿐만 아니라 '악(惡)-'을 제외한 '-필', '-담' 등
  이 형태소 어근의 자격을 가지고 있기 때문에 '악(惡)-'을 접사로 보기 어려운 경우이다.
  이점 (다)의 '선-' 결합어가 반의어가 되는 경우에도 마찬가지이다. 이에 비하면 (마)의
  경우에는 '법', '약', '처' 등이 단어 어근의 자격을 가지므로 '악-'을 접두사로 인정할 수
  있다. 여기에서 중요한 것은 '악(惡)-'을 제외한 부분이 단어 어근이든 형태소 어근이든
  반의어의 경우에도 평행한 양상을 보인다는 점이다. 이는 유의 관계를 보이는 경우 한자
  와 고유어가 대응을 이룰 때 한자의 경우는 형태소 어근에 해당하고 고유어의 경우는 단
  어 어근에 해당하는 경우가 적지 않은 것과 차이가 나는 부분이다.
2) 3장에서는 어근은 고정되고 접사의 차이만 가지는 경우를 동의파생어라 하여 그 양상에
  대해 살펴본 바 있다. 이를 확대한다면 어근은 고정되고 접사의 차이만 가지는 반의 관계
  어들은 '반의파생어'라 명명할 수 있다. 다만 동의파생어의 경우는, 접두 동의파생어는
  한정적이고 접미 동의파생어가 훨씬 다양하고 수도 많다고 하였는데 이에 대해 반의파생
  어의 경우는 접미 반의파생어가 존재하기 어렵다는 점에서 차이가 있다. 파생어는 접두
  파생어에 비해 접미 파생어가 압도적으로 많다는 점을 고려하면 반의파생어는 접두 반의
  파생어에 한정되기 때문에 그 수가 많다고 보기 어려운 것이다.

닌 나머지 요소가 서로 반의 관계를 보이지 않을 수 있다는 것을 알 수 있다.3)

한편 고재설(1996 : 199)에서는 다음 예들을 제시하고 이를 '피수식 성분 동일성의 조건'이라 명명한 바 있다.

(3) 참깨-들깨, 밭사돈-안사돈, 수소-암소, 시부모-친부모, 양아들-친아들

'피수식 성분 동일성의 조건'이란 반의 관계를 보이는 두 어휘에서 수식을 받는 말은 동일하다는 것이다. 그러나 이는 (2나, 나')이나 (3)과 같은 경우에만 한정된다는 것을 알 수 있고 (2가)와 같이 후행 요소가 아니라 선행 요소가 공통되어 반의 관계가 성립하는 경우에는 적용이 되지 않는다는 것을 알 수 있다. 즉 이는 (2나, 나'), (3)의 예들에서처럼 반의 관계를 선행 요소가 아니라 후행 요소가 공통되고 선행 요소는 접두사로서 차이가 날 때로 한정한 경우에만 적용된다. 그러나 (2가)의 예에서처럼 반의 관계는 후행 요소인 어근의 변화에 의해서도 구현될 수 있다. 이는 결과적으로 반의성의 정도에는 차이가 있을 수 있지만 경우에 따라서는 접두사가, 경우에 따라서는 어근이 반의 관계의 축이 되어 각각 반의 관계어를 형성시킬 수도 있음을 의미하는 것이다.

이러한 반의 관계 어휘의 내적 구조에 대한 인식은 반의 관계가 구성 요소의 차이에 따라 다각적으로 가능할 수 있다는 결론에 도달하게 한다. 따라서 가령 (3)의 '친아들'은 구성 요소 가운데 어떤 요소가 반의 관계를

---

3) 이는 이미 1장에서 최경봉(2010)의 '백포도주'와 '적포도주'의 경우를 들어 살펴본 바 있다. 단일어 사이와 같이 공통되는 요소가 전혀 없이 반의 관계를 보이는 경우에 주목하였던 어휘 의미론의 입장에서는 이러한 경우가 그다지 신기할 것이 없다고 할 수 있다. 그러나 공통 요소에 주목하여 단어 사이의 의미 관계에 천착하려는 이 책에서의 관점을 중시한다면 공통 요소를 제외한 요소가 반의 관계에 놓이지 않는데 결과적으로 반의 관계를 이루는 경우는 전형적이지 않은 예에 해당한다.

가져오게 하느냐에 따라 '양아들'뿐만이 아니라 '친딸'과도 반의 관계를
형성할 수 있다. 이러한 다각적인 반의 관계를 도식화하면 다음과 같다.

(4)

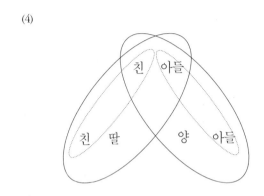

　　(4)에서 점선은 동일한 구성 요소를 표시한 것이고 실선은 반의 관계에
놓인 단어를 묶은 것이다. 여기에서도 살펴볼 수 있는 바와 같이 공통 요
소가 존재하지 않는 '친딸'과 '양아들'은 서로 반의 관계에 놓여 있지 않다
는 점에 주목할 필요가 있다. 앞의 '피수식 성분 동일성의 조건'과 관련해
서도 '친아들'이 '양아들'과 반의 관계를 보일 때에는 이 조건을 충족하지
만 '친딸'과 반의 관계를 보일 때에는 이러한 조건이 적용되지 않는다는
것을 알 수 있다. 마찬가지로 '친아들'은 구성 요소 두 부분과 반의 관계에
놓인 부분을 모두 교체한 '양딸'과는 반의 관계에 놓여 있지 않게 된다.[4]
　　파생어가 반의 관계에 관여하는 경우는 (2), (3)처럼 형식의 측면에서 대
등한 경우도 있지만 그렇지 않은 경우도 있다. 이러한 경우의 대표적인
예는 접두사가 결합하여 부정어(否定語)를 만드는 다음의 경우들이다.[5]

---

4) 이러한 경우는 후술하는 바와 같이 반의 관계 접두 파생어뿐만이 아니라 합성어 사이에
　 서도 발견된다.

(5) 가. 개성-몰개성, 비판-몰비판, 상식-몰상식 …
　　나. 공개-비공개, 공식-비공식, 능률-비능률 …
　　다. 개척-미개척, 성년-미성년, 해결-미해결 …
　　라. 가능-불가능, 공정-불공정, 명예-불명예 …
　　마. 가치-무가치, 감동-무감동, 자비-무자비 …

　(5)의 예들은 한국어에서 부정어를 만드는 대표적인 접두사 '몰(沒)-, 비(非), 미(未)-, 불(不)-, 무(無)-'에 의해 반의 관계가 형성되는 경우들이다. 물론 부정어가 반의어와 동일한 것은 아니어서 김혜령(2009)의 언급처럼 가령 '무(無)-'가 결합한 경우라도 '무주택'처럼 '주택'과 반의 관계에 놓이지 않을 수도 있다.

　그런데 이처럼 어근을 공유하면서 한쪽에 접두사가 결합하여 반의 관계를 이루어 결과적으로 형식상의 불균형이 생기는 것은 접두 파생어, 그 가운데서도 부정(否定)에 특징적이라는 점에서 주목할 필요가 있다. 이러한 현상은 언어에 내재한 도상성(iconicity)으로 설명이 가능하다.6) 임지룡(2004)에서는 한국어를 대상으로 구조적 도상성이 실현된 경우를 개념의 복잡성 정도가 언어적 재료의 양과 비례하는 '양적 도상성', 시간적 순서나 우선성의 정도가 언어 구조에 반영된 '순서적 도상성', 개념적 거리와 언어적 거리가 비례 관계를 형성하는 '거리적 도상성'의 세 가지로 나누어 살펴보

---

5) 반의 관계를 문장에서의 결합 관계로까지 확대 적용하면 "그는 고용인이 아니라 피고용인 신분이다."에서의 '고용인'과 '피고용인'도 반의 관계에 놓여 있다고 할 수 있는데 이러한 경우도 (5)의 부류에 넣을 수 있을 것이다. 이때 '피고용인'과 같은 반의 관계어는 정도성을 허락하기 어렵다는 점에서 정도 반의어가 아니라 상보 반의어를 형성하는 효과를 갖는다.

6) 도상성은 언어의 자의성과 상대되는 개념으로서 언어의 형식과 내용 사이에 나타나는 유사성을 일컫는다. 임지룡(2004)에서는 Peirce의 논의에 기대어 '도상(icon)'은 기호의 형식과 내용 간에 '닮음(resemblance)'이 존재하는 경우이기 때문에, 기호의 형식과 내용 간에 '자연적 관계(natural connection)'가 존재하는 '지표(index)'나 기호의 형식과 내용이 '관습(convention)'에 의해 확정되는 '상징(symbol)'과 구별된다고 하였다.

고 있는데 이 가운데 부정과 관련된 것은 양적 도상성이다. 부정을 포함하여 양적 도상성이 실현되는 예들을 몇 가지 제시해 보면 다음과 같다.

(6) 가. 아이 : 아이들
　　나. 눈, 물 : 눈물
　　다. 나무 : 소나무 : 리기다소나무
　　라. 푸르다 : 푸르러지다
　　마. 자라다 : 모자라다
　　바. 먹다 : 먹었다
　　사. 해라 : 하십시오.

(6가)는 '복수(複數)'와 관련된 것으로 복수는 단수보다 복잡한 개념이므로 그 형식도 길다는 것이다. 이는 (6나)의 복합어 형성도 마찬가지이다. 복합어는 단일어에 비해 복잡한 개념을 표현하는 것이므로 그 형식도 길다. (6다)는 기본 층위와 하위 층위의 관계를 보이는 예로 든 것인데 하위 층위는 기본 층위보다 복잡한 개념이므로 그 형식도 길다는 것이다.[7] (6라)는 상태와 상태 변화의 예로 든 것인데 상태 변화가 보다 복잡하므로 그 형식도 길어진다는 것이다. (6마)는 긍정과 부정의 예로 든 것인데 긍정보다 부정이 보다 복잡하므로 부정의 경우에 그 형식이 보다 길어진다는 것이다. 앞의 (5)의 경우도 바로 여기에 해당한다는 것을 알 수 있다. (6바)는 시간 표현의 예인데 현재보다 과거가 더 복잡하므로 그 형식도 비례하여 길어진다는 것이고 (6사)는 공손성의 정도에 대한 예인데 더 공손함을 표현하기 위해서는 그 형식도 길어진다는 것이다.[8]

---

7) '나무'는 '소나무'의 상의어에 해당하고 '소나무'는 '리기다소나무'의 상의어에 해당한다. 따라서 '나무'와 '소나무', '소나무'와 '리기다소나무'는 어휘 사이의 상하 관계를 보이면서 형태론적으로 공통 요소를 가지고 있으므로 후술할 '공통 요소를 가지는 상하 관계' 의 예에 속하게 된다.
8) 물론 이러한 양적 도상성이 절대적인 것은 아니다. 앞서 3장에서 살펴본 바와 같이 Murle

한편 지금까지 (5)의 예들에 대한 논의는 주로 형태론의 측면에서 이루어졌다. 이들이 한자 접두사 파생어의 예가 되고 더 나아가 '*가치하다'에 대해 '무가치하다'가 존재하므로 '무(無)-'는 노명희(2004)에서 '어기의 범주를 바꾸는 접두사'의 예로 주목을 받은 바도 있다.

이러한 측면에서 반의 관계와 관련하여 (5)에 관심을 기울인 김혜령(2009)에 주목할 필요가 있다. 김혜령(2009)에서는 반의어가 같은 범주를 가져야 한다는 사실을 확대하여 '인정-몰인정'의 경우 '인정'은 '*인정하다'가 불가능하지만 '몰인정'은 '몰인정하다'가 가능하다는 점에서 '인정'과 '몰인정'이 반의 관계에 놓여 있지 않다고 본다. 또한 '이해-몰이해'의 경우에는 '이해하다', '몰이해하다'가 모두 가능하지만 '이해하다'는 동사이고 '몰이해하다'는 형용사이므로 역시 '이해-몰이해'도 반의 관계에 놓여 있다고 보지 않는다. '의미-무의미-유의미'의 경우에는 '무의미하다-유의미하다'가 반의 관계에 놓여 있고 '의미-무의미'는 반의 관계에 놓여 있지 않다고 본다. 김혜령(2009)에서는 이러한 논의에 근거하여 부정어가 반의 관계에 놓여 있는 경우는 거의 없다고 보았다. 김혜령(2009)는 반의 관계를 보다 엄밀히 규정하기 위해 어휘의 형태론적 확장 가능성을 적극적으로 고려하고 있다는 점에서 형태론의 논의를 어휘 의미론의 논의에 적용하고 있다는 의의가 있다.

그러나 이 책에서는 (5)의 예들도 반의 관계에 놓여 있는 경우로 다루고자 한다. 우선 '인정-몰인정'에서 '*인정하다'는 존재하지 않는 데 비해 '몰인정하다'가 존재하는 것은 사실이지만 반의 관계에서 관심을 가지는 것은 '인정'과 '몰인정' 그 자체에 있고 '-하-'가 결합하여 새로운 단어를

에서는 오히려 마지막 자음을 삭감하여 복수를 나타내었고 Tohono O'odham에서도 역시 마지막 자음을 탈락시켜 과거를 나타내는 경우가 있었기 때문이다. 그러나 전체적인 측면에서 보면 이러한 예가 유표적인 것만은 틀림없는 사실이다.

형성할 수 있느냐 없느냐 하는 것은 '인정'과 '몰인정'의 반의 관계를 판단하는 직접적인 기준이 되기는 어렵다고 판단되기 때문이다.[9] 만약 '인정'과 '몰인정'의 반의 관계 여부를 새로운 단어 형성의 차이로 판단한다면 반의 관계에 놓여 있는 것이 분명한 단어들도 역시 반의 관계에 놓여 있지 않다고 보아야 할 수도 있다.

> (7) 가. 높다-낮다
> 가'. 높이(명사, 부사)-*낮이(명사, 부사)
> 나. 유식-무식
> 나'. 유식하다-무식하다
> 나". *유식스럽다-무식스럽다

(7가)의 '높다'와 '낮다'는 반의 관계에 놓여 있는 것이 분명하지만 (7가')에서 볼 수 있는 바와 같이 '높다'는 '높이'라는 단어 형성이 가능하지만 '낮다'는 '*낮이'가 불가능하므로 김혜령(2009)의 논의를 적용한다면 이를 기준으로 '높다', '낮다'의 반의 관계를 부정해야 한다. (7나, 나', 나")의 경우도 마찬가지이다. '유식'과 '무식'은 반의 관계에 놓여 있지만 '유식'은 '*유식스럽다'가 불가능한 반면 '무식'은 '무식스럽다'가 가능하므로 '유식'과 '무식'은 반의 관계에 놓여 있지 않다고 보아야 한다. 그러나 이렇게 보는 것은 무리가 있다.

다음으로 박철우(2013)에서 반의 관계어를 나누는 기준은 논리적인 측면에서 볼 때 '부정'을 이용하는 것이었다는 점도 참고할 만하다. 즉 '남자'와 '여자'는 한 쪽이 다른 쪽의 부정을 함의하고 동시에 한쪽의 부정이 다른 쪽의 긍정을 함의하는 '상보반의어'로 처리하고 '뚱뚱하다'와 '날씬하

---

9) 이러한 관계를 기반으로 하여 접두사 '무-'를 지배적 접사로 보기는 어렵다는 언급에 대해서는 3장의 각주 1)에서 자세히 제시한 바 있다.

다'는 한쪽이 다른 쪽의 부정을 함의하지만, 한쪽의 부정이 다른 쪽의 긍정을 함의하지는 않는 '등급반의어'로 간주하였다. 이러한 논리를 적용한다면 가령 '인정'과 '몰인정'은, '몰인정하지 않은 것'이 '인정이 있는 것'을 의미하는 것은 아니라는 점에서 '부정'을 매개로 한 '등급반의어'로 간주할 수 있다.

문장에서의 결합 관계에 근거한 반의 관계 판단에서도 "그 그림은 사람들 사이의 인정이 아니라 몰인정을 보여 주는 것이다."처럼 대립적으로 사용되는 것을 상정하기란 그리 어렵지 않다. 따라서 이 책에서는 '*인정하다'는 가능하지 않고 '몰인정하다'는 가능한 것은 단어 형성의 비대칭성으로만 간주하기로 한다.[10]

형태론적 측면에서 (2)와 (5)가 가지는 차이는 (2)에서 제시한 유형들이 모두 파생어와 파생어 사이에서 반의 관계를 보이는 경우임에 비해 (5)는 결과적으로 한쪽만 파생어라는 점이다.[11] 이러한 점에서 다음 예들은 흥미로운 측면을 보여 준다.

> (8) 가. 민주적-비민주적, 생산적-비생산적, 문법적-비문법적 …
> 나. 계획적-무계획적, 개성적-무개성적, 비판적-무비판적 …

---

10) '불(不)-'과 같은 말이 단순히 부정(否定)만 나타내는 것이 아니라 반의어 관계를 이룬다는 사실은 단어 내부에서 반의 관계를 이루는 것으로 후술될 '호불호'와 같은 단어 부류를 통해서도 증명된다.

11) 이는 형식에서의 불균형을 의미하는데 박철우(2013)에서는 피동도 반의 관계에 놓인 것으로 보았기 때문에 이것도 역시 (5)의 경우처럼 형식에서 불균형이 나타나는 반의 관계라 할 수 있다. 다만 (5)는 한쪽이 접두 파생어라는 점에서 한쪽이 접미 파생어인 피동과 차이가 있을 뿐이다. 한편 (5)의 유형이 모두 한쪽만 파생어에 한정되는 것은 아니다. 가령 '업무용-비업무용'도 (5나)의 유형에 속하지만 '-용'이 접미사이기 때문에 이 경우는 양쪽 모두 파생어에 해당된다. 다만 한쪽은 접미 파생어이고 다른 한쪽은 접두 파생어라는 차이는 있다. 여기서는 이러한 경우에 대해서는 언급하지 않고 한쪽만 파생어인 경우로 논의를 한정하기로 한다.

(8)의 예들도 모두 서로 반의 관계에 놓여 있다는 공통점을 갖고 내부 구성 요소로서 접미사 '-적(的)'을 가지고 있다. 그런데 이들은 단어 내부 구조 즉 직접 성분 분석에 있어 차이가 난다. 남기심·고영근(2014 : 227)에 서 언급한 바와 같이 (8가)의 구조와 (8나)의 구조는 다음과 같은 직접 성 분 분석에서 차이가 난다. 이를 (8가)의 '비민주적'과 (8나)의 '무계획적'을 예로 들어 비교해 보기로 한다.

(9) 가.   나.

비-   민주   -적   무-   계획   -적

(9가, 나)에서 볼 수 있는 바와 같이 '비민주적'은 직접 성분이 '비-'와 '민주적'이고 '무계획적'은 '무계획'과 '-적'이다. 이는 '민주'에 대해 '*비 민주'는 존재하지 않지만 '계획'에 대해 '무계획'은 존재한다는 것을 통해 검증된다. 따라서 그 의미도 '비민주적'은 '비민주에 대한'의 의미가 아니 라 '민주적이지 않은'의 의미이고 '무계획적'은 '계획적이 없는'의 의미가 아니라 '무계획에 대한'의 의미임을 알 수 있다. 곧 '비민주적'은 어근이 '민주적'인 접두 파생어이고 '무계획적'은 어근이 '무계획'인 접미 파생어 에 해당한다. 따라서 '민주적-비민주적' 쌍보다 '계획적-무계획적' 쌍의 반의 관계 정도성이 훨씬 낮다고 할 수 있다.

(5)와 같이 형식상으로 불균형적인 반의어의 존재는 이들의 형성이 지 금까지와는 달리 대치에 의해서는 설명이 불가능하다는 것을 말해 준다 는 점에서 반의 관계의 특징을 보여 준다. 즉 (5)의 단어들은 결합에 의해 단어 형성의 측면을 설명해야 하고 또 그 방향성도 일방향적이라는 특징 이 있다. 이를 도식화하면 다음과 같다.

(10) $[X]_N \rightarrow [AX]_N$

(10)은 (5)에 제시한 단어들의 형성을 상관적으로 제시한 것인데 'A'는 부정을 나타내는 접두사 '몰(沒)-, 비(非), 미(未)-, 불(不)-, 무(無)-' 등을 대표한 것이다. 방향성에서 '→'으로 나타낸 것은 부정 접두사의 삭제로 반의 관계 단어가 형성되는 것이 아니라 부정 접두사의 결합으로 반의 관계 단어가 형성된다는 것을 의미한다. 'N'이라는 범주는 이때 접두사가 한정적 접사이므로 새롭게 형성된 단어도 어근과 동일하게 명사의 지위를 가진다는 사실을 포착하기 위한 것이다.

한편 (5)에서 가령 '개성'과 '몰개성'의 '개성'은 형태소 어근끼리 결합한 합성어이고 '몰개성'은 직접 성분의 관점에서 접두사와 단어 어근이 결합한 파생어이다. 따라서 (5)의 단어들은 모두 합성어와 파생어 사이에 존재하는 반의 관계에 해당하되 그 양상은 앞서 살펴본 유의 관계와는 질적으로 차이가 있다는 점에도 주목할 필요가 있다. 유의 관계에서도 가령 '감정값'과 '감정가'도 앞의 것은 단어 어근과 단어 어근이 결합한 합성어이고 뒤의 것은 단어 어근과 접미사가 결합한 파생어이다. 따라서 이것도 합성어와 파생어 사이의 유의 관계에 해당한다. 그러나 첫째, 반의 관계는 접두 파생어에 해당하지만 유의 관계는 접미 파생어에 해당하고 둘째, 반의 관계는 어느 한쪽이 형식적으로 불균형하지만 유의 관계는 그렇지 않다는 점에서 차이가 있다.

또한 유의 관계에서도 형식적으로 불균형이 나타난 '급거히'와 '급거'와 같은 경우가 존재한다. 그러나 첫째, 반의 관계에서는 형식상의 불균형이 결합에 의한 것인 데 비해 유의 관계에서는 삭제에 의한 것이고 둘째, 앞의 경우와 마찬가지로 반의 관계에서는 접두 파생어에 해당하지만 유의 관계는 이 경우에도 접미 파생어에 해당한다는 점에서 차이가 있는 것이다.

4.1.2. 반의 관계 접미 파생어

반의 관계 접두 파생어와 반의 관계 접미 파생어가 가지는 가장 큰 차이점 가운데 하나는 반의 관계 접미 파생어의 경우는 (5)와 동궤의 유형이 존재하기 어렵다는 점이다.[12] 따라서 이 책에서는 반의 관계 접미 파생어는 (2)와 평행한 두 가지 유형만 살펴보기로 한다.

> (11) 가. 이혼남-이혼녀
>   나. 대식가-소식가
>   나'. 계집질-서방질

(11가)는 (2가)와 비슷하게 어근은 고정되어 있지만 접미사에서 차이가 나면서 반의 관계를 형성하는 경우이고[13] (11나)는 (2나)와 비슷하게 접미사가 고정되어 있지만 어근이 차이가 나면서 반의 관계를 형성하고 있는 경우이다. 이들은 각각 공통 요소를 제외한 요소가 반의 관계를 가지기 때문에 결과적으로 반의 관계를 형성하는 경우에 해당한다. 이에 대해 (11나')은 반의 관계 접두 파생어의 (2나')처럼 공통 요소인 접미사 '-질'을 제외한 '계집'과 '서방'이 반의 관계에 놓여 있지 않은데도 결과적으로 반의 관계를 형성하는 경우에 해당한다.

(11가)의 '남'과 '여'는 다음과 같이 접두사로도 쓰여 역시 반의 관계 파생어를 만든다는 점에서 주목할 만하다. 이 경우에는 물론 (2나)나 (11나)와 동일한 유형에 해당한다.

---

12) 이는 접미사 첨가를 통해 '부정(否定)'을 만드는 경우가 존재하지 않기 때문이다. 그러나 전술한 것처럼 접미사에 의한 피동을 반의 관계에 포함시킨다면 반의 관계 접미 파생어에도 한쪽만 파생어인 경우를 인정할 수 없는 것은 아니다.

13) 전술한 박철우(2013)에서는 피동도 반의 관계에 포함하고 있다고 하였는데 이러한 논의를 확대하면 가령 '사용하다'에 대해 '사용되다'도 반의 관계어에 넣을 수 있다. 그렇다면 이들은 모두 (11가)에 해당하는 것이라 할 수 있다.

(12) 남동생-여동생, 남배우-여배우, 남사당-여사당 …

반의 관계 접두 파생어와 마찬가지로 반의 관계 접미 파생어도 (11나)의 유형이 지배적이다. 그런데 이러한 양상을 보이는 경우는 물론 명사에만 한정되는 것은 아니다. 이번에는 명사가 아닌 용언의 경우를 제시하여 그 특성을 살펴보기로 한다.

(13) 가. 가느다랗다-굵다랗다, 기다랗다-짤따랗다, 널따랗다-좁다랗다
    나. 가결되다-부결되다, 가급되다-감급되다, 가중되다-경감되다 …
    다. 가까이하다-멀리하다, 가수하다-감수하다, 가속하다-감속하다 …

(13가, 나, 다)는 각각 용언 파생 접미사 '-다랗-', '-되-', '-하-'가 고정되고 어근이 달라져 반의 관계를 형성하는 경우이다. 이들의 어근은 어근 자체로 반의 관계를 가지므로 파생 접미사가 결합한 경우에도 반의 관계를 유지하고 있다고 할 수 있다. 그러나 어근이 반의 관계를 보이더라도 접미사가 결합하지 않는 경우가 있는데 '-다랗-'의 경우만 보아도 이러한 현상을 발견하는 것은 그리 어렵지 않다.

(14) 가. 깊다,   높다,   곱다,   멀다
    가′. 깊다랗다, 높다랗다, 곱다랗다, 머다랗다
    나. 얕다,   낮다,   밉다,   가깝다
    나′. *얕다랗다, *낮다랗다, *밉다랗다, *가깝다랗다

(14가)의 '깊다', '높다', '곱다', '멀다'는 각각 (14나)의 '얕다', '낮다', '밉다', '가깝다'와 반의 관계를 이루고 있다. 그러나 (14가′, 나′)을 살펴보면 (14가)의 단어들만 '-다랗-'과 결합하고 있고 (14나)의 단어들은 '-다랗-'과 결합하지 못하고 있다. 이는 반의 관계라는 의미 관계를 통해 단

어 형성의 비대칭성을 보여 주는 것으로 해석할 수 있다.

한편 접미사에 의한 사동사와 피동사에서도 반의 관계가 발견되는데 넓게는 어근이 반의 관계에 놓여 있는 경우라고 보아야 할 것이다.

> (15) 가. 죽이다-살리다, 녹이다-얼리다
> 가'. 넓히다-좁히다
> 나. 닫히다-열리다

(15가, 가')은 파생 사동사에서 발견되는 반의 관계를 제시한 것인데 (15가)처럼 접미사가 동일한 경우도 있지만 (15가')처럼 '-이-'와 '-리-'로 다른 경우가 존재한다. 사동 접미사 '-이-'와 '-리-'는 현대 한국어에서는 서로 이형태 관계에 놓여 있지 않지만 기원적으로는 서로 연관되어 있었던 것으로 보인다는 점에서 완전히 서로 다른 접미사라고 보기는 어려울 듯하다. 이는 (15나)의 피동사에서 보이는 '닫히다'와 '열리다'도 마찬가지라고 보아야 할 것이다.

앞서 3장에서 '널찍이, 멀찍이, 일찍이'와 유의 관계를 이루는 '널찌감치, 멀찌감치, 일찌감치'라는 단어를 통해 '미리감치'의 '-감치'에 접미사의 자격을 부여할 수 있는 가능성을 확인한 것처럼 반의 관계의 경우도 이러한 시각이 가능한 경우가 있다.

> (16) 차갑다-뜨겁다

(16)에 제시한 '차갑다'와 '뜨겁다'는 서로 반의 관계에 놓여 있다. 그런데 문제는 이들의 구조이다. 우선 '차갑다'는 '차다'가 존재하므로 '-갑-'이 분석되지만 그 정체를 알기가 어렵다. 주지하는 바와 같이 '반갑다', '즐겁다'의 '-갑-'과 '-겁-'은 동사 '반기다', '즐기다'에 결합한 형용사 파생

접미사 '-압/업-'이 '기'와 결합하여 실현된 것이다. 즉 '차갑다'의 '-갑-'은 '차다'가 이미 형용사라는 점에서 동사에서 형용사를 파생시키는 접미사도 아니고 형용사 파생 접미사 '-압-'이 '기'와 결합하여 실현된 것이라고 볼 수도 없는 것이다.

'뜨겁다'의 경우는 문제가 더욱 심각하다. '*뜯다'라는 동사가 존재하지 않으므로 이때의 '-겁-'을 '-업-'과 연관시키기 어려울 뿐만 아니라 '*뜨다'라는 형용사도 존재하지 않으므로 '차다'와 관련시키기도 어렵기 때문이다.

따라서 여기에서는 우선 '차갑다'와 관련하여 두 가지 문제를 해결하는 것으로부터 실마리를 찾아야 할 것으로 보인다. 하나는 '차갑다'처럼 형용사에 결합하여 다시 형용사가 형성되는 경우를 또 찾아야 하는 것이다. 이에 대해서는 다음과 같은 단어들을 참고할 수 있다.

(17) 달갑다, 짜겁다

(17)의 '달갑다'는 형용사 '달다'가 존재하므로 '차갑다'와 마찬가지로 '-갑-'을 분석할 수 있으면서 형용사에 '-갑-'이 결합한 경우라고 할 수 있다. '짜겁다'는 '짜다'의 강원도 방언이기는 하지만 역시 형용사 '짜다'가 존재한다는 점에서 '차갑다'와 동일한 계열이라고 할 수 있다.

다른 하나는 '뜨겁다'와 마찬가지로 별도의 형용사로 존재하지 않으면서 '-겁-'이나 '-갑-'과 결합한 단어가 존재하느냐 하는 것이다. 이를 위해서는 다음의 예들을 참고할 수 있어 보인다.

(18) 가. 살갑다-슬겁다
      나. 할갑다-헐겁다

(18)의 단어들은 모두 형용사이지만 '뜨겁다'와 마찬가지로 '-겁-'이나 '-갑-'을 제외한 요소가 독립된 단어로 존재하지 않는다. '뜨겁다'의 경우에도 '따갑다'가 존재한다는 점을 참고하면 이 단어가 (18)과 평행한 것으로 해석하는 것은 무리라고 보기 어렵다.

이상의 논의는 '차갑다'의 '-갑-'을 접미사로 분석하는 것이 가능하다는 사실을 암시해 준다. 그리고 이 '-갑-'은 '반갑다', '즐겁다'의 '-갑-', '-겁-'의 형식과 무관하지 않은 것이라 할 수 있다. 이미 공시적 생산성을 잃은 '-압/업-'이 '-갑/겁-'으로 재구조화한 것이라고 해석할 수 있기 때문이다. 여기서 중요한 것은 만약 '반갑다', '즐겁다'의 '-갑-', '-겁-'이 '차갑다'의 '-갑-'의 형성에 일정한 영향을 준 것이 맞는다면 '반갑다', '즐겁다'에서 '-갑-', '-겁-'이 빠진 '*반다', '*즐다'가 존재하지 않는 사실은 '뜨겁다'와 동일하다는 점이다. 이러한 추론이 타당하다면 '차갑다'와 '뜨겁다'의 '-갑-', '-겁-'은 동일한 접미사라고 할 수 있고 대신 '차갑다'의 '-갑-'은 단어 어근과 결합한 경우에, '뜨겁다'의 '-겁-'은 형태소 어근과 결합한 경우에 해당한다고 분석할 수 있다.

그런데 여기서 중요한 것은 이때 '차갑다'처럼 단어 어근에 결합하는 '-갑/겁-'이 형태소 어근으로까지 그 영역을 확대한 데는 계열적 관계에 기반한 반의 관계가 중요한 역할을 담당했을 것으로 보인다는 점이다.[14] 이제 이상의 과정을 도식화하면 다음과 같다.

---

14) '차갑다'에 대해 '뜨겁다'가 형성된 데는 유추가 작용한 것으로 볼 수 있다. 유추가 일어나는 데는 다양한 동인이 있지만 음절 수나 동형성 등이 내부 구조의 평행성보다 우선하는 일이 적지 않기 때문이다. '가계부'에 대한 '차계부', '파파라치'에 대한 '식파라치' 등이 이러한 예에 해당한다. 이들은 내부 구조는 평행하지 않지만 음절 수나 동형성 등에 기반하여 새로운 단어가 형성된 것으로 볼 수 있다.

(19)

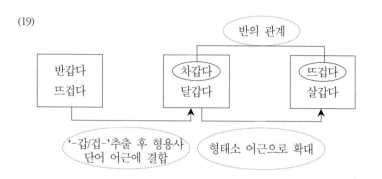

　이러한 추론 과정이 더 큰 타당성을 가지게 되는 것은 보다 간단한 경우에 해당하지만 앞서 언급한 유의 관계에서의 '-감치'와 같이 일종의 재구조화에 의한 접미사 형성 가능성이 상존한다는 사실 덕분이다.

　이러한 측면을 염두에 둔다면 계열적 관계를 가지는 유의 관계나 반의 관계와 같은 의미 관계에 대한 관심이 언어 사실에 대한 새로운 해석을 가능하게 한다는 점에 다시 한 번 주목할 필요가 있다.

4.2. 반의 관계 합성어의 형성과 유형

　1부 2장과 2부 3장에서 언급한 바와 같이 한자는 단어 형성에 참여하고 있는 양상에 따라 접사가 될 수도 있고 어근이 될 수도 있다. 따라서 앞에서 살펴본 '무(無)-'도 '무가치'에서는 접두사이지만 '무료'에서는 어근이 된다고 할 수 있다. 그에 따라 '가치'는 어근의 종류가 단어 어근에 해당하고 '-료'의 경우에는 어근의 종류가 형태소 어근에 해당한다는 차이가 있을 뿐이다. 이러한 양상은 반의 관계를 통해서도 확인할 수 있다.

　(20) 무능-유능, 무료-유료, 무명-유명, 무식-유식 …

(20)은 어근의 자격을 가지는 '무(無)-'가 '유(有)-'와 반의 관계를 보이며 결과적으로 반의 관계 합성어를 보이는 예들이다. 다만 이들에서 '무(無)-'가 결여된 '-료(料)'는 자립성을 가지지 못하는 형태소 어근이므로 '가치-무가치'와 같이 접사가 결여되어 반의 관계를 이루는 예들과 차이가 나는 것이다. 접두사 '비(非)-', '미(未)-', '불(不)-' 등도 모두 (20)과 마찬가지 양상을 보인다.

한편 반의 관계 파생어를 통해 확인한 것은 접사이든 어근이든 그것이 반의 관계를 이루는 것이 있다면 그들이 참여한 파생어 가운데도 반의 관계를 가지는 것들이 존재한다는 점이다. 이는 합성어 사이에도 그대로 적용된다.

(21) 가. 강북(江北)-강남(江南)
　　나. 고가(高價)-저가(低價)
　　나'. 고수(高手)-하수(下手)
　　다. 생전(生前)-사후(死後)

(21가)는 단어 어근과 단어 어근이 결합한 합성어의 예인데 합성어의 선행 어근이 반의 관계의 불변 요소이고 (21나)는 형태소 어근끼리 결합한 합성어의 예인데 합성어의 후행 어근이 반의 관계의 불변 요소인 경우이다. 전술한 바처럼 (21가)는 고재설(1996)에서의 '피수식 성분 동일성의 조건'에 어긋나는 예이고 (21나)은 공통 요소를 제외한 '고(高)-'와 '하(下)-'가 반의 관계에 놓여 있다고 보기는 어려운 예이다. (21나)를 참고한다면 '고수'의 반의어는 '*저수'가 되어야 할 것이지만 이러한 단어는 존재하지 않는다. 이에 대해 '하수'는 반의어로 '상수(上手)'를 가지고 있다는 점에서 '고(高)-'와 '하(下)-'가 반의 관계에 놓여 있지 않다는 사실을 알 수 있다. 한편 (21다)는 단어 어근과 단어 어근이 결합한 합성어라는 점에

서는 (21가)와 같지만 이번에는 선행 어근과 후행 어근이 모두 반의 관계를 형성하고 있는 경우에 해당한다. 특히 '전(前)'의 경우 [과거]의 의미가 압도적이지만 경우에 따라서는 [미래]의 의미도 가지고 있는데 '생전'의 경우가 이러한 경우에 해당하여 [과거]의 의미를 가지는 '사전(死前)'과 유의 관계에 놓여 있다는 점도 주목할 만하다.15)

파생어의 경우와 마찬가지로 합성어의 경우에도 (21나, 나)처럼 후행 어근이 고정되어 반의 관계를 형성하는 경우가 일반적이다. (20)의 경우도 이에 해당한다. 그런데 파생어의 반의 관계에서 살펴본 '친아들'과 '친딸', '양아들'의 경우처럼 (21가, 나)의 경우가 모두 작용하는 경우도 찾을 수 있다. 즉 합성어가 두 개 이상의 어근이 모여 이루어진다고 할 때 각각의 어근이 반의 관계에 놓여 있는 경우가 존재하는 것이다.

 (22) 가. 손등-발등
   나. 손등-손바닥

'신체'라는 맥락을 고려할 때 (22가)는 '등'이 고정되고 '손'과 '발'이 반의 관계를 이루어 결과적으로 그 합성어도 반의 관계에 있는 경우이고 (22나)는 '손'이 고정되고 '등'과 '바닥'이 반의 관계를 이루어 결과적으로 그 합성어도 반의 관계에 있는 경우이다. 따라서 '손등'은 '발등'과 '손바닥'을 반의어로 갖게 되는데 이와 마찬가지 논리로 '발등'도 '손등'과 '발바닥'을 반의어로 갖게 되는 것이다. 다만 '손등'의 두 어근이 모두 반의어로 교체되는 '발바닥'과는 아무런 의미 관계를 가지지 않는 것도 파생어에서 '친아들'에 대해 '양딸'이 서로 반의 관계에 놓이지 않는 것과 동

---

15) 즉 '앞'과 '전(前)'은 동의 충돌에 따라 반의 관계를 보이는 것으로 간주할 수 있다. 이에 대해서는 최형용(2007b : 335-338)을 참고할 것.

일하다.16)

이러한 현상은 하나의 단일어가 여러 개의 반의어를 갖는 경우와는 차이가 있다는 점에서 주목할 만하다.

> (23) 가. 옷을 벗었다. / 옷을 입었다.
> 나. 안경을 벗었다. / 안경을 썼다.
> 다. 양말을 벗었다. / 양말을 신었다.
> 라. 장갑을 벗었다. / 장갑을 끼었다.

(23)은 1장에서 반의 관계를 보이는 단어들 가운데 상황에 따라 하나의 단어에 여러 개의 단어들이 대립하는 경우로 제시한 예문 (10)을 다시 가져온 것이다. (23)에서는 '벗다'가 경우에 따라 반의어로 '입다', '쓰다', '신다', '끼다'를 갖는다. 이때 '입다', '쓰다', '신다', '끼다'는 [착용]이라는 의미를 공유하고 있다는 점에서 유의 관계에 놓여 있다. 그러나 (22)에서 보는 바와 같이 합성어를 이루는 어근이 각각 반의 관계를 보일 경우에는 이들 사이에 유의 관계를 발견할 수 없다. 따라서 가령 '손등'의 반의어인 '발등'과 '손바닥'은 서로 유의 관계에 놓여 있지 않은 것이다.17)

---

16) 이러한 현상은 통사적 결합어에서도 동일하게 발견된다.
가. 큰딸-큰아들
나. 큰딸-작은딸
(가)는 관형사형 어미가 결합한 '큰'이 고정되고 '딸'과 '아들'이 반의 관계를 이루어 결과적으로 그 통사적 결합어도 반의 관계에 있는 경우이고 (나)는 '딸'이 고정되고 관형사형 어미가 결합한 '큰'과 '작은'이 반의 관계를 이루어 결과적으로 그 통사적 결합어도 반의 관계에 있는 경우이다. 따라서 '큰딸'은 '큰아들'과 '작은딸'을 반의어로 갖게 되는데 이와 마찬가지 논리로 '큰아들'도 '큰딸'과 '작은아들'을 반의어로 갖게 되는 것이다. '올라오다'에 대해 '올라가다'와 '내려오다'가 반의 관계를 보이는 것도 역시 마찬가지이다. 이렇게 보면 합성어의 두 어근이 모두 반의 관계에 놓여 있는 (21다)의 '생전'과 '사후'가 다시 반의 관계에 놓여 있는 것은 매우 드문 경우임을 알 수 있다.
17) 이미 언급한 바와 같이 파생어에서도 이러한 현상이 존재한다. '시아버지'는 '시어머니'와 반의 관계에 놓여 있다고 한 바 있지만 '시아버지'는 한편으로는 '친아버지'와도 반의 관계에 놓여 있다고 할 수 있기 때문이다. 물론 이는 '시(媤)-'와 '친(親)-'이 반의 관

반의 관계 합성어에서 단어 형성의 비대칭성과 관련하여서는 최형용 (2016a : 445)에서 제시한 다음과 같은 경우에도 관심을 기울일 필요가 있을 듯하다.[18]

> (24) 가. 그지없다, 까딱없다, 꾸밈없다, 다름없다, 대중없다, 더없다 …
> 가'. *그지있다, *까딱있다, *꾸밈있다, *다름있다, *대중있다, *더있다 …
> 나. 값없다, 관계없다, 맛없다, 멋없다, 빛없다, 상관없다, 재미없다
> 나'. 값있다, 관계있다, 맛있다, 멋있다, 빛있다, 상관있다, 재미있다
> 다. *뜻없다
> 다'. 뜻있다

(24가, 가')은 '없다'는 가능하지만 '있다'는 불가능한 예들의 일부를 제시한 것이다. (24나, 나')은 '없다'와 '있다'가 대칭적인 예의 거의 전부이고 (24다, 다')에서 보는 바와 같이 '없다'는 없는데 '있다'가 가능한 것은 '*뜻없다', '뜻있다' 쌍이 유일하다.

(24)에서 반의 관계 합성어 관계에 놓여 있는 것은 (24나, 나')이다. 그런데 '없다'의 경우는 (24가, 가')에서 살펴볼 수 있는 바와 같이 '있다'가 결합한 반의 관계 합성어를 잘 보여 주지 않을 뿐만 아니라 '없다'의 경우가 합성어 형성에 참여하는 일이 훨씬 더 많다는 사실을 보여 준다. 따라서 다음처럼 어근이 단어보다 큰 경우에도 결합하여 결과적으로 합성어를 만드는 경우를 발견하는 것이 어렵지 않다.

> (25) 간데없다, 간곳없다, 너나없다 …

계에 놓여 있기 때문에 가능한 일이다. 역시 '시아버지'의 반의어인 '시어머니'와 '친아버지'는 서로 유의 관계에 놓여 있지 않다.

18) 이 가운데 '관계있다'와 '관계없다'에 대해서는 '관계'와 '계관'이 유의 관계에 놓여 있다는 측면에 주목하여 §3.1.3에서 살펴본 바 있다.

이들에서 '간데, 간곳', '너나'는 단어로는 존재하지 않고 모두 단어들로 이루어져 있으므로 구(句)적 존재라고밖에는 할 수 없다.[19] 물론 이들의 반의 관계 쌍으로 *'간데있다, *간곳있다, *너나있다'는 존재하지 않는다.

이상과 같은 사실은 '있다'와 '없다'가 합성어 형성에서는 서로 다른 양상을 보여 줄 뿐만 아니라 '있다'가 아니라 '없다'가 단어 형성에 보다 적극적인 참여 양상을 보인다는 것을 알게 해 준다. 이는 '있다'와 '없다'만을 대상으로 해서는 알기 어렵고 이들이 다른 단어 형성에 참여하여 다시 반의 관계를 보이는 경우에 관심을 기울여야만 포착할 수 있는 특성이라 할 수 있다. 곧 반의 관계 형태론의 관점이 단어 형성의 특성을 밝히는 데도 기여할 수 있음을 단적으로 드러내는 예가 (24)와 같은 경우라 할 수 있는 것이다.[20]

4.3. 반의 관계를 이용한 임시어, 신어의 형성

4장의 모두(冒頭)에서 잠시 언급한 바와 같이 반의 관계는 역설적이게도 유의 관계보다 공통점이 더 많다고 할 수 있다. 이것은 곧 여러 차례 심리

---

19) 이처럼 단어 내부에서 단어보다 더 큰 존재가 문제가 되는 것은 여기에만 국한되는 것은 아니다. '고기잡이'와 같은 단어를 [[고기잡-]-이]로 분석하여 설명하는 데 가장 큰 문제가 되어 왔던 것은 바로 '고기잡-'이라는 단어가 실재하지 않기 때문이다. 따라서 이를 해결하기 위해 '고기잡-'을 일종의 임시어로 간주하여 이를 해결하려는 논의도 있어 왔고 이를 [고기[잡이]]로 분석해야 한다고 보는 견해도 이러한 문제의 해결 의지와 맞닿아 있다. 이 책에서는 이러한 문제에 대해 본격적으로 논의할 여력은 없다. 대신 이러한 현상이 단어 형성의 생산성과 관련되어 있다는 점만 강조하고자 한다.

20) 이 외에 형태소 분석에도 반의 관계어가 도움이 될 때가 있다. '열쇠'와 '날짐승'은 각각 '열-'과 '날-'을 포함하고 있지만 반의어인 '자물쇠'와 '길짐승'을 참고한다면 '열쇠', '날짐승'의 '날'은 어간의 일부가 아니라 관형사형 어미임을 알 수 있기 때문이다.

언어학적 실험에서 밝혀진 바와 같이 어떤 단어에 대해 연상할 때 유의어 보다 반의어를 더 많이 연상한다는 결과와도 일맥상통한다.

그리고 이러한 사실은 최근 형성되는 임시어나 신어의 경우를 보면 유독 유의 관계보다 반의 관계에 의존하는 경우가 훨씬 더 많은 이유를 설명해 준다.

(26) 가. 엄친아-엄친딸
　　　가'. 아친아-아친딸
　　　나. 차도남-차도녀
　　　나'. 까도남-까도녀
　　　다. 냉미남-냉미녀
　　　라. 남사친-여사친

(27) 가. 훈남-훈녀
　　　가'. 흔남-흔녀
　　　나. 찍먹파-부먹파

(26), (27)은 최근에 생산적으로 단어를 만드는 축약이 관여한 임시어 혹은 신어에 해당한다. (26)에서 주목할 것은 이들 단어의 짝이 일차적으로 [남자]와 [여자]라는 반의 관계에 기반하고 있다는 점이다. 그리고 이들 반의 관계는 전형적인 유추를 통해 다른 단어의 형성을 유도한다.

(28) 가. 엄마 친구 아들 : 엄친아 = 엄마 친구 딸 : X
　　　　∴ X = 엄친딸
　　　나. 엄마 친구 아들 : 엄친아 = 아빠 친구 아들 : X
　　　　∴ X = 아친아

(28)은 (26가, 가')의 '엄친딸'과 '아친아'의 형성 과정을 유추로 도식화

한 것이다. '아들'에 대한 '딸'의 관계와 마찬가지로 '엄마'에 대해 '아빠'도 반의 관계에 놓여 있으므로 '엄친아'는 '엄친딸'과도 반의 관계에 놓여 있고 '아친아'와도 반의 관계에 놓여 있다. 이는 앞서 제시한 바와 같이 구성 요소의 반의 관계가 각각 단어 형성으로 이어진 경우에서 볼 수 있는 현상에 해당한다.21) (26나, 나)의 경우도 이와 동일해서 '차도녀'는 '차도남'과도 반의 관계에 놓여 있고 '까도녀'와도 반의 관계에 놓여 있음을 알 수 있다. 이를 통해 본다면 (26다)의 '냉미남-냉미녀'는 '온미남-온미녀'의 경우로 확대될 가능성도 점쳐 볼 수 있다.

(27)의 경우도 어휘 사이에 반의 관계가 전제되어 있다는 공통점이 있지만 (26)과는 차이가 없지 않다. 우선 (27가)의 '훈남'과 '훈녀'에서 '흔남'과 '흔녀'가 형성된 것은 '훈'과 '흔'이 가지는 음성적 유사성도 관여하고 있다. 그러나 그 의미는 '훈훈한 남자' 대 '흔한 남자'라는 점에서 반의 관계를 지향하고 있다는 점에는 차이가 없다. (27나)의 '찍먹파'와 '부먹파'의 관계는 '탕수육을 소스에 찍어 먹는 사람'과 '탕수육에 소스를 부어 먹는 사람'이라는 점에서 역시 반의 관계를 지향한 단어 형성이라고 할 수 있지만 이것이 '찍먹사'나 '부먹사'가 아니라 '어떤 생각이나 행동의 특성을 가진 사람'을 의미하는 접미사 '-파(派)'를 이용하고 있다는 점에서 단어 형성의 특수성을 보여 준다. 즉 '찍먹파'는 단순한 축약이 아니라 축약된 부분을 일종의 어근처럼 변환시켜 다시 접미사와 결합하게 하고 있다는 점에서 축약과 파생 두 가지 단어 형성 과정이 단계적으로 관여한 것임을 알 수 있다.22)

---

21) 따라서 파생어의 '시아버지'와 '친어머니', 합성어의 '손등'과 '발바닥', 통사적 결합어의 '큰딸'과 '작은아들'과 마찬가지로 축약어 '엄친아'는 '아친딸'과 반의 관계에 놓여 있지 않다.

22) 이들을 포함하여 축약어에 사용된 유추의 다양한 양상에 대해서는 김혜지(2016)에서 중점적으로 논의한 바 있다.

5. 단어 형성의 측면에서 본 어휘 사이의 상하 관계

앞서 살펴본 어휘 사이의 유의 관계 및 반의 관계와는 달리 상하 관계는 여러 가지 측면에서 제한적인 측면이 있다. 우선 어휘 사이의 유의 관계에서는 어종(語種)이 상대적으로 중요한 위치를 점하고 있었다. 고유어와 한자(어)의 대응이 유의 관계를 유발하는 원인이 되었기 때문이다. 그러나 상하 관계에서는 이처럼 어종을 변수로 삼기 어렵다. 어종은 의미는 유사하되 형식적인 차이를 전제하지만 상하 관계에서는 의미의 유사성이 아니라 의미의 포함 관계를 일차적으로 따지기 때문이다.

다음으로 반의 관계에서는 파생어와 합성어 즉 단어의 내부 구조를 기준으로 어휘 사이의 의미 관계에 대해 고찰하였다. 유의 관계와는 달리 형식상의 불균형이 나타날 때 이를 결합에 의해 설명해야 한다는 점은 차이가 나지만 어종이 변수가 될 수 없다는 점은 상하 관계와 마찬가지라고 할 수 있다. 그러나 파생어와 합성어의 구별도 상하 관계에서는 그대로 적용하기 어렵다. 특히 접미 파생어와 관련된 현상은 상하 관계에서는 발견하기 어렵기 때문이다.

따라서 상하 관계를 단어 형성의 측면에서 살펴보기 위해서는 유의 관계와 반의 관계를 고찰하기 위해 적용하였던 공통 요소의 존재 여부가 가장 중요한 기준이 된다고 할 수 있다. 이제 이러한 기준에 따라 어휘 사이의 상하 관계에 나타나는 특성에 대해 살펴보기로 한다.

5.1. 공통 요소에 따른 상하 관계

5.1.1. 공통 요소를 가지지 않는 어휘 사이의 상하 관계

공통 요소를 가지지 않는 어휘 사이에 상하 관계를 보이는 단어들은 다음과 같다.

> (1) 가. 남자-{총각, 소년 …}
> 나. 식물-{나무, 풀 …}
> 다. 자연-{강, 산 …}
> 라. 신체-{손, 발 …}
> 마. 방향-{오른쪽, 왼쪽 …}
> ⋮

1장 어휘 의미론의 논의에서 언급된 바와 같이 가령 (1가)의 '남자'와 '총각'은 상하 관계를 보이고 있다. 그런데 만약 '남자'에 해당하는 경우가 망라된다면 '남자'는 [남자]의 의미를 나타내면서 단어로도 존재하기 때문에 하의어들을 거느리는 의미장의 역할도 담당하게 된다.[1]

그러나 (1)과 같이 공통 요소를 가지지 않는 경우에는 형태론의 측면에서 각각의 단어 구조를 분석할 수 있기는 하지만 서로 단어 형성의 관계에 놓을 수는 없다. 따라서 가령 (1나)의 '식물-나무'는 합성어와 단일어, (1마)의 '방향-오른쪽'은 합성어와 통사적 결합어라고 언급하는 정도에서 그치게 된다. 즉 이들이 가지는 상하 관계는 형식이 아닌 의미 대 의미의 대응 관계일 뿐이다.

따라서 단어 형성의 측면에서 상하 관계를 보이는 단어들을 살펴보기

---

1) 이러한 사실은 (1마)의 '방향'에도 그대로 적용된다.

위해서는 유의 관계, 반의 관계와 마찬가지로 공통 요소를 가지는 단어들 사이에 존재하는 상하 관계에 주목할 필요가 있다. 사실 기존의 어휘 의미론에서는 (1)처럼 서로 공통 요소가 존재하지 않는 경우를 대표적인 상하 관계의 예로 다룬 경향이 많기 때문에 공통 요소를 가지는 어휘 사이의 상하 관계에 주목했던 적은 오히려 거의 없었다고 할 수 있다.

5.1.2. 공통 요소를 가지는 어휘 사이의 상하 관계

이제 형태론적인 측면에서 공통 요소를 가지는 어휘 사이에 상하 관계를 보이는 예들로 이 책에서 주목하고자 하는 예들은 다음과 같다.

> (2) 가. 쪽-{동쪽, 위쪽, 그쪽 …}
> 나. 셈-{덧셈, 곱셈, 나눗셈, 뺄셈}
> 다. 손-{오른손, 왼손}
> 라. 발-{오른발, 왼발}
> ⋮

4장에서 언급한 바와 같이 이들은 언어적 도상성 가운데 양적 도상성의 경우로 설명이 가능한 경우들이다. (2가)의 경우에는 하의어에 속하는 예들이 열려 있는 반면 (2나, 다, 라)와 같이 하의어에 속하는 예들이 닫혀 있는 경우도 있다.

여러 차례 언급한 바와 같이 (2)처럼 공통 요소를 가지는 경우에만 단어 형성의 관점에서 이를 조명할 수 있다. 따라서 공통 요소를 가지는 상하 관계라도 다음과 같은 경우는 배제된다는 점에 주의할 필요가 있다.

> (3) 가. 종교-{불교, 기독교, 천주교 … }

　　나. 인간-{원시인, 종교인, 감시인 … }

　　포괄적인 측면에서 보면 상하 관계를 가지는 (3가, 나)의 상의어와 하의
어 사이에도 공통 요소가 발견된다. 먼저 (3가)에서는 [종교]를 나타내는
'-교(敎)'가 공통 요소에 해당한다. 그러나 '종교'와 '불교'는 서로 단어 형
성의 관계에 놓여 있다고 보기 어렵다. 첫째, 파생과 합성은 전형적으로
형식이 증가하는 과정인데 이들은 형식의 증가가 관찰되지 않는다. 둘째,
계열 관계를 중시하는 유추로도 이를 포착할 수 없다.[2] 유추는 의미적으
로 대등한 요소의 대치를 전제하는데 '종교'의 '종-'과 '불교'의 '불-'은

---

[2] 파생과 합성은 단어 형성을 규칙으로 간주하려는 견해를 대표하는 것으로 계열 관계를
　기반으로 하는 유추와 대비된다고 한 바 있다. 채현식(2003a : 10)에서는 이를 다음과 같
　이 도식화하여 구별하고 있다.
　　가. 단어 형성 규칙 : X + Y → XY
　　나. 유추 : XY → ZY
　그리고 유추는 일정한 틀(scheme)을 전제로 하는데 채현식(2006a : 581)에서는 그 차이를
　다음과 같이 명세한 바 있다.

	규칙	유추의 틀
표상의 존재 방식	독립적 표상을 지닌다.	기존 단어들에 기대어서만 존재한다.
	그 출력형이 저장되지 않는다.	틀에 의해 만들어진 단어는 저장된다.
	적용된 단어들의 유형 빈도에 영향을 받지 않는다.	유추의 틀을 형성하는 단어들의 유형 빈도에 민감하다.
	정적인(static) 표상	역동적인(dynamic) 표상
	장기기억 속에 존재	단기기억 속에 존재
적용 방식	도출의 방향성을 갖는다.	도출의 방향성이 없다.
	직렬적(serial)으로 처리된다.	병렬적(parallel)으로 처리된다.
	첨가 과정이다.	대치 과정이다.
어휘부 이론에서 차지하는 위상	규칙을 위한 단어형성부를 따로 둘 수 있다.	유추의 틀만을 위한 부문을 따로 둘 수 없다.

　이는 규칙과 유추를 구별하되 언어철학의 측면에서 완전히 다른 가치를 부여하는 경우라
　고 할 수 있지만 언어의 역사에서 규칙과 유추의 관계를 이렇게 보고만 있는 것은 물론
　아니다. 최형용 외(2015 : 21-28)에서는 그동안 언어학계에서 관찰되는 유추와 규칙의 관
　계를 모두 네 가지로 정리한 바 있는데 앞의 경우 외에 역사언어학적 관점에서 예외의
　설명을 위해 유추에 관심을 기울이게 된 것, 유추와 규칙을 동일선상에서 일종의 정도성
　으로 구별하려는 것, 유추를 매우 고도로 규칙성을 띤, 규칙 이상의 존재로까지 간주하는
　것 등이 그것이다.

대등한 요소로 보기 어렵기 때문이다.

다음으로 (3나)에서는 [사람]을 나타내는 '인(人)'이 공통 요소에 해당한다. 그런데 '인간'의 '인-'과 '원시인'의 '-인'은 그 위치뿐만이 아니라 형태론적인 지위에서도 차이가 난다. '인간'의 '인-'은 2장과 3장의 논의에 따라 형태소 어근의 자격을 가지는 데 비해 '원시인'의 '-인'은 접미사의 자격을 가지기 때문이다. 따라서 '인간'과 '원시인'은 서로 단어 형성의 측면에서 상관관계를 가지지 않는다.

이러한 관점에서 다시 (2)의 경우들을 살펴보기로 하자. (2)의 경우들은 모두 상의어에 비해 하의어가 형식이 증가하는 경우에 해당함을 알 수 있다. 그리고 상의어는 모두 명사 즉 단어의 자격을 가지고 있으며 상의어가 바로 공통 요소가 된다는 공통점을 가지고 있다. 이에 따라 하의어에서의 공통 요소는 단어 어근의 자격을 가지게 된다. 또한 하의어에서 공통 요소는 직접 성분의 오른쪽 요소가 된다는 점에도 주목할 필요가 있다. 따라서 직접 성분의 오른쪽 요소가 항상 어근이므로 그 결과는 (2)의 경우들처럼 합성어가 되거나 파생어가 된다고 해도 접미 파생어는 형성될 수 없다는 점을 알 수 있다.

> (4) 가. 총각-노총각
>   나. 나리-개나리
>   다. 끓다-들끓다
>   ⋮
>
> (5) 가. 도둑-도둑질
>   나. 낚시-낚시꾼
>   다. 먹다-먹이
>   ⋮

(4)는 어근을 공유하여 상하 관계를 맺는 접두 파생어를 예로 든 것이다. (4다)에서 살펴볼 수 있는 바와 같이 접두 파생 동사와 같은 용언도 상하 관계를 맺는 것이 가능하다. 이에 대해 (5)는 어근을 공유하는 것은 (4)와 동일하지만 접미 파생의 관계로는 상하 관계를 이룰 수 없음을 보이기 위한 것이다. (5다)에 보인 바와 같이 용언이 어근이 되는 경우 아예 품사 범주가 다를 수도 있기 때문에 이러한 경우에는 애초부터 상하 관계를 삼기 어려운 경우에 해당한다.

어휘 사이의 상하 관계는 (2)나 (4)처럼 후행 요소를 공통 요소로 가지는 경우가 일반적이지만 선행 요소가 공통 요소가 되는 경우를 찾을 수 없는 것은 아니다.

    (6) 가. 미닫이-{미닫이문, 미닫이창}
       나. 여닫이-{여닫이문, 여닫이창}

(6)의 경우가 성립하는 것은 '미닫이', '여닫이'가 각각 '문이나 창 따위를 옆으로 밀어서 열고 닫는 방식. 또는 그런 방식의 문이나 창을 통틀어 이르는 말', '문틀에 고정되어 있는 경첩이나 돌쩌귀 따위를 축으로 하여 열고 닫고 하는 방식. 또는 그런 방식의 문이나 창을 통틀어 이르는 말'의 의미를 가지기 때문이다. 즉 '미닫이'와 '여닫이'는 결과적으로 '문'과 '창'의 두 가지 의미를 모두 가지고 있으므로 이를 구별하기 위해 '문'과 '창'이 후행 요소로 결합한 '미닫이문, 미닫이창', '여닫이문, 여닫이창'과 상하 관계를 가지게 된다.[3] '미닫이'나 '여닫이'가 모두 '미닫다', '여닫다'를

---

3) 이에 대해 '내리닫이'는 '두 짝의 창문을 서로 위아래로 오르내려서 여닫는 창'의 의미만을 가지기 때문에 '내리닫이창'과 유의 관계를 갖는다. 이러한 점에 근거하면 '미닫이문, 미닫이창', '여닫이문, 여닫이창'은 내부 구성 요소인 '미닫이'와 '문', '창', '여닫이'와 '문', '창'이 상하 관계를 가지지 못함에 비해 '내리닫이창'은 '내리닫이'와 '창'이 서로 상하 관계를 가지게 된다는 것을 알 수 있다. 따라서 '내리닫이창'은 3부 9장에서 내부 요소가

가지는 파생어에 해당하고 '미닫이문', '여닫이문'은 직접 성분이 모두 단어 어근인 합성어에 해당하므로 파생어와 합성어 사이에서 상하 관계가 형성된 예라고 할 수 있다.

이상의 논의를 정리하면 공통 요소를 가지는 상하 관계의 단어 형성은 다음과 같이 정리될 수 있다는 것을 알 수 있다.

> (7) 가. A → BA
> 나. A → AB

(7가)는 (2), (4)와 같이 후행 요소를 공통 요소로 가지는 경우이고 (7나)는 (6)과 같이 선행 요소를 공통 요소로 가지는 경우이다. 이때 (7가)의 상의어 'A'는 단어 어근에 해당하고 하의어 형성에 참여하는 'B'는 어근이거나 접두사에 해당한다. 하의어 'BA'는 'B'의 지위에 따라 합성어나 접두 파생어가 되고 그 의미는 "'BA'는 'A'이다."에 해당하므로 '이다' 조건을 만족시킨다는 것을 알 수 있다.[4] 이와는 달리 (7나)의 상의어 'A'는 단어 어근에 해당하고 하의어 형성에 참여하는 'B'는 단어 어근에 해당한다. 하의어 'AB'는 따라서 합성어가 되고 그 의미는 역시 "'AB'는 'A'이다."에 해당하므로 '이다' 조건을 만족시킨다는 것을 알 수 있다.

5.2. 상하 관계의 측면에서 본 보통 명사와 고유 명사

지금까지 특별히 주목한 적은 없었지만 보통 명사와 고유 명사도 의미

상하 관계를 가지는 경우에서 다시 다루게 된다.
4) 따라서 'BA'가 합성어일 경우 이 합성어는 항상 종속 합성어가 된다.

관계의 측면에서 보면 상하 관계에 놓여 있음을 알 수 있다.[5]

    (8) 가. 사람-{이순신, 주시경 …}
       나. 나라-{대한민국, 스위스 …}
       다. 도시-{서울, 파리 …}
            ⋮

  (8가, 나, 다)의 '사람', '나라', '도시'는 보통 명사의 예이며 이들 각각에 대해 '이순신, 주시경', '대한민국, 스위스', '서울, 파리'는 고유 명사의 예이다. 그동안 고유 명사에 대한 관심은 대체로 고유 명사가 지시하는 대상이 하나밖에 없기 때문에 보통 명사와 가지는 차이에 대한 것이었다.

    (9) 가. *이순신들이 공원에서 산책하고 있다.
       가′. 사람들이 공원에서 산책하고 있다.
       나. *두 대한민국에는 사람들이 많이 산다.
       나′. 두 나라에는 사람들이 많이 산다.

  (9)는 고유 명사가 보통 명사에 비해 '들'에 의해 복수를 나타낼 수 없고 '두'와 같은 수 표현과 결합할 수 없음을 보여 준다. 이는 곧 고유 명사가 '하나의 대상'을 전제하기 때문에 마치 '물'이나 '불'과 같이 불가산 명사와 흡사한 속성을 지니고 있다는 것을 의미한다.

  다음과 같은 제약도 이러한 고유 명사의 특성과 연관성을 지닌다.

    (10) 가. *이 파리는 공기가 매우 맑다.
        가′. 이 도시는 공기가 매우 맑다.

---

5) 그 하위 부류로 고유 명사를 가진다는 것은 대명사나 수사와 구분되는 명사만의 특징이라고 할 수 있다.

나. *그런 스위스에는 높은 건물이 많다.
나'. 그런 나라에는 높은 건물이 많다.

(10)은 보통 명사와는 달리 고유 명사가 지시 표현과 결합하지 못한다는 것을 보여 준다. 즉 '이'나 '그런'과 같은 지시 표현은 다른 대상의 존재를 전제로 하기 때문에 역시 '하나의 대상'인 고유 명사가 이러한 제약을 보여 주는 것으로 해석할 수 있다.

그리고 고유 명사 가운데 '들'과 같은 수 표현과 결합하는 일은 고유 명사가 보통 명사화한 것으로 다루었다.

(11) 이 학교는 지난 세기 이순신들을 길러낸 전당으로 유명하다.

(11)에서의 '이순신들'은 물론 '이순신'이 아니라 '이순신'의 업적에 필적할 만한 '사람들'을 가리킨다는 점에서 이때의 '이순신'은 고유 명사라 할 수 없다는 것이다.

그런데 앞의 논의를 참고하면 (8)에 제시된 보통 명사와 고유 명사는 상하 관계를 가지되 공통 요소가 존재하지 않는 경우에 해당한다. 따라서 단어 형성의 측면에서 이들을 조명할 수 없다. 그러나 보통 명사와 고유 명사 가운데는 공통 요소를 가지는 경우도 존재한다.

(12) 가. 강-{금강, 낙동강 …}
　　 나. 산-{설악산, 한라산 …}
　　 다. 문-{독립문, 남대문 …}
　　　　　⋮

(12가, 나, 다)의 '강, 산, 문'은 (8가, 나, 다)의 '사람, 나라, 도시'와 동일한 보통 명사의 예이고 (12가, 나, 다)의 '금강, 낙동강', '설악산, 한라산',

'독립문, 남대문'은 (8가, 나, 다)의 '이순신, 주시경', '대한민국, 스위스', '서울, 파리'와 동일한 고유 명사에 해당한다. 그러나 이들은 (8)과는 다르게 보통 명사가 고유 명사의 한 부분임을 알 수 있다. 곧 보통 명사를 이용해 고유 명사를 '형성'하고 있는 경우가 (12가, 나, 다)의 '금강, 낙동강', '설악산, 한라산', '독립문, 남대문'에 해당하는 것이다. 그리고 이처럼 공통 요소를 가지는 경우는 언제나 후행 요소를 공통 요소로 갖는다는 것도 특징이다. 따라서 그 형성은 (7가)에서 제시한 바와 같은 'A → BA'로 형식화할 수 있음을 알 수 있다.

이러한 사실들은 기존의 논의에서는 주목된 적이 없지만 고유 명사도 단어 형성의 측면에서 다룰 수 있음을 의미하는 것이라고 할 수 있다.[6] 이는 고유 명사를 상하 관계라는 의미 관계에서 바라볼 때 비로소 깨닫게 된 새로운 사실이다.

---

6) 의미 관계의 측면은 아니지만 고유 명사는 단어 형성의 측면에서 흥미로운 부분이 적지 않다. 가령 접미사 가운데 '-제(製)'는 '미국제, 중국제, 프랑스제, 한국제' 등에서 보는 바와 같이 고유 명사와 결합하여 '그 나라에서 만든 물건'의 의미를 뜻한다. 이는 곧 고유 명사가 접미사와 결합하여 보통 명사를 형성하는 경우라고 할 수 있는데 이러한 접미사에는 '-제'를 포함하여 '-족(族)'('만주족', '여진족'), '-종(種)'('레그혼종', '뉴햄프셔종'), '-행(行)'('서울행', '목포행') 등 그 수가 적지 않다. 한편 '가야호, 메이플라워호, 무궁화호' 등에서 보이는 접미사 '-호(號)'는 고유 명사와 결합하여 다시 고유 명사를 형성하는 접미사에 해당한다. 이들을 포함한 고유 명사의 단어 형성에 대해서는 별도의 자리에서 살펴보기로 한다.

6. 단어 형성의 측면에서 본 어휘 사이의 의미장

　5장의 상하 관계를 살펴보면서 상하 관계가 의미장의 측면과도 관련될 수 있음을 언급한 바 있다. 그러나 1장의 각주 16)에서 언급한 바와 같이 의미장은 상하 관계뿐만 아니라 부분 관계도 포함하고 있다. 또한 같은 의미장 내에서 반의 관계뿐만이 아니라 유의 관계도 관찰할 수 있다. 따라서 어휘 사이의 의미장에 대한 논의는 이를 독립하여 살펴볼 필요가 있다. 다만 상하 관계와 마찬가지로 의미장에 대한 논의도 이를 단어 형성의 측면에서 살펴보기 위해서는 무엇보다 공통 요소를 가지느냐 여부가 일차적인 기준이 된다는 점에는 변화가 없다. 사실 지금까지의 의미장에 대한 논의는 공통 요소를 가지지 않는 경우를 주로 다루었을 뿐만 아니라 공통 요소를 가지는 경우를 포함하더라도 이를 따로 분리한 경우는 찾아보기 힘들다. 따라서 여기서는 우선 공통 요소를 가지지 않는 어휘 사이의 의미장에 대해 살펴보는 것으로부터 논의를 시작하기로 한다.[1]

---

1) 체계는 다르지만 §6.1과 §6.2의 내용은 최형용(2014a)를 바탕으로 하고 있음을 미리 밝히고자 한다.

6.1. 공통 요소를 가지지 않는 어휘 사이의 의미장

다시 강조하는 바와 같이 같은 의미장에 속하는 단어들이 모두 형태론적인 상관관계를 가지는 것은 아니다. 이를 문금현(2011 : 12)에서 의미장 가운데 가장 기초적인 의미장으로 소개된 다음의 [신체] 의미장을 통해 살펴보기로 한다.

> (1) 가. 귀, 눈, 눈썹, 다리, 등, 머리, 머리카락, 목, 몸, 무릎, 발등, 발목,
> 배, 배꼽, 뺨, 뼈, 수염, 손/발, 손가락/발가락, 어깨, 얼굴, 오른발/
> 왼발, 오른손/왼손, 이, 이마, 이빨, 입, 입술, 코, 키, 턱, 털, 팔,
> 피, 피부, 허리, 혀
> 나. 귓속, 눈동자, 몸매, 손등, 손목, 손바닥/발바닥, 손톱/발톱, 엉덩
> 이, 윗몸, 주름살, 주먹, 코끝
> 다. 눈가, 속눈썹, 쌍꺼풀, 옆구리, 잇몸, 장딴지, 종아리, 치아, 허
> 벅지

(1가, 나, 다)는 각각 문금현(2011)에서 초급, 중급, 고급으로 나누어 제시된 것이다.[2] 이는 문금현(2011)이 한국어 교육을 염두에 둔 결과이다. 따라서 똑같은 지시 대상을 가지는 '이'와 '치아'가 별도로 제시되어 있음을 발견할 수 있다.

(1)에 제시된 단어들은 모두 같은 의미장에 속해 있지만 형태론적 관점에서 이들을 살펴보기 위해 공통 요소를 가지는 것과 그렇지 않은 것으로

---

2) 문금현(2011)에서는 한국어 교육에 초점을 맞추어 한국어 교육에 필요한 기초 개념을 나타내는 어휘를 묶어 '기초 의미장'으로, 나아가 이보다 한 단계 높은 수준의 어휘를 묶어 '기본 의미장'으로, 문화 교육에 필요한 어휘를 묶어 '문화 의미장'으로 제시하고 각 의미장을 다시 더 세분하였다. '신체 의미장'은 '기초 의미장'에 속해 있는데 '신체 의미장'에는 이 외에도 '공간 개념 의미장, 시간 개념 의미장, 수 개념 의미장'이 더 제시되어 있다. 이들 각 의미장에 소속된 구체적 단어들에 대해서는 문금현(2011 : 11)을 참고할 것.

이를 구분할 수 있다. 앞서 언급한 바와 같이 공통 요소가 존재하지 않는 것은 단어 형성의 측면에서 언급할 것이 없기 때문이다. 따라서 우선 (1)에서 다음의 단어들은 형태론적 상관성을 보이지 않는다는 점에서 일차적으로 제외된다.

> (2) 다리, 무릎, 뺨, 뼈, 수염, 어깨, 얼굴, 이마, 키, 턱, 털, 팔, 피, 피부, 허리, 혀, 엉덩이, 주름살, 주먹, 쌍꺼풀, 옆구리, 장딴지, 종아리, 치아, 허벅지

즉 (2)에 제시된 단어들은 같은 의미장 내에서 형태론적으로 공통 요소를 보이지 않는 것들이다. 이것은 다음과 같은 두 가지 사실을 말해 준다. 하나는 '귀', '눈'처럼 그 자체로는 형태론적으로 내부 구조를 가지지 않지만 같은 의미장 내에서 파생어나 합성어의 재료가 될 경우에는 형태론적인 관련성을 가지게 되므로 우선 관심 대상에 포함된다는 것이다. 다른 하나는, 이와는 반대로 '주름살, 쌍꺼풀' 등처럼 그 자체로는 형태론적으로 내부 구조를 가지는 파생어나 합성어일지라도 같은 의미장 내에 공통되는 요소를 전혀 가지지 못하는 것들은 관심 대상이 되기 어렵다는 것이다.

6.2. 공통 요소를 가지는 어휘 사이의 의미장

이제 공통적인 요소를 통해 발현되는 형태론적 상관성을 바탕으로 이러한 관점이 두드러지도록 (1)의 예들을 다시 다음과 같이 정리해 보기로 한다.

(3) 가. 귀 ; 귓속

나. 눈 ; 눈썹, 눈동자, 눈가, 속눈썹

다. 등 ; 손등, 발등

라. 머리 ; 머리카락

마. 목 ; 발목, 손목

바. 몸 ; 몸매, 윗몸, 잇몸

사. 배 ; 배꼽

아. 손 ; 손가락, 오른손, 왼손, 손등, 손목, 손바닥, 손톱

자. 발 ; 발등, 발목, 발가락, 오른발, 왼발, 발바닥, 발톱

차. 이 ; 이빨, 잇몸

카. 입 ; 입술

타. 코 ; 코끝

(3)에서 볼 수 있는 바와 같이 ';'를 기준으로 왼쪽에 제시되어 있는 단일어들은 오른쪽에 제시된 복합어의 재료가 된다.

(3)을 통해 알 수 있는 것들은 다음과 같다. 첫째, 복합어들의 재료는 (3차)의 '이빨, 잇몸'처럼 일관적으로 선행 요소일 수도 있고 (3다)의 '손등, 발등'처럼 일관적으로 후행 요소일 수도 있으며 (3바)의 '몸매, 잇몸'처럼 혼합적일 수도 있다.

둘째, (3나)의 '눈, 눈썹, 속눈썹'에서 살펴볼 수 있는 것처럼 단어 형성의 단계적 과정을 보여 주는 경우도 존재한다. 즉 '속눈썹'은 다음과 같은 직접 성분 분석을 통해 그 단어가 형성된 계층적 정보를 얻을 수 있다.

(4) 가. 속눈썹

나.

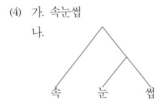

(4나)는 (4가)의 '속눈썹'을 직접 성분 분석한 것인데 먼저 '눈썹'이 합성어를 이룬 후에 다시 이를 어근으로 하여 '속'이 결합한 것임을 알 수 있다. 이는 '눈', '눈썹', '속눈썹'이라는 단어가 존재하는 것과 정확히 일치한다.

셋째, (3)의 '손등', '발등', '발목', '손목', '잇몸'은 각각 (3다, 아), (3다, 자), (3마, 자), (3마, 아), (3바, 차)에 중복적으로 제시되어 있다. 이것은 이들 합성어의 구성 요소가 같은 의미장 내에서 두 번 단어 형성에 참여하고 있음을 드러낸다. 따라서 만약 (3)의 의미장을 그 연결 관계를 고려하여 입체적으로 그려낸다면 가령 '손', '발'은 다음과 같은 다중적인 연결 관계를 가지는 것으로 도식화할 수 있다.[3]

(5)

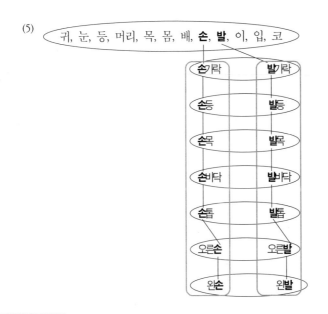

―――――

3) '발등, 손등'의 '등', '손목, 발목'의 '목' 등도 서로 연결되어야 하고 '손가락'은 다시 '발가락'과도 연결되어야 하는 등 그 연결 관계는 매우 복잡하다. 그러나 여기서는 편의상 '손', '발'의 일부 경우만 초점을 두어 이들이 다중적으로 연결되어 있다는 사실을 강조하는 선에서 그치기로 한다.

(5)에서 가장 위에 있는 큰 가로 묶음은 복합어와 관련이 있는 단일어들을 제시한 것이다. 그리고 그 밑에 있는 세로 두 묶음은 각각 '손', '발'을 공유하는 하위 의미장이고 또한 작은 가로 묶음들은 '손', '발' 이외의 단어를 공유하여 '손', '발' 합성어와 연결되는 하위 의미장들을 정리한 것이다.

앞서 의미장은 공통된 의미 속성을 전제로 한다고 언급한 바 있다. 이것은 의미장의 공통된 의미 속성이 의미장의 구성 요소들과 의미 관계 가운데 상하 관계나 부분 관계에 놓여 있음을 의미한다. 그래서 가령 상하 관계에 놓여 있는 것들에서는 공통된 의미 속성이 상의어에 해당하고 구성 요소들은 하의어가 되는 것이다. 앞서 제시된 [신체]와 '손'도 역시 이러한 관계를 만족시킨다. (5)에서 '손'과 '발'이 공통 요소인 것들 가운데는 부분 관계와 상하 관계가 섞여 있다. 이를 정리하면 다음과 같다.

> (6) 가. 손가락, 손등, 손목, 손바닥, 손톱
> 가'. 오른손, 왼손
> 나. 발가락, 발등, 발목, 발바닥, 발톱
> 나'. 오른발, 왼발

(6가, 나)는 같은 의미장에 속하는 단어들이 '손', '발'과 각각 부분 관계를 보이는 경우이다. '손가락은 손이다.'의 관계가 적용되지 않고 '손가락은 손의 일부이다.'의 관계가 성립하기 때문이다. 한편 (6가', 나')은 같은 의미장에 속하는 단어들이 '손', '발'과 각각 상하 관계를 보이는 예들이다. 이는 5장에서 살펴본 바와 같이 상하 관계를 이루기 위해서는 오른쪽 요소를 공통 요소로 삼는다는 논의를 통해서도 충분히 예측되는 결과이다.

그런데 의미장에 대한 이상의 논의는 이러한 부분 관계나 상하 관계 외에도 의미 관계의 측면에서 흥미로운 사실들을 시사해 준다. 우선 (5)에서 제시한 묶음은 공유하는 요소를 중심으로 의미 관계가 보다 긴밀하게 연결되어 있음을 나타내는 동시에 같은 묶음에 속하지 않은 것은 그만큼 의미 관계가 긴밀하지 않다는 것을 나타낸다. 이는 공통되는 요소를 공유하고 있느냐 여부에 따라 결정되는 것이므로 도상성(iconicity)의 측면에서도 이해할 수 있다. 가령 '동쪽, 서쪽, 남쪽, 북쪽'은 '쪽'을 공통 요소로 가지고 있다는 점에서 긴밀한 의미 관계를 가지는 의미장이라고 할 수 있지만 '쪽'이 결여된 경우가 포함되어 있는 '동, 서쪽, 남, 북쪽'은 (적어도 긴밀한 의미 관계를 가지는) 의미장이라고 할 수 없는 것이다.

이는 같은 의미장에 속하는 단어들이 어휘의 의미 관계 가운데 반의 관계의 측면에서 그 대립 쌍을 분명하게 보여 줄 수 있음을 의미하는 것이기도 하다. 우선 (5)의 그림을 통해 '손', '발'과 관련된 반의어들을 제시해 보면 다음과 같다.

(7) 가. 손-발
　　나. 손가락-발가락
　　다. 손등-발등
　　다'. 손등-손바닥
　　라. 손목-발목
　　마. 손바닥-발바닥
　　마'. 손바닥-손등
　　바. 손톱-발톱
　　사. 오른손-왼손
　　사'. 오른손-오른발
　　사''. 왼손-왼발

먼저 (7나, 라, 바)는 반의 관계가 다른 것과 묶일 가능성은 거의 없다. 이에 비해 (7가)의 단일어 '손'의 반의어는 '발' 이외에도 다른 것이 될 가능성이 없지는 않다. 그러나 여기서 중요한 것은 그 후보는 단일어 묶음 안에서 찾아야 한다는 점이다. 이 점 정도의 차이는 있지만 (7다, 마, 사)의 경우도 마찬가지이다. 내부 구조를 가지는 복합적인 단어의 경우 선행 요소나 후행 요소를 기준으로 다양한 반의 관계가 설정될 수 있음에 대해서는 이미 4장에서 살펴본 바 있다. 따라서 관점에 따라 반의 관계가 (7다', 마', 사', 사")처럼 파악될 수도 있다. 그러나 여기서 중요한 것은 반의어도 한결같이 모두 같은 묶음 안에 존재하는 것들이라는 점이다. 즉 (5)와 (7)을 통해 다시 한 번 확인할 수 있는 것은 이들 반의 관계가 모두 공통 요소를 중심으로 형태론적인 균형 속에서 파악될 수 있다는 점이다.

이러한 논의를 통해 이제 '동, 서, 남, 북'이 같은 의미장에 포함되면서 '동'과 '서', '남'과 '북'이 반의 관계에 놓일 수 있고 마찬가지로 '동쪽, 서쪽, 남쪽, 북쪽'이 같은 의미장에 포함되면서 '동쪽'과 '서쪽', '남쪽'과 '북쪽'이 반의 관계에 놓일 수 있지만 반면 '동, 서쪽, 남, 북쪽'이 같은 의미장에 포함되기 어려운 것은, '동'과 '서쪽', '남'과 '북쪽'이 반의 관계에 놓이지 않기 때문임을 통해 설명할 수 있게 된다. 만약 공통 요소에 초점을 두지 않고 '동, 서쪽, 남, 북쪽'이 가지는 공통된 의미만을 기반으로 하였다면 이들 사이에 성립하지 않는 반의 관계를 설명하는 것은 쉽지 않을 것으로 생각된다.

한편 유의 관계도 의미장의 관점에서 살펴볼 수 있다. 전술한 문금현 (2011)에서 제시된 '이'와 '치아'는 유의 관계에 놓여 있기는 하지만 이는 어종이 변수이고 공통된 요소가 발견되지는 않아 단어 형성의 관계에 놓인 것으로 보기는 어렵다.

이와는 달리 공통된 요소가 존재하면서 단어들 사이는 유의 관계를 보이되 이를 하나의 의미장으로 간주할 수 있는 경우는 사실 3장의 예문 (15)에서 이미 제시한 바 있다. 3장 예문 (15)에서 제시한 것들은 고유어

'땅'과 이에 대응하는 한자어의 예들이다. 한자어들 가운데는 '지(地)'를 공유하는 것들이 있고 이러한 단어들 가운데는 '지(地)'가 선행 요소인 것들도 있고 후행 요소인 것들도 있다. 따라서 이들은 공통 요소인 '지(地)'를 기준으로 서로 단어 형성의 관점에서 논의할 수 있는 가능성이 높다. 그리고 김광해(1989 : 171)에서는 고유어 '땅'과 한자어들은 '一對多 對應'을 보이는 유의 관계에 있으면서 고유어 '땅'이 유의 관계에 놓여 있는 한자어들의 '중핵어 내지 원어휘소'로 기능하는 의미장으로 볼 수 있다고 하였다.4)

이처럼 의미장을 공통 요소를 중심으로 하여 형태론의 관심사로 끌어들이는 것은 최형용(2014a)에서 강조한 것처럼 역설적으로 서로 단어 형성의 측면에서 일정한 구조적 유사성을 가지지 않는 것을 관심사로 삼게 해 준다는 장점을 가지고 있다. 즉 최형용(2014a)에서 관심 대상으로 삼은 '덧셈', '뺄셈', '곱셈', '나눗셈'의 네 단어는 [방위]의 '동쪽', '서쪽', '남쪽', '북쪽'처럼 [사칙(四則)]의 의미장을 구성하면서 공통 요소를 가지고 있으므로 의미장을 단어 형성의 측면에서 바라볼 수 있는 대상이 된다. 그러나 그 형성 과정은 '동쪽', '서쪽', '남쪽', '북쪽'과는 비교할 수 없을 정도로 단어 형성의 가장 역동적인 모습을 보여 준다. 이는 공통 요소를 가지는 의미장의 단어들이 대체로 형태론적 구성도 같이 하는 데 비해 이들 네 단어는 그렇지 않다는 것을 염두에 둔 표현이다.

이러한 관점에서 우선 내부 구조 분석에 이견이 없어 보이는 '뺄셈'부터 살펴보기로 한다. '뺄셈'은 동사 '빼-'에 '-ㄹ' 관형사형 어미가 결합하여 형성된 단어라는 점에 이견이 없을 듯하다. '볼거리, 길짐승, 건널목,

---

4) 즉 '땅'은 나머지 한자어들과 유의 관계에 있으면서 한자어들의 공통 의미로서 상의어의 기능도 한다고 보는 것이다. 한편 이러한 관계를 보여 주는 것에 '땅' 이외에 '글'도 더 제시되어 있으나 그 양상은 '글'과 평행하므로 여기서는 따로 더 제시하지 않기로 한다.

감칠맛' 등에서도 이러한 단어 형성을 손쉽게 찾을 수 있다. 그러나 '덧셈', '뺄셈', '곱셈', '나눗셈'의 네 단어 가운데는 '뺄셈'의 경우에만 이러한 단어 형성 방법이 사용되었다.

다음으로 '곱셈'을 살펴보기로 한다. '곱셈'의 '곱'은 동사일 가능성과 명사일 가능성 두 가지를 생각해 볼 수 있다. '곱'은 다음 예에서 볼 수 있는 바와 같이 중세 한국어에서는 동사로 기능하였다.

> (8) 가. 倍는 고볼씨라<월석 1 : 48>
>   나. 봇그며 구버 졓곳 먹더니 數를 혜면 千萬이 고ᄫ니이다<월석 2
>   1 : 54>

그러나 '곱셈'이 현대에 출현한 단어이고 또한 '곱'이 현대 한국어에서는 동사로 쓰이는 일이 거의 없으므로 '곱셈'의 내부 구조를 '명사+명사'로 볼 수 있다. '뺄셈을 함'의 의미를 표현할 때는 '빼기'이지만 '곱셈을 함'의 의미를 표현할 때는 '*곱기'가 아니라 '곱하기'이고 '곱빼기'의 '-빼기'가 명사와만 결합하는 접미사임을 참고할 필요가 있다.[5]

한편 '나눗셈'은 '나누-'와 '셈'이 결합한 것인데 용언 어간과 명사의 결합에 'ㅅ'이 개재되어 있다는 점에서 관심을 끈다. 권용경(2001 : 12)에서는 그동안 사이시옷의 기능이나 특징으로 언급된 경우를 '존칭 유정체언과 무정체언의 표지, 동명사형 구성에서 목적어나 부사어로서의 기능, 동격을 표시하는 기능, 합성어 표지'의 네 가지로 정리하고 있는데 합성어 표지에서도 이처럼 선행 요소가 용언 어간인 경우에 대해서는 다루고 있지 않다. 다만 용언 어간이 사이시옷을 가지는 것처럼 보이는 다음 예들

---

5) '새롭다'의 '새'를 명사로 분석하는 것도 '새'가 현대에는 관형사로만 쓰이지만 과거에 명사로서의 자격을 가지고 있었던 것이 분명하고 접미사 '-롭-'이 명사 혹은 명사성 어근과만 결합할 수 있고 관형사 어근과는 결합하는 일이 없기 때문이다.

은 '특이한 구성'으로 따로 다루고 있다(권용경 2001 : 167).

(9) 가. 값돌다<월곡 152> ; 감쏠다<월석 1 : 30>
    나. 덦거츨다<법화 3 : 3> ; 덤써츨다<소언 5 : 26>

'나눗셈'과 다른 점은 (9)의 예들은 용언과 용언의 연결에 'ㅅ'이 쓰인 경우라는 점이다. 이에 대해 이기문(1998 : 146)에서는 '넚디-<월석 2 : 48>', '넘찌-<훈몽 하 : 11>'와 같은 혼기례를 들고 모음 사이에서 [m]과 된소리의 [t]만 발음되었음을 표시한 것이라고 보고 있다. 공교롭게도 권용경(2001)에서 제시된 예들이 모두 이러한 '혼기된' 표기를 가지고 있는데 역시 권용경(2001)에서도 (9)의 예들에서의 'ㅅ'을 전술한 '사이시옷'의 네 가지 유형 가운데 하나로 간주하고 있지는 않다.

이러한 점에서 보면 권용경(2001 : 169)에서 보이는 다음과 같은 예는 '나눗셈'과 그 구조가 일견 흡사해 보일 수 있다.

(10) 가. 鑰은 엻쇠라<법화 4 : 130>
    나. 鍵은 ᄌᆞᄆᆞᆳ쇠라<법화 4 : 131>

그러나 이는 권용경(2001 : 170)에서도 언급한 바와 같이 'ㄹㆆ'이 'ㄹㅅ'으로 표기된 것으로 해석되므로 '나눗셈'에서 보이는 'ㅅ'과는 구별해야 할 것이다. 더더군다나 (10)에서 보이는 'ㄹ'은 어간의 일부가 아니라 관형사형 어미이다.6) 따라서 어간이 그대로 결합한 '나눗셈'의 '나눗-'과는 거리가

---

6) 이러한 분석 가능성은 반의 관계가 형태소 분석에서도 유용하다는 4장 말미의 논의를 상기시킨다. 즉 '길짐승'의 '길-'이 '기-'의 관형사형이므로 '날짐승'의 'ㄹ'도 '날-'의 어간에 있는 'ㄹ'이 아니라 관형사형 어미로 분석할 수 있고 이에 기반하면 '자물쇠'의 '자물-'이 '잠-'의 관형사형이므로 '열쇠'의 'ㄹ'도 '열-'의 어간에 있는 'ㄹ'이 아니라 관형사형 어미로 분석할 수 있다는 것이다.

있다.

'나눗셈'의 'ㅅ'을 '셈' 때문에 들어간 것으로 볼 가능성도 있을 수 있다. 즉 '셈'을 이른바 'ㅅ' 전치 명사로 간주하는 것이다.[7] 가령 김창섭(1996b : 60)에서는 '[[철수가 도착한 날]ㅅ 밤]', '[[이 동네]ㅅ 사람]', '[[저 구름]ㅅ 속]', '[[이 산에 사는 동물]ㅅ 수]', '[[2 년]ㅅ 동안]' 등에서 'ㅅ' 이 구 구성에 등장하는 사이시옷임을 밝히고 있지만 이들은 속격 '-ㅅ'이 화석화한 것이며 특정 명사들이 형태론적 자질로서 가지는 'ㅅ 전치성'이라 한 바 있다. 그러나 '셈'이 후행 요소로 오는 '눈셈', '선셈', '어림셈' 등의 단어에서는 'ㅅ'이 전치하지 않으므로 이렇게 해석하기도 어려워 보인다.[8]

그럼에도 불구하고 지금으로서는 '나눗셈'의 'ㅅ'을 사이시옷에서 배제할 특별한 이유를 찾기는 어려워 보인다. 그보다는 그만큼 사이시옷이 형태소로서의 자격을 잃으면서 합성어 내부 요소로만 나타나는 다양한 가능성 가운데 하나를 보이고 있다고 해석할 수밖에는 없을 듯하다.[9] 그 예가 많지는 않으나 '어릿광대'도 용언 어간 '어리-'에 '광대'가 붙을 때 'ㅅ'을 가져왔다는 점에서 그 형성이 '나눗셈'과 동일하다.[10] 이는 결국

---

7) 주지하는 바와 같이 'ㅅ 전치 명사'와 'ㅅ 후치 명사'는 임홍빈(1981)에서 쓰인 용어이다. 엄태수(2007)에서는 이를 각각 't 전치 명사', 't 후치 명사'로 기술하고 있다.

8) 엄태수(2007 : 264-265)에 제시되어 있는 't 전치 명사'의 목록에도 '셈'은 나와 있지 않다.

9) 최형용(2009a)에서는 현대 국어의 사이시옷과 관련되는 다른 언어의 예들을 제시하면서 현대 한국어 사이시옷의 형태소성을 부정한 바 있다.

10) 게르만어에서도 기원적으로 속격을 나타내던 요소가 합성어의 표지로 쓰이는 일이 보고되어 있다. Booij(2005 : 171)에서는 이때의 요소를 'linking element'라 부르고 형태소성을 부정하면서 '심판'의 의미를 가지는 'scheid-s-rechter'와 같은 단어를 연습 문제에서 제시하였다. 이 단어의 선행 요소인 'scheid'는 '나누다'의 의미를 가지는 동사 어간인데 연결소 '-s'를 매개로 나타나는 것을 보면 이를 속격의 형태소로 볼 수 없다는 이유에서 이다. 이 단어는 바로 '나눗셈', '어릿광대'의 경우와 일치한다는 점에서 흥미롭지 않을 수 없다.

용언의 어간이 명사에 직접 결합하여 형성된 합성 명사인 '덮밥'류와 그 기제가 일맥상통한다고 생각된다.

마지막으로 '덧셈'의 경우를 살펴보기로 한다. '덧셈'의 경우에도 '덧-'이 문제이다. 우선 '더'는 부사로는 존재하지만 명사로는 존재하지 않는다는 점에서 '나눗셈'의 '나눗-'처럼 문제가 존재한다. '그릇'과 같은 부사는 부사 '그르'에서 온 것이므로11) 'ㅅ'이 결합하여 부사가 된 경우가 존재하지만 '덧-'은 부사로는 존재하지 않으므로 이렇게 분석될 가능성은 거의 없다. 그러나 '덧-'은 다음과 같은 접두사의 용법을 가지고 있다. 편의상 『표준국어대사전』의 뜻풀이를 가져오면 다음과 같다.

(11) 덧-04
「접사」
「1」((일부 명사 앞에 붙어))'거듭된' 또는 '겹쳐 신거나 입는'의 뜻을 더하는 접두사.
¶ 덧니/덧버선/덧신/덧저고리.
「2」((일부 동사 앞에 붙어))'거듭' 또는 '겹쳐'의 뜻을 더하는 접두사.
¶ 덧대다/덧붙이다.

접두사로서의 '덧-'은 그 의미가 부사 '더'와 일치하는 것은 아니지만 이 정도의 의미 차이는 접두사화에서는 용인되는 수준이라고 할 수 있다. 따라서 '덧셈'의 '덧-'은 (11)에 제시된 접두사로 보아 무방할 것으로 판단된다. 문제는 '덧-'이 그 의미가 '더'와 상통한다고 할 때 'ㅅ'을 사이시옷이라고 부를 수 있느냐는 것이다. 먼저 사이시옷이 선행 요소와 결합하여 접두사화하는 경우는 '웃-'이나 '숫-'의 경우에서 찾을 수 있다. 다만 이들에서 보이는 '우'나 '수'는 명사였으므로 사이시옷과의 결합이 자연스

---

11) 부사 '그르'는 '그르다'의 이른바 어간형 부사이다.

러우나 '더'는 부사라는 점에서 특이한 점이 있다.[12]

다음으로 사이시옷 결합형이 (11)처럼 명사나 동사와 결합하여 이른바 단일 어기 가설(Unitary Base Hypothesis)에[13] 위배되는 경우가 존재하느냐 하는 것인데 사이시옷 구성과 관련된 것으로 바로 '헛-'이 존재한다. 역시 『표준국어대사전』에서 뜻풀이를 가져오면 다음과 같다.

> (12) 헛-02
> 「접사」
> 「1」((일부 명사 앞에 붙어))'이유 없는', '보람 없는'의 뜻을 더하는 접두사.
> ¶ 헛걸음/헛고생/헛소문/헛수고.
> 「2」((일부 동사 앞에 붙어))'보람 없이', '잘못'의 뜻을 더하는 접두사.
> ¶ 헛살다/헛디디다/헛보다/헛먹다.
> 【←허(虛)+-ㅅ】

그 양상은 (11)에서 제시된 '덧-'과 정확히 일치한다고 할 수 있다.[14]

---

12) 이것이 옳다면 부사에 사이시옷이 결합하여 접두사화한 경우는 '덧-'이 유일한 경우가 아닌가 한다.

13) 단일 어기 가설은 Aronoff(1976)에서 제시된 것으로 단어 형성 규칙의 어기에 대해 가해지는 통사의미론적 명세(syntacticosemantic specification)는 복잡할 수 있으나 어기는 늘 하나의 범주라는 주장이다. 즉 하나의 접사가 단어 형성 규칙에 의해 명사에도 동사에도 첨가될 수 있는 것은 아니고 만약 그런 경우가 있다면 이것은 별개의 두 접사가 별개의 단어 형성 규칙을 적용한 것이라고 보는 것이다. 그래서 가령 'fashionable'과 'acceptable'에서의 '-able'은 별개의 접미사로 간주된다. 국내에서 단어 형성과 관련하여 단일 어기 가설을 다룬 것으로는 구본관(1998b)를 참고할 수 있다.

14) '짓-'도 다음 뜻풀이에서 보는 바와 같이 (11)이나 (12)처럼 단일 어기 가설에 예외가 되면서 'ㅅ'을 가지고 있으나 그 성격은 다르다. '짓-'이 더 이상 분석되지 않기 때문이다.
짓-04
「접사」
「1」((일부 동사 앞에 붙어))'마구', '함부로', '몹시'의 뜻을 더하는 접두사.
¶ 짓개다/짓널다/짓누르다/짓두들기다/짓밟다/짓씹다/짓이기다/짓찧다/짓치다.
「2」((몇몇 명사 앞에 붙어))'심한'의 뜻을 더하는 접두사.
¶ 짓고생/짓망신/짓북새.

따라서 '덧셈'의 '덧-'도 '헛-'과 마찬가지로 사이시옷 구성이 접두사화한 것이라 할 수 있다. 사이시옷이 동사 어간뿐만이 아니라 부사와도 결합하여 단어 형성에 참여한 경우를 인정하게 된 셈이다.[15]

이상의 논의는 같은 의미장에 속하지만 '덧셈'은 파생어일 가능성이 높고 나머지 가운데 '뺄셈'은 통사적 결합어, '곱셈', '나눗셈'은 합성어로서 서로 구별된다는 점을 알게 해 준다. 또한 개별적인 단어 형성의 특성 때문에 반의 관계에 놓여 있는 '덧셈'과 '뺄셈', '곱셈'과 '나눗셈'도 그 형태 구조가 차이를 보인다는 점도 특징이다.

의미장을 단어 형성의 관점에서 보면 가령 '뺄셈'을 기준으로 하여 '더할셈', '뺄셈', '곱할셈', '나눌셈'과 같이 그 구조가 평행하지 않은 것이 매우 특징적이나 각각 의미가 관련되는 '더하기', '빼기', '곱하기', '나누기'가 존재하고 이들은 형태론적 측면에서 그 구조가 평행하다는 점에 주목할 필요가 있다. 이 점 역시 '덧셈', '뺄셈', '곱셈', '나눗셈'이 단어 형성의 측면에서 얼마나 특별한 대상인가 하는 점을 잘 보여 준다.

이상과 같은 특성은 '덧셈', '뺄셈', '곱셈', '나눗셈'을 상관관계에 놓아야 파악할 수 있는 측면이다. 겨우 네 단어이지만 이들은 어근이 일률적

한편 '빗대다/빗금'의 예를 보이는 접두사 '빗-'도 이 범위에 들어오지만 '빗-'은 용언 어간 '볓-'의 접두사화라는 점에서 '덧-', '짓-'과 구별된다. 또한 한국어에는 '헛-', '짓-', '빗-'처럼 특히 명사나 용언과 결합하여 단일 어기 가설에 예외가 되는 접두사가 적지 않다. 몇 개를 그 예와 함께 제시하면 다음과 같다.
   가. 몰매, 몰표 ; 몰몰다, 몰밀다
   나. 엇각, 엇결 ; 엇나가다, 엇비슷하다
   다. 막국수, 막노동 ; 막가다, 막거르다
   라. 맞고함, 맞대결 ; 맞들다, 맞바꾸다
   마. 겉짐작, 겉대중 ; 겉돌다, 겉잡다
15) '덧셈'의 '덧-'의 의미가 (11)에 제시된 것들과 차이가 난다는 점을 중시하면 이를 접두사로 간주하지 않을 수도 있으나 그렇더라도 부사 '더'에 사이시옷이 결합하고 있다는 것은 '뺄셈', '곱셈', '나눗셈'뿐만이 아니라 부사 전체의 경우에서도 찾을 수 없다는 점에서 특이하다는 사실에는 변함이 없다.

이지 않고 그 구성 방식도 차이가 있으며 파생어와 통사적 결합어, 합성어가 섞여 있기 때문에 단어 형성을 설명하려는 규칙의 입장뿐만이 아니라 계열 관계를 중시하는 유추의 입장에서도 한데 묶기 어렵다. 이는 곧 이들 네 단어가 가지는 의미장이라는 의미 관계의 측면을 부각하는 논의가 필요하다는 것을 단적으로 보여 주기에 충분하다. 최형용(2014a)에서 의미장 형태론을 제안한 이유가 바로 여기에 있다.

제3부

단어 형성의 측면에서 본 어휘 내부의 의미 관계

단어 형성의 측면에서 본 어휘 내부의 의미 관계도 유의 관계, 반의 관계, 상하 관계를 근간으로 한다. 단어 형성의 측면에서 본 어휘 사이의 의미 관계가 공통 요소를 중심으로 하는 데 비해 단어 내부의 의미 관계는 그러한 경우가 유의 관계에 국한된다는 점에서 차이가 있다. 따라서 공통 요소의 측면에서만 놓고 보면 기존의 어휘 의미론적 접근법과 유사하되 기존의 어휘 의미론에서는 단어 내부를 문제 삼고 있지 않다는 점에서 본질적인 차이가 있다. 즉 단어 내부에서 의미 관계를 보이는 두 요소는 그것이 단어 어근이든 형태소 어근이든 어근의 지위를 넘어서지 못한다는 점에서 어휘적 단어 사이에 한정되었던 어휘 의미론의 접근 방식과 구별되는 것이다. 또한 어휘 사이에서는 '대치'로 그 형성을 설명할 수 있는 다양한 방식을 모색할 수 있었지만 어휘 내부에서는 '결합'으로만 그 형성을 설명할 수 있다는 점도 강조할 필요가 있다.

유의 관계에서는 단어 내부의 요소 사이에도 어종이 매우 중요한 변수가 된다. 이는 한자와 고유어가 대응 양상을 보이는 경우가 단어 내부에서도 발견되기 때문이다. 기존에는 이를 동의 중복 현상의 테두리 내에서 다루는 경우가 대부분이었지만 이를 단어 형성의 측면에서 새롭게 해석할 필요가 있다. 또한 단어 내부에서 동일한 요소 사이에 나타나는 유의 관계는 반복 합성어로 결과된다는 점에 주목할 필요가 있다. 이때 반복은 통사적 결합어로도 범위가 넓혀질 수 있음에 유의할 필요가 있다.

반의 관계에서도 어종에 주목할 필요가 있는데 단어 내부에서 발견되는 어종은 '한자(어)+고유어'나 '고유어+한자(어)'처럼 어종이 교차될 수 없다는 것이 유의 관계와 다른 반의 관계의 특징이다. 어휘 사이의 반의 관계에서도 형식상의 불균형이 나타나는 경우가 있었는데 이는 어휘 내부에서도 특정한 방식으로 반영되어 '호불호' 방식의 단어 형성을 보인다는 사실은 매우 흥미로운 현상이다. 또한 동일한 형식을 공유하는 두 어휘가 결합하면서 그 가운데 하나의 형식이 결여된 '직간접' 유형의 단어 형성을 보인다는 것도 어휘 내부의 반의 관계가 가지는 특성 가운데 하나이다. 유의 관계와 마찬가지로 반의 관계에서도 통사적 결합어를 대상으로 그 양상을 살펴볼 수 있다는 점도 특징이라면 특징이 될 것이다.

그동안의 어휘 의미론의 논의와 가장 큰 차이가 나는 것은 어휘 내부의 상하 관계에서가 아닐까 한다. 형태론적인 측면에서의 상하 관계란 일정한 형태를 가진 것을 근간으로 하고 있기 때문에 상하 관계를 의미 대 의미로 바라보기 어렵기 때문이다. 따라서 그 양상이 앞의 유의 관계나 반의 관계보다는 활발하지 않지만 형태를 중심으로 어휘 내부에서 발현되는 상하 관계에도 주목할 필요가 있어 보인다.

의미장은 대체로 여러 어휘를 대상으로 그 공통된 의미를 추출하는 것이기 때문에 어휘 내부에서는 이를 찾기가 어렵다고 생각할 수 있다. 그러나 소수의 구성 요소를 가지는 의미장의 경우는 하나의 단어로 실현되는 일이 있으므로 이를 어휘 내부의 관심사로 삼는 것이 불가능한 것은 아니다. 이때 단어 어근일 가능성이 높은 고유어보다 한자와 같이 형태소 어근의 지위를 가지는 경우가 많은 것들이 단어 형성으로 결과된다는 사실에도 주목할 필요가 있다. 이러한 측면에서 본다면 어휘 내부의 의미장에서는 어종도 변수가 된다고 볼 수 있다. 그렇다면 의미장을 이루는 요소 사이에 나타나는 의미 관계가 어휘 사이일 때와 어휘 내부일 때 어떤 차이를 보이는지에 대해서도 관심을 기울일 필요가 있다.

어휘 내부의 의미 관계에서는 어휘 사이에서의 의미 관계와 달리 은유라는 기제에 대해서도 관심을 기울일 필요가 있어 보인다. 은유는 유추와도 밀접한 연관을 가지면서 논항 구조와도 관련되는 부분이 있어 새로운 연구 과제를 제공하는 측면이 적지 않기 때문이다.

7. 단어 형성의 측면에서 본 어휘 내부의 유의 관계

7.1. 어휘 내부의 유의 관계와 어종

2부 3장에서 어휘 사이에서 나타나는 유의 관계는 한국어가 가지는 어종(語種)의 특수성을 반영하는 것이라고 한 바 있다. 따라서 이를 나눌 때 어종(語種)을 일차적 변수로 다루었는데 이는 어휘 내부에서 발견되는 유의 관계에도 그대로 적용된다.

따라서 어휘 내부에서 발견되는 유의 관계도 경우의 수를 우선 크게 세 가지로 나눌 수 있다. 하나는 고유어와 고유어의 결합에서 나타나는 유의 관계이고 또 하나는 고유어와 한자(어)의 결합, 그리고 나머지 하나는 한자(어)와 한자(어)의 결합에서 나타나는 유의 관계이다.

다음은 이 가운데 먼저 고유어와 고유어가 결합한 유의 관계 복합어의 예에 해당한다.

> (1) 가. 밑바탕, 틈새, 흉허물, 길거리, 밑바닥
> 나. 가다듬다 ; 굶주리다, 곧바르다
> 다. 좀더, 곧바로, 더더욱, 더욱더, 또다시, 죄다

(1가)는 유의 관계를 이루는 구성 요소가 결합한 명사의 예이고 (1나)는

용언의 예인데 '가다듬다'는 동사이고 나머지 '굶주리다, 곧바르다'는 형
용사에 해당한다. 용언의 경우는 모두 비통사적 합성어에 해당한다는 것
도 특징이라고 할 수 있다.

한편 (1다)는 부사의 예인데 그 경우의 수가 가장 많은 것으로 보인다.
이것은 고유어와 고유어의 결합이 그 의미의 '강조'에 가장 큰 방점이 놓
인 결과로 해석된다. 또한 (1다)의 부사들은 모두 성분 부사 가운데 정도
부사에 해당한다는 공통점을 보이고 있다. 경우에 따라서는 선행 요소와
후행 요소가 자리를 바꾸는 경우도 가능한데 (1다)의 '더더욱', '더욱더'가
이러한 경우에 해당한다.

고유어와 고유어 유의 관계 복합어는 그 어근이 모두 단어 어근의 자격
을 가지므로 그 결과가 합성어라는 점에서 특징이 있다. 따라서 우선 어
근만으로도 단어로 쓰일 수 있기 때문에 서로 결합하여 다시 단어가 되는
경우가 상대적으로 가장 적다고 할 수 있다. 또한 단어를 형성하는 두 어
근의 의미 비중이 서로 대등하기 때문에 합성어 가운데서 대등 합성어가
된다는 점도 공통점이다.

다음으로 고유어와 한자(어)로 이루어진 유의 관계 단어들에 대해 살펴
보기로 한다. 특히 고유어와 한자(어)의 결합에서 나타나는 유의 관계에서
흥미로운 것은 앞서 2장에서 잠시 살펴본 바와 같이 심재기(2000)에서 '숨
어 있던 복합어'로 명명된 단어들의 존재이다.[1] 심재기(2000)을 중심으로
이 책과 관련하여 주의를 기울일 필요가 있는 것들을 몇 가지 정리하여
제시하면 다음과 같다.

---

1) 심재기(2000)에서의 '복합어'는 'compound words'에 대한 번역이라는 점에서 'compound
   words'는 합성어로 부르고 'complex words'를 복합어로 부르는 이 책의 논의와 차이가 있
   다. 이익섭(1975/1993, 2000)에서도 'compound words'를 복합어로 부르고 있다.

(2) 가. 담장(墻 또는 牆), 뼛골(骨), 널판(板), 몸체(體), 애간장(肝臟), 옻칠
(漆), 글자(字)

가′. 본(本)밑, 기(機)틀, 족(足)발, 언(堰)덕, 형(型)틀, 연(淵)못

가″. 외(外)따로, 연(連)이어

나. 굳건(建)하다, 익숙(熟)하다, 온전(全)하다

다. 애초(初)에

(2가)는 고유어를 관형어처럼 거느리고 한자(어)가 뒤따라 반복된 단어
의 예들로 제시된 것이고 (2가′)은 이에 대해 한자가 앞에 나오고 고유어
가 뒤따르는 형태의 낱말로 제시된 것이다.[2] (2가, 가′)이 명사임에 비해
(2나)는 형용사의 예들이다.

(2가, 가′)은 어종의 측면에서만 (1가)와 구분되는 것은 아니다. (1가)가
모두 단어 어근끼리의 결합인 데 비해 (2가, 가′)에서는 '애간장'을 제외한
대부분의 경우에는 고유어만 단어 어근이고 한자는 형태소 어근에 해당
한다는 점에서 차이가 있다. 그렇더라도 이들이 의미의 측면에서는 모두
대등한 자격을 가지고 있으므로 모두 대등 합성어가 된다는 점에는 변함
이 없다.

(2가″)의 예들은 특별한 관심을 기울일 필요가 있다. '외따로'의 '외
(外)-'와 '연이어'의 '연(連)-'이 모두 접두사의 자격을 가지고 있고 이들을
제외한 '따로'와 '이어'가 단어 어근의 자격을 가지고 있으므로 접두사와
어근 사이에 발견되는 유의 관계에 해당하기 때문이다. 따라서 (2가″)은
합성어가 아니라 파생어 내부에서 보이는 유의 관계라는 점에서 그 특성
이 있다. 두 단어가 모두 부사라는 점에서 그 현상으로만 보면 (1다)와 밀

---

2) 어휘 사이의 유의 관계에서는 고유어와 한자(어)의 선후가 아무런 의미를 가지지 못하
지만 어휘 내부에서의 유의 관계에서는 이 가운데 어떤 것이 선행하느냐에 따라 유형이 달
라지므로 결과적으로는 모두 네 가지로 그 유형을 나눌 수 있다.

접한 관련을 갖는 단어들이라고 할 수 있다. 또한 '따로'와 '이어'가 모두 통사적 결합어에 해당한다는 점도 이들 단어들의 공통점이다.

(2나)는 바로 심재기(2000)에서 '숨어 있던 복합어'로 집중 주목된 예들에 해당한다. 사실 이들 예에 대해서는 그 분석에 다른 의견이 전혀 없을 수는 없지만3) 해당 분석이 타당하다면 매우 흥미로운 예들임에는 틀림없다. '군건-', '익숙-', '온전-'은 단어 어근과 형태소 어근이 결합한 것이지만 이들이 단어 어근의 자격을 가지고 있지 않다.4) 따라서 접미사 '-하-'와 결합하여야만 단어의 자격을 가질 수 있다.

(2다)의 '애초에'는 (2가)의 유형에 속하는 '애초'가 다시 조사 '에'와 결합하여 통사적 결합어로 결과된 경우라고 할 수 있지만 『표준국어대사전』에는 아직 등재되어 있지 않다.

심재기(2000)은 '숨어 있던 복합어'라는 말에서도 알 수 있듯이 논의의 초점이 한자(어)와 고유어의 결합에 놓여 있었기 때문에 (2)와 같은 예들에 주목하였지만 단어 내부에서 유의 관계를 보이는 한자(어)와 한자(어)의 복합어 예들은 사실 그 수를 헤아리기 어려울 만큼 많다. 다음에 그 일부를 제시한다.

> (3) 가옥(家屋), 증오(憎惡), 사상(思想), 가치(價値), 안목(眼目), 신체(身體),
>   비애(悲哀), 환희(歡喜), 곡절(曲折) …

---

3) '군건하다, 익숙하다'의 경우 고유어 어근 '군-'과 '익-'은 용언 어간임에 비해 '온전하다'의 경우 고유어 어근 '온-'은 그렇게 보기 어렵다는 것도 분석의 일관성에 문제를 제기하는 부분이라 할 수 있다.

4) 따라서 '-하-'를 제외한 부분이 형태소 어근의 자격을 가지는 셈인데 이는 2장에서 형태소 어근의 예로 제시한 '공손(恭遜)스럽다, 과감(果敢)스럽다, 군색(窘塞)스럽다, 늠름(凜凜)스럽다'의 '공손-, 과감-, 군색-, 늠름-'과 같지만 이들은 모두 한자로 구성되어 있다는 점에서 차이가 있다.

(3)은 유의 관계를 이루는 한자와 한자가 결합된 복합어로 그 수로 따진다면 가장 많은 경우가 이에 속한다고 할 수 있다. 이때 한자는 모두 형태소 어근의 자격을 가지고 있으므로 서로 결합해야 단어의 자격을 가질 수 있다는 점에서 세 가지 경우 가운데 수가 가장 많은 이유를 이해할 수 있다. 이는 한국어의 한자가 문법적 관계를 나타내는 조사나 어미와 같은 체계 형태소(system morpheme)가 아니라 단어를 만드는 근원 형태소(source morpheme)에 해당하기 때문에 나타나는 현상인 것이다.5)

7.2. 동의 중복 현상과 직접 성분 분석

앞에서 살펴본 어휘 내부의 유의 관계는 이른바 동의 중복 현상과 관련되어 있다. 한국어의 동의 중복 현상에 대해서는 특히 '의미'에 초점을 두어 노명희(2006, 2009a)에서 폭넓은 고찰이 행해진 바 있다. 노명희(2009a)에서 언급된 바와 같이 그동안 동의 중복 현상은 그것이 문장에서 일어나든 단어 내부에서 일어나든 비경제적인 것으로 간주되어 지양해야 할 사항으로 언급되는 것이 일반적이었다.

그러나 동의 중복 현상에 포함될 수 있는 (1)-(3)의 예들은 단순히 비경제적인 것으로 보기 어렵다. 특히 단어 형성의 측면에서 한국어에 (3)과 같은 단어가 많은 것은 이들에서 보이는 한자가 근원 형태소의 자격을 가지고 있기 때문임을 언급한 바 있는데 이는 노명희(2009a)에서 이종 어휘 사이에 동의 중복 현상이 많이 발견된다는 결론을 내린 것과는 그 관점이 상이한 것이라고 할 수 있다.6)

---

5) 어근과 접사를 체계 형태소가 아니라 근원 형태소로 보는 것에 대한 논의는 남기심·고영근(2014 : 189-190)을 참고할 것.

그런데 그동안 동의 중복 현상으로 언급된 것 가운데는 단어 형성의 측면에서는 해석을 달리할 필요가 있는 것들이 있어 보인다. 이는 특히 직접 성분 분석에서 두드러지는 것이라 할 수 있다. 가령 그동안의 논의에서는 '새신랑'이나 '처갓집'은 동의 중복 현상의 대표적인 예로 다루어져 왔지만 다음과 같이 직접 성분 분석의 차원에서 단어의 구조에 크게 주목하지는 않았던 것 같다.

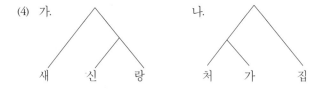

(4) 가.   나.

새   신   랑   처   가   집

즉 (4가)의 '새신랑'은 '새신'에 '-랑'이 결합된 것이 아니라 '새'가 '신랑'에 결합된 것이므로 이를 중시한다면 '새'가 '신랑'과 유의 관계에 놓이는 것으로 해석되기 어려운 것이다. 따라서 '새신랑'은 이 책의 관점에 따르자면 유의 관계로 이루어진 복합어가 아니다. (4나)의 '처갓집'도 '새신랑'과 마찬가지로 '처가'와 '집'의 결합이므로[7] 역시 유의 관계로 이루어진 복합어는 아니다. 그러나 '처가'와 '집'의 의미 관계가 '새'와 '신랑'의 의미 관계와는 다르다는 점에서 주의할 필요가 있다. 즉 '처가'는 '아내의 본가'를 의미한다는 점에서 '집'의 하의어이다. 따라서 '처갓집'은 후술할 상하 관계로 이루어진 복합어의 예가 된다.[8] 이에 대해 '새'와

---

6) 이러한 측면에서 동의 중복 현상에 대한 화용적 접근에도 관심을 기울일 필요가 있다. 가령 김혜지(2015)에서는 특히 '너무 과다하다, 새로 신축하다, 미리 예약하다'와 같이 부사와 한자어가 중복되는 경우에 초점을 두어 이러한 동의 중복 현상이 사용되는 이유를 화자의 강조 의지 표현, 정도성의 인식, 확실한 의도 전달로 분석한 바 있다. 이는 결국 동의 중복 현상을 화자의 의도 측면에서 해석한 것이라 할 수 있는데 이 역시 동의 중복 현상이 비경제적이라는 기존의 견해와는 지향점이 다른 논의라고 할 수 있다.

7) '처갓집'에서 보이는 사이시옷이 이러한 분석의 타당성을 직접적으로 보여 준다.

'신랑'은 포함 관계를 따질 수 없다는 점에서 상하 관계를 보이고 있지도 않다.

　이러한 관점에 서면 '새신랑'이나 '처갓집'을 이른바 '동의 중복 현상'으로 해석한 것은 어디까지나 구성 요소의 의미를 평면적으로 해석한 것이었음을 알게 된다. '신랑'이나 '처가'는, 마치 문장의 질서가 단어 내부의 구조를 참조할 수 없다는 통사론의 어휘 고도(lexical island) 제약을 연상시킨다. 어휘 고도 제약에 대해서는 송철의(1992 : 26)의 논의를 참고할 수 있다.

　　(5) 가. *그는 결코 비협조적이다.
　　　　나. 그는 결코 협조적이 아니다.
　　　　다. 그는 결코 비협조적이 아니다.

　　(6) 가. *철수가 내일 왔다.
　　　　나. 철수가 어제 왔다.

　　(7) 가. *철수가 어제 오겠다.
　　　　나. 철수가 내일 오겠다.

　(5가)에서 '결코'는 부정(否定) 서술어를 요구하는 말이다. 문장 내부에는 '비협조적'이라는 단어가 있는데 만약 부정의 의미를 가지는 접두사 '비(非)-'가 '결코'와 호응할 수 있다면 이 문장이 성립하지 못할 이유가 없다. 그런데 이 문장은 비문법적 문장이므로 단어 내부 요소 '비(非)-'는 '결코'가 참조(參照)할 수 없다고 해야 한다. 이러한 사실은 '결코'가 '아니다'라

---

8) 노명희(2009a : 279-280)에서는 동의 중복 현상에 '여름철, 그믐날, 장맛비' 등의 예들도 포함하고 있는데 이들에서 선행 요소는 후행 요소의 하의어에 해당하므로 이 책에서는 '상하 관계'에서 다루게 된다. 즉 노명희(2009a)에서는 상하 관계도 동일한 의미 성분을 공유하는 관계이므로 이를 폭넓게 동의 중복 현상으로 포괄하고 있음을 알 수 있다.

는 부정 서술어와 호응하고 있는 (5나, 다)의 문장의 문법성에 아무런 이
상이 없다는 것으로 충분히 설명된다. 즉 문장 형성에 관여하는 요소는
단어 형성에 관여하는 요소를 직접적으로 참조할 수 없는 것이다.

그런데 (6), (7)은 그 양상이 (5)와 차이가 있다. 먼저 (6가)의 문장이 성
립되지 않는 것은 '내일'이 '왔다'의 '-았-'과 호응할 수 없기 때문이다.
(6나)의 예문에서 보는 바와 같이 '-았-'과 호응하려면 '내일'이 아니라
'어제'가 와야 한다. 즉 '-았-'은 문장 형성에 관여하고 있으므로 단어 형
성의 요소가 아니라 문장 형성의 요소라고 보아야 한다. 이 점은 (7)의 경
우도 마찬가지이다. (7가)의 예문이 비문법적 문장이 되는 이유는 '어제'
와 '-겠-'이 호응하지 않기 때문이다. 이 문장이 문법적인 문장이 되기
위해서는 (7나)의 예문과 같이 '어제'를 '내일'로 바꾸어야 한다. 따라서
(6)의 '-았-'이 문장 형성의 요소인 것처럼 (7)의 '-겠-'도 문장 형성의 요
소로 보아야 한다.[9)]

(5)의 '비(非)-'와 (6), (7)의 '-았-', '-겠-'은 모두 의존 형태소이자 문법
형태소라는 점에서 공통된다. 그러나 (5)의 '비(非)-'는 단어 형성의 요소로
서 형태소로서의 자격만 가지고 있는 데 비해 (6), (7)의 '-았-'과 '-겠-'
은 문장 형성의 요소로서 앞서 2장에서 살펴본 문법적 단어₁의 자격을 가
진다.

이러한 어휘 고도 제약의 논리를 '새신랑', '처갓집'과 같이 단어 내부
의 계층적 구조에도 적용시킬 수 있다면 '새', '집'이 어휘 '신랑'과 '처가'
의 내부 구조를 참조할 수 없다고 볼 수 있다. 따라서 '새'나 '집'이 이들
내부에 있는 동일한 의미 요소 '신-'과 '-가'를 참고하기 어려운 것으로

---

9) 이러한 논의를 중시한다면 김혜지(2015)에서 주목한 '너무 과다하다, 새로 신축하다, 미리
  예약하다'류도 역시 어휘 고도 제약으로 설명할 수 있는 가능성이 있다. 문장 구성 요소
  '너무, 새로, 미리'는 단어 내부 요소 '과-, 신-, 예-'를 참조할 수 없다고 보면 되기 때문
  이다.

해석할 수 있는 것이다. 이것은 곧 달리 말하자면 '신랑'에 '새'가 결합하고 '처가'에 '집'이 결합할 수 있는 것은 선행 요소의 내부 구조가 불투명하기 때문이라고 말할 수 있다.

이러한 측면에서 참고할 수 있는 것은 '손수건'이라는 단어이다. '손수건'도 '새신랑'과 동일한 경우인데 만약 '수(手)-'의 의미가 투명하게 '손'에 의해 참조된다면 '손수건'이라는 단어뿐만이 아니라 '발수건'이라는 단어가 존재하는 것도 이해하기 힘든 현상이 된다.10) 이러한 관점에서 본다면 '불화로'라는 단어도 마찬가지로 '[불[화로]]'의 구조를 가지는 단어의 예라고 할 수 있다.

이러한 해석은 다음과 같은 단어들에도 그대로 적용될 수 있을 것으로 보인다.

> (8) 가시화(可視化)되다, 가축화(家畜化)되다, 간소화(簡素化)되다, 간이화(簡易化)되다, 강조화(强調化)되다, 개방화(開放化)되다, 개성화(個性化)되다, 객관화(客觀化)되다, 격식화(格式化)되다, 견고화(堅固化)되다, 결정화(結晶化)되다, 결합화(結合化)되다, 계량화(計量化)되다 …

『표준국어대사전』에서는 (8)에서 제시한 바와 같이 'X화되다' 구조를 가지는 것들이 적지 않다. 이때 '새신랑', '처갓집'의 경우를 생각한다면 '-화(化)'도 '되-'와 의미상 중복을 이루는 것으로 간주할 수 있을지 모른다. 그러나 'X화되다'의 직접 성분 분석은 '[[X화]되다]'에 해당하므로 '새신랑', '처갓집'에서 '새'가 '신-', '집'이 '-가'를 참조할 수 없는 것처럼 '되-'가 '-화(化)'를 참조할 수 없다고 볼 수 있다.11)

---

10) 따라서 '손수건'이라는 단어는 '발수건'이라는 단어 때문에 형성된 것이라고 볼 수 있다. 즉 '수건 → 발수건 → 손수건'의 순서를 거친 것이라고 판단된다. 이는 마치 '편지'에 대해 '손편지', '뜨개'에 대해 '손뜨개'가 생긴 것과 동궤의 절차를 거친 것으로 보인다.

11) '읽혀지다, 잊혀지다'의 경우도 각각 '[[읽히]어지다]', '[[잊히]어지다]'의 구조를 가진다

한편 (8)의 예들은 다음과 같이 'X화하다'의 짝도 갖는다는 점에서 매우 흥미롭다.

> (9) 가시화하다, 가축화하다, 간소화하다, 간이화하다, 강조화하다, 개방
> 화하다, 개성화하다, 객관화하다, 격식화하다, 견고화하다, 결정화하
> 다, 결합화하다, 계량화하다 …

(8)의 예들은 모두 자동사인 데 비해 (9)의 예들은 모두 타동사이므로 이들에서의 '-되-'와 '-하-'는 피동과 능동의 관계를 이루고 있음을 알 수 있다. 따라서 이들은 §3.2에서 동의파생어의 확장가능성을 위해 주목 하였던 '발전하다'와 '발전되다'의 유의 관계가 아니라 능동과 피동의 관 계에 놓인 '판단하다'와 '판단되다'의 관계와 동일한 것으로 이해할 수 있다.

이제 이상의 논의를 염두에 둔다면 다음의 예들은 직접 성분 분석의 측면에서도 동의 중복 현상을 보이는 복합어에 해당한다는 것을 알 수 있다.

> (10) 삼세번, 삼세판

(10)의 '삼세번'이나 '삼세판'은 [세 번]을 의미하고 총 [아홉 번]을 의

는 점에서 사실 '가시화되다'와 마찬가지라고 할 수 있다. 그러나 내부 요소의 의미 관 계를 따지는 이 책의 논의를 따른다면 그 관계는 '새신랑'과 '처갓집'처럼 구분된다는 점에서 흥미롭다. 즉 '가시화'와 '되다'의 품사가 다르다는 점에서 의미 관계를 따질 수 없는 '새신랑'류이지만 '읽히-'와 '-어지다'는 '읽히-'의 의미가 '-어지다'의 의미와 포 함 관계를 이룬다는 점에서 '처갓집'류에 해당하는 것이다. 물론 『표준국어대사전』에 등재되어 있는 (8)의 단어들과는 달리 '읽혀지다'나 '잊혀지다'는 과잉 피동으로 간주되 어 실제로는 많이 쓰임에도 불구하고 사전에 등재되어 있지 않다는 차이가 없는 것은 아니다.

미하는 것은 아니므로 '[삼[세번]]', '[삼[세판]'이 아니라 '[삼세[번]]', '[삼세[판]]'의 구조를 가지는 것으로 볼 수 있기 때문이다. 즉 '삼세'는 그야말로 동일한 의미를 가지는 한자어와 고유어의 중복인 셈이므로 그 자체로 독립된 단어로 존재하지는 않지만 유형으로만 따진다면 (2가)에 해당한다는 것을 알 수 있는 것이다.

7.3. 반복 합성어와 동의 관계

한국어 단어 형성 가운데 특징적인 것은 반복에 의해 합성어를 형성하는 경우가 적지 않다는 점이다. 그런데 이때 반복이란 의미 관계의 측면에서 보면 단어 내부의 구성 요소가 완전 동의 관계를 보인다는 것을 의미한다. 따라서 반복 합성어도 단어 내부의 구성 요소가 동의 관계를 보이는 경우로 다룰 수 있다.

> (11) 가. 집집, 곳곳, 가지가지, 마디마디 ; 요소요소(要所要所), 시시각각
> (時時刻刻) …
> 가'. 하나하나
> 나. 몇몇
> 다. 별별(別別)

(11가)는 반복에 의한 합성 명사 형성을 보인 것인데 명사 '집', '곳', '가지', '마디'까지는 고유어 명사가 반복된 것이고 '요소요소'는 한자어 '요소'가 반복되어 명사를 형성한 것이다. 한자의 경우에는 '시시각각'처럼 명사는 '시각'인데 이를 통째로 반복하지 않고 선행 요소와 후행 요소를 나누어 각각 반복하는 경우도 흔하게 나타난다. (11가')은 수사 '하나'

가 반복되어 명사를 이룬 것으로 볼 수 있다. 수사 '하나'의 의미는 수량이지만 '하나하나'는 수량을 나타내는 것이 아니라 전체를 이루는 낱낱의 대상을 가리키므로 수량을 나타내는 것으로 볼 수 없기 때문이다.

그런데 (11가)의 '하나하나'는 경우에 따라서는 부사로도 쓰일 수 있다.

(12) 가. 틀린 문제를 하나하나 짚어 가면서 검토해 보자.
나. 사람들의 요구 조건을 하나하나 들어주었다.

(12가, 나)의 '하나하나'는 '일일이'의12) 의미를 가지고 후행하는 용언을 꾸며 주면서 격 조사와는 결합하기 어렵기 때문에 부사로 볼 수 있다. 이처럼 명사와 명사가 반복하여 명사로도 쓰이고 부사로도 쓰이는 것은 비단 '하나하나'에만 국한되는 것은 아니다.

(13) 가. 구석구석
나. 순간순간(瞬間瞬間), 조목조목(條目條目) ; 사사건건(事事件件), 가가호호(家家戶戶)

(13가)는 고유어 명사가 결합한 경우이고 (13나)는 한자어 명사가 결합한 것이되 '사사건건', '가가호호'는 앞의 '시시각각'과 동일한 형성 방법을 보이고 있다.

(11나)의 '몇몇'은 수사나 관형사로 쓰이는 '몇'이 반복되어 역시 수사나 관형사로 쓰이는 경우를 든 것이다. (11다)의 '별별'은 관형사 '별'이 반복되어 다시 관형사로 쓰이는 경우를 든 것이다.

이처럼 반복은 논리적인 측면에서 동일한 어종을 전제하는 것이므로

---

12) '하나하나'가 부사로 쓰일 때 '일일이'가 아니라 '일일이'로 쓰인다는 점에도 주목할 필요가 있다. '일일'만으로는 부사로 쓰이지 않기 때문이다.

이에 의한 단어 형성은 고유어와 고유어의 결합이거나 한자어와 한자어의 결합에 의한 것이며 고유어와 한자어가 교차되어 형성되는 경우는 없다는 특징이 있다.

한편 이러한 반복은 한국어 합성 부사 형성에서 가장 두드러진 특징이라고 할 수 있다. 먼저 형태소 어근이 반복하여 합성 부사를 형성하는 경우를 제시해 보기로 한다.

(14) 가. 구질구질, 가뜬가뜬, 가랑가랑, 가물가물, 가불가불, 털털 …
       나. 간신간신(艱辛艱辛)

(14가)는 반복되는 요소가 독립된 부사로 존재하지 않는다는 점에서 형태소 어근의 자격을 가진다. 한국어에는 이처럼 독립된 부사로 존재하지 않는 형태소 어근이 반복하여 부사가 되는 일이 매우 흔하다. (14가)가 고유어 형태소 어근의 반복인 데 비해 (14나)는 한자어 형태소 어근 '간신'이 반복되어 역시 합성 부사를 형성한 경우이다.

다음은 단어 어근과 단어 어근이 반복되어 부사를 형성한 경우를 몇 가지 제시한 것이다.

(15) 가. 갈래갈래, 차례차례(次例次例) …
       나. 가만가만, 거듭거듭, 겨우겨우, 고루고루 ; 부디부디 ; 이리이리,
           요리요리 …
       나'. 높이높이, 길이길이, 깊이깊이 …

(15가)는 명사 '갈래', '차례'가 반복되어 합성 부사가 형성된 경우이다. (15나, 나')은 부사가 반복되어 합성 부사가 형성된 경우로 반복 합성 부사에서 가장 많은 경우가 이에 해당한다. (15나)는 성상 부사 '가만, 거듭,

겨우, 고루', 문장 부사 '부디', 지시 부사 '이리, 요리'가 각각 반복되어 합성 부사가 형성된 경우이다.[13] (15나)도 부사의 반복이기는 하나 이때 어근 부사는 '높이', '길이', '깊이'처럼 파생어라는 특징이 있는데 따라서 이들은 파생어의 합성으로 부사가 형성된 경우에 해당한다.

이상에서 살펴본 반복은 동일한 어종뿐만이 아니라 동일한 형식을 전제하는 것이므로 형태소 어근과 단어 어근이 결합하는 경우도 역시 상정할 수 없다.

한국어의 의성어와 의태어의 경우는 대부분 이러한 반복에 의해 부사를 형성한다. 이것도 역시 형태소 어근이 결합한 경우와 단어 어근이 결합한 경우로 나눌 수 있을 것이다.

> (16) 가. 훙얼훙얼 ; 대굴대굴(<데굴데굴), 고불고불(<구불구불) ; 사박사박(<서벅서벅) …
>
> 나. 찰싹찰싹(<철썩철썩), 콜록콜록(<쿨룩쿨룩) ; 깡충깡충(<껑충껑충) ; 딸랑딸랑(<떨렁떨렁) …

(16가)는 형태소 어근이 반복되어 의성어, 의태어를 형성한 경우인데 '훙얼훙얼'은 의성어, '대굴대굴(<데굴데굴), 고불고불(<구불구불)'은 의태어의 예이고 '사박사박(<서벅서벅)'은 의성어와 의태어로 모두 쓰이는 것이다. (16나)는 단어 어근이 반복되어 의성어, 의태어를 형성한 경우인데 '찰싹찰싹(<철썩철썩), 콜록콜록(<쿨룩쿨룩)'은 의성어, '깡충깡충(<껑충껑충)'은 의태어의 예이고 '딸랑딸랑(<떨렁떨렁)'은 의성어와 의태어로 모두 쓰이는 것이다.

---

13) 이 가운데 '가만'의 경우는 반복을 겪은 '가만가만'이 다시 부사 파생 접미사 '-히'와 결합한 '가만가만히'와 동의 관계를 보이는데 이러한 현상에 대해서는 §3.1.1에서 어휘 사이의 유의 관계로 주목한 바 있다.

(15), (16)이 완전 반복에 의한 합성 부사 형성의 예라면 다음 예들은 부분 반복에 의한 합성 부사 형성의 예라고 할 수 있다. 부분 반복의 '부분'은 형식의 차이를 전제하는 것인데 그 의미는 여전히 동의에 가까운 유의라고 할 수 있을 것이다.

(17) 티격태격, 비뚤배뚤, 울긋불긋, 오순도순, 알뜰살뜰, 아웅다웅, 피장파장 …

완전 반복이 일어나는 경우 고유어는 '고루고루'처럼 대체로 어근이 그대로 반복되는 데 비해 고유어임에도 불구하고 한자어 '사사건건'과 같이 '시시콜콜', '지지배배', '칙칙폭폭', '뛰뛰빵빵'과 같은 예도 없는 것은 아니다.

이러한 측면에서 보면 동의 관계로 이루어진 복합어 가운데 우연적 빈칸(accidental gap)을 보이는 다음과 같은 예들도 주목할 만하다.14)

(18) 가. 이리이리, 이리이리하다 / 요리요리, 요리요리하다
가'. *그리그리, *그리그리하다 / *저리저리, *저리저리하다
나. *이만이만, *이만이만하다
나'. *그만그만, 그만그만하다 / *저만저만, 저만저만하다

---

14) 최형용(2004a)에서 언급한 바와 같이 단어 형성에서는 빈칸의 존재가 드물지 않다. 이때 가능하지만 존재하지 않는 단어들 때문에 생기는 빈칸을 우연적 빈칸이라고 부르고 특정한 이유 때문에 단어 형성이 필연적으로 거부되어 생기는 빈칸을 체계적 빈칸이라고 부른다. 2부 3장에서 언급한 저지 현상은 체계적 빈칸을 가져오는 대표적 현상으로 언급된 바 있다. 체계적 빈칸의 예로는 이 외에도 음운론적 조건 때문에 '크기'는 가능하지만 '*크이'가 불가능하다거나 의미론적으로 정도 표시가 어렵기 때문에 '*좋이'라는 단어가 형성될 수 없다는 것 등이 논의되어 왔다. 물론 이러한 빈칸은 단어 형성 논의의 전유물은 아니다. 패러다임을 이루는 조사나 어미의 결합 관계에서 발생하는 이른바 불완전 계열이 보이는 빈칸도 적지 않게 존재하기 때문이다. 이들에 대한 자세한 언급은 최형용(2004a)를 참고할 것.

(18)의 경우는 '이', '그', '저'가 단어 형성의 측면에서 평행한 모습을 보이지 않고 있음을 보여 준다. (18가')은 '그리', '저리'가 (18가)와 같은 구성을 아예 만족시키지 못하고 있음을 보여 주고 있다. (18나, 나')은 '이만'과 관련된 단어 형성인데 (18나)를 보면 '이만'의 경우는 '*이만이만'이나 '*이만이만하다'가 가능하지 않은데 (18나')에서는 오히려 '-하-'가 결합하지 않은 경우가 불가능하다는 점에서 매우 흥미롭다.

한편 (11가)에서 제시한 반복 명사가 다시 파생 접미사와 결합하여 부사를 형성하는 경우도 있다.

> (19) 가. 다달이, 집집이, 틈틈이, 곳곳이, 일일이
> 　　나. 다달, 집집, *틈틈, 곳곳, 일일
> 　　나'. *월월, *가가, *극극, 처처(處處), 사사(事事)

(19가)의 예들이 이에 속하는데 반복되는 요소가 명사라는 점에서 [매우]나 [몹시]의 의미를 더하는 것이 아니라 [여러]의 의미를 더한다는 점에서 이들을 부사로 만들어 주는 접미사 '-이'의 존재가 필수적이라는 사실을 알 수 있다.

(19나)는 우선 부사 파생 접미사 '-이'를 제외한 어근이 단어의 지위를 가지는지를 따져보기 위한 것이다. '다달, 집집, 곳곳, 일일'은 단어의 지위를 가지므로 단어 어근임을 알 수 있지만 '틈틈'의 경우는 『표준국어대사전』에 독립된 명사로 제시되어 있지 않다는 점에서 흥미롭다. 그런데 이때 '틈틈'의 지위를 형태소 어근이라고 보는 것은 가능하지 않다. '틈'은 그 자체로도 명사의 자격을 가지기 때문이다. 따라서 단어로 존재하지 않는 '틈틈'은 §4.2에서 '없다'의 단어 형성과 관련하여 살펴본 '간데없다, 간곳없다, 너나없다'의 어근 '간데, 간곳, 너나'와 마찬가지로 구적 존재라고 보아야 할 것이다.

　의미 관계의 측면에서 매우 흥미로운 부분은 (19나, 나')의 대응이다. '다달', '집집'의 존재는 '*월월', '*가가'의 존재를 저지하는 것으로 볼 수 있지만 '곳곳', '일일'이 존재하는데도 '처처', '사사'가 존재하기 때문이다. 따라서 '곳곳'과 '처처', '일일'과 '사사'는 서로 모두 반복 합성어이면서 어휘 사이에 동의 관계를 이루는 경우에 해당한다.

7.4. 통사적 결합어와 유의 관계

　어휘 내부의 유의 관계는 어미나 조사와 같이 단어 형성이 아니라 문장 형성에 참여하는 것이 일차적인 역할인 것들이 결과적으로 단어 형성에 참여한 통사적 결합어에서도 발견할 수 있다.

> (20) 가. 가다가다, 두고두고, 물어물어 ; 곧이어
> 　　가'. 긴긴, 먼먼
> 　　가". 하고하다, 하고많다
> 　　나. 때때로, 시시로, 시시때때로 ; 커켜로 ; 차차로
> 　　나'. 별의별

　(20가, 가', 가")은 통사적 결합어 가운데 어미 결합어의 예이고 (20나)는 조사 결합어의 예이다. (20가)의 '가다가다, 두고두고, 물어물어 ; 곧이어'는 어미 결합이 부사 형성으로 결과된 경우이고 (20나)는 조사 결합이 부사 형성으로 결과된 것이라는 공통점이 있다. 이에 대해 (20가')의 '긴긴, 먼먼'은 어미 결합이 관형사 형성으로 결과된 경우이고 (20가")은 어미 결합이 형용사 형성으로 결과된 경우이다. (20나')의 '별의별'은 '별별'과 마찬가지로 품사는 관형사이지만 이때 '의'는 관형격 조사이므로 이를 기반

으로 한다면 '별'을 명사로 간주할 수밖에 없는 경우이다.[15]

한편 (20가, 가', 가'') 가운데 '가다가다, 두고두고, 물어물어, 긴긴, 먼먼'은 어미와의 결합을 기준으로 할 때 모두 완전 반복이 발견된다는 점에서 '곧이어', '하고하다, 하고많다'와 구분되기도 한다. (20나)의 '때때로', '시시로', '시시때때로'는 구성 요소의 일부분이 반복된 것이고 동일한 형태라는 점에서 동의 관계를 보일 뿐만 아니라 그 결과 단어인 '때때로', '시시로', '시시때때로'가 모두 서로 유의 관계에 놓여 있다는 점에서 흥미롭다. '시시때때로'는 '시시때때'에 '로'가 붙은 것으로 분석될 수 있을 듯하나 '시시때때'가 존재하지 않고 대신 '시시로'와 '때때로'가 결합하고 있다는 점에서 '시시로'와 '때때로'가 결합하면서 앞의 '로'가 탈락한 것이라고 해석할 수 있는 가능성이 없지 않다.[16] 또한 '시'는 한자어이고 '때'는 고유어라는 점에서 한자어와 고유어 사이의 유의 관계 결합의 예라는 사실에도 주목할 필요가 있다. 다만 '시'는 그 자체로 단어 어근의 자격을 가지고 있다는 점에서 일반적으로 한자가 형태소 어근이라는 사실과 구별된다는 점도 특징이다.[17]

---

15) 그런데 '별의별'과 같이 조사가 중간에 오는 경우 이들은 직접 성분이 되지 않으므로 이러한 경우를 통사적 결합어에서 제외하는 견해도 있을 수 있다. 이는 어미가 중간에 오는 경우도 마찬가지이다. 가령 '어린이'라는 단어의 직접 성분은 '어린'과 '이'이므로 관형사형 어미 '-ㄴ'이 직접 성분이 되지 않는다. 따라서 '갈수록'의 '-ㄹ수록'처럼 직접 성분이 되는 경우와 구별을 하고 조사 결합어나 어미 결합어 모두 조사와 어미 끝에 오는 경우만 통사적 결합어로 간주할 수도 있는 것이다. 그러나 이 책에서는 우선 최형용(2003a, 2016a)에서와 마찬가지로 한국어 단어 형성에 조사와 어미가 적극적으로 참여하고 있다는 사실을 강조하기 위해 조사와 어미가 직접 성분이 아닌 경우에도 이를 포괄하여 통사적 결합어의 테두리에서 다루기로 한다.

16) 이러한 가능성은 8장에서 후술하는 바와 같이 한국어에 동일한 후행 요소를 삭제하는 '직간접'류가 적지 않게 존재한다는 사실과도 관련된다.

17) '하늘 천'의 경우와 같이 고유어가 단어의 자격을 가지는 경우에 이에 대당하는 한자는 단어의 자격을 가지지 못하는 것이 일반적이다. 따라서 고유어가 사라지는 경우에 그에 대당하는 한자가 단어의 자격을 취하게 된다. 고유어 'ᄀᄅᆞᆷ'이 사라진 후에 '강'이 단어의 자격을 가지게 된 것이 이에 대한 예가 된다. 그러나 '시'와 '때'처럼 고유어뿐만이

다음과 같은 예들도 통사적 결합어의 범위에서 어휘 내부의 반복에 따른 유의 관계로 포함시킬 수 있을 것으로 보인다.

(21) 가. 기나길다, 머나멀다, 크나크다

　　 나. 검디검다, 곱디곱다, 길디길다, 깊디깊다, 넓디넓다, 높디높다, 다디달다, 되디되다, 떫디떫다, 맵디맵다, 묽디묽다, 밉디밉다, 붉디붉다, 시디시다, 쓰디쓰다, 얇디얇다, 얕디얕다, 옅디옅다, 자디잘다, 작디작다, 좁디좁다, 짙디짙다, 짜디짜다, 차디차다, 크디크다, 희디희다

　　 나'. 가깝디가깝다, 가늘디가늘다, 가볍디가볍다, 거볍디거볍다, 너르디너르다, 누르디누르다, 두껍디두껍다, 예쁘디예쁘다, 푸르디푸르다, 이쁘디이쁘다, 흐리디흐리다

(21가)는 '-나-', (21나, 나')은 '-디-'를 매개로 반복 구성을 보여 주고 있다. 이때 '-나-'와 '-디-'의 자격이 무엇인가에 대해서는 논의의 여지가 있지만 이들의 결합형인 '기나', '검디' 등이 단어의 자격을 가지지 못하므로 이들을 접사로 간주하는 것은 문제가 있다.[18] 따라서 여기서는 이를 어

아니라 한자도 단어의 자격을 가지는 일이 없는 것은 아니다. 고유어 수사 '하나, 둘, 셋, 넷' 등에 대해 한자어 수사 '일, 이, 삼, 사' 등이 존재하는 것이 이러한 예의 대표이다. '하나'와 '일' 등은 따라서 서로 유의 관계에 놓여 있기는 하나 공통 요소를 가지지 못하므로 이 책에서 큰 관심을 모으지 못할 뿐이다. 이들의 서수인 '둘째'와 '제이'의 경우는 '-째'와 '제-'가 접사이므로 파생어와 파생어 사이에 유의 관계에 놓인 것이라 할 수 있지만 역시 공통 요소를 가지지 못해 서로 단어 형성의 관계에 놓일 수 없는 것은 마찬가지이다.

18) 『표준국어대사전』에서는 '-나-'는 "(('-나 -ㄴ' 구성으로 쓰여))형용사 어간을 반복하여 그러한 상태를 강조하는 연결 어미."로 명세하고 있고 '-디-'는 "((일부 형용사 어간 뒤에 붙어))((주로 '-디-은' 구성으로 쓰여))형용사 어간을 반복하여 그 뜻을 강조하는 연결 어미."로 명세하고 있다. 다만 연결 어미라면 '-나-'의 경우 '-으나-'는 '높으나 높은'과 같은 예문을 제시하고 있으나 이의 결합체가 단어로 간주되는 경우가 없다는 문제가 있고 '-디-'의 경우는 '일부 형용사'라는 제약이 있다는 문제가 있다. 연결 어미 결합체가 모두 통사적 결합어가 되는 것은 아니지만 결합하는 어간에 제약이 있다는 것은 문제라고 할 수 있다. 그러나 흥미로운 것은 그동안의 논의가 가령 '-(으)려고'처럼 동사에만 결합하는 어미에 관심을 기울였던 것과는 달리 형용사에만 결합하는 어미도

미의 일종으로 보아 통사적 결합어로 처리하는 견해를 취하고자 한다.

이들은 우선 형용사에만 결합이 가능하고 동사에는 결합이 가능하지 않다는 특성이 있다. 우선 '-나-'나 '-디-'를 매개로 한 반복 구성은 [매우]나 [몹시]의 의미를 더해 가령 '기나길다'는 '매우 길다'의 의미를 가지게 된다. 따라서 (21가)의 '기나길다', '크나크다'는 (21나)의 '길디길다', '크디크다'와 유의 관계에 놓여 있다는 특징이 있다.19)

그런데 형용사라고 해서 '-나-', '-디-'를 매개로 한 반복 구성이 모두 가능한 것은 아니다. '-디-'의 경우만 몇 가지 살펴보면 다음과 같다.

> (22) 가. *까맣디까맣다, *하얗디하얗다 …
> 가'. *노랗디노랗다, *말갛디말갛다 …
> 가". *꺼멓디꺼멓다, *허옇디허옇다 …
> 가"'. *누렇디누렇다, *멀겋디멀겋다 …
> 나. *드넓디드넓다, *짙붉디짙붉다 …
> 나'. *크넓디크넓다, *희붉디희붉다 …

(22가, 가', 가", 가"')은 색채 형용사 가운데 '-앟/엏-'을 가지는 것들이 '-디-'와 결합하여 단어를 형성시키지 못하고 있음을 보여 주고 있다. 이는 이들이 [매우]나 [몹시]의 의미를 위해 각각 '새까맣다', '샛노랗다',

---

존재한다는 사실에 주목할 수 있다는 점이다.

19) '머나멀다'에 대해서는 『표준국어대사전』에서 '멀디멀다'를 표제어로 올리고 있지 않은데 이것은 특별한 이유가 없는 우연적 빈칸에 해당한다고 할 수 있다. 한편 '기나길다'와 '길디길다'를 보면 이들 사이의 관계도 단어 형성의 측면에서 다룰 수 있는 가능성이 없는 것은 아니다. '-나-'와 '-디-'가 대치 관계에 있다고 해석할 수 있기 때문이다. 만약 이러한 입장이 타당하다면 이들 사이의 관계는 2부 3장에서 '내적 변화어와 유의 관계'에 더하여 '통사적 결합어와 유의 관계'로 다룰 수 있다. 그러나 아직 '-나-'와 '-디-'의 지위가 분명하지 않고 통사적 결합어에서 이와 같은 관계로 다룰 수 있는 것에 또 어떠한 것이 있는지 지금으로서는 확인할 여력이 없으므로 이에 대해서는 후고를 기다리고자 한다.

'시꺼멓다', '싯누렇다'에서 볼 수 있는 바와 같이 접두사 '새-, 샛-, 시-, 싯-'과 결합하기 때문이다.

이는 체계적 빈칸의 예라고 할 수 있는데[20] (22나)와 같은 단어들이 존재하지 않는 것도 같은 맥락에서 이해할 수 있다. '드넓다'의 '드-'나 '짙붉다'의 '짙-'은, 앞의 것은 접두사이고 뒤의 것은 용언의 어간이므로 각각 파생어와 합성어의 지위를 가지지만 의미의 측면에서는 모두 '매우, 아주'의 의미를 가지므로 역시 '-디-'와의 결합이 제약된다.

(22나')은 조금 다른 관점에서의 해석이 필요하다. 우선 (21)에서 보는 바와 같이 '-나-'와 '-디-'가 반복 구성에 참여하는 경우에는 해당 형용사가 모두 단일어라는 공통성을 갖는다. 따라서 단일어가 아닌 '크넓다'나 '희붉다'의 경우는 '-나-'와 '-디-'의 결합이 제한된다고 볼 수 있다. 또한 이들은 의미의 측면에서도 '넓다'나 '붉다'의 의미를 '크-'와 '희-'가 간섭하고 있으므로 그 자체로 [매우]나 [몹시]의 의미를 표현하는 것은 제약된다는 점도 고려할 필요가 있다.

한편 (21)에서 볼 수 있는 바와 같이 (21가)의 '-나-'와 비교할 때 (21나)의 '-디-'는 그 수나 분포의 측면에서 훨씬 다양한 모습을 보여 준다는 점에도 주목할 필요가 있다. 우선 (21나')에서 볼 수 있는 바와 같이 '-디-'의 경우는 2음절 형용사 어간과도 결합하는 모습을 보여 준다. 그리고 다음과 같은 분포의 차이도 갖는다.

> (23) 가. 머나먼 길 / 크나큰 은혜 / 기나긴 여행
> 나. 차디찬 손 / 희디흰 눈 / 넓디넓은 바다 / 좁디좁은 단칸방 / 푸르디푸른 하늘 / 높디높은 산 / 깊디깊은 우물 / 쓰디쓴 한약
> 나'. 지단을 얇디얇게 부쳤다 / 영수증을 확인한 후 자디잘게 찢었다.

---

20) 따라서 이들은 Aronoff(1976)의 저지 현상을 보이는 것이라 할 수 있다.

(23가)의 '-나-'는 관형사형 구성에서만 쓰인다는 제약을 가지는 데 비해 '-디-'를 매개로 하는 경우에는 (23나)에서 보는 바와 같이 부사형도 가능하다는 특징이 있다. 물론 어떤 경우든 '-나-'나 '-디-'가 동사와는 결합하지 않는다는 사실에는 변함이 없다.

8. 단어 형성의 측면에서 본 어휘 내부의 반의 관계

8.1. 어종에 따른 반의 관계 합성어의 형성과 유형

단어와 단어 사이에서 나타나는 반의 관계에 대해 살펴본 2부 4장에서는 그 유형을 어종에 따라 나누지 않고 단어의 구조에 따라 파생어와 합성어로 나누어 살펴본 바 있다. 이는 단어 사이에서 나타나는 유의 관계가 어종의 교차 양상을 보여 주고 있는 데 비해 그러한 경우가 존재하지 않는 반의 관계는 어종에 따른 분류가 별다른 의의를 가지지 않는다고 보았기 때문이다.

이러한 사실은 단어 내부에서 반의 관계가 나타나는 경우도 마찬가지이다. 단어 내부에서도 유의 관계는 어종이 교차하는 경우가 있어 선행 요소와 후행 요소를 따진다면 오히려 단어 사이에서 나타나는 유의 관계보다 하위 유형이 하나 더 증가할 수 있음에 대해 살펴본 바 있다.

그런데 단어 내부에 나타나는 반의 관계는 단어 사이에 나타나는 반의 관계보다 구성 요소 사이에 더 공통점이 많다고 할 수 있다. 단어 사이에서 나타나는 반의 관계는 가령 '공개'에 대해 '비공개'와 같이 접두사의 첨가로 반의 관계가 되는 것이 유의 관계에 비해 매우 특징적인 것으로 간주되었지만 단어 내부에 나타나는 반의 관계의 양상은 유의 관계와 달리 합성어에만 한정되기 때문이다.

따라서 여기서는 이상의 상황을 고려하여 다만 논의의 편의상 어종의 측면에서 반의 관계로 이루어진 복합어의 유형과 특성에 대해 먼저 살펴보기로 한다. 이에 따라 우선 고유어의 결합으로 이루어진 반의 관계 합성어를 제시하면 다음과 같다.

> (1) 가. 손발, 암수, 가로세로
> 　　나. 밤낮, 잘못
> 　　나'. 잘잘못
> 　　다. 여닫다, 어녹다, 오가다, 오르내리다

(1가)는 반의 관계 명사 합성어의 예이고 (1다)는 반의 관계 동사 합성어의 예이다. (1나)는 명사와 부사 모두로 쓰이는 반의 관계 합성어의 예이다. 특히 '잘못'의 경우가 매우 흥미로운데 '잘'과 '못'은 그 자체로 반의 관계에 있지만 '잘못'은 '잘하고 못함'의 의미가 아니라 '못함'의 의미만을 가지게 되었기 때문이다. 따라서 '잘하고 못함'의 의미를 나타내기 위해서는 다시 '잘'을 '잘못' 앞에 결합시킨 (1나')의 '잘잘못'이 존재한다. 그리고 이때 '잘잘못'은 부사로서는 기능하지 못한다는 것도 특징이다. 이들 어근은 유의 관계의 경우와 마찬가지로 모두 단어 어근의 자격을 가진다는 공통점이 있을 뿐만 아니라[1] 의미의 비중이 어느 한쪽으로 치우치지 않은 대등 합성어라는 점도 같다. 다만 부사로 쓰이는 '밤낮'과 '잘못'

---

[1] (1가)의 '암수'는 현대 한국어 공시적으로는 '암'과 '수'가 단어의 자격을 가지지 못한다고 할 수 있어 보인다. 그러나 주지하는 바와 같이 '암'과 '수' 모두 'ㅎ'을 가지는 체언이었으므로 '새롭다'의 '새'가 명사였을 당시에 이 단어가 생긴 것처럼 '암수'도 '암'과 '수'가 명사였을 당시에 생긴 합성 명사라고 처리해야 할 것이다. 『표준국어대사전』에서는 이 두 가지를 모두 접두사로 처리하고 있는데 이는 명사의 접두사화로 이를 간주한다는 것을 의미한다. 만약 이를 기반으로 '암'과 '수'를 접두사로 간주한다면 '암수'는 접두사와 접두사가 결합한 단어라고 보아야 할 것이나 이러한 처리는 매우 부자연스럽다는 점에 주의할 필요가 있다.

은 그 의미가 구성 요소의 합으로 도출되지 않는다는 점에서 융합 합성어라고 할 수 있다.

　반의 관계로 이루어진 고유어 합성어에 비해 반의 관계로 이루어진 한자어 합성어가 훨씬 다양하다는 것도 유의 관계와 동일하다.

> (2) 가. 남녀(男女), 노소(老少), 자녀(子女), 시비(是非), 부모(父母), 출입(出入), 상하(上下), 좌우(左右), 동서(東西), 남북(南北), 가감(加減), 승제(乘除), 가부(可否), 천지(天地), 개폐(開閉), 음양(陰陽), 선후(先後), 대소(大小), 전후(前後), 출결(出缺), 신구(新舊), 존비(尊卑), 강약(强弱), 냉온(冷溫), 장단(長短), 고저(高低), 주야(晝夜), 자타(自他), 자웅(雌雄), 수족(手足), 종횡(縱橫), 원근(遠近), 허실(虛實) …
> 　　나. 허허실실(虛虛實實)

　(2)는 1부 2장에서 살펴본 (32) 가운데 한자어 합성어를 다시 가져온 것이다. 앞서 언급한 바와 같이 (1), (2)의 예들을 통해 알 수 있는 것은 유의 관계로 이루어진 합성어의 경우 '한자(어)＋고유어', '고유어＋한자(어)'의 경우가 적지 않았지만 반의 관계의 경우에는 이러한 것들이 보이지 않는다는 점이다.

　이제 이러한 공통점을 염두에 두고 세부적으로 단어 내부에서 유의 관계를 보이는 합성어들과 구별되는 측면을 몇 가지 살펴보기로 한다. 우선 특징적인 것은 (2가)의 경우들이 한자(어)에 나타나는 반의 관계 합성어의 가장 대표적인 것들인데 이들 전체를 고유어로 바꾼 것들이 보인다는 점이다. (1)에서 '손발', '암수', '밤낮', '가로세로'는 각각 (2가)의 '수족', '자웅', '주야', '종횡'과 어종(語種)만 다를 뿐 그 의미는 서로 유의 관계에 놓여 있다.[2] 물론 그 의미가 완전한 동의 관계에 있는 것은 아니다.

---

2) 따라서 이들 '손발', '암수', '밤낮', '가로세로'는 각각 '수족', '자웅', '주야', '종횡'과 어

    (3) 가. 수족을 부리다
       가'. *손발을 부리다
       나. 자웅을 겨루다
       나'. *암수를 겨루다

  (3)에서 볼 수 있는 바와 같이 가령 '수족을 부리다', '자웅을 겨루다'는 가능해도 '*손발을 부리다', '*암수를 겨루다'는 어색하거나 적어도 그 의미가 서로 다르기 때문이다.

  또한 '밤낮'과 같은 경우는 품사에서도 차이가 나는 경우라고 할 수 있다.

    (4) 가. 밤낮 싸우다
       나. *주야 싸우다

  (4)에서 볼 수 있는 바와 같이 '밤낮'은 [늘]의 의미로 부사로 쓰이는 일이 있어 '밤낮 싸우다'가 가능하지만 '주야'의 경우는 부사로 쓰이는 일이 없어 '*주야 싸우다'는 불가능하다.

  한편 고유어와 한자(어)가 대응 관계를 가지는 경우 그 구성 요소의 순서가 일치하는 경우도 있지만 그렇지 않은 경우도 있다.

    (5) 가. 손발, 앞뒤 …
       가'. 수족, 선후 …
       나. 암수, 밤낮, 가로세로, 죽살이 …
       나'. 자웅, 주야, 종횡, 생사 …
       다. 위아래, 아래위
       다'. 상하, *하상

휘 사이에서 유의 관계를 보이는 경우에 해당한다.

(5가, 가')의 경우는 한자(어)와 고유어의 구성 요소가 서로 일치하는 경우에 해당하지만 (5나, 나')의 경우는 한자(어)와 고유어의 구성 요소가 서로 역전되어 나타난다. 흥미로운 것은 (5다, 다')의 경우인데 고유어의 경우에는 '위아래', '아래위'가 모두 가능하지만 한자(어)의 경우에는 '상하'만 가능하고 '*하상'은 불가능하기 때문이다.

(2나)에서 볼 수 있는 바와 같이 한자어의 경우에는, 유의 관계에서도 살펴본 것처럼, 반의 관계에서도 '허실'이 구성 요소 사이에 반의 관계를 보이고 있지만 이들의 반복이 '허실허실'이 아니라 '허허실실'이라는 점을 알 수 있다. 따라서 그 결과 '허허실실'의 구성 요소 '허허'와 '실실'은 각각 다시 동의 관계로 이루어져 있다는 점에서 매우 특징적이다. 즉 '허허실실'은 출발('허실')은 구성 요소의 반의 관계이지만 중간 과정은 동의 관계이고('허허', '실실') 결과는 다시 반의 관계('허허실실')로 분류할 수 있다는 특성을 갖는다.

앞의 경우도 어휘 내부의 유의 관계와 반의 관계 사이에 나타나는 차이라고 할 수 있지만 그것은 공통점에 비하면 매우 부수적인 것임을 알 수 있다. 그런데 단어 형성의 측면에서 어휘 내부의 반의 관계에서는 유의 관계에서 찾기 힘든 유형도 존재하므로 이에 대해서는 절을 달리하여 언급하고자 한다.

8.2. '호불호'류와 '직간접'류 합성어의 형성과 유형

단어 형성의 측면에서 어휘 내부의 반의 관계에서 주목하고자 하는 경우로 먼저 다음과 같은 예들을 들 수 있다.

(6) 가. 호불호(好不好), 가불가(可不可), 과불급(過不及), 실불실(實不實),
　　　　용불용(用不用), 이불리(利不利)
　　나. 긴불긴(緊不緊), 복불복(福不福), 위불위(爲不爲), 친불친(親不親)

(6)은 직접 성분의 관점에서 후행 요소에 부정 접두사 '불-'을 사용하여 반의 관계에 놓인 말을 형성한 후 서로 결합한 경우에 해당한다. 즉 가령 '호불호'의 경우에서 '호'와 형태론적으로 대등한 반의 관계 한자를 사용하는 대신 부정 접두사 '불(不)-'을 사용하여 반의 관계어 '불호'를 형성하고 다시 이 둘을 결합시키는 방식을 보여 주고 있다. 이러한 방식은 논리적인 측면에서 유의 관계에서는 찾을 수 없다. 따라서 이들은 반의 관계로 이루어진 복합어가 가지는 단어 형성의 특징을 여실히 보여 주는 예라고 할 수 있다. 이를 형식화하면 다음과 같다.

(7) [X] + [불X] → [X[불X]]

직접 성분의 관점에서 보면 (6)에서의 선행 요소는 모두 형태소 어근이라는 공통점이 있는 데 비해3) 부정 접두사 '불-'과 결합한 후행 요소는 단어 어근과 형태소 어근 두 가지로 나눌 수 있다. (6가)는 부정 접두사 '불-'과 결합한 후행 요소가 단어 어근인 경우로 가령 '호불호'의 '불호'가 자립 명사의 자격을 가지는 데 비해4) (6나)는 부정 접두사 '불-'과 결합한 후행 요소가 형태소 어근인 경우로 가령 '긴불긴'의 '불긴'이 자립 명사의 자격을 가지고 있지 않다. 어느 경우이든 직접 성분의 선행 요소와 후행 요소는, 비록 단일 어근과 복합 어근의 결합이고 형태소 어근과

---

3) 따라서 '*가능불가능'처럼 선행 요소가 단어 어근인 경우에는 이러한 단어 형성이 가능하지 않다. 이것도 역시 선행 요소가 형태소 어근이어야 단어 형성을 통해 그 모습을 드러낼 수 있다는 점과 무관하지 않다.
4) '실불실'의 경우 후행 요소 '불실'은 '부실'로 존재한다.

단어 어근의 결합이지만 어근과 어근이 결합한 합성어에 해당하고 의미상으로도 대등하다는 점에서 대등 합성어에 해당한다는 사실에는 변함이 없다.

(6)과 같은 단어 형성은 단어와 단어 사이의 반의 관계에 대해 단어 형성의 측면에서 고찰한 바 있는 2부 4장의 논의와 관련하여 다음과 같은 두 가지 측면에서 특징을 가지고 있다. 첫째, '호경기-불경기'와 같이 형식적으로 대등한 반의 관계가 아니라 '공개-비공개'와 같이 한쪽이 어근이 되고 다른 한쪽이 파생어가 되는 관계에 기반하고 있다는 특징이 있다. 둘째, 2부 4장에서는 '몰(沒)-, 비(非), 미(未)-, 불(不)-, 무(無)-'에 의해 반의 관계가 형성되는 경우들을 살펴본 바 있는데 이들 가운데 (6)과 같은 경우를 보이는 것은 부정 접두사가 '불-'인 경우에만 한정되고 나머지 '몰(沒)-, 비(非), 미(未)-, 무(無)-'에서는 이러한 경우가 발견되지 않는다.

한편 다음과 같은 단어들도 어휘 내부의 유의 관계에서는 찾아보기 어렵다는 점에서 어휘 내부의 반의 관계의 특징을 보여 준다.

(8) 가. 직간접, 출입국, 음양각, 대소변, 선후배, 남북한, 유불리, 내외국,
　　　주야간, 공사립, 냉온대, 상하권 ; 손발톱 ; 앞뒷문
　　가'. 국공립, 임산부
　　나. 국내외, 양자녀, 시부모, 친부모

(8가)에서 '유불리'까지는 안소진(2010)에서 가져온 것이다. '상하권'까지는 한자어에 해당하고 '손발톱'은 고유어에 해당한다. 이에 대해 '앞뒷문'은 '앞'이나 '뒤'는 고유어이고 '문'은 한자어이므로 고유어와 한자어가 결합한 단어가 '직간접'과 같은 단어 형성을 보인 경우에 해당한다.

그러나 이들은 복합 어근이자 단어 어근이 서로 공통 요소를 보일 때 공통 요소를 삭제하여 단어를 형성하는 경우에 해당한다. 즉 (8가)의 '직

간접'은 '직접'과 '간접'이 결합하면서 공통 요소인 후행 요소 '-접'이 하나 삭제되어 형성된 단어이고 (8나)의 '국내외'는 '국내'와 '국외'가 결합하면서 공통 요소인 선행 요소 '국-'이 하나 삭제되어 형성된 단어인 것이다. 따라서 먼저 이들 단어 형성을 각각 형식화하면 다음과 같다.

(9) 가. AB + CB → ACB
나. AB + AC → ABC

(9가)는 (8가)의 경우를 위한 형식화인데 공통 요소가 후행 요소인 경우이다. 이러한 경우가 절대 다수이지만 (8나)처럼 공통 요소가 선행 요소인 경우도 그렇게 드문 것은 아니다. 이를 위한 형식화가 (9나)이다. 그리고 이러한 단어 형성은 독립하는 두 어휘가 반의 관계를 보일 때가 전형적이지만 역시 (8가)에서 보는 바와 같이 반의 관계만이 이러한 단어 형성이 가능한 것은 물론 아니다.5) 따라서 단어 형성의 측면에서 보면 이들은 공통 요소를 하나 삭제하는 단어 형성 과정인데 그 가운데는 반의 관계에 놓여 있으면서 공통 요소를 가지는 단어들이 이러한 방법에 따라 하나의 단어를 형성하는 것이라고 할 수 있다.

우선 반의 관계가 (9)와 같은 단어 형성에서 중요하다는 점에 대해 안소진(2010 : 209-210)에서는 공기 관계와 빈도에서 해답을 구하고 있다. 즉 새로운 형태의 형성은 필요, 빈도와 같은 요인의 영향을 받는데 가령 '직간접'이라는 단어가 형성되는 데 있어서는 '직접'과 '간접'이 함께 쓰이는 상황의 빈도가 높다는 점, 이 때문에 두 개념을 묶어 표현해 줄 형태가 필

---

5) §7.4에서는 통사적 결합어의 내부에서 발견되는 유의 관계에 대해 언급하면서 '시시때때로'를, 실재하는 '시시로'와 '때때로'에 기반하여 동일한 '로'의 탈락으로 그 형성 과정을 설명할 수 있음에 대해 언급한 바 있는데 만약 이것이 옳다면 그 방식은 '국공립'과 동일한 것이라고 말할 수 있다.

요하다는 점에 영향을 받았을 것이라고 해석하고 있다. 이를 위해 이광호 (2009)의 논의를 인용하고 있다. 이광호(2009)에서는 형용사, 동사, 명사 반의어 쌍을 각각 10개씩 선정한 뒤 이들 30개 반의어 쌍이 우연히 공기할 빈도와 실제로 공기한 빈도를 비교하였는데, 반의어 쌍이 실제 공기한 빈도가 우연히 공기할 빈도보다 평균적으로 6배 정도 높게 나타난 것으로 보고하고 있다.[6] 안소진(2010 : 210)에서는 이 가운데 몇 가지를 추려 다음 과 같이 제시하고 있다.

(10)

	word1-word2	w1빈도	w2빈도	expected co-occurrence	observed co-occurrence	ob/ex
형용사	가깝다-멀다	1371	1705	15.465	114	7.371
	길다-짧다	2702	1082	19.342	223	11.529
동사	사다-팔다	4903	2608	20.831	311	14.929
	성공하다-실패하다	1092	688	1.223	24	19.608
명사	전체-부분	3655	3380	16.786	144	8.578
	전쟁-평화	3838	2084	10.868	309	28.431

(10)에서 'expected co-occurrence'는 우연히 공기할 빈도이고 'observed co-occurrence'는 실제 공기한 빈도이다. 가령 '가깝다'가 '멀다'와 우연히 공기할 빈도는 15회 정도이지만 실제 공기 빈도는 114회로 이를 비율(표의 'ob/ex')로 따지면 7배 정도 실제 공기 빈도가 높다는 것이다.

안소진(2010)에서는 이를 통해 '직간접'의 '직접'과 '간접'은 함께 출현

---

6) 이광호(2009)의 논의는 반의어를 맥락 속에서 파악하고자 한다는 점에서 최근의 반의 관 계에 대한 연구와 맥락이 닿아 있다. 1장에서도 언급한 바와 같이 이러한 경우에는 반의 어도 그 폭이 넓어질 수밖에 없다. 이광호(2009 : 287)에서 맥락을 중시하여 '감추다'의 반의어로 '고백하다, 공개하다, 까발리다' 등 22개를 제시한 것은 이러한 측면에서 이해 할 필요가 있다. 이광호(2009)의 목적은 반의어의 가장 본질적인 특성인 맥락 의존성을 코퍼스와 결합시켜 반의어의 총체적인 목록 확보와 그 맥락을 보여 주는 예문 확보 방법 론을 제시하는 것이다.

할 가능성이 매우 높은 단어 쌍이며, 공기 빈도가 '직간접'의 형성에 역할을 하고 있다고 해석하였다. 이러한 반의 관계에 놓여 있으면서 공통 요소를 가지는 어휘가 모두 '직간접'과 같은 단어를 형성하는 것은 물론 아니다. 이에 대해서도 안소진(2010)에서는 역시 공기 빈도에서 실마리를 찾고 있다. 즉 반의 관계를 보이며 공통 요소를 가지는 어휘들이 항상 공기 빈도가 높은 것은 아니기 때문에 적절한 '사용'의 조건이 만족되지 않으면 이러한 단어 형성이 가능하지 않다고 본 것이다.

안소진(2010)에서는 한자어에 관심을 집중하고 있지만 공기 빈도는 한자어에만 국한되는 것은 아니다. (8가)의 '손발톱'이 이러한 경우를 보여 준다. '손발톱'은 '손톱'과 '발톱'이 모두 고유어이면서 반의 관계에 해당하기 때문에 한자어의 경우와 마찬가지로 (9가)의 단어 형성을 보여 주는 예에 해당한다. '앞뒷문'의 경우처럼 고유어와 한자어로 이루어진 경우에도 역시 '직간접'과 같은 경우가 성립한다. 다만 (8)에서 제시한 단어들은 결과적으로 형식의 감소를 가져오기는 하였으나 그 과정은 (9)에 제시한 바와 같이 합성이라고 보아야 할 것으로 보인다.[7]

'직간접'과 같이 반의 관계를 형성하는 두 단어가 합쳐지면서 공통 요소가 삭제되는 단어들이 적지 않은 상황을 참조한다면 다음의 단어들은

---

7) 공통 요소가 탈락한 경우는 아니지만 고유어에서도 이러한 경우를 찾는 것이 어렵지 않다.
　　가. 들깨 + 기름 → 들기름
　　가'. 참깨 + 기름 → 참기름
　　나. 질흙 + 그릇 → 질그릇
　　나'. 질흙 + 화로 → 질화로
(가, 가')의 '들기름'이나 '참기름'은 그 의미를 보면 '들깨로 만든 기름', '참깨로 만든 기름'이고 '들-'이나 '참-'만으로는 '들깨'와 '참깨'라는 의미를 나타낼 수 없다. 따라서 '들기름'이나 '참기름'은 '들깨'와 '참깨'에서 '깨'가 떨어진 것이라 할 수 있다. (나, 나')의 '질그릇'과 '질화로'도 마찬가지 관점에서 설명이 가능하다. '질그릇'이나 '질화로'는 '질흙으로 만든 그릇', '질흙으로 만든 화로'의 의미를 가지는데 '질'만으로는 '질흙'의 의미를 나타낼 수 없다. 따라서 단어 형성 과정에서 '질흙'의 '흙'이 떨어진 것으로 해석할 수 있다.

그 형성 과정을 달리 생각해 볼 가능성이 적지 않다.

(11) 가. 신구사상, 신구학문
　　　나. 냉온풍기

(11가)의 '신구사상', '신구학문'은 '직간접'을 염두에 두지 않는다면 다음과 같은 직접 성분 분석을 하게 되는 것이 일반적이다.

(12) 가.　　　　　　　　　　　나.

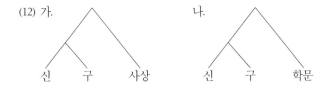

(12)와 같은 분석은 '신구'가 독립된 단어로서 존재한다는 사실에 기반한 것이다. 그러나 '신구사상'은 '새로운 사상과 낡은 사상'의 의미이지 '새로운 것과 낡은 것에 대한 사상'이 아니다. 마찬가지로 '신구학문'은 '새로운 학문과 낡은 학문'이지 '새로운 것과 낡은 것에 대한 학문'의 의미는 아니다. 따라서 (12)와 같은 직접 성분 분석은 제대로 된 것이라고 보기 어렵다.

이처럼 (11가)의 '신구사상', '신구학문'은 그 의미를 고려하고 '직간접'과 같은 단어 부류가 적지 않게 존재하는 상황을 염두에 둘 때 다음과 같은 과정을 겪은 것이라고 보는 것이 자연스럽다.

(13) 가. 신사상 + 구사상 → 신구사상
　　　나. 신학문 + 구학문 → 신구학문

이러한 분석의 타당성은 '신사상', '구사상', '신학문', '구학문'이 모두 실재하는 단어임을 통해서도 뒷받침된다. 따라서 '신구사상'과 '신구학문'은, 우선 출발이 되는 '신사상', '신학문'이 '구사상', '구학문'과 마찬가지로 직접 성분이 접사이므로 파생어라는 점에서 합성어인 '직접', '간접'과 차이가 있고 공통 요소인 후행 요소 '-접'이 단일 어근이자 형태소 어근인 '직간접'과는 달리 공통 요소인 후행 요소 '사상', '학문'이 복합 어근이자 단어 어근이라는 점에서 차이가 있기는 하지만 결국 '직간접'과 동일한 단어 형성 과정을 거친 것이라고 할 수 있다. 그리고 이때 '신사상'과 '구사상', '신학문'과 '구학문'은 서로 반의 관계에 놓여 있으며 그 양상은 접두사 '신-'과 '구-'에서만 차이를 가지고 어근은 공통적인 구조라는 점에서 '호경기-불경기'의 유형과 동일하다는 점에도 주목할 필요가 있다. 공통적인 구조를 가지는 경우에도 서로 다른 단어 형성 과정을 설정할 수 있기 때문이다.

(11나)의 '냉온풍기'도 역시 그 단어 형성 과정은 '신구사상', '신구학문'과 동일하다고 할 수 있다. 따라서 '냉풍기'와 '온풍기'가 결합하되 공통 요소인 '풍기'가 한번만 실현된 것이라고 할 수 있다. 그러나 '신구사상', '신구학문'과 차이가 없지는 않다. 우선 '사상'이나 '학문'이 실재하는 단어임에 비해 '*풍기'는 실재하는 단어가 아니다. 다음으로 이것은 곧 이들 단어가 직접 성분 분석에서도 차이가 있음을 의미한다. 즉 가령 '냉풍기'의 직접 성분 분석은, '냉풍'은 존재하는 단어이고 '*풍기'는 존재하는 단어가 아니기 때문에 '[[냉풍]기]'가 된다는 점에서 '[신[사상]]'으로 분석되는 '신사상'과 차이가 있는 것이다. 이를 통해 알 수 있는 바는 '냉온풍기'와 같은 단어를 포함하면 '직간접'류 단어는 공통 요소가 직접 성분이 아니어도 형성될 수 있다는 점이다.

이제 '직간접'류를 포함하여 공통 요소를 가지는 반의 관계 합성어를 참고로 한다면 가령 '남녀'가 포함된 단어도 그 구조에 대한 분석이 다시 두 가지로 나뉠 수 있음에 주목할 필요가 있다.

    (14) 가. 남녀별, 남녀평등
         가'. *남별, *여별 ; *남평등, *여평등
         나. 남녀종, 남녀탕
         나'. 남종, 여종 ; 남탕, 여탕

    (14가)는 반의 관계를 보이는 '남녀'가 접미사 '-별(別)'이나 명사 '평등'과 결합하여 또 다른 단어 형성에 참여한 것으로 볼 수 있다. (14가)에서 볼 수 있는 바와 같이 '*남별, *여별', '*남평등, *여평등'이라는 단어가 존재하지 않기 때문이다. 그러나 (14나)의 '남녀종'은 (14나')에서 볼 수 있는 바와 같이 '남종, 여종'이 존재하므로 '남종'과 '여종'이 결합하면서 공통 요소인 '종'이 하나 삭제된 것이며 마찬가지로 '남녀탕'은 '남탕'과 '여탕'이 존재하므로 '남탕'과 '여탕'이 결합하면서 공통 요소인 '탕'이 하나 삭제된 것이라고 보아야 한다. 따라서 (14)의 단어들에는 모두 '남녀'가 포함되어 있지만 단어 형성 과정은 다음과 같이 분리되는 것임에 주의해야 한다.

    (15) 가. [남녀] + [-별] → [남녀별]
         나. [남종] + [여종] → [남녀종]

    따라서 (15가)의 '남녀별'은 파생어가 되는 데 비해 (15나)의 '남녀종'은 합성어로 분석하게 되는 차이가 발생한다.
    한편 어휘 내부의 반의 관계는 (1다)에서 제시한 바와 같이 동사의 경우에는 보이지만 형용사에서는 잘 발견되지 않는다.[8] 이러한 사실도 단어

---

8) 이 점 어휘 내부 요소가 유의 관계로 이루어진 단어와의 차이이다. 이를 통해 한국어 동

들의 내부 구조를 분석할 때 매우 중요한 정보가 될 수 있다.

    (16) 가. 여닫이
         나. 높낮이

  (16가)의 '여닫이'는 (1다)에서 볼 수 있는 바와 같이 '여닫다'가 존재한다는 점에서 그 구조는 '[[여닫-]-이]'로 분석된다. 따라서 이는 반의 관계로 이루어진 '여닫-'이 다시 파생의 과정을 거친 것이기 때문에 그 과정은 (15가)의 '남녀별'과 평행하다.

  그런데 (16나)의 '높낮이'는 (16가)의 '여닫이'와 사정이 완전히 다르다. 형용사에는 '여닫다'와 같은 경우가 잘 발견되지 않는다고 하였으므로 '높낮이'를 '[[높낮-]-이]'처럼 분석하는 것은 어렵기 때문이다.[9] 따라서 '높낮이'는 비록 '*낮이'가 존재하지 않는다는 문제가 없는 것은 아니지만 '[높[낮이]]'로 분석하되 이는 '높-'에 '낮이'가 결합한 것이 아니라 '높이'와 '낮이'에서 동일한 요소인 '-이'가 탈락한 '직간접'류와 동일한 과정을 거친 것으로 볼 가능성이 생기는 것이다.[10]

사와 형용사의 차이를 의미 관계를 이용한 형태론적 측면에서 부각하는 것도 가능해 보인다. 이러한 측면에서 어휘 내부 요소가 유의 관계로 이루어진 단어는 관형사도 적지 않은데 역시 반의 관계로 이루어진 관형사는 찾기 힘들다는 점도 참고할 필요가 있다.

9) 즉 '*높낮다'가 실재하지 않는다는 것인데 『표준국어대사전』에서는 북한어로는 '높낮다'를 싣고 있다.

10) 형용사는 아니지만 '난이도'도 이러한 예에 속한다. '난도'는 존재하지만 '*이도'는 존재하지 않기 때문이다. 사실 '난이도'도 '직간접'류에 대해 고려하지 않을 때는 '난이'에 '-도'가 결합한 것으로 분석될 가능성이 높은 단어에 해당한다. '난이'가 존재하기 때문이다. 한편 '높낮이'에 대한 분석을 '[높[낮이]]'로 분석하는 것이 타당하다면 북한어의 '높낮다'는 '높낮이'에서 역형성(back-formation)된 것으로 볼 수도 있다.

8.3. 통사적 결합어와 반의 관계

유의 관계의 경우와 마찬가지로 반의 관계로 이루어진 복합어 가운데
도 어미나 조사가 결합하여 결과적으로 단어 형성에 참여한 통사적 결합
어를 찾는 것은 그렇게 어렵지 않다.

> (17) 가. 사고팔다, 주고받다
>   가′. 드나나나, 오나가나, 지나새나 ; 오다가다 ; 가타부타 ; 얼락녹을
>   락, 쥐락펴락
>   나. 천지에 ; 허허실실로 ; 잘잘못간에, 긴불긴간에

(17가, 가′)은 어미 결합어 가운데 반의 관계를 찾을 수 있는 것들이다.
(17가)는 용언 가운데 동사의 예를 보인 것인데 '사고팔다', '주고받다'는
대등적 연결 어미 '-고'를 통해 반의 관계가 형성된 경우이다. (17가′)은
부사 형성에서 나타나는 반의 관계의 경우이다. '드나나나, 오나가나, 지
나새나'의 경우에는 대등적 연결 어미 '-나'를 통해 반의 관계가 형성된
경우이고 '오다가다'는 '-다(가)', '가타부타'는 '-다', '얼락녹을락', '쥐락
펴락'은 '-(을)락'을 통해 반의 관계가 형성된 경우이다.[11] 이들도 모두 대
등적 연결 어미가 결합한 것이라는 점에서 공통점이 있다.

(17나)는 조사 결합어 가운데 반의 관계를 찾을 수 있는 것들이다. 모두
조사 '에'나 '로'와 결합하여 결과적으로 부사를 형성시키고 있다는 공통
점이 있다. '천지에'와 '허허실실로'의 경우에는 조사를 제외한 '천지', '허
허실실'이 반의 관계를 통해 형성된 단어라는 특징이 있다. 한편 '잘잘못

---

11) '얼락녹을락', '쥐락펴락'은 다시 접미사 '-하-'와 결합하여 '얼락녹을락하다', '쥐락펴
   락하다'라는 동사 형성에도 참여하고 있다. 따라서 이것도 넓은 의미에서는 통사적 결
   합어의 테두리에서 다룰 수 있으나 '얼락녹을락', '쥐락펴락'은 그 자체로 부사로 존재
   하므로 '얼락녹을락하다', '쥐락펴락하다'에 대해서는 따로 언급하지 않기로 한다.

간에'와 '긴불긴간에'는 조사 '에'를 제외한 '잘잘못간', '긴불긴간'이 단
어의 자격을 가지지 못한다는 점에서 '천지에'나 '허허실실로'와는 차이가
있다. '잘잘못', '긴불긴'은 이미 앞에서 살펴본 바와 같이 실재하는 단어
이고 '간'은 의존 명사이므로 '잘잘못간'이나 '긴불긴간'은 구적인 존재라
고 할 수 있다.

이상에서 살펴본 바와 같이 어휘 내부의 반의 관계를 단어 형성의 측면
에서 조명해 보면 그 유형은 어종에 따른 변수가 없기 때문에 유의 관계
보다 다양한 유형을 보이지는 않지만 그 나름대로 여러 가지 특성을 가지
고 있다는 사실을 알 수 있다. 단어 형성은, 크게는 합성으로 설명할 수
있다는 점은 유의 관계와 마찬가지이지만 형식상의 불균형에 따른 단어
형성이나 합성 과정에서 공통 요소가 삭제되는 것은 유의 관계에서는 찾
아보기 어려웠던 것이다. 이제 이러한 차이를 염두에 두고 어휘 내부에서
보이는 상하 관계에 대해 살펴보기로 한다.

9. 단어 형성의 측면에서 본 어휘 내부의 상하 관계

9.1. 어휘 내부의 상하 관계와 어종

어휘 내부에 존재하는 상하 관계를 단어 형성의 측면에서 살펴보기 전에 유의 관계, 반의 관계와 마찬가지로 먼저 어종의 측면에서 나타나는 특성에 대해 살펴 이를 서로 비교해 볼 필요가 있다.

> (1) 가. 찍소리, 깩소리, 쨱소리 ; 봄철, 여름철, 가을철, 겨울철 ; 버드나무 ; 사흗날 ; 장맛비 ; 자진모리장단, 굿거리장단, 중모리장단, 휘모리장단
> 가'. 물바다, 고기소, 고기돼지
> 나. 내리닫이창
> 나'. 사기그릇, 옹기그릇 ; 계수나무 ; 전선줄 ; 낙숫물 ; 처갓집 ; 생일날, 주일날 ; 국화꽃, 매화꽃
> 다. 여인(女人), 객인(客人), 부인(夫人), 사인(士人) ; 가산(加算), 감산(減算), 승산(乘算), 제산(除算) ; 경비원, 사회자 ; 색주가 ; 소설책(小說冊)

(1가, 가')은 어휘 내부에서 고유어와 고유어 사이의 상하 관계를 보여주는 복합어의 예이다. (1가)는 선행 요소가 하의어이고 후행 요소가 상의어에 해당하는 데 비해 (1가')은 선행 요소가 상의어이고 후행 요소가 하

의어에 해당한다. 이에 대해 (1나, 나')은 각각 어휘 내부에서 고유어와 한 자어, 한자어와 고유어 사이의 상하 관계를 보여 주고 있다. 특히 (1나')의 경우는 (1나)의 경우에 비하면 상당히 드문데 이는 한자어가 후행 요소로 쓰일 때 상하 관계가 성립되려면 후행 요소가 단어 어근의 자격을 가져야 한다는 제약 때문이라고 해석할 수 있다.[1] 따라서 고유어와 한자어 결합 보다 한자어와 고유어 결합 쌍이 훨씬 많다는 사실도 이해할 수 있다. 한 편 (1다)는 어휘 내부에서 한자(어)와 한자(어) 사이의 상하 관계를 보여 주는 예에 해당한다.

이상에서 볼 수 있는 바와 같이 어휘 내부에서 구성 요소들이 보이는 상하 관계의 양상은 어종과 관련하여 모두 다섯 가지로 나눌 수 있는 셈 인데 이러한 양상은 어종이 교차하지 않는 반의 관계와는 물론 어종이 교 차하지만 결과적으로 네 가지로 나눌 수 있는 유의 관계와도 차이가 난다 는 점에 주목할 필요가 있다. 어종이 교차하는 어휘 내부의 유의 관계에 서는 후행 요소가 한자어인 경우가 적지 않았지만 상하 관계에서는 후행 요소가 한자어인 경우가 매우 드물다는 것도 차이점에 해당한다.

한편 이들 구성 요소를 어근의 특성에 따라서도 살펴볼 필요가 있다. 우선 구성 요소가 고유어인 경우에는 모두 단어 어근의 자격을 가지지만 한자인 경우에는 (1다)처럼 형태소 어근의 자격을 가지는 것이 일반적이 다. 또한 (1다) '소설책'의 '소설'처럼 형태소 어근끼리 결합한 경우에는 단어 어근의 자격을 가지는 한자어가 된다.

---

1) '내리닫이창'에 대해서는 이미 '미닫이문', '미닫이창', '여닫이문', '여닫이창'과 관련하여 §5.1.2에서 언급한 바 있다. '내리닫이창'은 '오르내리창'과 동의 관계를 가지지만 '오르 내리'는 '오르내리창'의 의미를 가지지 못하기 때문에 단어 내부의 상하 관계 합성어의 예가 될 수는 없다. 한편 (1나) 가운데는 '처갓집', '낙숫물' 등 노명희(2009a)에서는 동의 중복 현상으로 다루어진 것들이 적지 않게 포함되어 있는데 이들을 이 책에서는 어휘 내 부의 유의 관계가 아니라 상하 관계로 다루게 된 사정에 대해서는 직접 성분 분석, 어휘 고도 제약과 관련하여 이미 7장에서 자세히 언급한 바 있다.

앞에서 언급한 것처럼 구성 요소 가운데는 (1가)의 '물바다',[2] '고기소', '고기돼지'[3] 등과 같은 예를 제외하고는 후행 요소가 상의어의 자격을 갖는다는 것도 어휘 내부 상하 관계 복합어의 특징이다. 그런데 이러한 경우에는 선행 요소가 단어 어근일 경우 후행 요소가 없어도 전체 의미를 나타내는 데 부족함이 없다는 점에 주목할 필요가 있다.[4]

    (2) 가. 찍, 깩, 쩩 ; 봄, 여름, 가을, 겨울 ; 버들 ; 사흘 ; 장마 ; 자진모리,
          굿거리, 중모리, 휘모리
       나. 내리닫이
       나'. 사기, 옹기 ; 계수 ; 전선 ; 낙수 ; 처가 ; 생일, 주일 ; 계화, 국화,
           매화
       다. 경비, 소설

    (2)는 (1)에서 선행 요소인 하의어만으로도 독립된 단어의 자격을 가질 수 있는 것들을 제시해 본 것이다.[5] 따라서 이들 각각은 결과적으로 다음과 같이 어휘 사이에서의 유의 관계가 형성된다. 완전한 동의 관계라고 보기 어려운 것들이 없는 것은 아니지만[6] 대부분 동의 관계에 해당하여 문장에서 의미 차이 없이 대치할 수 있으므로 이들 관계를 '='로 표시하여 제시하면 다음과 같다.

---

2) '물바다'는 '바다의 일종'이 아니라 '홍수 따위로 인하여 넓은 지역이 온통 물에 잠긴 상태'를 의미한다는 점에서 후행 요소 '바다'는 일종의 은유적 용법이라고 할 수 있다. 따라서 '물바다'는 '바다'만으로는 전체 의미를 나타낼 수 없다. 단어 내부에서 은유가 관여하는 양상에 대해서는 11장에서 자세히 언급하기로 한다.
3) '고기소'와 '고기돼지'는 각각 '소의 일종', '돼지의 일종'이므로 종속 합성어에 해당한다.
4) '여인', '가산' 등은 선행 요소가 형태소 어근이기 때문에 (2)에서는 제외된다.
5) '버드나무', '사흗날'의 경우 단어 형성 과정에서 형태 변화가 일어난 것이므로 이들 각각은 '버들'과 '사흘'로 복원하였다.
6) '생일날'과 '생일', '낙숫물'과 '낙수'의 관계가 그렇다. 한편 『표준국어대사전』에서는 '자진모리, 굿거리, 중모리, 휘모리'는 '장단'을 붙여서만 사용할 수 있도록 명시하고 있다.

(3) 가. 찍=찍소리, 깩=깩소리, 쨱=쨱소리 ; 봄=봄철, 여름=여름철, 가
　　을=가을철, 겨울=겨울철 ; 버들=버드나무 ; 사흘=사흗날 ; 장
　　마=장맛비 ; 자진모리=자진모리장단, 굿거리=굿거리장단, 중모
　　리=중모리장단, 휘모리=휘모리장단
　나. 내리닫이=내리닫이창
　나'. 사기=사기그릇, 옹기=옹기그릇 ; 계수=계수나무 ; 전선=전선
　　줄 ; 낙수=낙숫물 ; 처가=처갓집 ; 생일=생일날, 주일=주일날
　　 ; 계화=계화꽃, 국화=국화꽃, 매화=매화꽃
　다. 경비=경비원, 소설=소설책

　이러한 현상이 나타나는 것은 의미의 측면에서는 상의어가 잉여적인
요소에 해당하기 때문이다. 그러나 의미에서는 잉여적인 상의어가 후행
요소로 나타나게 됨으로써 (1)의 단어들이 은유적 용법을 보이는 '물바다'
를 제외하고는 어종과 상관없이 모두 종속 합성어가 된다는 점에 주목할
필요가 있다.[7] 이러한 점도 그 결과가 '연이어, 외따로'와 같은 예를 제외
한다면 모두 대등 합성어로 판명되는 유의 관계나 반의 관계와 차이가 나
는 부분이다.[8]

　그러나 상의어에 해당하는 후행 요소가 고유어나 한자어라고 하여 선
행 요소가 한자나 고유어로 고정되는 것은 물론 아니다.

(4) 가. 계수나무 ; 옥수수나무
　나. 두레길쌈놀이 ; 답교놀이, 석전놀이, 차전놀이

---

7) 이는 마치 '돌다리'라는 단어가 '돌다리도 다리이다.'와 같은 관계를 만족시켜 종속 합
　성어로 판명되는 것과 동일하게 '사기그릇도 그릇이다.'와 같은 관계를 만족시키기 때
　문이다.
8) 반의 관계에서는 그나마 '연이어, 외따로'와 같은 예도 발견되지 않는데 이는 지금까지
　강조해 온 것처럼 반의 관계가 단어이든 형태소이든 좀 더 높은 수준의 범주 등가성을
　요구하는 것과 관련되어 있다.

(4가)의 '계수나무'는 (1나')에 제시한 것인데 이 경우에는 구성 요소인 한자어와 고유어 사이에 상하 관계가 보이지만 '옥수수나무'에서는 구성 요소가 고유어와 고유어 사이에서 상하 관계를 보이므로 (1다)의 예가 된다. 마찬가지로 (4나)는 상의어인 구성 요소 '놀이'가 '고싸움놀이', '두레 길쌈놀이'에서는 고유어와 결합하여 상하 관계를 형성하고 있고 '답교놀이', '석전놀이', '차전놀이'에서는 한자어와 결합하여 상하 관계를 형성하고 있음을 볼 수 있다. 이들도 모두 '놀이'를 제외한 선행 요소가 하의어의 자격을 가질 뿐만 아니라 그것만으로도 전체 의미를 표현할 수 있다는 점에서 (1)의 예들과 동일하다.

9.2. 구성 요소의 구조에 따른 어휘 내부의 상하 관계

(1), (4)에서 제시된 어휘들은 상하 관계를 보이는 구성 요소의 형태론적 지위에 따라 이를 다시 다음과 같이 나눌 수 있다.[9]

> (5) 가. 부인, 사인, 가산, 감산, 승산, 제산
> 　가'. 여인, 객인, 경비원, 사회자, 색주가
> 　나. 찍소리, 깩소리, 짹소리, 봄철, 여름철, 가을철, 겨울철, 버드나무, 사흗날, 물바다
> 　나'. 사기그릇, 옹기그릇, 계수나무, 전선줄, 낙숫물, 처갓집, 생일날, 주일날, 국화꽃, 매화꽃
> 　나''. 두레길쌈놀이, 답교놀이, 석전놀이, 영등굿놀이, 차전놀이

---

9) '장맛비', '옥수수나무'는 공시적인 분석에 문제가 있어 우선 제외하였다. 『표준국어대사전』에서는 '장맛비'의 '장'은 기원적으로 한자 '長'과, '옥수수나무'의 '옥'은 '玉'과 관련이 있는 것으로 보고 있다.

(5가, 가')은 어근 중의 하나가 형태소 어근에 해당하는 경우이다. (5가)는 두 어근이 모두 형태소 어근에 해당하고 (5가')에서는 구성 요소 가운데 선행 요소인 '여, 객, 경비, 사회, 색주'가 단어 어근에 해당하는데 이 가운데 '경비, 사회, 색주'는 복합 어근에 해당한다.

(5나, 나', 나")는 구성 요소가 모두 단어 어근에 해당하는 경우이다. (5나)는 단어 어근이 모두 내부 구조를 더 이상 가지지 않는 단일어 어근끼리 결합한 경우이다. 이에 대해 (5나')은 선행 요소가 다시 형태소 어근 두 개로 구성된 합성어이고 후행 요소는 형태소 하나로 이루어진 단일어인 경우이다. 한편 (5나")은 선행 요소가 다시 형태소 어근 두 개 이상으로 구성된 합성어이고 후행 요소 '놀이'는 형태소 두 개로 이루어진 파생어인 경우이다.

그런데 (1가)에서 '자진모리장단, 굿거리장단, 중모리장단, 휘모리장단'을 포함한 다음 단어들은 하의어의 구조를 일률적으로 말하기 어렵다는 특징이 있다.

(6) 가. 늦은중모리장단, 단모리장단, 엇모리장단, 엇중모리장단, 자진모리장단, 중모리장단, 중중모리장단, 휘모리장단
　　나. 굿거리장단

(6)은 전통 음악에서 장단을 [빠르기]와 [박자]에 따라 분류한 것들인데 형태론적 측면에서 (6가)는 '-모리장단'을 공유하는 경우이고 (6나)는 이들과는 달리 '굿거리'가 쓰인 경우이다. 내부 구조는 상하 관계를 가지지만 이들은 모두 일정한 의미를 공유하고 있으므로 의미장을 형성하는 경우라고 할 수 있다. 이러한 점에서 2부 §6.2에서 살펴본 '덧셈, 뺄셈, 곱셈, 나눗셈'을 연상시킨다. 그러나 이들 단어 가운데 '덧', '뺄', '나눗'은 명사의 자격을 가지지 못한다는 점에서 구성 요소 사이에 상하 관계를 보이지

못한다.10) 이 점이 우선 명사의 자격을 가지기 때문에 그것만으로도 쓰일 수 있는 '늦은중모리', '단모리', '엇모리', '엇중모리', '자진모리', '중모리', '중중모리', '휘모리', '굿거리'와 차이가 있다.11)

(6나)의 '굿거리'는 단어 어근 '굿'과 '거리'의 결합으로 이루어져 있다고 보아 큰 문제가 없다. (6가)는 다시 다음과 같이 형태 구조에 따라 나눌 수 있다.

(7) 가. 늦은중모리장단, 엇중모리장단, 중모리장단, 중중모리장단 ; 단모리장단, 엇모리장단
나. 자진모리장단
다. 휘모리장단

우선 (7)에는 공통적으로 '모리'가 들어가 있다. 이 '모리'는 '어떤 대상을 바라는 처지나 방향으로 움직여 가게 하다.'의 의미를 가지는 '몰-'에 명사 파생 접미사가 결합하여 음소적 표기로 구현된 것으로 보는 것이 좋을 것이다. 다만 이를 형태음소적인 '몰이'가 아니라 '모리'로 한 것은 단어 형성의 생산성을 고려함과 동시에 '몰이'가 『표준국어대사전』에서 '짐승이나 물고기를 잡기 위하여 목으로 몰아넣는 일. 또는 그렇게 몰아넣는 사람.'의 의미로 명세되어 음악에서 쓰이는 경우와 구별하기 위한 것으로 보인다. 따라서 '세몰이', '물몰이'의 '몰이'와는 형태적으로뿐만이 아니라 의미적으로도 구별된다.

---

10) '곱셈'은 '곱'이 명사의 자격을 가지기 때문에 구성 요소 사이의 상하 관계에 놓여 있는 단어이다. 다만 '셈'이 어미 결합어로서 통사적 결합어에 해당하기 때문에 이에 대해서는 후술하기로 한다.

11) 또한 '장단'이 (6)에 망라된 것이 아니라 열려 있다는 점에서 닫혀 있는 '덧셈, 뺄셈, 곱셈, 나눗셈'과 차이가 있다. 판소리에는 (6)의 '장단' 이외에도 '진양조장단' 등이 더 있다. 그러나 형태론적으로 '-모리장단'을 공유하는 것은 (6가)가 전부인 것으로 보인다.

이 '모리'를 '몰-'에 '-이'가 붙은 것으로 보는 이유는 (7다)의 '휘모리'
도 고려한 것이다. '휘모리'는 '매우 세차게 한 방향으로 몰다.'의 의미를
가지는 '휘몰-'이 존재하고 '휘모리장단'은 '판소리나 산조(散調) 장단에서,
가장 빠른 속도로 처음부터 급하게 휘몰아 부르거나 연주하는 장단.'의
의미를 가지므로 이 뜻풀이 가운데의 '휘몰아'와도 직접적인 관련성을 갖
는다. 그렇다면 '휘모리'는 다음의 두 가지 분석 가능성을 가진다고 할 수
있다.

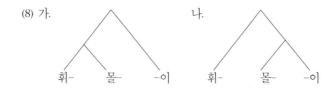

(8) 가.   나.

그러나 이때의 '휘-'가 접두사인 이상 (8나)의 가능성은 고려하기 힘들
다. 다음에서 보는 바와 같이 『표준국어대사전』의 뜻풀이를 기준으로 할
때 접두사 '휘-'는 용언과만 결합하기 때문이다.

(9) 휘-09
「접사」
「1」((일부 동사 앞에 붙어))'마구' 또는 '매우 심하게'의 뜻을 더하는
접두사.
¶ 휘갈기다/휘감다/휘날리다/휘늘어지다/휘말다/휘몰아치다/휘젓다.
「2」((몇몇 형용사 앞에 붙어))'매우'의 뜻을 더하는 접두사.
¶ 휘넓다/휘둥그렇다/휘둥글다.

따라서 (7다)에도 '모리'가 보이지만 이는 (7가, 나)와는 형태 구조가 다
르다고 보아야 한다. 즉 '모리'를 '몰-'에 '-이'가 결합된 것으로 분석하

는 데는 '휘모리'가 도움이 되지만 '모리'가 직접 성분이 되는 (7가)의 하의어와는 달리 '휘모리'는 '휘몰-'에 '-이'가 음소적으로 표기된 것이라고 보아야 하기 때문이다.[12]

한편 (7나)는 '자진'이 문제가 된다. '자진모리장단'은 '판소리나 산조 장단의 하나. 휘모리장단보다 좀 느리고 중중모리장단보다 빠른 속도로, 섬세하면서도 명랑하고 차분하면서 상쾌하다.'의 뜻풀이를 가지고 있지만 이것만으로는 그 구조가 (7가)에 해당하는지 아니면 (7다)에 해당하는지 속단하기 어렵다. 그런데 그 구조는 (7가)로 분석하는 것이 더 타당해 보인다. 우선 이 뜻풀이와 관련이 있는 '자진'이 명사로 존재하지는 않으므로 '자진'의 '-ㄴ'이 관형사형 어미일 가능성을 타진해 볼 필요가 있다. 이와 관련해서 다음 두 단어를 참고할 필요가 있어 보인다.

---

12) (7가)의 '엇모리'도 '휘모리'와 동일하게 분석될 가능성이 있다. 그러나 '휘몰다'와 의미적 관련성을 가지는 '휘모리'와는 달리 '엇모리'는 '*엇몰다'도 존재하지 않으면서 '엇-'을 접두사로 보기도 어렵다는 점에서 우선 (7가)에 넣어 두었다. 접두사 '엇-'의 의미에 대해 『표준국어대사전』에서는 다음과 같이 제시하고 있다.

　　엇-03
　　「접사」
　　「1」((일부 동사 앞에 붙어))'어긋나게' 또는 '삐뚜로'의 뜻을 더하는 접두사.
　　¶ 엇걸리다/엇나가다/엇베다.
　　「2」((몇몇 명사 앞에 붙어))'어긋난' 또는 '어긋나게 하는'의 뜻을 더하는 접두사.
　　¶ 엇각/엇결/엇길/엇시침.
　　「3」((몇몇 형용사 앞에 붙어))'어지간한 정도로 대충'의 뜻을 더하는 접두사.
　　¶ 엇구수하다/엇비슷하다.
§6.2에서 살펴본 바와 같이 '엇-'은 단일 어기 가설을 지키지 않고 명사와 용언 모두에 결합하는 접두사이므로 '엇모리'의 '엇-'이 접두사라고 하더라도 여전히 '엇모리'는 '[엇[모리]]'로 분석될 가능성이 존재한다는 점도 고려할 필요가 있어 보인다. 한편 '단모리장단'은 '휘모리장단'과 같은 의미를 가지는데 역시 '단모리'의 '단'이 분명하지 않아 (7가)에 소속시켜 두었다. '*단몰다'와 같은 용언이 존재하지 않는 것은 '엇모리'와 같되 이번에는 접두사 '단-'도 찾기 어렵다는 점에서 내부 구조 분석으로만 치면 '엇모리'보다도 힘든 것이 '단모리'가 아닐까 한다.

(10) 가. 자질다

「형용사」『북한어』

어떤 소리가 빠르고 잦다.

¶ 배의 기관 소리가 자질게 통통거리다.≪선대≫

나. 잦은모리-장단

「명사」『음악』

「1」→ 자진모리장단.

「2」『북한어』'자진모리장단'의 북한어.

(10가, 나)는 비록 북한어의 예이기는 하지만 우선 (10가)는 '자질다'의 관형사형으로 '자진'이 가능하다는 점에서 참고할 수 있고 (10나)의 '잦은'은 '자진'이 '잦-'과 관련성이 있을 것으로 볼 수 있다는 점에서 참고할 만하다. 특히 (10나)의 첫 번째 뜻풀이는 '자진모리장단'을 '잦은모리장단'으로도 부르고 있음을 의미하는 것으로 주목할 만하다.

여기에 다음과 같은 '자진' 관련어도 함께 고려할 필요가 있다.

(11) 자진가락, 자진강강술래, 자진계타령, 자진난봉가, 자진농부가, 자진
마치, 자진모뜬소리, 자진못소리, 자진배따라기, 자진산타령, 자진살
풀이장단, 자진삼채장단 …

따라서 (7나)의 '자진모리장단'은 '자진'과 '모리'로 분석된다는 점에서는 (7가)와 같지만 '자진'이 관형사형이라는 점에서 차이가 있는 것이다.13)

---

13) 이러한 점에서 '자진모리장단'도 바로 후술할 통사적 결합어가 상하 관계와 관련되는
예에 해당한다.

9.3. 통사적 결합어와 상하 관계

어휘 내부의 유의 관계, 반의 관계와 마찬가지로 통사적 결합어에서도 어휘 내부의 상하 관계를 찾을 수 있다.

> (12) 가. 그믐날, 곱셈, 고싸움놀이
>   나. 무넘깃둑, 돋보기안경, 되넘기장사
>   나'. 날치기꾼, 소매치기꾼
>   다. 째려보다, 흘겨보다

(12)는 통사적 결합어에서 찾을 수 있는 어휘 내부의 상하 관계의 경우인데 우선 조사 결합어에서는 이를 발견하기 어렵다는 특징이 있다. 또한 어미 결합어의 경우에는 직접 성분이 어미인 경우도 매우 한정적으로 나타난다. (12가)는 명사형 어미 '-ㅁ'이 어휘 내부의 상하 관계에서 보이는 경우이고 (12나, 나')은 명사형 어미 '-기'가 어휘 내부의 상하 관계에서 발견되는 경우이다.14) (12다)는 연결 어미 가운데 '-어'가 어휘 내부 상하 관계에 참여하고 있는 경우이다.

먼저 (12가)의 '그믐날'의 '그믐'은 '*그믈-'이 현대 한국어에 존재하지 않지만 명사형이 명사로 된 것이므로 통사적 결합어와 단일어 사이에 상하 관계를 보이는 예에 해당하며 전술한 (1나')의 '생일날', '주일날'과 동일한 부류에 해당한다는 것을 알 수 있다.

(12가)의 '곱셈'에서는 '셈'이 통사적 결합어에 해당하므로 '그믐날'은

---

14) 이 책에서는 최형용(1997a, 2000, 2003a)의 일련의 논의에 따라 결과적으로 단어 형성에 참여하는 '-ㅁ'과 '-기'를 명사형 어미로 처리하기로 한다. 어미 결합어 전체를 놓고 볼 때 이들만 명사 파생 접미사로 처리하는 것은 그 자체로도 타당하지 않을 뿐만 아니라 단어 형성을 분석이 아니라 형성의 관점에서 바라볼 때도 적지 않은 문제가 발생하기 때문이다.

통사적 결합어가 선행 요소인 하의어에 실현된 데 비해 '곱셈'은 통사적 결합어가 후행 요소인 상의어에 실현되고 있다는 차이가 있다. 또한 앞서 잠시 언급한 바와 같이 '곱셈'은 한자와 고유어의 대응 관계가 형태론적 차이를 가져 비대칭성이 나타나는 경우라는 점에서 주목을 끈다. 즉 '곱셈'은 2부 6장에서 '덧셈', '뺄셈', '나눗셈'과 함께 공통 요소를 가지는 의미장의 측면에서 살펴본 바 있었다. 그런데 이들 가운데 '곱셈'의 '곱'만 명사의 자격을 가져 '셈'과 계열적 등가성을 확보하고 있고 나머지 '덧', '뺄', '나눗'은 명사라고 보기 어렵기 때문에 '셈'과 계열적 등가성이 결여되어 구성 요소 사이에 상하 관계를 상정할 수 없었다. 그러나 이에 대해 '가산, 감산, 승산, 제산'의 구성 요소 '가-, 감-, 승-, 제-'는 '-산'과 계열적 등가성이 확보되기 때문에 모두 상하 관계를 상정하는 데 문제가 없다. 따라서 이러한 경우를 참고할 때 한자와 고유어의 대응 관계가 확보되어 상하 관계를 찾을 수 있는 조건이 충족된다면 고유어보다 한자의 경우가 상하 관계를 보이는 복합어가 더 많을 것이라는 점을 예측할 수 있다.

(12가)의 '고싸움놀이'는 '고싸움'에 명사형 어미가 발견된다는 점에서 '그믐날'과 마찬가지로 하의어에서 통사적 결합어가 관찰되는 경우이다. (5나")에서 '놀이' 관련 단어들은 선행 어근과 후행 어근을 기준으로 할 때 '합성어 : 파생어'의 관계로 볼 수 있다고 한 바 있는데 이러한 관점에서 보면 '고싸움놀이'는 하의어와 상의어가 '통사적 결합어 : 파생어'의 관계가 된다고 할 수 있다.

다음으로 (12나)의 세 단어는 (1나)의 부류에 해당한다. 이들 단어들은 우선 어종(語種)을 기준으로 할 때 상의어가 고유어인 '둑'과 한자어인 '안경', '장사'로 나뉠 수 있다. 그러나 '둑'은 단일어이고 '안경'과 '장사'는 합성어라는 점에서 차이가 있다. 즉 '무넘깃둑'은 어종 기준으로는 '고유어+고유어', '되넘기장사'는 '고유어+한자어'의 경우라는 점에서 '돋보기안

경'과 동일하다. 이 두 가지는 선행 요소의 어종(語種)은 다르지만 단어 형
성의 측면에서는 공통된다는 점에서 함께 묶을 수 있다. 그리고 이들이 상
하 관계를 보이는 데 명사형 어미 '-기'가 관련되어 있다는 공통점이 있다.

먼저 (12나)의 하의어 '무넘기'는 '논에 물이 알맞게 고이고 남은 물이
흘러넘쳐 빠질 수 있도록 만든 둑'의 의미로 여기에서 보이는 '무'는 '무
서리, 무덥다'의 '무'와 마찬가지로 '물'의 'ㄹ' 탈락형이다. 중요한 것은
'-기'가 '더하기', '빼기'의 '-기'와 같은 명사형 어미라는 것인데 '무넘기'
가 행위의 의미를 가지면서 그 행위의 결과와 관련이 있는 사물을 지칭하
는 것으로 발전하여 '둑'의 의미까지를 가지게 되었다는 점이다.[15]

다음으로 '돋보기안경'도 그 형성 방법은 '무넘깃둑'과 동일하다는 것
을 알 수 있다. '돋보기'의 '-기'는 '무넘깃둑'의 '-기'와 같으며 '돋보기'
만으로도 '작은 것을 크게 보이도록 알의 배를 볼록하게 만든 안경'의 의
미를 가지고 있다. 따라서 '돋보기' 안에는 역시 '안경'과 같은 의미를 가
지는 것이 없지만 전체적으로 상하 관계를 가지는 단어를 형성하게 된 것
이다. '되넘기장사'도 그 형성 방법은 '무넘깃둑', '돋보기안경'과 동일하
다는 것을 알 수 있다. '되넘기'의 '-기'는 '무넘깃둑', '돋보기'의 '-기'와
같으며[16] '되넘기'만으로도 '물건을 사서 곧바로 다른 곳으로 넘겨 파는
일'의 의미를 가지고 있다. 따라서 '되넘기' 안에는 역시 '장사'와 같은 의
미를 가지는 요소가 없지만 전체로서 상하 관계를 보이는 구조를 가지게
된 것이다.

이러한 측면에서 (12나)의 '날치기꾼'과 '소매치기꾼'도 살펴볼 수 있
다. 우선 '날치기'와 '소매치기'는 원래 행위 자체를 의미하던 것이었는데

---

15) 다른 명사형 어미인 '-ㅁ'이 결합하여 형성된 통사적 결합어 '무침, 지짐, 비빔' 등도 모
  두 행위가 그 행위의 결과물을 의미하게 된 예라는 점에서 '무넘기, 돋보기'와 같다.
16) '되넘기'는 그 의미로는 용언 어간 '되넘기-'에 명사형 어미 '-기'가 결합한 것이므로
  '되넘기기'가 되어야 하지만 '되넘기'가 결과되었다는 점에서 특징이 있다.

이번에는 그 행위가 사물이 아니라 사람으로 결과되어 '남의 물건을 잽싸게 채어 달아나는 도둑', '남의 몸이나 가방을 슬쩍 뒤져 금품을 훔치는 사람'의 의미를 가지게 된 단어들이다.[17] 여기서 문제는 '날치기꾼'과 '소매치기꾼'에서 '꾼'의 지위이다. '꾼'은 §3.2에서는 동의파생어를 형성하는 접미사로 다룬 바 있다. 사전에서도 이 '꾼'에 대해 접미사의 지위를 부여하고 다음과 같은 뜻풀이를 제시하고 있다.

> (13) -꾼02
> 「접사」
> ((일부 명사 뒤에 붙어))
> 「1」'어떤 일을 전문적으로 하는 사람' 또는 '어떤 일을 잘하는 사람'의 뜻을 더하는 접미사.
> ¶ 살림꾼/소리꾼/심부름꾼/씨름꾼.
> 「2」'어떤 일을 습관적으로 하는 사람' 또는 '어떤 일을 즐겨 하는 사람'의 뜻을 더하는 접미사.
> ¶ 낚시꾼/난봉꾼/노름꾼/말썽꾼/잔소리꾼/주정꾼.
> 「3」'어떤 일 때문에 모인 사람'의 뜻을 더하는 접미사.
> ¶ 구경꾼/일꾼/장꾼/제꾼.
> 「4」'어떤 일을 하는 사람'에 낮잡는 뜻을 더하는 접미사.
> ¶ 과거꾼/건달꾼/도망꾼/뜨내기꾼/마름꾼/머슴꾼/모사꾼.
> 「5」'어떤 사물이나 특성을 많이 가진 사람'의 뜻을 더하는 접미사.
> ¶ 건성꾼/꾀꾼/덜렁꾼/만석꾼/재주꾼/천석꾼.
> 【<軍】

그런데 (13)의 뜻풀이 가운데 '「4」'에 주목할 필요가 있다. 다른 뜻풀이

---

17) 다른 명사형 어미인 '-ㅁ'이 결합하여 형성된 통사적 결합어 '책상물림'도 행위가 그 행위를 하는 사람을 의미하게 된 예라는 점에서 '날치기, 소매치기'와 같다. 이처럼 행위가 그 행위를 하는 사람을 지시하는 경우는 명사형 어미에만 국한되는 것은 물론 아니다. §3.1.3에서 제시한 '경비'나 '검사, 판사'도 역시 행위가 그 행위를 하는 사람을 의미하게 된 것임을 언급한 바 있다.

에서 제시한 예들 가운데는 '-꾼'을 제외한 것이 그 자체로 행위를 나타내면서 '사람'을 의미하는 것이 존재하지 않는다. 그런데 '뜨내기꾼'의 경우는 '뜨내기'가 '어쩌다가 간혹 하는 일'의 의미를 가지기도 하지만 '일정한 거처가 없이 떠돌아다니는 사람'의 의미도 가지고 있다는 점에 주목할 필요가 있다. 따라서 '뜨내기꾼'도 그 구조가 (12나')의 '날치기꾼, 소매치기꾼'과 동일하다는 것을 알 수 있다.[18]

이러한 사정을 중시한다면 '날치기꾼, 소매치기꾼'의 '꾼'에도 접미사의 자격을 부여하는 것이 합리적이라고 판단할 수 있어 보인다. 그러나 이 책에서는 이때의 '꾼'에 접미사의 자격을 부여하는 것은 상하 관계라는 의미 관계의 측면에서 보면 매우 부자연스럽다는 점에 주목하고자 한다. 이들을 포함하여 어휘 내부에서 상하 관계를 보이는 단어들 가운데는 상의어에 해당하는 것이 접미사인 경우가 존재하지 않는다. 어휘 내부에서 유의 관계를 보이는 경우에도 '연이어, 외따로'와 같은 예외가 있기는 하였지만 이때 '연-'이나 '외-'는 한자라는 특성이 있고 어휘 내부에서 반의 관계를 보이는 것들은 모두 합성어에 한정되기 때문이다.[19]

의미 관계에 대한 형태론적 접근법을 지향하는 이 책에서는 이러한 사실을 종합적으로 고려할 때 '날치기꾼, 소매치기꾼'을 포함하여 '뜨내기꾼'의 '꾼'이 명사일 가능성이 높다고 판단하고자 한다. 그래야 이들 단어들도 합성어로 판정되고 어휘 내부에서 상하 관계를 보이는 여타 단어들과 평행한 내부 구조를 가지는 것으로 볼 수 있게 된다.

이러한 판단에 도움을 줄 수 있는 것은 '꾼'이 명사의 자격을 가지는 것으로도 판단되는 경우가 있다는 점이다. 여기에서 『표준국어대사전』의

18) 이러한 점을 중시하여 『표준국어대사전』에서도 '일정한 거처가 없이 떠돌아다니는 사람'의 의미를 가지는 경우에 그 유의어로 '뜨내기꾼'을 제시하고 있다.
19) '-꾼'도 단어 '군(軍)'에서 접미사화한 것이기는 하지만 이미 고유어화가 완성된 것으로 판단할 수 있다.

다음 뜻풀이를 참고해 보기로 한다.

(14) 꾼01
「명사」
어떤 일, 특히 즐기는 방면의 일에 능숙한 사람을 낮잡아 이르는 말.
¶ 많은 상금이 걸린 낚시 대회에 전국의 꾼들이 모두 모였다./장사가
쉬우냐 어디. 그거야 정말 꾼 아니면 아무나 하는 거 아니지.≪한수
산, 부초≫/덕보는 꾼을 모으기 위해 화투를 들고 여기저기 기웃거
렸다.≪한수산, 부초≫

(14)는 '꾼'을 접미사 '-꾼'과 비슷한 의미를 가지는 명사로 처리하고
있음을 보여 준다. 즉 (14)를 중시한다면 명사 '꾼'은 접미사 '-꾼'이 자립
성을 획득하여 어휘화한 경우에 해당하는 것으로 해석할 수 있다. 따라서
이러한 관점에서 보면 '뜨내기꾼'을 포함하여 '날치기꾼'과 '소매치기꾼'
을 어휘 내부에서 상하 관계를 보이는 단어의 예로 다루는 것은 큰 무리
가 없다고 할 수 있다.[20] 이는 곧 어휘 내부의 상하 관계를 통해 구성 요
소의 형태론적 지위를 달리 책정할 수도 있음을 뜻한다는 점에서 의미가
있다고 판단된다.[21]

---

20) 임시어 '깔맞춤'의 경우에서 보이는 '색깔'의 '-깔'도 마찬가지 과정을 겪은 것으로 보
인다.
21) (13)의 접미사 '-꾼'의 뜻풀이 「4」에 제시된 단어들 가운데는 '건달꾼, 마름꾼, 머슴꾼'
과 같이 '-꾼'을 제외한 어근이 '사람'의 의미를 가지는 예들이 더 존재한다. 그렇다면
여기서 생기는 의문은 이들의 '-꾼'도 명사로서의 자격을 가지는 것으로 분석할 수 있
는가 하는 것이다. 그러나 이들 단어들은 '뜨내기꾼'과 몇 가지 차이를 가지고 있다. 첫
째, '-꾼'을 제외한 어근 '건달, 마름, 머슴'은 '사람'의 의미를 가지고 있기는 하되 '뜨
내기'처럼 어떤 '행위'가 그 '행위를 하는 사람'의 의미를 가지게 된 것은 아니다. 둘째,
따라서 '뜨내기'만으로도 '뜨내기꾼'의 의미를 가지는 예와는 달리 '건달, 마름, 머슴'만
으로는 각각 '건달꾼, 마름꾼, 머슴꾼'의 의미를 가지고 있다고 보기 힘들다. 이에 따라
'건달'과 '건달꾼', '마름'과 '마름꾼', '머슴'과 '머슴꾼'은 '뜨내기'와 '뜨내기꾼'과는 달
리 유의 관계에 놓여 있지 않다. 이러한 사정을 종합적으로 고려한다면 '건달꾼, 마름꾼,
머슴꾼'의 '-꾼'은 접미사의 자격을 가지는 것으로 어근의 자격을 가지는 '뜨내기꾼'의

(12다)는 어휘 내부에서 상하 관계가 발견되는 동사의 예로 제시해 본 것이다. 어휘 내부의 유의 관계나 반의 관계에서는 이른바 비통사적 합성 용언도 존재했던 데 비해 상하 관계에서는 이를 찾아보기가 어렵다. 대신 (12다)처럼 이른바 통사적 합성 동사 정도가 어휘 내부에서 상하 관계를 보이는 동사가 아닌가 한다. 그러나 세부적으로는 명사의 경우와 차이가 없지 않다. 즉 '째려보다', '흘겨보다'의 '째리다', '흘기다'도 '보다'에 해당하는 행위라는 점에서 상하 관계로 볼 수는 있지만 하의어와 상의어가 모두 명사인 앞의 경우들과는 달리 '째리다'와 '흘기다'로 '째려보다'와 '흘겨보다'의 의미를 그대로 실현하기는 어렵기 때문이다. 즉 명사의 경우에는 어휘 내부의 하의어가 (3)에서 제시한 바와 같이 상의어와 결합한 단어와 거의 동의 관계를 보여 이 하의어만으로도 큰 의미 차이 없이 독립된 단어로 쓰일 수 있음에 비해 동사의 경우에는 그렇게 보기 어려운 것이다.

따라서 (12다)의 경우를 제외하고는 통사적 결합어 내부에서 보이는 상하 관계도 다음과 같이 선행 요소만으로 전체 의미를 대변할 수 있으므로 (3)과 마찬가지로 대부분 다음처럼 동의 관계를 가지는 것으로 표시할 수 있다.

(15) 가. 그믐=그믐날, 고싸움=고싸움놀이
　　 나. 무넘기=무넘깃둑, 돋보기=돋보기안경, 되넘기=되넘기장사
　　 나'. 날치기=날치기꾼, 소매치기=소매치기꾼

이러한 점에서 어휘 내부에서 상하 관계를 보이는 통사적 결합어도 어휘 내부에서 상하 관계를 보이는 합성어와 마찬가지로 'AB는 B이다.'의 관계를 만족하므로 역시 모두 종속 합성어로 분석된다는 것을 알 수 있다.

'꾼'과 구별된다고 할 수 있다.

10. 단어 형성의 측면에서 본 어휘 내부의 의미장

10.1. 어휘 내부 의미장의 범위

그동안의 논의에서 의미장은 어휘들 사이의 관계에 국한되어 논의되어 왔다.[1] 그러나 어휘 내부에서 유의 관계, 반의 관계, 상하 관계를 살펴보면서 의미 관계가 어휘 곧 단어에만 국한되는 것이 아니라 형태소를 대상으로도 성립될 수 있다는 점을 강조한 바 있다. 이는 곧 어휘 내부에도 의미장의 관점을 도입할 수 있음을 뜻하는 것이다.

어휘와 어휘 사이에 존재하는 의미장은 의미적 연관성을 가진 채 일정한 범위를 전제하고 있는 단어들 사이에 성립된다. 의미장 이론의 창시자로 알려져 있는 Trier는 "의미장이란 것은 내용상으로 봐서 인접하고 있고, 상호적으로 의존해서 상호 간에 그 기능을 규정하는 한 무리의 단어들이다."(박종갑 2001 : 66에서 재인용)라고 언급한 바 있다.[2] 이는 의미장 안에서의 개개의 단어는 모자이크처럼 분할·획정되어 이웃 단어들과 개념

---

1) 따라서 그 명칭도 '어휘장'을 사용하는 일이 적지 않았음에 대해서는 1장에서 언급한 바 있다.
2) 최경봉(2015 : 138)의 언급처럼 의미장에 대해 관심을 기울이는 이유는 의미장이 모어 화자의 세계관을 반영하고 있으므로 언어마다 차이를 가지기 때문이다. 따라서 같은 의미장에 속하는 어휘들을 서로 비교하는 것은 그 언어를 사용하는 화자들의 세계관을 비교하는 것과 동일한 의미를 가지는 것이다. 이러한 관점에서 최경봉(2105 : 139)에 제시된 [동기]의 한국어, 중국어, 영어의 경우를 가져오면 다음과 같다.

적 친족관계를 구성하고 그것들과 더불어 빈틈없는 구성과 뚜렷한 윤곽
으로써 분절된 전체 즉 개념 연합체 또는 개념 영역을 구성한다고 보는
것이다. 이는 Humboldt의 언어관을 계승한 것으로 평가된다. Humboldt는
언어를 철저히 '분절화된 전체'로 보았기 때문이다.

그런데 이러한 관점을 어휘 내부에 적용시키기 위해서는 몇 가지 고려
해야 할 점이 있다. 이를 위해 §6.1에서 제시한 예문 (1)을 다시 가져오기
로 한다.

> (1) 가. 귀, 눈, 눈썹, 다리, 등, 머리, 머리카락, 목, 몸, 무릎, 발등, 발목,
>   배, 배꼽, 뺨, 뼈, 수염, 손/발, 손가락/발가락, 어깨, 얼굴, 오른발/
>   왼발, 오른손/왼손, 이, 이마, 이빨, 입, 입술, 코, 키, 턱, 털, 팔,
>   피, 피부, 허리, 혀
>   나. 귓속, 눈동자, 몸매, 손등, 손목, 손바닥/발바닥, 손톱/발톱, 엉덩
>   이, 윗몸, 주름살, 주먹, 코끝
>   다. 눈가, 속눈썹, 쌍꺼풀, 옆구리, 잇몸, 장딴지, 종아리, 치아, 허
>   벅지

	남자			여자		
	한국어	한자어/중국어	영어	한국어	한자어/중국어	영어
남자의 손위	형	兄/哥哥	brother	누나	姉/姐姐	sister
여자의 손위	오빠			언니		
남자의 손아래	동생 (남동생)	弟/弟弟		동생 (여동생)	妹/妹妹	
여자의 손아래						

한편 '부모'와 같은 단어에 주목하여 이를 유형론적 논의와 연관시킨 논의로 매우 흥미
로운 것은 최형용(2013c : 242-243)에서 언급한 Wälchli(2005)의 논의이다. Wälchli(2005)
에서는 지역에 따라 [parents]의 의미가 '부모'와 같은 대등 합성어로 나타나는 지역과
'아버지와 어머니'처럼 통사적 구성으로 나타나는 지역을 조사하여 대등 합성어가 동아
시아, 동남아시아에서 대륙의 서쪽으로 확대해 나갔다는 가설을 제기하고 있다. '부모'는
구성 요소가 반의 관계에 놓여 있기 때문에 이미 이 책에서 관심을 기울인 바 있는데 이
단어는 동시에 구성 요소가 모여 하나의 의미장을 형성하고 있다는 점에서 이 장의 관심
대상이 되는 것이기도 하다.

(1)은 문금현(2011 : 12)에서 의미장 가운데 가장 기초적인 의미장으로 소개된 [신체] 의미장으로 각각 초급, 중급, 고급에 해당한다고 한 바 있다. §6.1과 §6.2에서는 이들을 어휘 사이의 의미장의 관점에서 조명하기 위해 공통 요소를 가지는 것과 그렇지 않은 것으로 나누었다. 그런데 여기서는 어휘 내부의 의미장의 관점에서 이들을 살펴보아야 하기 때문에 이러한 작업이 의미가 없다. 대신 어휘 내부의 의미장은 단일어가 아닌 복합어를 대상으로 하므로 (1)에서 복합어를 추출하는 작업이 선행되어야 한다. 이러한 과정을 통해 추출된 복합어는 어휘 내부 의미장의 관점에서 다시 다음 두 가지로 나눌 수 있다.

(2) 가. 머리카락, 손가락/발가락, 오른발/왼발, 오른손/왼손, 입술, 귓속, 눈동자, 몸매, 손바닥/발바닥, 손톱/발톱, 윗몸, 주름살, 코끝, 눈가, 속눈썹, 쌍커풀,

　　나. 발등, 발목, 손등, 손목, 잇몸

(2가)는 복합어의 예이기는 하지만 구성 요소가 [신체] 의미장을 이용한 것이 아니기 때문에 구성 요소 사이에 의미장 관계에 놓여 있지 않은 경우이다. 가령 '손가락'은 선행 요소 '손'은 [신체]의 의미장에 속하지만 후행 요소 '가락'은 그렇게 보기 어렵기 때문이다.

이에 대해 (2나)는 구성 요소가 다시 [신체] 의미장에 속하는 단어들에 해당한다. 즉 (2나)의 단어들에서 구성 요소에 해당하는 '발등'의 '발', '등', '발목'의 '발', '목', '손등'의 '손', '등', '손목'의 '손', '목', '잇몸'의 '이', '몸'은 모두 독립된 어휘로 존재할 뿐만 아니라 그 어휘는 모두 (1)에도 제시된 것들이라는 점에서 [신체]의 의미장에 해당한다는 사실을 알 수 있다. (2나)의 단어들이 어휘 내부에서도 같은 의미장에 해당한다는 사실을 [신체]라는 의미를 이용하여 도식화하면 다음과 같다.

(3) [신체] + [신체] → [신체]

이는 어휘 내부의 의미장을 이루는 구성 요소는 모두 전체 단어의 의미
장과 동일한 의미장에 속해야 한다는 것으로 일반화할 수 있다. 그러나
여기에는 한 가지 고려해야 할 점이 있다. 의미장 가운데는 다양한 계층
구조를 가지는 것이 존재하기 때문이다. 다양한 계층 구조를 가지는 경우
에는 하위 의미장은 달라도 구성 요소 사이에 의미장의 관계를 인정할 수
있다. 이제 이에 대해 조금 더 자세히 살펴보기 위해 문금현(2011 : 13)에서
제시된 [공간] 의미장 어휘들을 다음에 제시해 보기로 한다.

(4) 가. 동쪽/서쪽/남쪽/북쪽, 앞/뒤, 앞쪽/뒤쪽, 옆, 위/아래, 위쪽/아래쪽,
　　　안/밖, 안쪽/바깥쪽, 여기/저기/거기, 왼쪽/오른쪽, 이쪽/그쪽/저
　　　쪽, 쪽
　　나. 가로/세로, 동/서/남/북, 앞뒤, 양쪽, 위아래
　　다. 사방/상하/안팎/좌우, 뒤편/이편/저편

(5) 가. 가운데, 땅/하늘, 밑, 바깥, 사이, 지하, 창문
　　나. 골목/골목길, 바닥/옥상/입구/창밖/창고, 실내/집안/야외, 옆방/옆
　　　집, 위층/아래층, 주변/주위
　　다. 구석/구석구석/모퉁이/밑바닥/중앙/한가운데, 뒷골목/언덕, 창/
　　　창가

(4)는 [방향], (5)는 [위치] 의미장에 속하는 어휘들인데 각각 초급, 중급,
고급으로 나뉘는 것은 (1)과 같다.[3]
먼저 (4)의 [방향]의 경우에는 다음과 같은 것들이 어휘 내부 의미장의
관심 대상이 된다.

---

3) 이 외에 [장소] 관련 어휘들도 따로 제시되어 있으나 이들 어휘 가운데는 어휘 내부 의미
　장의 관심 대상으로 삼을 만한 것이 발견되지 않아 여기서는 검토하지 않기로 한다.

(6) 동쪽/서쪽/남쪽/북쪽, 앞쪽/뒤쪽, 위쪽/아래쪽, 안쪽/바깥쪽, 이쪽/그쪽/
　　저쪽, 앞뒤, 위아래, 상하, 안팎, 좌우, 뒤편/이편/저편

이들은 (3)을 참고할 때 다음과 같이 구성 요소의 의미를 나타낼 수
있다.

(7) [방향] + [방향] → [방향]

다음으로 (5)의 [위치]의 경우에는 다음과 같은 것들이 어휘 내부 의미
장의 관심 대상이 된다.

(8) 골목길, 옥상, 집안, 밑바닥, 중앙, 옆방/옆집, 위층/아래층, 뒷골목

그런데 이들 어휘들의 구성 요소들은 의미장이 일정하지 않다. 이를 의
미장에 따라 다시 나누면 다음과 같다.

(9) 가. 골목길, 집안, 밑바닥, 중앙
　　나. 옥상, 옆방/옆집, 위층/아래층, 뒷골목

즉 (9가)는 구성 요소들의 의미장이 [위치]로만 이루어져 있다. 이에 대
해 (9나)에서 구성 요소 '상', '옆', '위', '뒤'는 [위치]가 아니라 [방향]에
해당한다. 이를 (3)과 (7)을 참고하면 다음과 같이 나타낼 수 있다.

(10) 가. [위치] + [위치] → [위치]
　　 나. [방향] + [위치] → [위치]

[위치]뿐만이 아니라 [방향]도 [공간]의 하위 의미장에 해당하기 때문에

(10나)처럼, 하위 의미장이 (10가)와 같이 일치하지 않아도 [공간]이라는
상위 의미장이 동일하기 때문에 이들도 어휘 내부의 의미장에 포함된다
고 할 수 있다.

또한 (9)의 단어들은 (2나), (6)의 단어들과 차이가 있다. (2나), (6)의 단
어들은 구성 요소가 모두 단어의 자격을 가지지만 (9)에는 '중앙', '옥상'
에서 살펴볼 수 있듯이 구성 요소가 형태소 어근인 경우도 존재하기 때문
이다. 따라서 이렇게 어근의 자격을 중심으로 하면 (9)를 다음과 같이 나
눌 수도 있다.

> (11) 가. 골목길, 집안, 밑바닥, 옆방/옆집, 위층/아래층, 뒷골목
>   나. 중앙, 옥상

(11가)는 구성 요소가 모두 단어 어근의 자격을 가지는 것이며 (11나)는
구성 요소 가운데 형태소 어근이 발견되는 경우이다.

이제 이상의 논의에 기반한다면 다음과 같은 단어들도 어휘 내부 의미
장의 예로 다룰 수 있다.

> (12) 가. 이곳저곳, 여기저기, 요기조기
>   나. 이리저리, 이쪽저쪽, 이편저편

(12가)는 [위치]를 나타내는 말끼리 결합하여 다시 [위치]를 나타내는
단어가 된 것이고 (12나)는 [방향]을 나타내는 말이 결합하여 다시 [방향]
을 나타내는 단어가 된 것들이다.

앞의 논의들은 모두 명사에서 나타나는 어휘 내부 의미장의 예들이지
만 용언에서도 어휘 내부에서 의미장을 보이는 경우를 찾을 수 있다. 이
를 위해 최경봉(2015 : 140)에서 제시된 다음의 [조리하다] 의미장을 살펴보

기로 한다.

(13) 짓다, 끓이다, 삶다, 찌다, 고다, 조리다, 달이다, 데치다, 튀기다, 지
    지다, 볶다, 굽다, 그슬리다

그런데 이들 사이에는 일정한 관계가 있다. 최경봉(2015 : 140-141)에서는
이를, 이용하는 도구에 따라 그리고 조리 과정에 직접적인지 여부에 따라
다음과 같이 도식화하여 제시하고 있다.

(14)

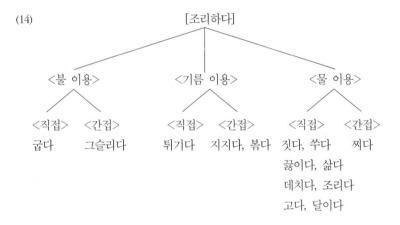

즉 <물 이용>은 다시 <필요 시간의 양>에 따라 '데치다'와 '그 외 어
휘들', '데치다'를 제외한 어휘들은 다시 <끓이는 대상> 등에 따라 대립
을 구획할 수 있다고 보았고 <국물의 정도>에서는 '조리다, 고다, 달이
다'가 그 외 어휘와 대립되고 <끓이는 대상>에서는 '짓다-밥', '쑤다-
죽', '끓이다-찌개', '삶다-고기, 감자' 등처럼 조리어와 공기하는 조리
대상과 구분된다고 하였다.[4]

---

4) 최경봉(2015 : 141)에서는 이를 기반으로 영어의 [cook] 의미장을 설정하여 한국어와 비
   교하고 있다. 한편 의미장은 경우에 따라 훨씬 더 복잡한 위계를 가질 수도 있다. 복잡한

이러한 측면에서 (14)의 단어들, 가령 '굽다'와 '그슬리다', '튀기다'와 '지지다' 등은 §6.1에서 언급한 공통 요소를 가지지 않는 의미장의 관계에 놓여 있다는 것을 알 수 있다. 여기에서는 단어 내부에서 나타나는 의미장이 관심 대상인데 (14)의 단어들을 대상으로 할 때 다음과 같은 단어들이 존재한다는 점에 주목할 필요가 있다.

위계란 의미장을 다양한 계층 구조로 나눈다는 것을 의미하고 이때 일정한 기준을 설정한다는 것을 뜻한다. 가령 정연주 외(2011 : 102)에서는 목표점이 있는 대상 이동 동사를 의미장의 측면에서 분류하기 위해 '윤곽', '도달 양상', '이동의 결과 상태', '이동 양상', '도달점과 이동 대상에 대한 선택 제약'을 분류 기준으로 책정하였다. '윤곽'은 다시 '도달점'과 '출발점'으로 나누었는데 '도달점'에 해당하는 예들을 분류한 표를 제시하면 다음과 같다.

윤곽	도달 양상	결과 상태	이동양상	선택 제약(도달점)	선택 제약(대상)	어휘
	+공간 전체 / 공간 창출 -	완전히 포함 / +넣다	+던짐			투입하다
				《벽 따위로 구획 지어진 공간》		들이다
		-		《용기》		담다
	+공간 전체 / 공간 창출 +					(공백)
		+위치 고정			《폭이 좁고 긴 것》	꽂다
		-위치 고정				(공백)
도달점	-공간 전체	-받음				건네다
		+소유권 이동 / +분할				배포하다
		+소유권 이동 / -분할		《-복종 대상》	《선물》	증정하다
					《상》	수여하다
					《구호품, 대가》	지급하다
				《+복종 대상》		바치다
	+받음 / -소유권 이동 / +포갬					없다
	-포갬	+하강			《짐》	부리다
				《+운송수단》 싣다	《재화》	적재하다
	-하강			《-운송수단》 《-유정물》		두다
				《-운송수단》 《+유정물》 주다 / 《-높임 대상》 주다	《-주체 소유물》	전달하다
					《+주체 소유물》	(공백)
				《+높임 대상》		드리다

(15) 가. 쪄삶다
　　　나. 구워삶다

(15가)의 '쪄삶다'는 '찌고 삶고 하다'의 의미로 (14)의 [조리하다]의 하위 의미장 가운데 '물 이용', 그 가운데 각각 '간접'과 '직접'에 해당한다는 점에서 의미장을 찾을 수 있다. (15나)의 '구워삶다'는, 단어로서는 '여러 가지 수단과 방법을 써서 상대편이 자기의 생각대로 움직이도록 만들다'의 비유적인 의미를 가진다. 여기에서 '굽다'와 '삶다'는 (14)의 [조리하다]의 하위 의미장 가운데 '불 이용'과 '물 이용'에 속하는데 '조리'의 가장 대표적인 방식이라는 점에서 '여러 가지 수단과 방법'의 의미가 가능해진 것이라고 할 수 있다. (15가)의 '쪄삶다'는 비통사적 합성어에 속하는 데 비해 (15나)의 '구워삶다'는 통사적 결합어에 속한다는 것도 차이라면 차이일 수 있다.

10.2. 어휘 내부의 의미장과 의미 관계

어휘 내부에서 의미장을 이룰 때 구성 요소 사이에 의미 관계가 발견되는 경우도 있고 그렇지 않은 경우도 있을 수 있다. 지금까지 살펴본 의미 관계는 크게 유의 관계, 반의 관계, 상하 관계인데 이들은 어휘 내부이든 어휘 사이이든 모두 계열 관계를 보인다. 따라서 어휘 내부의 의미장도 곧 어휘의 구성 요소가 서로 계열 관계를 보인다는 것을 전제하는 것이므로 구성 요소 가운데는 유의 관계, 반의 관계, 상하 관계를 보일 가능성이 있는 것이다. 앞서 살펴본 어휘 내부에서 의미장 관계에 놓여 있는 다음의 경우들은 구성 요소 사이에 일정한 의미 관계를 포착하기 어려운 것들이다.

(16) 이쪽/그쪽/저쪽, 이편/저편, 옥상, 집안, 옆방/옆집, 위층/아래층, 뒷
　　골목

우선 '이, 그, 저'와 '쪽'은, 앞의 것은 단어 어근이기는 하되 단어로는
관형사이고 뒤의 것은 명사로서 서로 범주가 다를 뿐만 아니라 선행 요소
인 관형사는 지시 관형사로 [방향]의 의미를 가지는 후행 요소 '쪽'과는
의미 관계를 상정하기 어렵다는 것을 알 수 있다. '이편/저편'의 경우도
마찬가지이다.

다음으로 '옥상, 집안, 옆방/옆집, 위층/아래층, 뒷골목'은 그것이 형태소
어근이든 단어 어근이든 서로 대등한 관계를 가진다는 점에서는 의미 관
계를 찾을 수 있는 후보이지만 구성 요소 사이에 유의 관계, 반의 관계,
상하 관계 등을 찾을 수 없는 경우에 해당하다.

그러나 나머지 것들은 어휘 내부에서 의미장의 관점에서 다룰 수 있으
면서 구성 요소 사이에 일정한 의미 관계를 찾아볼 수 있는 것들이다.

(17) 가. 밑바닥, 중앙
　　 나. 앞뒤, 위아래, 상하, 안팎, 좌우, 이곳저곳, 여기저기, 요기조기,
　　　　 이리저리, 이쪽저쪽, 이편저편
　　 다. 잇몸, 동쪽/서쪽/남쪽/북쪽, 앞쪽/뒤쪽, 위쪽/아래쪽, 안쪽/바깥쪽,
　　　　 뒤편, 골목길

(17가)의 예들은 어휘 구성 요소가 의미장의 관계에 있으면서 서로 유
의 관계를 보여 주는 예들이다. '밑바닥'은 구성 요소가 모두 단어 어근의
자격을 가지는 데 비해 '중앙'은 구성 요소가 모두 형태소 어근의 자격을
가지고 있다는 차이를 갖는다. 전체 의미장의 입장에서 보면 구성 요소가

유의 관계에 놓여 있다는 것은 위계상 같은 위계를 가지는 것이되 영역의 측면에서는 한쪽으로 쏠려 있다는 것을 의미한다.

(17나)의 예들은 어휘 구성 요소가 의미장의 관계에 있으면서 서로 반의 관계를 보여 주는 예들이다. (17나)의 예들에서 구성 요소들은 모두 단어 어근의 자격을 가지고 있다는 공통점을 가지고 있다. 의미장의 입장에서 보면 구성 요소가 반의 관계에 놓여 있다는 것은 위계상 유의 관계와 마찬가지로 같은 위계를 가지는 것이되 영역의 측면에서는 어느 한쪽으로 쏠려 있는 것이 아니라 영역을 대칭적으로 나누어 갖는다는 것을 의미한다.

(17다)의 예들은 어휘 구성 요소가 의미장의 관계에 있으면서 서로 상하 관계를 보여 주는 예들이다. (17다)의 예들에서 구성 요소들은 모두 단어 어근의 자격을 가지고 있다는 점에서 (17나)와 마찬가지라고 할 수 있다. 의미장의 입장에서 보면 구성 요소가 상하 관계에 놓여 있다는 것은 위계상 유의 관계, 반의 관계와는 달리 다른 위계를 가지는 것이라는 점을 의미한다. 영역의 측면에서도 상의어가 하의어를 포함하는 관계에 놓여 있다는 것을 알 수 있다.

이제 앞서 언급한 바와 같이 어휘 내부 의미장의 측면에서 유의 관계, 반의 관계, 상하 관계가 갖는 차이를 도식화하면 다음과 같다.

(18) 가.

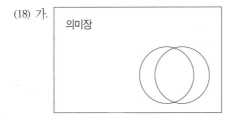

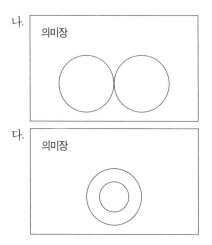

　　(18가)는 한 의미장을 이루면서 어휘 내부의 유의 관계를 도식화한 것인데 유의 관계에 놓인 만큼 전체 의미장의 측면에서 어느 한쪽으로 쏠리는 모습을 형상화한 것이다. 즉 유의 관계를 이루는 구성 요소는 전체 의미장을 대표할 수 없는 것이다.

　　(18나)는 한 의미장을 이루면서 어휘 내부의 반의 관계를 도식화한 것인데 반의 관계에 놓인 만큼 전체 의미장의 측면에서 어느 한쪽으로 쏠리지 않고 대등한 모습을 구현한 것이다. 만약 상보 반의 관계에 놓여 있고 그것을 나타내는 말이 하나의 단어를 이루는 경우 전체 의미장을 대변할 수도 있다. (17나)에서 '앞뒤, 위아래, 상하, 안팎, 좌우'와 같은 경우가 모두 이에 해당한다고 할 수 있다. 한편 (17나)에서 '이곳저곳, 여기저기, 요기조기, 이리저리, 이쪽저쪽, 이편저편'을 어휘 내부의 반의 관계로 처리한 것은 가령 '이곳저곳'이나 '여기저기'의 의미가 '그곳'이 결여되어 있음에도 불구하고 '여러 장소를 통틀어 이르는 말'의 의미를 가지기 때문이다. 즉 개별적인 어휘로는 '이곳'과 '그곳', '저곳'이 모두 존재하지만 하나의 어휘 내부에서는 '그곳'이 없어도 상보 반의 관계를 가지는 것이다.

(18다)는 한 의미장을 이루면서 어휘 내부의 상하 관계를 도식화한 것인데 상하 관계에 놓인 만큼 전체 의미장의 측면에서 하의어가 상의어에 포함되는 관계를 나타낸 것이다. 단어 내부에서는 거의 대부분 상의어가 오른쪽에 오고 하의어는 왼쪽에 온다는 것도 지금까지 논의를 통해 드러난 특성이다. 따라서 합성어 가운데는 종속 합성어에 속하게 된다는 점도 언급한 바 있다. 만약 계층 구조가 다양하게 나타나지 않는다면 어휘 내부의 상의어가 전체 의미장을 대변할 수도 있다.

단어 형성의 측면에서 어휘 사이의 의미장이라는 개념을 통해 얻게 되는 장점에 대해서는 이미 6장에서 강조한 바 있다. 즉 어휘 사이의 의미장은 유의 관계, 반의 관계, 상하 관계를 종합적으로 보여 줄 뿐만 아니라 내부 구조의 측면에서는 평행하지 않은 '덧셈', '뺄셈', '곱셈', '나눗셈'과 같은 어휘들을 단어 형성의 측면에서 서로 관련지어 살펴보게 해 준다. 만약 같은 의미장에 속하는 것이 아니라면 이들 단어의 형성은 규칙으로도 유추로도 설명하기 어렵다고 한 것을 상기할 필요가 있다.

그렇다면 어휘 내부의 의미장에 대한 관찰이 단어 형성 측면에서 가지는 장점은 무엇일까? 어휘 내부의 의미장도 유의 관계, 반의 관계, 상하 관계를 모두 보여 준다는 점은 이미 살펴본 바 있다. 아마도 역설적으로 보일 수도 있으나 어휘 내부의 의미장이 가지는 또 다른 장점은 유의 관계, 반의 관계, 상하 관계와 같은 의미 관계를 보이지 않는 합성어들에 대한 관심을 통해 드러난다고 할 수 있다.

(19) 가. 논밭
　　　나. 눈코
　　　다. 마소, 개돼지
　　　라. 찌삶다

(19)의 단어들은 모두 대등 합성어의 예에 속한다. 그런데 이들 합성어의 구성 요소는 서로 대등하지만 앞서 살펴본 유의 관계나 반의 관계 혹은 상하 관계에 놓여 있다고 보기 힘들다. 대신 이들 구성 요소들은 (19가)는 [땅], (19나)는 [신체], (19다)는 [가축], (19라)는 전술한 [조리하다]의 의미장을 이루는 구성 요소들에 해당한다. 즉 (19)의 예를 통해 의미장이 단어 형성의 한 요인으로 작용한다는 것을 알 수 있게 되는 것이다.

> (20) 가. 비바람, 눈바람
>   나. 검붉다, 희푸르다

(19)가 하나의 의미장을 이루는 요소들이 결합한 대등 합성어라면 (20)은 하나의 의미장을 이루는 요소들이 결합한 종속 합성어의 예이다. 따라서 (20가)의 '비바람'과 '눈바람'은 '비바람도 바람이다.', '눈바람도 바람이다.'의 관계를 만족시키고 (20나)의 '검붉다'와 '희푸르다'는 각각 '검붉은 색도 붉은색이다.', '희푸른 색도 푸른색이다.'의 관계를 만족시킨다. 그러면서 (20가)는 구성 요소들이 [자연 현상], (20나)는 [색깔]의 의미장을 이루고 있다. 이들 합성어의 구성 요소는 역시 앞서 살펴본 유의 관계나 반의 반계에 놓여 있다고 보기 어렵고 후행 요소에 의미적으로 딸려 있기는 하지만 상하 관계로도 보기 어렵다. 이 역시 의미장을 전제로 하여야 구성 요소가 결합하여 새로운 단어를 형성하고 있는 이유를 설명할 수 있다.

(19)와 (20)의 예들을 통해 알 수 있는 것은 어휘 내부에서 구성 요소들 사이의 의미 관계가 해당 단어의 형성에 대한 동기가 된 것이라고 볼 수 있는 것처럼 어휘 내부에서 구성 요소들 사이에는 유의 관계, 반의 관계, 상하 관계와 같은 의미 관계가 형성되지 않더라도 더 상위의 의미장을 염두에 두면 이들 구성 요소가 결합한 이유를 설명할 수 있다는 점이다. 바

로 이러한 측면에서 의미장이 단어 형성의 측면에서 일정한 역할을 수행하고 있음을 확인할 수 있다.

10.3. 어휘 내부의 의미장과 어종

이번에는 어종의 측면에서 어휘 내부 의미장의 특성에 대해 생각해 보기로 하자. 먼저 (17)에 제시된 예들을 어종의 측면에서 다시 분류하면 다음과 같다.

(21) 가. 밑바닥, 앞뒤, 위아래, 안팎, 이곳저곳, 여기저기, 요기조기, 이리저리, 이쪽저쪽, 잇몸, 앞쪽/뒤쪽, 위쪽/아래쪽, 안쪽/바깥쪽, 뒤편, 골목길
　　 나. 중앙, 상하, 좌우
　　 다. 동쪽/서쪽/남쪽/북쪽, 이편저편, 뒤편

(21가)는 구성 요소가 모두 고유어에 해당하는 경우이고 (21나)는 구성 요소가 모두 한자(어)에 해당하는 경우이다. 이에 대해 (21다)는 구성 요소가 고유어와 한자로 이루어진 경우에 해당한다. 이처럼 구성 요소의 어종이 교차되는 경우는 어휘 내부가 유의 관계나 상하 관계에만 한정된다는 점을 언급한 바 있는데 역시 (21다)에 속하는 예들에는 반의 관계에 해당하는 경우는 존재하지 않는다.

그런데 특히 한자(어)의 경우에는 다음과 같은 복합 구성이 가능하다는 점에서 주목할 필요가 있다.

(22) 가. 형제자매, 남녀노소, 가감승제, 동서남북, 상하좌우, 전후좌우 …
　　 나. 상중하, 궁상각치우

먼저 (22가)는 모두 다음과 같이 직접 성분 분석된다는 점에서 공통된
다. (22가)의 '형제자매'의 경우만 보이면 다음과 같다.

(23)

(23)을 보면 직접 성분에 해당하는 '형제'와 '자매'는 다시 각각 반의 관
계를 보이는 형태소가 결합한 것이라는 점에서 어휘 내부의 의미장을 보
여 주고 있다. 또한 '형제자매'는 이들이 다시 단어 어근의 자격을 가진
채 결합하고 있되 역시 이들 사이도 반의 관계를 보여 주고 있다. 이러한
특성은 (22가)의 나머지 단어들 모두에도 공통적으로 해당되는 것이다. 이
를 그림으로 나타내면 다음과 같다. 가장 대표적인 '동서남북'의 경우만
제시해 보기로 한다.

(24)

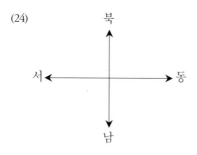

한편 '형제자매'는 구조의 측면에서만 보면 합성어의 합성이라는 점에
서 다층적인 단어 형성 과정을 보여 주고 있다. 역시 (22가)의 나머지 '남
녀노소, 가감승제, 동서남북, 상하좌우, 전후좌우'의 경우에도 단어 어근인
'가감', '승제', '동서', '남북', '상하', '좌우', '전후', '좌우'가 합성어에 해

당하므로 역시 다층적인 단어 형성 과정을 보여 주고 있다.

이러한 관계를 염두에 둘 때 어휘 내부의 의미장은 한자(어), 그 중에서도 반의 관계에 놓여 있는 한자(어)의 비중이 가장 크다는 것을 알 수 있다. 이러한 현상은, 앞서 여러 차례 언급한 바와 같이 한자 가운데는 비록 단어 어근인 경우도 적지 않지만 그 자체로 형태소 어근인 경우가 대부분이므로 서로 결합하여야만 단어를 이룰 수 있다는 점과 연관이 있다.

다음으로 (22나)의 경우는 직접 성분 분석이 까다로운 경우이지만 역시 어휘 내부의 의미장을 보인다는 점에서 관심을 기울일 필요가 있다. 먼저 '상중하'의 경우는 '*상중'도 존재하지 않고 '*중하'도 존재하지 않는다는 점에서 이분적인 직접 성분 분석이 힘들다. 앞의 상보 반의 관계인 '상하'의 경우에는 그 의미가 [방향]으로서의 '위아래'와 흡사하지만 '상중하'의 '상하'는 단순히 [방향]을 의미하는 것이 아니라 [등급]도 포함한다는 점에서 '중(中)'이 개입한 근거를 짐작할 수 있다. (22가)에 제시한 단어들은 하나의 의미장을 이루면서 직접 성분이 반의 관계로 이루어져 있다고 하였는데 '상중하'의 경우에는 구성 요소를 이분적으로 나누기 어렵기 때문에 이러한 반의 관계를 설정하기가 어렵다는 것도 특징이다.

다음으로 동양음악의 [오음(五音)]을 의미하는 '궁상각치우'의 경우도 '상중하'와 마찬가지로 이분적인 직접 성분 분석은 힘들고 각각의 요소가 대등하게 결합하고 있다고 보아야 한다. '궁상'이 존재하기는 하지만 그 나머지 '*각치우'가 존재하지 않을 뿐만 아니라 '*궁상각', '*상각치' 등의 단어도 존재하지 않는다. 이러한 점에서 '궁상각치우'는 [오음]이 그 구성 요소들을 통하여 하나의 의미장을 이루고 있음을 나타내는 단어라 할 수 있다. '상중하'의 경우와 마찬가지로 '궁상각치우'의 각 요소가 반의 관계에 놓여 있다고 보기 어렵다는 점도 공통점이다.

11. 단어 형성의 측면에서 본 어휘 내부의 은유와 논항 구조

11.1. 어휘 내부의 은유와 의미 관계

지금까지 어휘 내부의 의미 관계로 살펴본 것은 유의 관계, 반의 관계, 상하 관계였다. 이들은 전형적으로 어휘의 의미가 그들 사이의 관계를 통해 독자적으로 형성된다는 구조주의 의미론의 의미 관계를 대변한다.[1]

그런데 이들만으로 어휘 내부에 존재하는 구성 요소의 의미 관계가 망라되는 것은 물론 아니다. 그러한 것 가운데 형태론의 관점에서 주목할 필요가 있는 것 중의 하나는 어휘 내부에서 발견되는 은유(metaphor)라 할 수 있다. 은유는 구조주의에서는 선택 제약 원리를 위배하는 것으로서 다루어진 바 있다. 이러한 선택 제약은 일정 부분 어휘 내부에도 그대로 적용되는데 이렇게 보면 단어 내부에서 발생하는 은유도 쉽게 이해하기 어려운 것이라 할 수 있다.

구조주의에서 이러한 위치에 있던 은유는 인지주의 의미론에서 적극적인 관심을 가지기 시작하였는데 이를 언어학적 관점에서 본격적으로 표면화한 것은 Lakoff & Johnson(1980)에서라고 할 수 있다. 은유는 사물과 사

---

1) 최경봉(2015 : 20)에서는 이를, 형성해 가는 과정으로서의 언어가 아니라 주어진 것, 즉 체계로서의 언어에 주목하고 있는 것이라고 보았다.

물 사이의 유사성(similarity)에 근거한 인지 기제의 결과물이다.[2] 이를 Lakoff & Johnson(1980)에서는 어떤 종류의 사물을 다른 어떤 종류의 사물에서 이해하고 경험하는 과정이라고 하였고[3] Langacker(1987)에서는 근원 영역(source domain)에서 목표 영역(target domain)으로의 체계적인 사상(mapping) 과정으로 이를 정의한 바 있다.

따라서 이 책에서는 어휘 내부에 나타나는 은유의 양상에 대해 관심을 기울이고 그 특성에 대해서 몇 가지 언급해 보기로 한다. 우선 다음 예들을 살펴보기로 한다.

> (1) 가. 눈주름
> 　　나. 눈길
> 　　다. 눈감다

(1가)의 '눈주름'은 '눈가에 잡힌 주름'의 의미를 가지고 있다. 구성 요소의 지시적 의미의 합이 전체 단어의 의미와 같은 것이다. 그러나 (1나)의 '눈길'은 의미가 '눈이 가는 곳. 또는 눈으로 보는 방향'의 의미일 때도 '길'의 의미가 그대로 드러나지 않으며 '따뜻한 눈길'에서처럼 '주의나 관심'의 의미일 때는 '길'의 의미를 예측하기 어렵다. 따라서 이때의 '길'은

---

2) 은유가 결과라면 그러한 결과를 가져오는 인지 기제는 유사성에 주목하게 하는 유추일 것이다. 유추도 계열 관계를 전제하고 있음을 앞선 장들에서 여러 번 살펴본 바 있는데 이를 근거로 하면 은유도 유의 관계, 반의 관계, 상하 관계와 통하는 부분이 전혀 없는 것은 아니다. 한편 채현식(2006c)에서는 은유와 유추의 상관관계에 대해 고찰하고 있는데 폭넓게 정의되는 은유 가운데는 유추와 관련이 없는 것도 있다고 하였다.

3) Lakoff & Johnson(1980)은 은유를 지향적 은유(orientational metaphors), 존재론적 은유(ontological metaphors), 구조적 은유(structural metaphors)의 세 가지로 나누어 설명하고 있다. 지향적 은유는 상호 관련 속에서 개념들의 전체 체계를 조직화하는 은유이고 존재론적 은유는 추상적인 사건, 활동, 정서, 생각 등을 구체적인 물건이나 물질로 이해하고 개념화하는 은유이다. 이에 대해 구조적 은유란 한 개념이 다른 개념의 관점에서 구조화되는 은유를 말한다. 이들에 대한 보다 자세한 논의는 최지훈(2010)을 참고할 것.

'길'의 지시적 의미가 아니라 '길'이 가지고 있는 속성이 추상화한 은유가
작용한 것임을 알 수 있다.4) 한편 (1다)의 '눈감다'는『표준국어대사전』에

---

4) 개념적 은유 이론에서는 다의화한 경우를 은유의 관점에서 해석한다. 가령 '길'은『표준
국어대사전』에서는 다음과 같이 다양하게 명세되어 있다.
   길01
   「명사」
   「1」사람이나 동물 또는 자동차 따위가 지나갈 수 있게 땅 위에 낸 일정한 너비의 공
   간. ≒도도07(道途).
   ¶ 한적한 길/길이 막히다/길이 끊기다/길을 건너다/길을 닦다/길을 트다/길을 따라 걷
   다/논 옆에 길을 내다.
   「2」물 위나 공중에서 일정하게 다니는 곳.
   ¶ 배가 다니는 길.
   「3」걷거나 탈것을 타고 어느 곳으로 가는 노정(路程).
   ¶ 천 리나 되는 길/고향으로 가는 길/시청으로 가는 길을 묻다/그는 숲속에서 길을 잃
   고 한참을 헤매었다./갈 길이 머니 서두릅시다./우리는 가까운 지름길을 놔두고 다른
   길로 돌아갔다.
   「4」시간의 흐름에 따라 개인의 삶이나 사회적·역사적 발전 따위가 전개되는 과정.
   ¶ 이제까지 살아온 고단한 길/인류 문명이 발전해 온 길을 돌아본다.
   「5」사람이 삶을 살아가거나 사회가 발전해 가는 데에 지향하는 방향, 지침, 목적이나
   전문 분야.
   ¶ 배움의 길/승리의 길/평화의 길/강대국으로 가는 길/정상으로 향한 길/멀고 험난한
   민주화의 길/근대화의 길에 들어서다/그는 지금 의사의 길을 걷고 있다.
   「6」어떤 자격이나 신분으로서 주어진 도리나 임무.
   ¶ 어머니의 길/스승의 길/남편과 자녀를 위하는 것이 아내의 길이다.
   「7」((주로 '-는/을 길' 구성으로 쓰여))방법이나 수단.
   ¶ 그를 설득하는 길/지혜를 찾는 길/표현할 길이 없는 감동/먹고살 길이 막막하다./그
   를 찾을 길이 없다.
   「8」((주로 '-는 길로' 구성으로 쓰여))어떤 행동이 끝나자마자 즉시.
   ¶ 경찰에서 풀려나는 길로 나는 그 애를 따라 서울로 갔어.≪김성동, 만다라≫
   「9」(('-는 길에', '-는 길이다' 구성으로 쓰여))어떠한 일을 하는 도중이나 기회.
   ¶ 그는 학교에서 돌아오는 길에 물장난을 하였다./그는 출장 가는 길에 고향에 들렀
   다./그녀는 서점에 가는 길에 전화를 걸었다./일을 마치고 돌아오는 길이다.
   「10」((일부 명사 뒤에 붙어))'과정', '도중', '중간'의 뜻을 나타내는 말.
   ¶ 그는 어제 산책길에 만났던 그녀와 다시 마주쳤다.
   이들 의미 가운데 「3」 이하는 모두 '길'이 가지는 추상적인 의미에 해당이 되는데 이러
   한 추상적 의미가 나타나는 과정에 은유가 작용한 것으로 보는 것이다. 따라서 이러한 추
   상적인 의미의 '길'은 다음과 같이 유의어인 '도로'로 대치되기 어렵다.
   갈 {길이, *도로가} 머니 서두릅시다.

서는 지시적 의미는 싣지 않고 다음의 두 가지 의미로 명세되어 있다.

> (2) 눈-감다
> 「동사」
> 「1」사람의 목숨이 끊어지다.
> ¶ 할머니는 편안히 눈감으셨다./그러나 이제는 별로 기다릴 세월이
> 남지 않았다. 네가 없는 땅에서 홀로 눈감고 싶지는 않다.≪이문열,
> 영웅시대≫
> 「2」【…을】남의 잘못을 알고도 모르는 체하다.
> ¶ 비리를 눈감아 주다/그는 그 실수를 눈감아 달라고 사정했다./그는
> 부하들의 작은 잘못도 눈감고 지나는 법이 없었다.

　(2)에 제시된 두 가지 의미는 모두 '눈을 감는 행위'에 기반한 것이므로 이는 은유가 아니라 인접성(contiguity)에 근거한 환유(metonymy)가 작용한 것이라 할 수 있다.[5]

　구성 요소의 의미 관계 측면에서 보면 (1)의 단어들은 모두 유의 관계, 반의 관계, 상하 관계의 어느 것에도 해당한다고 보기 어렵다. 그런데 여기에서 어휘 내부의 의미 관계 측면에서 관심을 기울이고자 하는 것은 (1나)의 '눈길'과 같은 단어이다. '눈길'의 '눈'과 '길' 사이에는 표면적으로는 역시 유의 관계, 반의 관계, 상하 관계가 모두 적용되기 어려울 뿐만 아니라 의미 선택 관계에서도 서로 이질성을 가진다. '눈'과 '길'이 결합하여 일정한 의미를 가지기 위해서는 '길'의 의미가 '방향'과의 인접성을 통해 활성화한 것이라고 해석할 수 있기 때문이다. 이를 통해 '길'의 의미는 다의화하는 과정에 놓이게 된다.[6] 즉 어휘 내부에서 은유가 발견되는

---

5) Lakoff & Johnson(2003)에 따르면 환유는 어떤 개체(a)와 관련되는 동일 영역의 개체(a')를 지시하기 위해 그 개체의 이름(a')을 사용하는 것이다.
6) 최경봉(2015)에서도 은유를 '다의'의 연장선상에서 다루고 있다. 자세한 것은 최경봉(2015)의 11장을 참고할 것.

경우 이는 구성 요소의 다의화라는 의미의 결합 관계를 포착할 수 있게 된다. 이러한 점에서 보면 이 책에서는 (1다)와 같은 예들은 관심 대상으로 삼기 어렵다는 것을 알 수 있다. 의미 관계의 측면에서는 단어 전체가 비유적인 용법을 가지는 경우는 사실 (1가)와 마찬가지여서 '눈'과 '감다' 사이에는 선택 제약이 파괴되지 않는 것은 마찬가지이기 때문이다.

단어 내부에서의 은유에 대해 그동안 관심이 없었던 것은 아니다. 이 책과 관련하여 가장 주목할 만한 논의는 최지훈(1999)이다. 최지훈(1999 : 47-48)에서는 문장에서의 은유를 'A(근원 영역)는 B(목표 영역)이다'라고 할 때 합성 명사 내부에서 나타나는 관계를 다음의 네 가지로 나누었다.

(3) 가. AB : 웃음바다
나. BA : 여우비
다. A(B) : 산머리
라. (B)A : 머리말

(3다, 라)에서 목표 영역에 괄호 표시를 한 것은 '머리'가 '인간'의 일부이므로 '인간'이 직접 드러나지 않았음을 의미하기 위해서이다. 다만 최지훈(1999)에서 합성 명사 내부에서 나타나는 은유에 주목하고 있다는 것은 특기할 만하지만 이를 단어 형성의 관점에서 바라본 것은 아니었다는 점에 주의할 필요가 있다. 따라서 최지훈(1999)에서는 합성 명사 내부에서 나타나는 은유를 개념적 은유의 관점에서 분류하여 그 양상을 살펴보는 데 목적을 두었다.

채현식(2006b)에서도 합성 명사 내부에서 나타나는 은유에 관심을 기울인 바 있다. 최지훈(1999)에서는 합성 과정에서 은유가 나타난 것으로 보고 있는 데 비해 채현식(2006b)에서는 합성 과정 이전에도 은유가 나타날 수 있음을 주장한 바 있다.

11.2. 은유가 나타나는 단어 내부의 구성 요소와 논항 구조

단어 내부에서 은유가 나타나고 있는 (3)의 단어들은 지금까지의 논의를 참고할 때 결국 단어 내부의 선행 요소에서 은유가 일어난 것과 후행 요소에서 은유가 일어난 것 두 가지로 나눌 수 있다.

> (4) 가. 구슬땀, 눈깔사탕, 장대비, 접시꽃 …
> 　　　나. 바위옷, 발길, 죽부인 …

(4)는 채현식(2006b : 6)에서 제시된 것들인데 (4가)는 '구슬, 눈깔, 장대, 접시' 등 선행 요소에서 은유가 발견되는 것이고 (4나)는 '옷, 길, 부인' 등 후행 요소에서 은유가 발견되는 예들이다.[7] (4가)의 선행 요소들은 후행 요소에 대해 모두 [모양]의 유사성에 따른 은유를 보여 준다. 이에 대해 (4나)의 후행 요소에 나타난 은유는 이러한 관계를 상정하기 어렵다는 점에서 차이가 있다.

그런데 이러한 차이는 단어 형성의 측면에서는 큰 차이를 두기 어렵다. 은유가 선행 요소에 나타나든 후행 요소에 나타나든 이들 단어는 모두 합성에 의한 단어 형성에 해당하기 때문이다.

그럼에도 불구하고 이 책에서 단어 내부에 나타나는 은유에 관심을 기울이고자 하는 것은 단어 내부에서 나타나는 은유가 논항 구조의 측면에서 매우 이질적인 모습을 보여 주기 때문이다. 즉 은유가 나타나는 위치에 따라 전체 합성 명사의 의미에 기여하는 바가 본질적으로 달라 이들 단어를 포함한 통사 구조에서도 차이를 가져온다는 점에 주목할 필요가 있다는 것이다.

---

7) 채현식(2006b)에서는 이를 '의미 전이(transfer)'라 부르고 있다.

이러한 측면에서 (4)의 예들을 다시 살펴보기로 하자. 먼저 (4가)의 예들은 가령 '구슬땀'은 전체 분포를 결정짓는 요소 즉 핵이 후행 요소이고 그 요소들은 모두 지시적 의미를 가지기 때문에 '구슬땀은 땀이다.'와 같은 의미 관계가 성립하지만 (4나)의 예들은 후행 요소가 지시적 의미를 가지지 않기 때문에 이러한 의미 관계가 성립하지 않는다. 그래서 가령 '죽부인'은 '대오리로 길고 둥글게 얽기설기 엮어 만든 기구'의 의미이기 때문에 '죽부인은 부인이다.'와 같은 의미 관계가 성립하지 않는 것이다.8) 따라서 이들 두 가지 단어 부류는 문장에서 다음과 같은 논항 구조의 차이를 가져온다.

(5) 가. 일에 집중하느라 이마에 {구슬땀, 땀}이 맺히는 줄도 몰랐다.
　　나. 이번 여름을 시원하게 보내기 위해 {죽부인, *부인}을 구입하기로 하였다.

(5)와 같은 차이를 의미 관계의 측면에서 보자면 '구슬땀'은 '구슬땀은 땀이다.'의 관계를 만족하므로 '구슬땀'과 '땀'이 어휘 사이의 상하 관계를 보여 (5가)와 같은 문장이 성립될 수 있음에 비해 '죽부인'과 '부인'은 어휘 사이의 상하 관계를 보이지 않기 때문에 (5나)와 같은 문장이 성립될 수 없는 것이라고 해석할 수 있다.

그런데 여기서 주목하고자 하는 것은 후행 요소에서 은유 관계가 나타나는 (4나)와 같은 원리로 형성된 단어들 가운데도 (5나)가 아니라 (5가)와 같은 논항 구조를 보이는 것들이 적지 않다는 점이다.

---

8) 이에 따라 '구슬땀'은 종속 합성어에 해당하는 대신 '바위옷'은 구성 요소의 비중으로만 보면 종속 합성어에 해당할 것으로 보이지만 의미의 측면에서는 융합 합성어의 특성을 보여 준다는 점에서 차이가 있다.

(6) 가. 웃음꽃

꽃이 피어나듯 환하고 즐겁게 웃는 웃음이나 웃음판을 비유적으로 이르는 말.

¶ 그의 얼굴에는 모처럼 환한 웃음꽃이 피어났다./행복한 가정에는 항상 웃음꽃이 피어난다.

나. 사람사태

밀리고 몰리는 사람들로 가득 차서 마치 사태가 난 것처럼 번잡스러움을 비유적으로 이르는 말. ≒인사태01.

¶ 청도역에는 피난민으로 해서 사람사태가 났다고 들렸다. 온 동네가 술렁거렸다.≪오영수, 소쩍새≫

다. 고생바가지

고생스러운 일거리가 담겨 있는 바가지라는 뜻으로, 힘든 일이 많은 것을 비유적으로 이르는 말.

¶ 전차병으로 제대한 공수 유단자인 놈은 고생바가지를 뒤집어쓰고 살아가는 종혁의 등 뒤에서 꿀물이나 빨고….≪이정환, 샛강≫/이 민족이라는 게 고생바가지는 차게 생겼어요. 내, 더러워서 원.≪이호철, 이단자≫

(6)에서 제시한 '웃음꽃', '사람사태', '고생바가지'는 후행 요소인 '꽃', '사태', '바가지'가 은유를 보인다는 점에서 (4나)와 단어 형성 방법이 일치하는 단어들이다. 따라서 '웃음꽃은 꽃이다.', '사람사태는 사태이다.', '고생바가지는 바가지이다.'의 관계를 만족시키지 못해 종속 합성어가 아니라 융합 합성어의 지위를 가지는 것이라 말할 수 있다. 그런데 문장에서의 논항 구조는 축자적인 '꽃', '사태', '바가지'와 같아서 다음과 같은 관계가 성립한다는 점에서 (4나)가 아니라 (4가)와 같은 모습을 보여 준다.

(7) 가. {웃음꽃/꽃}이 피어나다.

나. {사람사태/사태}가 나다.

다. {고생바가지/바가지}를 뒤집어쓰다.

사실 지금까지의 논항 구조에 대한 논의는 문장에서의 논리를 단어 구조에 적용시키는 수준이었기 때문에 결과적으로는 단어와 문장을 별개로 다루는 일이 많았지만9) (7)과 같은 예들에 대해서는 단어 형성이 문장 구조와 직접적으로 연결되는데도 불구하고 지금까지는 본격적으로 다룬 적이 없었던 것이다.

단어의 후행 요소에 은유가 나타나 'AB는 B이다.'의 관계가 성립되지 않는데도 불구하고 (7)과 같은 현상이 나타나는 이유에 대해서는 다음과 같은 몇 가지 측면으로의 설명 방안이 모색될 수 있을 것으로 판단된다.

첫 번째는 §7.2에서 언급한 어휘 고도 제약의 위배 현상으로서 (7)의 현상이 새롭게 조명될 가능성이 있다는 것이다. 가령 '웃음꽃'은 특히 핵인 구성 요소의 의미가 축자적으로 해석되는 내심 합성어라고 볼 수 없는 외심 합성어 즉 융합 합성어라는 점에서 어휘 고도 제약을 준수할 것으로 판단되는데 실제로는 내부 구성 요소인 '꽃'이 문장 구성 과정에서 참조된다고 볼 수 있기 때문이다.

두 번째는 (7)의 현상을 다의(polysemic) 현상으로 해석할 가능성도 존재한다. 즉 가령 (7가)에서 '웃음꽃이 피어나다'에서의 '피어나다'의 의미와 '꽃이 피어나다'에서의 '피어나다'의 의미를 서로 다른 것으로 간주하되 뒤의 것은 중심적이거나 지시적 의미, 앞의 것은 주변적이거나 연상적 의미로 해석한다는 것이다. 이는 실제로 '피어나다'의 뜻풀이를 통해 그 가능성을 찾을 수 있다.

(8) 피어나다
「1」꽃 따위가 피게 되다.

---

9) 단어 내부에서 용언 혹은 용언에 상당하는 명사 등이 존재하고 이들의 의미상의 빈칸이 단어 차원에서 해결되지 않는 경우 문장에서 이를 해결한다는 언급 정도가 단어 형성에서의 논항 구조와 문장 형성의 논항 구조를 연결시키는 경우였다.

¶ 개나리가 한창 피어나는 봄/아무짝에도 쓸모없는 가시에서 저토록 아름다운 장미꽃이 피어났다고 생각하면 오히려 감사하고 싶은 것이다.≪법정, 무소유≫/별이 스러져 숨은 자리에 박꽃이 하얗게 피어나 있어 소담하게 보인다.≪최명희, 혼불≫/주름살이 무성한 긴 손마디에는 거뭇거뭇하게 저승꽃이 피어나고 있었다.≪한수산, 부초≫

「2」꺼져 가던 불이나 연기 따위가 일어나다.

¶ 탄불이 피어나다/연기가 모락모락 피어나다/심지에서 서서히 피어나는 불빛을 받으며 어머니가 가슴이 철렁 내려앉는 얼굴을 했다.≪윤흥길, 무지개는 언제 뜨는가≫/한수가 피우는 담배의 불꽃만이 피어났다 사그라졌다 하며 살아 움직였다.≪황순원, 신들의 주사위≫

「3」거의 죽게 된 사람이 다시 깨어나다.

「4」곤란한 형편이 차츰 풀리게 되다.

¶ 살림이 피어나다.

「5」성하여지거나 좋아지다.

¶ 이 사건에 가장 호기심을 가진 것은 이 동네 젊은 새댁들과 한창 피어나고 있는 색시들이었다.≪이무영, 농민≫/스무 살 안팎의 한창 피어나는 계집아이들이….≪채만식, 탁류≫

「6」냄새나 먼지 따위가 일어나 퍼지다.

¶ 퇴근을 하고 집에 들어가면 방 한쪽에 쌓인 천 더미에서 피어나는 먼지로 숨쉬기가 곤란할 지경이었다./덜컹거리는 트럭에 앉아 형태는 이제는 거의 질식할 정도로 피어나는 냄새와 쏟아져 들어오는 먼지와 사람들에 지쳐서 어금니가 아플 정도로 이를 악물고 있었다.≪한수산, 유민≫

「7」어떤 느낌이나 생각 따위가 일어나다.

¶ 어깨를 가지런히 공원 숲 속을 거닐면서 서로 마음을 주고받던 생각이 까마아득히 사라진 기억 속에서 다시 피어나고 있었다.≪오상원, 백지의 기록≫

「8」웃음이나 미소 따위가 얼굴이나 입가에 드러나다.

¶ 웃음이 입가에 피어나다/잔뜩 긴장하였던 남자의 얼굴에 미소가 가만히 피어나기 시작하였다.≪염상섭, 택일하던 날≫

(8)의 뜻풀이와 용례를 참조하면 '웃음꽃이 피어나다'의 '피어나다'는
'「8」'의 의미로, '꽃이 피어나다'의 '피어나다'는 '「1」'의 의미로 간주할
수 있다고 보는 것이다. '꽃이 피어나다'는 '꽃이 지다'가 가능하지만 '웃
음꽃이 피어나다'는 '웃음꽃이 지다'가 불가능하거나 자연스럽지 못한 것
으로 보아 이러한 해석은 어느 정도 신빙성이 높다고 할 수 있다.

다만 이러한 의미 해석은 경우에 따라서는 사전의 뜻풀이에서 아직 뒷
받침을 받지 못하는 경우가 있을 수 있다. 즉 앞의 해석은 '고생바가지를
뒤집어쓰다'의 경우에도 가능해 보이지만 다음에서 보는 바와 같이 사전
의 뜻풀이에서는 아직 이에 대해 고려하고 있지 못하다는 점이 문제가 되
는 것이다.

(9) 뒤집어쓰다.
　[1] 【…에 …을】
　「1」모자, 수건 따위를 머리에 쓰다. ≒둘러쓰다[1]「1」・뒤쓰다「2」.
　¶ 머리에 털모자를 깊이 뒤집어쓰다/누군가 헬멧을 벗고 있었다. 종
　대는 그것을 머리에 뒤집어썼다.≪최인호, 지구인≫
　「2」가면, 탈 따위를 얼굴에 쓰다.
　¶ 얼굴에 탈을 뒤집어쓰다/환자에게 약을 나눠 주는 간호원들은 위
　생복에 위생 장갑에 마스크를 뒤집어쓰고 그것도 아직 기분이 꺼림
　칙해서…≪이청준, 당신들의천국≫
　「3」가루나 액체 따위를 온몸 또는 신체 일부에 덮어쓰다. ≒둘러쓰
　다[1]「2」.
　¶ 분가루를 뒤집어쓴 뽀얀 얼굴/머리에 물을 뒤집어쓰다/청소를 하
　다가 온몸에 먼지를 뒤집어썼다./머리에 서릿발이 얹힌 듯 희끗희
　끗 밀가루를 뒤집어쓴 제분 공장 노무자들이….≪오정희, 중국인 거
　리≫/여삼은 찬물을 뒤집어쓴 듯이 번뜩 새 정신이 들었다.≪유현
　종, 들불≫
　[2] 【…을】
　「1」온몸을 가려서 내리덮다.

¶ 너무 추워 이불을 머리끝까지 뒤집어쓰고 잤다./북을 쌌던 것을 시종 말없이 졸고 있는 동행에게 안겨 주고 자기는 장구를 쌌던 보를 뒤집어쓰고 누웠다.≪한무숙, 만남≫

「2」남의 허물이나 책임을 넘겨 맡다. 늑둘러쓰다[2].

¶ 누명을 뒤집어쓰다/책임을 뒤집어쓰다/억울하게 뒤집어쓴 혐의가 빨리 벗겨지기를 바랄 뿐이다./스님은 어이없는 매를 맞으면서도 꾹 참고 그 허물을 뒤집어썼으며….≪송기숙, 녹두 장군≫

「3」생김새나 성질 따위가 누구를 그대로 닮다.

¶ 그는 젊은 시절의 아버지 모습을 뒤집어썼다.

(9)에 제시된 '뒤집어쓰다'의 뜻풀이에서는 '고생바가지를 뒤집어쓰다'의 경우에 적합한 경우를 찾기는 어려워 보인다. 사실 이는 은유와 관련하여 전이된 의미가 모두 뜻풀이에 반영되는 것은 아니라는 점을 감안해야 할 필요성을 제시하는 것이기도 하다.

이 두 가지 가능성 가운데 앞의 가능성을 지지하는 논의는 김진해(2014)에서 제시된 바 있다. 김진해(2014)에서는 서술어에 따라 합성 명사의 내부 구조에 대한 분석 가능성이 있다는 점은, 기존에 합성 명사는 지시적 섬을 이루어 더 이상 내부 구조를 분석할 수 없다는 기존의 주장 즉 어휘 고도 제약에 중요한 반론이 될 수 있다고 보고 있기 때문이다. 이를 위해 김진해(2014)에서는 은유가 나타나는 합성 명사를 다음과 같이 분류하고 있다.

(10) 가. 은유적 수식어 + 머리어 : 벼락부자, 배추머리, 도끼눈
　　 나. 수식어 + 은유적 머리어 : 이야기꽃, 바늘머리
　　 다. 은유적 수식어 + 은유적 머리어
　　 라. 전체가 은유 : 병목('병목 현상'), 종이호랑이('종이호랑이 선생님')

그리고 (10나)의 '이야기꽃'과 같은 단어는 이와 결합하는 표현이 개방적이지 않고 '이야기꽃을 피우다'로 제약된다는 점에서 합성 명사 외부의 서술어가 합성 명사의 해석에 영향을 미친다고 보았다. 즉 합성 명사 '이야기꽃'은 '이야기'의 이어짐과 풍성함을 '꽃'의 '개화(開花)' 다시 말해, '이야기꽃'이 이야기의 과정과 식물의 성장 과정 간의 연결이라고 한다면 [발아-개화-낙화(열매)]라는 전체 과정과 대응해야 하는데, 실제로는 그렇지 않고 '개화'에만 초점이 맞춰진다는 것이다. 그리하여 '이야기꽃'은 식물 '꽃'의 성장 과정 전체를 표상하지 못하고 '이야기꽃'은 오직 '피기만' 할 뿐, '지거나, 싹트거나, 시들지' 않는다고 본다. 그것은 이야기꽃이 핀 상태, 다시 말해 '즐겁고 재미난 이야기를 나누는 상태'만이 부각 (highlighting)되고 나머지 꽃의 가능한 상태(싹트다, 지다, 시들다 등)는 배제된다고 보는 것이다.

그런데 이러한 시각은 은유가 나타나는 합성 명사에 직접적인 관심을 기울인 것은 아니지만 김창섭(2014)에서도 찾을 수 있어 보인다. 김창섭(2014)에서는 다음과 같은 단어들에 주목하고 있다.

> (11) 가. 헛+발 (헛발을 디디다)
> 　　　나. 맞+손 (맞손을 잡다)
> 　　　다. 밤+글 (밤글을 읽다/배우다)
> 　　　라. 헛+배 (헛배가 부르다)

김창섭(2014)에서는 (11)의 단어들을 '헛발'류라 부르고 있는데 이들에 주목하게 된 것은 '헛발'이 '헛발을 디디다'와 같은 한정된 구성에만 쓰이면서 그 의미 구조는 '[헛[발을 디디다]]'에 해당한다고 보았기 때문이다. 이러한 구조는 '이야기꽃이 피다'를 [이야기[꽃이 피다]]'처럼 분석해야 하는 앞의 예들과 동일한 현상에 주목한 것이라 볼 수 있다.[10)]

우선 이상의 논의를 염두에 둔다면 합성 명사에서 후행 요소가 은유인 경우는 '죽부인'의 '부인'과 같이 어휘 내부의 후행 요소가 외부 서술어와 논항 구조를 이루지 못하는 경우와 '이야기꽃'의 '꽃'과 같이 외부 서술어와 논항 구조를 이루는 두 가지 경우로 나뉜다는 것을 알 수 있다. 이때 후자의 경우에는 어휘 고도 제약과 관련하여 예외로 간주될 수 있다는 점에서 주목할 필요가 있는 것이다.11)

이러한 관점에서 보면 (7)의 현상을 다의(polysemic) 현상으로 해석하는 것도 어휘 고도 제약을 어기는 것과 양립 가능한 해결 방안이라는 것을 알 수 있다. 은유가 곧 어휘 의미의 다의화를 환류(feedback)하는 결과를 가져오기도 하기 때문이다. 따라서 이러한 관점에서 보면 '웃음꽃이 피어나다'의 '피어나다'가 가지는 (8)의 의미 명세 「8」웃음이나 미소 따위가 얼굴이나 입가에 드러나다.'는 '웃음꽃'이라는 어휘의 추상적인 의미가 반영

10) 이러한 분석은 '[[truck drive]-er]'와 '[[truck][driver]]'에서 보는 바와 같이 형태 구조와 의미 구조가 차이를 가지는 괄호 매김 역설(bracketing paradox)을 떠올리게 한다. 다만 괄호 매김 역설이 단어 내부에서 일어나는 것임에 비해 '이야기꽃이 피다'는 단어의 결합 즉 구(句)에 적용된다는 점에서 차이가 있다. 최형용(2003a : 179)에서는 '[[truck drive]-er]'는 형성 과정에 대한 분석이고 '[[truck][driver]]'는 또 다른 단어의 형성을 위한 분석으로 보아 두 가지 분석이 모두 가능한 것으로 간주한 바 있는데 이는 채현식 (2010)의 논의와 일맥상통하는 부분이 적지 않다. 채현식(2010)에서는 괄호 매김 역설이 직렬 처리와 국소 표상의 방식으로 정보를 처리하는 생성형태론의 작업 가설로부터 귀결된 결과이며 정보의 병렬 처리와 분산 표상이라는 인지문법의 작업 가설에 따르면 괄호 매김 역설은 발생하지 않는다고 보고 있기 때문이다. 즉 가령 '해돋이'라는 단어는 '[해돋- [-이]]'와 '[해 [돋-이]]'의 두 가지 구조를 동시에 갖는 것으로 보고 있는데 이는 결과적으로 최형용(2003a : 179)과 다르지 않다고 판단된다.
11) '깨끗하다'가 '깨끗도 하다'가 되는 것처럼 단어 내부가 분리되는 현상은 통사적 요소가 단어 내부에 나타난다는 점에서 '어근 분리 현상'으로 주목받은 바 있는데 이것도 어휘 고도 제약을 어기는 것이라 할 수 있다. 황화상(2016)에서는 이른바 어근 분리 구성을 형식적인 측면과 기능적인 측면으로 나누고 형식적으로는 통사부에서 하나의 단어가 두 부분으로 나뉘어 나타나는 것이지만 기능적으로는 각 부분이 독자적인 지위를 갖는 것이 아니라 단어 전체가 하나의 통사론적 지위를 갖는다고 보아 어휘 고도 제약을 형식적인 차원에서가 아니라 기능적인 차원에서 적용되는 것으로 이해하면 어근 분리는 이를 어기지 않는 것으로 볼 수 있다고 한 바 있다.

된 것이라고 볼 수 있다.[12]

이러한 사실이 의미하는 바를 보다 구체적으로 언급하기 위해 '바다'가 후행 요소로 사용된 것은 공통적이지만 경우에 따라서는 지시적 의미로, 경우에 따라서는 은유적 의미로 사용된 다음 단어들을 살펴보기로 하자.

(12) 가. 밤바다, 산호바다, 안바다, 앞바다

나. 꽃바다, 나무바다, 눈물바다, 별바다, 불바다, 울음바다, 웃음바다, 피바다

(12가)는 '바다'가 지시적 의미로 쓰인 것이고 (12나)는 '바다'가 은유적

---

12) 이러한 측면에서『표준국어대사전』에 명세된 의미에 주목할 필요가 있다.

　가. 쥐-꼬리

　　「명사」

　　매우 적은 것을 비유적으로 이르는 말.

　　¶ 쥐꼬리만 한 수입/미안한 마음은 쥐꼬리만큼도 안 든다.

　나. 마당-발

　　「명사」

　　「1」볼이 넓고 바닥이 평평하게 생긴 발. ≒납작발.

　　¶ 그는 마당발이어서 걸으면 쉽게 피로를 느낀다.

　　「2」인간관계가 넓어서 폭넓게 활동하는 사람.

　　¶ 그는 그 지역에서 알아주는 마당발로 모르는 사람이 거의 없다.

　다. 오른-팔

　　「명사」

　　「1」오른쪽에 달린 팔. ≒바른팔「1」· 우완01(右腕).

　　¶ 동욱은 전신의 힘을 오른팔에 모아 바다 쪽을 향하고 돌팔매를 쏘았다.≪윤흥길, 묵시의 바다≫

　　「2」가장 가까이에서 중요한 역할을 맡아 도와주는 사람을 비유적으로 이르는 말. ≒바른팔「2」.

　　¶ 그 사람은 사장의 오른팔이라고 말할 수 있다.

(가)의 '쥐꼬리'에는 비유적인 의미만 명세되어 있고 (나)의 '마당발'에는 지시적인 의미도 명세되어 있음을 볼 수 있다. 이는 '쥐꼬리'가 지시적인 의미로는 명세할 필요가 없을 정도로 의미가 투명하기 때문이다. 그런데 (다)에서는 '오른팔'이 '쥐꼬리'처럼 지시적인 의미로는 명세할 필요가 없음에도 명세되어 있다. 이러한 경우 그 명세는 은유에 따른 의미의 명세 이후에 제시된 것일 가능성도 있는 것이다.

의미로 쓰인 것이다. 따라서 이들은 (12가)는 가령 '밤바다'가 '밤바다는 바다이다.'라는 의미 관계를 만족시킨다는 점에서 모두 종속 합성어에 해당한다는 것을 알 수 있고 (12나)는 가령 '꽃바다'가 '꽃바다는 바다이다.'라는 의미 관계를 만족시키지 못한다는 점에서 모두 융합 합성어에 해당한다는 것을 알 수 있다. 그런데 '바다'에 대해 『표준국어대사전』에서는 다음과 같은 의미 명세를 하고 있다.

> (13) 바다
> 「명사」
> 「1」『지리』지구 위에서 육지를 제외한 부분으로 짠물이 괴어 하나로 이어진 넓고 큰 부분. 지구 표면적의 약 70.8%를 차지하는데, 이는 육지 면적의 2.43배이다. ≒해원02.
> ¶ 넓고 푸른 바다/바다에서 고기를 잡았다./파도가 심해서 바다에 나갈 수가 없다./배를 타고 바다를 건넜다./어부들은 이른 새벽 바다로 나갔다./호수가 너무 넓어서 내 시야 가득히 겨울의 바다 같은 광야가 펼쳐져 있었다.≪백도기, 청동의 뱀≫
> 「2」썩 너른 넓이로 무엇이 많이 모여 있는 곳.
> ¶ 초파일이면 절은 온통 연등의 바다를 이룬다.
> 「3」『천문』달이나 화성 표면의 검게 보이는 부분.
> ¶ 고요의 바다/폭풍의 바다.

(13)에서 첫 번째 뜻풀이는 (12가)의 '바다'에 해당하고 두 번째 뜻풀이는 (12나)의 '바다'에 해당한다. 이처럼 '바다'에 (13)의 두 번째 뜻풀이가 제시된 것은 (12)에서 볼 수 있는 바와 같이 '바다'가 은유적 용법으로 흔히 사용되기 때문이다.[13]

---

13) 『표준국어대사전』에 제시된 '바다'로 끝나는 단어를 은유로 사용된 것과 그렇지 않은 것으로 정리하여 제시하면 다음과 같다.
　　가. 구름바다, 꽃바다, 나무바다, 눈물바다, 물바다, 별바다, 불바다, 울음바다, 웃음바다, 피바다

이상의 사실을 고려할 때 단어 내부에서의 은유가 결국 해당 어휘의 다의화에 기여한다고 할 수 있다.14) 이러한 측면은, 단어 내부의 은유가 단

　나. 갓바다, 난바다, 든바다, 먼바다, 밤바다, 산호바다, 안바다, 앞바다, 인공바다, 한
　　바다, 허허바다, 호호바다
　(가)는 '바다'가 은유로 사용된 것이고 (나)는 그렇지 않은 것인데 그 수가 거의 비슷함
　을 알 수 있다.
14) 물론 다의화가 언제나 은유를 전제하는 것은 아니다. 이러한 관점에서 §3.3에서 어휘 사
　이의 유의 관계로 살펴보았던 '살짝'과 '슬쩍'의 의미 명세를 다시 비교해 살펴보기로
　한다.
　　가. 살짝01
　　　「부사」
　　　「1」남의 눈을 피하여 재빠르게.
　　　¶ 그는 모임에서 살짝 빠져나갔다.
　　　「2」힘들이지 아니하고 가볍게.
　　　¶ 이것 좀 살짝 들어 봐라./그녀는 고개를 살짝 들고 상대편을 쳐다보았다.
　　　「3」심하지 아니하게 아주 약간.
　　　¶ 시금치를 살짝 데치다/소녀는 부끄러운지 얼굴을 살짝 붉혔다./누가 살짝 건드
　　　려 주기만 하여도 달아나고 싶은 심정이었던 것이다.≪박경리, 토지≫
　　　「4」표 나지 않게 넌지시.
　　　¶ 그는 그 일을 내게만 살짝 알려 주었다.
　　나. 슬쩍
　　　「부사」
　　　「1」남의 눈을 피하여 재빠르게.
　　　¶ 남의 물건을 슬쩍 훔쳐 도망가다/그들은 내 주머니에다 슬쩍 시계를 집어넣고
　　　는 일단 파출소에다 도둑놈이라고 신고를 했다.≪황석영, 어둠의 자식들≫
　　　「2」힘들이지 않고 거볍게.
　　　¶ 슬쩍 건드렸는데도 아프다고 야단이다./달주는 몸을 슬쩍 피하며 날아오는 목
　　　침을 손으로 덥석 잡아 버렸다.≪송기숙, 녹두 장군≫
　　　「3」심하지 않게 약간.
　　　¶ 슬쩍 익히다/봄나물을 슬쩍 데쳐 갖은양념을 넣어 무쳐 먹었다.
　　　「4」표 나지 않게 넌지시.
　　　¶ 의중을 슬쩍 떠보다/슬쩍 화제를 돌리다.
　　　<u>「5」특별히 마음을 쓰거나 정성을 들이지 않고 빠르게.</u>
　　　¶ 그는 책을 한 번 슬쩍 훑어보더니 재미없다는 듯 곧 팽개쳐 버렸다.
　　　　　　　　　　　　　　　　　　　　　　　　　　　　　　　(밑줄 저자)
　(가)의 '살짝'과 (나)의 '슬쩍'은 서로 내적 변화어의 관계에 놓여 있는데 '슬쩍'의 경우에
　는 '살짝'에는 없는 밑줄 친 뜻이 더 있었다. 이는 '살짝'보다 '슬쩍'이 추상적 의미에서
　더 다의화한 경우라고 할 수 있는데 이 과정에서 은유가 개입되어 있다고 보기는 어려워
　보인다.

어 형성의 측면에서는 합성이라는 방법에 의한 것이라는 점에서 어휘 내부의 유의 관계, 반의 관계, 상하 관계 공통된 부분도 있지만 논항 관계의 측면에서는 어휘 고도 제약에 대한 예외로 해석될 수 있는 특수성을 가진다는 점에서 앞으로 주목해야 할 부분이 아닐 수 없다.

제4부

의미 관계 형태론의 의의와 전망

　지금까지 살펴본 의미 관계는 그것이 어휘 사이이든 혹은 어휘 내부이든 복합어를 대상으로 한 것이다. 이때 어휘 사이는 상하 관계를 제외하면 공통 요소의 존재가 필수적이다. 이는 공통 요소를 중심으로 다양한 의미 관계가 단어 형성의 측면에서 조명될 수 있음을 의미하는 것이다. 이러한 관점은 어휘 내부도 마찬가지이다. 두 개 이상의 형태소로 이루어져 있는 복합어의 경우 의미 관계를 보이는 것들은 단어 형성의 측면에서 이를 관련 지을 수 있었다. 이것은 곧 의미 관계가 단어 형성의 측면과 무관하지 않다는 것을 뜻하는 것이다.

　그러나 여기에서 주의할 것은 모든 복합어가 다른 복합어와 모종의 의미 관계를 가지는 것은 아니며 복합어의 내부 요소 사이에도 마찬가지 논리가 적용된다는 점이다. 따라서 의미 관계 형태론은 태생적인 한계를 가진다고 할 수 있다.

　그럼에도 불구하고 의미 관계 형태론이 가지는 의의를 과소평가해서는 안 된다. 의미 관계 형태론은 그 나름대로의 체계를 가지고 있으며 의미 관계를 통해 새롭게 조명되거나 부각된 부분이 많고 새롭게 형태론의 과제로 제시된 부분도 적지 않기 때문이다. 따라서 이러한 측면을 염두에 둔다면 의미 관계 형태론은 앞으로도 전망이 어둡지 않은 분야임을 알 수 있다.

12. 의미 관계 형태론의 의의와 한계

12.1. 의미 관계 형태론의 의의

지금까지 의미 관계를 단어 형성의 측면에서 살펴보기 위해 먼저 어휘 의미론의 의미 관계를 단어 형성의 측면에서 바라본다는 것이 가지는 의미를 정리하고 어휘와 어휘 사이에서 나타나는 의미 관계를 단어 형성의 측면에서 바라볼 수 있는 경우와 어휘 내부에서 나타나는 의미 관계를 단어 형성의 측면에서 바라볼 수 있는 경우로 나누어 고찰하였다. 이처럼 의미 관계를 보이는 요소가 어휘이든 어휘 내부 요소이든 이를 단어 형성의 관점에서 바라보려는 시각을 의미 관계 형태론이라고 가정한다면 이는 기존의 논의와 관련하여 크게 두 가지 측면에서의 차이에 주목할 필요가 있다.

하나는 결과적으로 어휘 의미론의 연구 대상인 어휘의 범위를 의미 관계의 측면에서 확대시키고 있다는 점이다. 기존의 어휘 의미론의 논의에서는 내부 구조가 복잡한 어휘에 대해서는 의미 관계의 측면에서 이를 조명하는 일이 드물었다. 이는 내부 구조가 복잡해짐에 따라 의미 관계도 복잡해질 수 있음을 의식한 결과라고 할 수 있다. 그러나 어휘 가운데는 내부 구조가 단순한 단일어보다 복잡한 복합어들이 압도적으로 훨씬 더 많다. 따라서 내부 구조가 단순한 것들만 연구 대상으로 삼는 것은 의미 관계를 유형화시키는 데는 큰 문제가 없지만 그들 사이의 관계를 조명하는 데는 한계가 있었다고 할 수 있다.

우선 어휘 사이의 관계에 대해 이러한 관점이 가지는 의미를 파악하기 위해 다음 예들을 살펴보기로 한다.

> (1) 가. 어머니-아버지
> 나. 큰어머니-큰아버지
> 나'. 큰어머니-작은어머니

기존의 어휘 의미론에서 (1가)의 '어머니'와 '아버지'는 반의 관계에 놓인 것으로 설명된다. 그런데 이는 (1나)에서는 그대로 적용되기 어렵다. '큰어머니'는 '어머니'가 의미 관계의 중심에 놓일 때는 '큰아버지'와 반의 관계에 놓이지만 (1나')에서 보는 바와 같이 '큰'이 의미 관계의 중심에 놓일 때는 '작은어머니'와 반의 관계에 놓인다. 즉 어휘가 단일하지 않다는 것은 의미를 가지는 형태소 이상의 단위가 여러 개 들어 있다는 의미이고 따라서 그 경우의 수만큼 다른 어휘와 맺는 의미 관계가 다양할 수 있는 것이다.

다음으로 어휘 내부의 의미 관계에 대해서는 기존의 어휘 의미론에서의 관심이 매우 제한적으로만 적용될 수 있었다는 점도 언급할 필요가 있다.

> (2) 가. 밤낮
> 나. 주야

(2가)의 '밤낮'에서 '밤'과 '낮'은 각각 단어 어근의 자격을 가지고 있기 때문에 어휘 의미론에서도 이를 조명할 수 있는 가능성이 있다. 즉 어휘

내부의 의미 관계도 다시 어휘 즉 단어의 자격을 가질 수 있는 것에만 한
정해 이를 관심 대상으로 삼았다는 것이다. 이러한 측면에서 보면 (2나)의
'주야'에서 '주-'와 '-야'는 모두 형태소 어근의 자격을 가지고 있기 때문
에 어휘 의미론에서는 이를 관심 대상으로 삼을 수 있는 가능성이 없다.
다시 한 번 강조하는 바와 같이 어휘 의미론의 '어휘'는 단어 어근에만 국
한되기 때문이다. 그러나 '밤낮'과 '주야'는 모두 어휘 내부에서 반의 관
계를 보이는 어휘에 해당하므로 의미 관계의 측면에서만 보면 어느 하나
만 관심사가 된다고 보기 어렵다.

다른 하나는 의미 관계에 관심을 가지게 됨으로써 단어의 형성을 문제
삼는 형태론의 관심사가 확대되어 결과적으로 단어 형성에 관련되는 기
제에도 새로운 관심을 가지게 되었다는 것이다. 이것이 뜻하는 바를 다음
예들을 통해 살펴보기로 하자.

(3) 가. 공개-비공개-미공개-비공개하다-*미공개하다
　　나. 해결-*비해결-미해결-*비해결하다-미해결하다
　　다. 공식-비공식-*미공식-*비공식하다-*미공식하다

(3)에서 관찰되는 한자 접두사 '미-'와 '비-'는 일차적으로는 부정어 형
성을 통해 결과적으로 반의 관계 단어를 형성한다는 점에서 공통성이 있
다. 그러나 (3가)에서 보는 바와 같이 '미-'와 '비-'가 명사 형성에는 모두
관여하지만 용언 형성에서는 '미-'만 관여하지 않으며 (3나)에서 보는 바
와 같이 이번에는 '미-'는 명사 형성과 용언 형성에 모두 관여하지만 '비-'
는 명사 형성과 용언 형성에 모두 관여하지 않는 양상을 보이기도 한다.
또한 (3다)에서 보는 바와 같이 '미-'는 명사 형성과 용언 형성 모두 관여
하지 않지만 '비-'는 명사 형성에만 관여하는 양상을 보이기도 한다. 이들
은 이른바 단어 형성의 비대칭성을 보이는 예들인데 이들 단어 형성을 의

미 관계의 측면에서 관찰하게 됨으로써 단어 형성을 의미 관계의 측면에서 새롭게 조명하게 된다.

이러한 의미 관계는 비대칭성과 더불어 그동안 단어 형성의 측면에서도 조명하지 못했던 것들도 단어 형성의 측면에서 이를 살펴볼 수 있는 기회를 제공한다.

> (4) 가. 덧셈, 뺄셈, 곱셈, 나눗셈
> 　　나. 더하기, 빼기, 곱하기, 나누기
> 　　다. 가산, 감산, 승산, 제산
> 　　라. *덧셈뺄셈, *곱셈나눗셈
> 　　라'. 가감, 승제
> 　　마. *덧셈뺄셈곱셈나눗셈
> 　　마'. 가감승제

(4가)의 '덧셈', '뺄셈', '곱셈', '나눗셈'은 [사칙 연산]이라는 의미장을 이룬다. 그런데 각 단어의 형성 방식은, 동일한 의미를 가지는 (4나, 다)의 각 경우와 비교하면 제각각이기 때문에 의미장을 염두에 두지 않고서는 동일한 단어 형성 방법을 보이고 있지 않아 이들의 특수성을 포착하기 어렵다.

(4라, 라'), (4마, 마')은 어종의 측면에서 고유어와 한자어가 가지는 단어 형성 방식의 차이도 여실히 보여 준다. 한자는 기본적으로 형태소 어근의 자격을 가지고 있으므로 단어 형성에 일차적으로 참여해야 그 모습을 보일 수 있는 데 비해 고유어는 기본적으로 단어 어근의 자격을 가지고 있으므로 단어 형성에 참여하지 않더라도 그 모습을 보일 수 있는 것이다. 따라서 (4마')과 같이 의미장을 이루는 구성 요소가 다시 단어 형성에 참여하고 있는 양상은 한자어의 경우에 국한되는 일이 일반적이다.

이제 보다 구체적인 예를 들어 이러한 관점의 전환이 의미하는 바를 살펴보기로 하자.

(5) 남, 북, 남북, 남극, 북극, 남극점, 북극점, 남북극, 남극권, 남극대, 남극해, 남극양, 북극권, 북극대, 북극해, 북극양

기존의 형태론의 논의에서는 단어 구조를 단일어와 복합어로 나누고 복합어는 다시 파생어와 합성어로 나누었다. 따라서 위의 단어들은 다음과 같은 체계를 가지는 것으로 정리할 수 있다.

(6) 가. 단일어 – 남, 북
　　나. 복합어 ┬ ① 파생어 – 남극권, 남극대, 남극해, 남극양 ; 북극권,
　　　　　　　│　　　　　　북극대, 북극해, 북극양
　　　　　　　└ ② 합성어 – 남북, 남극, 북극 ; 남극점, 북극점 ; 남북
　　　　　　　　　　　　　극

(6나①)의 파생어는, 단어 어근 '남극'과 '북극'이 합성어이고 '-권', '-대', '-양', '-해'가 모두 접미사의 자격을 가지므로 직접 성분 분석에 따라 모두 합성어의 파생이라는 절차를 겪은 것으로 분석된다. 한편 (6나②)의 합성어 가운데 '남극점', '북극점'은 '점'이 단어 어근의 자격을 가지므로 합성어의 합성을 거친 것으로 간주된다. '남북극'은 '남극'과 '북극'의 결합이므로 역시 합성어의 합성이라는 점은 유사하지만 동일한 요소인 '극'이 하나 누락된 것이라는 차이가 있다.

그런데 여기에 의미 관계를 고려하면 (5)의 단어들은 서로 복잡한 관계를 가진 것이라는 점이 드러난다. 먼저 어휘 사이의 의미 관계를 정리하면 다음과 같다.

　　(7) 가. 남극권-남극대, 남극해-남극양, 북극권-북극대, 북극해-북극양 ;
　　　　　 남극-남극점, 북극-북극점
　　　　나. 남-북, 남극-북극, 남극점-북극점, 남극권-북극권, 남극대-북극
　　　　　 대, 남극해-북국해, 남극양-북극양

　(7가)는 (5)의 단어들 가운데 어휘 사이에 유의 관계가 나타나는 것을 정리한 것이고 (7나)는 (5)의 단어들 가운데 어휘 사이에 반의 관계가 나타나는 것을 정리한 것이다. 이들을 단어 형성의 관점에서 조명하면 (7가)의 '북극해-북극양'까지는 접미사의 '대치'로 설명할 수 있는 동의파생어에 해당된다는 것을 알 수 있고 '남극-남극점', '북극-북극점'은 '점'에 의한 '결합'으로 이를 설명할 수 있다. (7나) 가운데서 단일어인 '남-북' 쌍을 제외하면 나머지 복합어는 '남'과 '북' 혹은 '남극'과 '북극'의 '대치'로 설명할 수 있다는 것을 알 수 있다.

　다음으로 (5)의 단어들을 대상으로 이를 어휘 내부의 의미 관계에 초점을 두면 다음과 같은 예들에 주목할 수 있다.

　　(8) 가. 남북
　　　　나. 남북극
　　　　다. 남극점, 북극점

　(8가, 나)는 모두 어휘 내부의 반의 관계를 찾을 수 있는 예인데 전술한 바와 같이 (8나)의 '남북극'은 '남극'과 '북극'의 반의 관계를 보여 준다. 이에 대해 (8다)는 어휘 내부의 상하 관계를 찾을 수 있는 예이다. 단어 내부의 의미 관계는 모두 '결합'으로 이를 설명할 수 있는데 다만 '남북극'의 경우에는 전술한 바와 같이 동일 요소인 '극'이 하나 삭제된 경우라는 점에서 차이가 있다.

이제 이처럼 어휘들 사이나 내부에서 복잡한 의미 관계를 가지면서 공통 요소를 가지는 (5)의 단어들이 가지는 관계를 도식화하여 정리하면 다음과 같다.

(9)

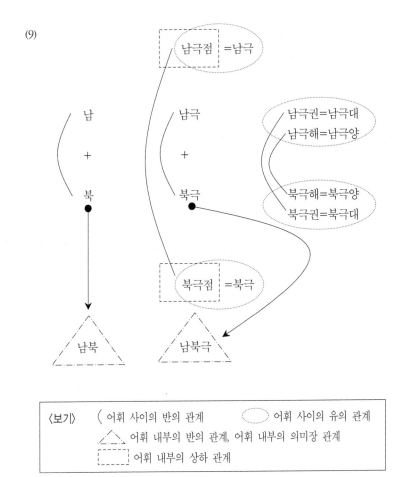

(9)는 (5)의 단어들이 어휘 사이나 내부에서 유의 관계, 반의 관계, 상하 관계의 의미 관계로 긴밀하게 연결되어 있음을 드러낸 것이다. 이는 곧

어휘가 독자적으로 존재하는 것이 아니라 공통 요소를 중심으로 서로 단어 형성의 측면에서도 일정한 의미 관계를 유지하고 있음을 알 수 있게 해 줌과 동시에 단어 내부에서도 일정한 의미 관계를 맺고 있다는 사실을 깨닫게 해 준다.

이상의 시각은 어휘 의미론뿐만이 아니라 단어 형성 논의에 대해서도 관점 전환을 가져온다. 이를 접두 파생의 경우를 들어 살펴보기로 한다(최형용 2016a : 373).

> (10) 가. 덧니, 덧버선, 덧신, 덧저고리 ; 덧대다, 덧붙이다
>   나. 몰매, 몰표 ; 몰몰다, 몰밀다, 몰박다
>   다. 빗금, 빗면, 빗천장 ; 빗대다, 빗뚫다, 빗물다 ; 빗나가다, 빗맞다
>   라. 엇각, 엇결, 엇길 ; 엇걸리다, 엇나가다, 엇베다 ; 엇구수하다, 엇
>   비슷하다
>   마. 짓고생, 짓망신 ; 짓누르다, 짓밟다, 짓이기다

이들은 하나의 접두사가 명사와만 결합하고 있는 것이 아니라 용언에도 결합하고 있다는 점에서 단일 어기 가설에 위배되는 한국어 어휘의 특징을 보여 주는 것이라 할 수 있다. 따라서 체언에 결합하는 경우와 용언에 결합하는 경우 접두사의 의미가 각각 관형사와 부사의 역할을 하는 것으로 혹은 그 이상으로 달리 명세된다. 그래서 (10가)의 '덧-'은 명사와 결합하면 '거듭된' 혹은 '겹쳐 신거나 입는'의 의미를 더하고 동사와 결합하면 '거듭' 또는 '겹쳐'의 뜻을 더한다. (10나)의 '몰-'은 명사와 결합하면 '모두 한곳으로 몰린'의 뜻을 더하고 동사와 결합하면 '모두 한곳으로' 혹은 '모두 한곳에'의 의미를 더한다. (10다)의 '빗-'은 명사와 결합하면 '기울어진'의 의미를 더하고 동사와 결합하면 '기울어지게'의 의미를 더하지만 '빗나가다', '빗맞다'에서는 '잘못'의 뜻을 더한다. (10라)의 '엇-'은

명사와 결합하면 '어긋난' 또는 '어긋나게 하는'의 의미를 더하고 동사와 결합하면 '어긋나게', '삐뚜로'의 뜻을 더한다. 그런데 '엇-'이 형용사와 결합할 때에는 '어지간한 정도로 대충'의 의미를 더한다. (10마)의 '짓-'은 명사와 결합하면 '심한'의 의미를 더하고 동사와 결합하면 '마구, 함부로, 몹시'의 의미를 더한다.

그런데 의미 관계에 초점을 두고 있는 이 책의 관점에서 본다면 우선 (10)에서의 접두사들은 모두 한정적 접사에 해당하므로 어근과 동일한 품사를 가지는 단어를 형성한다는 점에 관심을 기울일 필요가 있다. 그래서 명사와 결합하는 경우는 그 결과도 명사이고 동사와 결합하는 경우는 그 결과도 동사이다. 이를 의미 관계의 측면에서 보면 가령 '덧버선은 버선이다.', '덧대는 것은 대는 것이다.'와 같은 관계가 형성되므로 접두사와의 결합에서 의미 전이가 발생하는 매우 제한적인 경우를 제외하면 접두 파생어는 파생되기 이전의 단어와 어휘 사이의 상하 관계를 보이고 있다는 것을 알 수 있다. 따라서 접두 파생의 경우는 결국 의미 관계의 측면에서 상하 관계를 이루는 단어를 형성하는 과정이라고 말할 수 있는 것이다.

12.2. 의미 관계 형태론의 한계

의미 관계 형태론은 결국 단어 형성 과정에서 의미 관계가 일정한 역할을 담당할 수 있다는 것을 뜻한다. 그러나 물론 모든 어휘 사이나 어휘 내부가 의미 관계를 전제하는 것은 아니다. 따라서 의미 관계를 보인다고 보기 어려운 경우에는 그만큼 단어 형성의 측면에서도 의미 관계를 따지기 어렵다는 한계가 있다. 이는 달리 말하자면 단어 형성의 측면에서는 어휘 사이에 일정한 관계를 가지지만 의미 관계의 측면에서는 어휘 사이에 일정한 관계에 놓여 있지 않은 경우가 더 많다는 것을 의미하는 것이기도 하다. 이의 대표적인 경우는 접미 파생에서 발생된다.

　　(11) 가. 건축가, 교육가, 문학가, 작곡가, 평론가
　　　　나. 외교가, 이론가, 전략가, 전술가
　　　　다. 자본가, 장서가
　　　　라. 대식가, 명망가, 애연가

　(11)은 접미사 '-가(家)'가 단어 형성에 참여한 경우를 『표준국어대사전』의 뜻풀이에 따라 세분한 것이다. (11가)는 '-가'가 '그것을 전문적으로 하는 사람'의 뜻을 더하는 것이고 (11나)는 '그것에 능한 사람'의 뜻을 더하는 것이다. 이에 대해 (11다)는 접미사 '-가'가 '그것을 많이 가진 사람'의 뜻을 더하는 것이고 (11라)는 '그 특성을 지닌 사람'의 뜻을 더한다.

　이때 접미사 '-가'는 선행 요소의 품사와 다른 품사를 가지는 단어를 결과시키는 것이 아니므로 (10)의 접두사들과 마찬가지로 한정적 접사에 해당한다. 그러나 (10)의 접두사들은 모두 왼쪽 요소로서 비핵이지만 (11)의 접미사는 오른쪽 요소로서 핵이라는 점에서 차이가 있다. 이에 따라 (10)의 어휘들은 접두사가 결합하여 형성된 단어와 그 이전의 단어 사이에 'AB는 B이다.'의 관계가 성립하는 데 비해 (11)의 단어들은 오른쪽 요소가 단어 어근이 아니라 접미사이므로 이러한 관계가 어휘 차원에서는 만족되지 않는 것이다.[1]

────────────

1) '경비원'과 같은 단어의 경우는 복합 어근 '경비'와 접미사 '-원' 사이 즉 어휘 내부에서 나타나는 상하 관계의 예로 다룬 바 있다. 이는 어근과 접미사라는 차이보다 그 의미에 초점을 둔 처리라고 할 수 있다. 그러나 이보다 '경비원'을 단어 내부의 상하 관계에서 다룬 이유는 '경비원'이 '경비'로도 쓰일 수 있다는 점에 초점을 두었기 때문이다. 따라서 '경비원'과 '경비'는 어휘 사이에 의미 관계를 가지는 것이라 할 수 있지만 그 관계는 상하 관계가 아니라 유의 관계에 해당한다. 이렇게 보면 [사람]을 나타낼 수 있다는 점에서 접미사 '-원'과 '-가'는 공통점이 있지만 가령 '건축가'는 같은 의미를 지니면서 '건축'으

이는 지배적 접미사의 경우에도 마찬가지이다. 대표적으로 '-하-'의 경우만 살펴보기로 한다.

(12) 가. 공부하다, 생각하다, 사랑하다, 빨래하다
나. 건강하다, 순수하다, 정직하다, 진실하다, 행복하다
다. 덜컹덜컹하다, 반짝반짝하다, 소곤소곤하다
라. 달리하다, 돌연하다, 빨리하다
마. 흥하다, 망하다, 착하다, 따뜻하다

(12)는 『표준국어대사전』에 제시된 접미사 '-하-'의 경우를 몇 가지 가져온 것이다. (12가)는 명사인 단어 어근에 결합하여 동사를 만드는 경우이고 (12나)는 명사인 단어 어근에 결합하여 형용사를 만드는 경우이다. (12다)는 단어 어근의 자격을 가지는 의성어나 의태어 뒤에 결합하여 동사나 형용사를 만드는 경우를 제시한 것이고 (12라)는 의성어나 의태어를 제외하고 부사인 단어 어근에 붙어 동사나 형용사를 만드는 경우를 제시한 것이다. 이에 대해 (12마)는 형태소 어근에 붙어 동사나 형용사를 만드는 경우에 해당한다.

어휘 사이의 의미 관계는 동일한 범주를 전제하므로 (12가, 나, 다, 라)의 어근인 명사, 의성어나 의태어, 부사와, '-하다'가 결합하여 형성된 단어인 동사나 형용사 사이에는 의미 관계를 설정할 수 없다. (12마)는 어근이 형태소 어근이므로 어휘의 자격을 아예 가질 수 없다. 따라서 어휘 사이의 의미 관계는 출발부터 따지기 힘들다.

어휘 내부의 사정도 이와 다르지 않다. 형태론적 측면에서 어휘 내부의 구조는 평행해도 구성 요소 사이에 늘 같은 의미 관계를 가지는 것은 아니기 때문이다.

로는 쓰일 수 없다는 점에서 차이가 있다는 점에 주목할 필요가 있다.

(13) 가. 어제오늘, 작금, 금명간
　　　가'. 조만간
　　　나. 국공립, 임산부
　　　나'. 입퇴원, 송수신, 승하차

(13가, 가', 나')은 임지룡(2004 : 182)에서 순서적 도상성 가운데 시간적 순서가 단어 내부에 반영된 것으로 제시한 것들이다. 즉 먼저 일어나는 사건이나 개념이 앞에 오고 나중에 일어나는 사건이나 개념이 뒤에 온다는 것이다.

이들 가운데 우선 (13가, 가')에 주목해 보기로 하자. (13가, 가')은 같은 순서적 도상성 가운데 시간적 순서와 관련된 것이지만 (13가)의 '어제오늘', '작금', '금명간'에서 '어제'와 '오늘', '작-'과 '-금', '금-'과 '-명'은 특정한 맥락이 전제되지 않으면 반의 관계에 있다고 보기 어렵다. 그러나 이에 대해 (13가')의 '조만간'의 '조-'와 '-만'은 반의 관계에 놓여 있다. 단어 형성의 측면에서 보면 (13가, 가')은 동일한 내부 구조를 가지고 있지만 의미 관계는 일률적이지 않은 것이다.

이러한 관점에서 (13나, 나')의 예들에도 관심을 기울여 보기로 하자. 2부 8장에서는 (13나')과 같이 단어 형성 과정에서 동일한 요소 하나가 삭제되는 경우에 초점을 두어 이들이 서로 반의 관계에 놓여 있음에 대해 강조하였다. 그래서 가령 '입퇴원'가 같은 예는 '입원'과 '퇴원'이 반의 관계에 놓여 있으면서 결합 과정에 공통 요소 '-원'이 삭제된 것이라고 볼 수 있다는 것이다. 그러나 이러한 방법은 단어 형성의 측면에서 완전히 동일한 (13나)의 예들을 염두에 둔다면 '국립'과 '공립', '임부'와 '산부'가 역시 일정한 맥락이 상정되지 않는다면 반의 관계에 놓여 있다고 보기 어려우므로 내부 구조에서 의미 관계가 일률적이지 않다는 사실을 발견할 수 있는 것이다.

그러나 여기서 강조하고자 하는 것은 의미 관계 형태론이 복잡한 내부 구조를 가지는 복합어를 기준으로 할 때 어휘 사이와 어휘 내부가 모두 의미 관계에 놓여 있음을 전제하고 있는 것은 아니라는 점이다. 전체 어휘에 대한 통계가 없어 복합어 가운데 어휘 사이이든 어휘 내부이든 이를 의미 관계의 측면에서 조명할 수 있는 것이 어느 정도 될지는 알 수 없겠지만 그것이 더 다수를 점한다고 단정할 수는 없을 것이다. 따라서 이 책에서의 관찰이 상대적으로 더 많은 단어의 형성을 설명할 수 있는 대안임을 주장하고 있는 것은 아니다. 그보다는 지금까지와는 다른 관점에서 단어 형성에 대한 논의를 확대하고 이를 설명할 수 있는 가능성 몇 가지를 더 제시하고 있다는 정도에서 이 책의 의의를 이해해야 할 것이다.

13. 의미 관계 형태론의 전망

13.1. 체계로서의 의미 관계 형태론

이 책에서 새롭게 정립한 의미 관계 형태론은 그 자체로 한계가 없는 것은 아니지만 그 나름대로 충분한 의의를 가진다고 할 수 있다. 따라서 앞으로도 발전 가능성이 적지 않은데 이는 무엇보다 의미 관계 형태론이 일정한 체계를 가지고 있다는 점에 따른 것이다. 이 책에서는 '의미 관계' 보다 '형태론'에 더 우위를 두어 이를 어휘 사이와 어휘 내부에서 의미 관계가 어떻게 단어 형성의 관점에서 해석될 수 있는지에 초점을 두었다. 그런데 경우에 따라서는 '형태론'보다 '의미 관계'를 더 우위에 두는 체계도 가능할 것으로 보인다. 이를 도식화하면 다음과 같다.

(1)

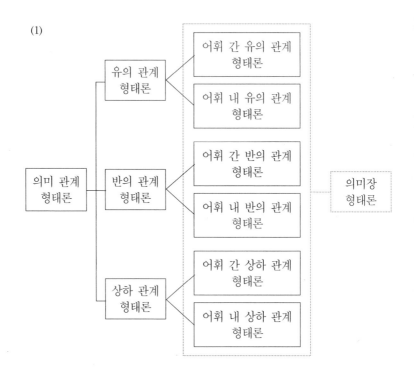

(1)에서 정리한 바와 같이 의미 관계 형태론의 의미는 구조주의의 계열적 의미 관계에 해당하므로 유의 관계, 반의 관계, 상하 관계를 주종으로 한다. 따라서 의미 관계 형태론은 다시 유의 관계 형태론, 반의 관계 형태론, 상하 관계 형태론으로 하위화할 수 있다.

이때 각각의 계열적 의미 관계는 형태론적 관점에서 어휘 사이와 어휘 내부로 이를 나눌 수 있다. 어휘 사이에서 의미 관계를 단어 형성의 관점에서 살펴보기 위해 강조한 것은 크게 두 가지이다. 하나는 어휘 사이에서 단어 형성의 관점에서 의미 관계를 살펴보기 위해서는 공통 요소가 중요하다는 점이다. 이때 공통 요소는 형태론적 지위에서 보면 형태소일 수도 있고 단어일 수도 있다. 또한 형태소는 다시 어근일 수도 있고 접사일 수도 있다. 따라서 이들 대응 양상에 따라 단일어와 파생어, 단일어와 합성어, 파생어와 합성어, 합성어와 합성어 사이의 의미 관계로 나눌 수 있다. 한편 공통 요소는 복합어의 경우 선행 요소일 수도 있고 후행 요소일 수도 있다.

다른 하나는 특히 어휘 내부의 의미 관계는 복합어를 전제로 한다는 점이다. 이때 선행 요소와 후행 요소는 어근과 어근 사이에 의미 관계를 형성하는 것이 일반적이다. 어근은 다시 형태소 어근과 단어 어근으로 나누어지므로 이에 따라 세분하는 것이 가능하다. 드문 경우이기는 하지만 어근과 형태소 사이에 의미 관계를 상정해야 하는 경우도 있을 수 있다.

이들 두 가지는 모두 기존의 어휘 의미론에서는 주목하지 못했던 것이다. 그럼에도 불구하고 (1)과 같은 체계를 가지고 의미 관계를 형태론적 관점에서 바라볼 수 있다는 것은 의미하는 바가 작지 않다고 할 수 있다.

(1)에서 또한 주목할 수 있는 것은 점선으로 표시된 '의미장 형태론'이라는 개념이다. (1)의 그림은 '의미장 형태론'이 '의미 관계 형태론'과 대등한 것으로 해석될 가능성이 있으나 세부적인 예들을 보면 그렇지 않다. 가령 어휘와 어휘 사이, 어휘 내부의 구성 요소 사이가 의미 관계를 가진다고 하여 이들이 일정한 의미장을 형성한다고 볼 수는 없기 때문이다. 여기에서 실선이 아니라 점선으로 이를 표시한 것은 이러한 측면을 고려하였기 때문이다. 그럼에도 불구하고 의미 관계를 보이는 것들이 어휘 사이나 어휘 내부를 막론하고 의미장의 관점에서 조명될 수 있었다는 사실을 염두에 둔다면 '의미 관계 형태론'과는 별개로 '의미장 형태론'이라는 분야를 설정하는 것이 불가능하지는 않다는 것을 알 수 있다.

의미 관계 형태론은 (1)과 같이 일정한 체계를 가지면서 단어 형성의 측면에서도 시사하는 바가 적지 않다. 이제 이에 대해 살펴보기 위해 이 책에서 언급한 예들을 중심으로 (1)에 제시된 체계에 따라 정리해 보면 다음과 같다.[1]

(2) 가. 유의 관계 형태론

　　① 어휘 간 유의 관계 형태론

　　　　㉠ 단일어 : 파생어 – 곰곰 : 곰곰이(새삼스레 : 새삼)

　　　　㉡ 파생어 : 파생어 – 가닐대다 : 가닐거리다

　　　　㉢ 파생어 : 합성어 – 감정가 : 감정값(경비 : 경비원)

　　　　㉣ 합성어 : 합성어 – 망신감 : 망신거리

　　② 어휘 내 유의 관계 형태론

　　　　㉠ 단어 어근 : 단어 어근 – 틈새

　　　　㉡ 단어 어근 : 형태소 어근 – 몸체

　　　　㉢ 형태소 어근 : 형태소 어근 – 가옥

나. 반의 관계 형태론

　　① 어휘 간 반의 관계 형태론

　　　　㉠ 파생어 : 파생어 – 시아버지 : 시어머니

　　　　㉡ 합성어 : 파생어 – 개성 : 몰개성

　　　　㉢ 합성어 : 합성어 – 강북 : 강남

　　② 어휘 내 반의 관계 형태론

　　　　㉠ 단어 어근 : 단어 어근 – 손발

　　　　㉡ 형태소 어근 : 단어 어근 – 가불가

　　　　㉢ 형태소 어근 : 형태소 어근 – 노소

다. 상하 관계 형태론

　　① 어휘 간 상하 관계 형태론

　　　　㉠ 단일어 : 파생어 – 나리 : 개나리

　　　　㉡ 파생어 : 합성어 – 미닫이 : 미닫이문

　　　　㉢ 단일어 : 합성어 – 쪽 : 동쪽

　　② 어휘 내 상하 관계 형태론

　　　　㉠ 단어 어근 : 단어 어근 – 가을철

　　　　㉡ 단어 어근 : 형태소 어근 – 여인

　　　　㉢ 형태소 어근 : 형태소 어근 – 가산

---

1) 여기서 주의할 것은 (2)에 제시된 하위 유형이 해당 의미 관계에 존재하는 유형의 전부는 아니라는 점이다. 이 책에서는 그것이 어휘 사이이든 혹은 어휘 내부이든 의미 관계의 측면에서 나타나는 특성에 주목을 한 것이고 해당 유형을 망라하는 것이 목적은 아니었기 때문이다.

이 책의 제목에 '형태론'이라는 이름을 붙인 가장 큰 이유는 그것이 어휘 사이이든 혹은 어휘 내부이든 단어 형성의 측면에서 이를 조망할 수 있다는 판단에 따른 것이었음을 상기해 볼 필요가 있다. 단어 형성은 형식의 증감 측면에서 이를 살펴보면 단어 형성을 통해 형식이 증가하는 경우, 형식에 변화가 없는 경우, 형식이 감소하는 경우의 셋으로 나눌 수 있다. 그동안 단어 형성의 논의에서 가장 많이 언급된 합성이나 파생은 이 가운데 단어 형성을 통해 형식이 증가하는 대표적인 단어 형성 과정에 해당한다. 최형용(2003b : 198)에서는 이러한 측면에서 단어 형성을 다음과 같이 정리하여 체계화한 바 있다.

(3)

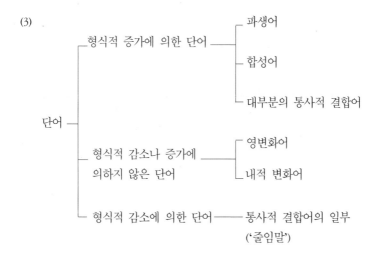

이 책에서는 동일한 의미 관계에 놓인 단어와 단어 사이의 관계를 결합이 아니라 '대치'로 볼 수 있는 가능성에 대해 집중적으로 논의한 바 있다. 이는 의미 관계가 단어 형성의 한 동인(動因)이 될 수 있다는 점을 강조하기 위한 것이다. 따라서 개개의 단어로만 보면 합성이나 파생에 놓일 만한 것들도 '대치' 즉 '형식적 감소나 증가에 의하지 않은 단어' 형성으

로 볼 수 있는 가능성을 제시한 것이다. 따라서 (2)에 제시한 단어들 가운
데 어휘 사이의 의미 관계를 보여 주는 단어들을 대상으로[2] 이를 '형식적
증가', '형식적 무변화', '형식적 감소'의 셋으로 나누어 정리해 보면 다음
과 같다.

> (4) 가. 형식적 증가 : 곰곰-곰곰이(2가①㉠), 개성-몰개성(2나①㉢), 나리
> -개나리(2다③㉠), 미닫이-미닫이문(2다①㉢), 쪽-
> 동쪽(2다①㉢), 경비-경비원(2가①㉢)
> 나. 형식적 무변화 : 가닐대다-가닐거리다(2가①㉢), 감정가-감정값(2
> 가①㉢), 망신감-망신거리(2가①㉢), 시아버지-
> 시어머니(2나①㉠), 강북-강남(2나①㉢)
> 다. 형식적 감소 : 새삼스레-새삼(2가①㉠)

 이것이 (3)과 관련하여 가지는 의미는 다음의 두 가지이다. 첫째, 형식
적 무변화를 통한 단어 형성이 영변화어나 내적 변화어에만 국한되는 것
은 아니라는 점이다. 둘째, 형식적 감소를 통한 단어 형성의 예가 통사적
결합어의 일부분에만 한정되는 것은 아니라는 점이다.

 따라서 이 책에서 새롭게 정립한 의미 관계 형태론은 (1)과 같은 정연
한 체계를 가지고 있어 하나의 독립된 분야로서도 손색이 없을 뿐만 아니
라 (2)에서 (4)로 이르는 과정에서 살펴본 바와 같이 형식의 증감을 기준
으로 한 단어 형성의 관점에서도 그 외연을 넓히는 데 크게 기여하고 있
는 부분을 찾기 어렵지 않다. 또한 (4)에서 제시한 단어들은 대표적인 유
형에 해당할 뿐이므로 앞으로의 연구에 따라 이들 예가 어떻게 확장되고
조직화되어 전체 단어 형성론 논의에 영향을 줄 수 있을지에 대해 관심을

---

2) 이는 어휘 내부에 존재하는 의미 관계의 경우는 '결합'으로 이를 설명할 수 있고 따라서
  대부분 '형식적 증가'를 보여 주고 있다는 사실에 따른 것이다.

가지지 않을 수 없다.

13.2. 의미 관계 형태론의 관점에서 본 연구 과제

이러한 확장 가능성에 대해서는 이미 2부와 3부의 논의 과정을 통해 직간접으로 제시한 바 있다. 이 책에서는 여력이 없어 본격적으로 다루지 못했지만 다음의 몇 가지 주제는 어휘 사이의 의미 관계 형태론을 통해 새로운 연구 과제로서의 자격을 가지는 것들에 해당한다.

    (5) 가. 의미 관계를 통한 접미사의 확인
        나. 의미 관계를 통한 신어의 형성
        다. 고유 명사의 형태론

(5가)는 2부 3장의 어휘 사이의 유의 관계, 2부 4장의 어휘 사이의 반의 관계에서 살펴본 다음 예들을 기반으로 한다.

    (6) 가. 널찌감치-널찍이, 느지감치-느직이, 멀찌감치-멀찍이, 일찌감치
            -일찍이
        가'. 미리감치
        나. 차갑다-뜨겁다

(6가, 가')은 어휘 사이의 유의 관계를 통해 새로운 접미사를 확인할 수 있는 경우이다. (6가)를 통해서는 접미사 '-암치'를 확인할 수 있었는데 이는 아직 『표준국어대사전』에서 접미사로 등재되지 않은 것이다. (6가)을 통해서는 재분석된 접미사 '-감치'를 확인할 수 있었는데 이 '-감치'는 (6가)에 제시된 단어들에서 선행 요소의 음절말 자음이 연음된 것에 기

반한 새로운 접미사라고 할 수 있다. 이에 대해 (6나)는 어휘 사이의 반의 관계를 통해 새로운 접미사를 확인할 수 있는 경우이다. 기존에 알려진 접미사는 '즐겁다'의 경우에서 알 수 있는 바와 같이 '-압/업-'이지만 (6나)를 통해서는 '-갑-'과 '-겁-'을 분석할 수 있는데 이 역시 『표준국어대사전』에는 등재되어 있지 않은 것들이다. 이처럼 의미 관계를 통해 새로운 접미사를 분석해 낼 수 있는 것은 이 책에서 다루고 있는 의미 관계가 계열적 사고에 기반하고 있기 때문이다. 따라서 이러한 사실들을 염두에 둔다면 의미 관계를 통해 새로운 접미사를 분석해 낼 수 있는 가능성이 적지 않은데 이는 그 자체로 하나의 연구 과제로서 훌륭한 주제가 될 수 있다고 판단된다.

(5나)는 2부 4장의 어휘 사이에서의 반의 관계에서 그 타당성을 검토해 본 것으로서 다음의 예들을 관심 대상으로 삼는다.

> (7) 가. 엄친아-엄친딸, 차도남-차도녀, 냉미남-냉미녀, 남사친-여사친
> 　 가'. 훈남-훈녀 cf. 흔남-흔녀
> 　 나. 찍먹파-부먹파

(7)의 예들은 모두 반의 관계를 통해 최근에 형성된 신어에 해당한다. 이들은 모두 유추에 의한 비례사항식을 통해 그 형성을 설명할 수 있으며 특히 (7가')의 '훈남'에 대한 '흔남'의 경우를 보면 유추에 관여하는 변수가 구조적 유사성뿐만이 아니라 음성적 유사성에도 기반하고 있음을 볼 수 있다. (7나)의 경우는 단어 형성 과정 가운데 축약과 파생 두 가지를 모두 보이는 것인데 이 역시 그 형성은 반의 관계에 기반하고 있음을 볼 수 있다.

(7)의 예들은 반의 관계에 한정하여 단어 형성 과정의 특성에 주목해 본 것이지만 신어의 형성이 모두 반의 관계에 한정되는 것은 아니다.

(8) 가. 호감-극호감, 오빠-꽃오빠
　　 나. 갓수-갓수족

　(8)의 예는 국립국어원(2014)에서 가져온 예인데 (8가)의 신어 '극호감', '꽃오빠'는 '호감', '오빠'와 어휘 사이의 상하 관계에 놓여 있다. 이에 대해 (8나)의 신어 '갓수'와 '갓수족'은 어휘 사이의 유의 관계를 살펴볼 수 있는 예에 해당한다. 먼저 '갓수(god手)'는 '경제 활동을 하지 않고 부모가 주는 용돈으로 직장인보다 풍족한 생활을 하는 사람'의 의미인데 '갓수족'도 개인을 지시할 때는 이와 같은 의미를 가지는 단어로 쓰일 수 있다. 따라서 이들 사이는 맥락에 따라 유의 관계에 놓일 수 있다.

　따라서 신어를 대상으로 해당 단어가 형성된 과정을 의미 관계에 초점을 두어 분석하고 그 경향성을 살피는 것은 새로운 단어 형성 과정에서 의미 관계가 기여하는 부분을 객관적으로 조명할 수 있는 기회가 될 수 있다.

　(5다)는 2부 5장에서 살펴본 어휘 사이의 상하 관계에서 언급한 것이다. 기존의 논의에서는 고유 명사와 보통 명사 사이에 존재하는 공통 요소에 대해 주목하여 이를 단어 형성의 관점에서 논의한 경우가 없었다. 그러나 다음과 같이 고유 명사를 형성할 때 보통 명사와 공통 요소를 가지는 경우는 단어 형성의 관점에서 논의할 수 있다.

　(9) 가. 강-{금강, 낙동강 …}
　　 나. 산-{설악산, 한라산 …}
　　 다. 문-{독립문, 남대문 …}

　이들은 공통 요소가 모두 단어 어근이므로 그 결과도 합성어가 된다는 공통성이 있다. 그런데 (5다)에서 이를 '상하 관계를 통한 합성어 고유 명사 형성'처럼 한정 짓지 않고 '고유 명사 형태론'이라고 추상적으로 제시한 데는 이유가 있다. 고유 명사는 그 결과가 항상 합성어에만 한정되는 것은 아니기 때문이다.

> (10) 가. 명문가, 세도가, 재상가
> 　　가'. 케네디가
> 　　나. 대사관, 박물관, 영화관
> 　　나'. 명월관, 한국관

(10가)의 '-가(家)'는 '가문'의 뜻을 더해 주는 접미사이다. 그런데 이때 그 어근은 (10가)의 경우처럼 일반 명사일 수도 있지만 (10가')처럼 고유 명사일 수도 있다. 한편 (10나, 나')은 접미사 '-관(館)'이 일반 명사에 결합하면 '기관' 또는 '건물'의 의미를 가지지만 고유 명사 뒤에 결합하면 '음식점'의 의미를 가지는 경우이다.

즉 고유 명사는 (10)의 경우까지를 포함하면 파생어를 포함하여 다양한 단어 형성에 참여하고 있음을 알 수 있다. 따라서 의미 관계의 측면에서 착안한 고유 명사의 단어 형성 참여 양상이 가지는 특수성은 의미 관계를 포함하여 독자적인 단어 형성 과정으로 천착될 필요가 있는 것이다.

다음의 주제들은 어휘 내부 의미 관계 형태론의 관점에서 새로운 연구 주제로 삼을 만한 것들이다.

> (11) 가. 동의 중복 현상과 직접 성분 분석
> 　　나. '-디-'를 매개로 한 형용사 형성과 저지 현상
> 　　다. 반의 관계를 통한 '신구사상'류 단어의 직접 성분 분석

(11가)는 3부 7장에서 어휘 내부의 의미 관계 가운데 유의 관계에 주목하면서 떠오른 연구 주제로 §7.2의 제목으로도 사용했던 것이다. 이미 그

동안 동의 중복 현상에 대한 논의가 적지 않았지만 이는 '의미'의 측면에 초점을 두고 있다는 점에서 공통된다. 그러나 특히 단어 내부에서의 동의 중복은 이를 직접 성분의 측면에서 새롭게 조명해야 할 부분이 적지 않다.

(12) 가. 새신랑, 처갓집
　　　나. 삼세번

　의미의 측면에서만 보면 (12가)의 '새'와 '신-', '-가'와 '집', (12나)의 '삼'과 '세'는 모두 동의 중복 현상의 테두리에 들어온다고 할 수 있을지 모른다. 그러나 이들을 직접 성분으로 분석하면 '새신랑'은 '새'와 '신랑'으로, '처갓집'은 '처가'와 '집'으로 분석되므로 각각 동의 중복 현상이라고 보기 힘들다. 이에 대해 (12나)의 '삼세번'은 그 의미가 '아홉 번'이 아니므로 '세번'이 '삼'(회)라고 보기 어려워 직접 성분을 '삼세'와 '번'으로 보아야 하는 경우에 해당한다. 따라서 이 가운데 '삼세'는 '몸체'와 동일한 구조를 가지는 동의 중복 현상에 속한다는 것을 알 수 있다. 이에 따르면 다음과 같은 단어 형성의 특수성을 설명할 수 있는 길이 열린다.

(13) 가. 손수건
　　　나. 발수건

　'새신랑'이 동의 중복 현상을 보이는 예에 해당한다면 (13가)의 '손수건'도 역시 동의 중복 현상을 보이는 예에 해당하는데 그렇다면 (13나)의 '발수건'이 존재하는 이유를 의미의 측면에서 이해하기 어렵게 된다. 그러나 '새신랑'을 직접 성분 분석에 따라 동의 중복 현상에 속하지 않는 것으로 본다면 '손수건'도 직접 성분이 '손'과 '수건'이므로 동의 중복 현상에 속하지 않는다는 것을 알 수 있다. 이렇게 보면 (13나)의 '발수건'이라는 단어가 생성된 이유도 이해할 수 있다. '수건'은 애초에 손을 닦는 용도로 만들어진 것이지만 발을 닦는 용도가 필요하고 이에 따라 '발수건'이라는 단어가 형성되었다면 손을 닦는 수건은 '손수건'일 수 있기 때문이다.

(11나)의 주제도 어휘 내부의 유의 관계를 통해서 발굴한 연구 과제에 해당한다. 동사와는 달리 형용사 가운데는 '-나-'나 '-디-'를 매개로 반복적인 단어 형성이 가능한 경우가 있다. 그런데 특히 '-디-'를 매개로 한 색채 형용사 형성에서는 일정한 특성이 발견된다.

(14) 가. 검디검다, 넓디넓다
    나. *까맣디까맣다, *드넓디드넓다

우선 (14가)의 '검디검다'와 (14나)의 '*까맣디까맣다'를 비교해 보면 색채를 나타내더라도 '까맣다'와 같이 '-앟/엏-'을 가지는 형용사는 '새까맣다'와 같이 접두사 '새-'와 결합하여 '몹시 까맣다'의 의미를 나타내는데 '검다'의 경우는 '*새검다'와 같이 '몹시 검다'의 의미를 나타내지 못하므로 '-디-'를 통해 이러한 의미를 나타낸다고 할 수 있다. 따라서 '새까맣다'가 '*까맣디까맣다'의 형성을 저지한다고 할 수 있다.

다음으로 (14가)의 '넓디넓다'와 (14나)의 '*드넓디드넓다'의 경우를 보기로 하자. 이번에는 '드넓다'의 접두사 '드-'가 '몹시'의 의미를 나타내므로 역시 '*드넓디드넓다'의 형성을 저지한다고 할 수 있다.

저지 현상은 폭넓게 존재하는 한국어 동의파생어들의 예를 통해 그 힘이 때로는 막강하지 않을 수도 있지만 경향성이 있는 것만은 분명하다. 같은 의미를 가지는 두 개 이상의 단어가 존재한다는 것이 경제적인 것은 아니기 때문이다. 따라서 반복에 의한 단어 형성 가운데 특히 형용사가 이와 관련하여 저지 현상을 보인다는 것은 흥미롭지 않을 수 없다.

(11다)는 3부 8장에서 어휘 내부의 반의 관계가 직접 성분 분석을 달리 할 수 있는 근거를 제공할 수 있다는 점에 착안한 연구 주제이다.

(15) 가. 신구사상　　　cf. 직간접
　　　나. 높낮이

(15가)의 '신구사상'은 '신구'와 '사상'이라는 단어가 모두 존재하기 때 문에 직접 성분 분석을 '신구'와 '사상'으로 분석하는 것이 일반적이었다. 그러나 어휘 내부의 반의 관계의 특성 중 하나는 '직간접'류 단어가 적지 않다는 것이다. '직간접'은 직접 성분을 '직간'과 '-접'으로 나눌 수는 없 고 '직접'과 '간접'이 결합하면서 동일 요소인 '-접'이 삭제된 것으로 보 아야 한다. 이를 기반으로 한다면 (15가)의 '신구사상'도 '신사상'과 '구사 상'이 결합하면서 동일 요소인 '사상'이 하나 삭제된 것이라고 분석할 수 도 있다. 이러한 직접 성분 분석은 (15나)의 '높낮이'라는 단어의 직접 성 분도 '높이'와 '*낮이'로 분석할 수 있는 가능성을 제공한다. 이는 의미 관 계가 직접 성분 분석의 또 다른 가능성을 제공하면서 단어 구조에 대한 새로운 분석 방법을 제기하고 있다는 점에서 의의가 있다. 따라서 이러한 예들에 또 어떤 경우가 있는지 종합적으로 고찰하여 그 양상을 체계적으 로 분석해 볼 필요가 있다.

한편 (5)나 (11)에는 제시하지 않았지만 의미장을 형태론의 대상으로 삼 을 수 있다는 것도 새로운 연구 주제로서 충분한 자격을 갖는다고 할 수 있다. 의미장은 그 범위에 대해 아직 엄밀한 논의가 제시되어 있지는 않 은 듯하다. 이는 의미장의 '의미'가 가지는 정도성 때문에 도출되는 자연 스러운 결과이기는 하지만 이를 형태론적 관심사로 다루기 위해서는 먼저 일정한 범위를 구성원으로 삼는 의미장의 개념이 보다 객관적으로 제시될 필요가 있다. 이 책에서 의미장 형태론을 위해 제시한 예들에 대해서는 대체로 기존의 논의에 기댄 것이 적지 않은 것도 이러한 한계 때문이다. 따라서 이러한 점을 고려한다면 의미장 형태론의 연구 과제는 다층적임을 이해하기 어렵지 않다.

마지막으로 이 책에서 기대고 있는 의미 관계는 구조주의 의미론에 기댄 계열적 관계라는 점도 의미 관계 형태론의 전망에서 생각해 볼 필요가 있다고 생각된다. 이 책의 곳곳에서 언급하고 있는 바와 같이 최근의 의미 관계는 맥락을 기반으로 전개되는 경우가 적지 않은데 이는 구조주의 의미론을 탈피하여 인지주의 의미론을 지향한 결과이다. 이러한 관점에서 보면 의미 관계 형태론도 인지주의 의미론적 기반에서는 또 다른 전개 방향이 가능하다는 것으로 해석할 수 있다.

즉 이 책에서 지금까지 살펴본 의미 관계 형태론은 일정한 틀을 전제하고 있다. 그러나 어휘는 의도적이든 그렇지 않든 다른 어휘와 매우 복잡하게 관련되는 일이 적지 않다. 따라서 이러한 관계를 포착하는 방법에 대해 고민할 필요가 있다. 가령 부정어를 만드는 접두사 '비-', '미-', '불-', '무-' 등은 어휘 사이에 반의 관계를 형성하는 것으로 논의하였다. 이는 단어 어근과 결합하지 않고 형태소 어근과 결합하여 '비-', '미-', '불-', '무-' 등이 어근의 자격을 가지는 경우도 마찬가지이다. 그러나 이러한 관계가 늘 성립되는 것은 아니며 보다 복잡한 양상을 띠는 경우도 얼마든지 있을 수 있다.

(16) 기혼-미혼

(16)에서 '기혼'은 '이미 결혼함'의 의미를 가지고 있고 '미혼'은 '아직

결혼하지 않음'의 의미를 가지고 있어 서로 반의 관계에 놓여 있다. 이에 따라 다음의 단어들도 서로 반의 관계에 놓여 있음을 확인할 수 있다.[3]

(17) 기혼자-미혼자, 기혼모[4]-미혼모

그런데 (16)의 반의 관계에 '비혼'이라는 새로운 단어가 생기면서 그 양상이 복잡해지고 있다. '비혼'은 '미혼'과 동일하게 '결혼을 하지 않음'이라는 의미는 공유하면서 '미혼'이 '결혼 의사는 있으나 아직 결혼을 하지 않음'의 의미인 데 비해 '비혼'은 '결혼 의사가 없이 결혼을 하지 않음'의 의미를 갖는다. 즉 '비혼'과 '미혼'은 [결혼 의사]라는 의미 자질만 차이를 가지고 있다는 점에서 서로 반의 관계에 놓여 있다고 할 수 있다. 이는 결과적으로 '부정'의 의미가 포함된 두 어휘가 반의 관계에 놓이게 됨으로써 '비-'와 '미-'가 반의 관계를 만드는 양상이 언제나 적용되는 것은 아니라는 사실을 말해 준다. '비혼'도 역시 임시어로는 '비혼자', '비혼모'도 가능하므로 이들 사이의 반의 관계를 도식화하면 다음과 같다.

(18)

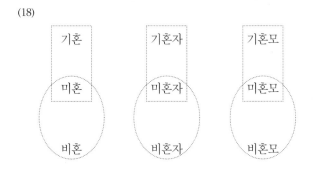

---

3) '기혼하다'는 존재하는 데 비해 '*미혼하다'는 존재하지 않으므로 단어 형성의 비대칭성을 확인할 수 있다.
4) '기혼모'는 『표준국어대사전』에는 실려 있지 않으나 "출산 휴가는 미혼모든 기혼모든 모두 해당됩니다."와 같이 사용되는 임시어 혹은 신어라고 할 수 있다.

(18)을 통해 '미혼'은 의미 자질이 [결혼 여부]일 때는 '기혼'과 반의 관계에 놓여 있고 의미 자질이 [결혼 의사]일 때는 '비혼'과 반의 관계에 놓여 있음을 알 수 있다. 이는 곧 의미 관계 형태론이 맥락을 변수로 하여 새로운 단어 형성을 통해 얼마든지 확장될 수 있음을 말해 주는 것이다.

참고문헌

고영근(1978), 「형태소 분석한계」, 『언어학』 3, 29~35.

고영근(1989), 『국어형태론 연구』, 서울대학교 출판부.

고영근(1992/1993), 「형태소란 도대체 무엇인가?」, 『형태』, 태학사, 11~23.

고영근(2001), 『역대한국문법의 통합적 연구』, 서울대학교 출판부.

고영근(2005), 「형태소의 교체와 형태론의 범위-형태음운론적 교체를 중심으로-」, 『국어학』 46, 19~51.

고영근(2010), 『표준중세국어문법론』(3판), 집문당.

고영근·구본관(2008), 『우리말 문법론』, 집문당.

고영근·이용·최형용(2010), 『주시경 국어문법의 교감과 현대화』, 도서출판 박이정.

고재설(1992), 「'구두닦이'형 합성명사에 대하여」, 『서강어문』 8, 17~30.

고재설(1996), 「합성어의 내부 구성과 의미 대립 관계-형태론의 입장에서 본 의미 대립-」, 『국어학』 28, 187~218.

고창수(1992), 「국어의 통사적 어형성」, 『국어학』 22, 259~269.

구본관(1993), 「국어 파생접미사의 통사적 성격에 대하여」, 『관악어문연구』 18, 117~140.

구본관(1998a), 『15세기 국어 파생법에 대한 연구』, 태학사.

구본관(1998b), 「단일 어기 가설과 국어 파생 규칙-15세기 국어 파생법을 중심으로-」, 『어학연구』 34-1, 153~174.

구본관(2005), 「국어 접미사의 분류에 대한 재검토」, 『우리말연구서른아홉마당』(임홍빈선생회갑기념논총), 태학사, 13~40.

국립국어연구원(1999), 『표준국어대사전』, 두산동아.

국립국어연구원(2002a), 『「표준국어대사전」 연구 분석』.

국립국어연구원(2002b), 『현대 국어 사용 빈도 조사』.

국립국어원(2005), 『현대 국어 사용 빈도 조사2』.

국립국어원(2005), 『외국인을 위한 한국어문법 1』, 커뮤니케이션북스.

국립국어원(2014), 『2014년 신어』.

권용경(2001), 「국어 사이시옷에 대한 통시적 연구」, 서울대 박사학위논문.

김경아(2014), 「패러다임 간의 유추와 의미관계 : 어간 재구조화에 미치는 영향을 중심으로」, 『국어교육연구』 55, 155~180.

김광해(1989), 『고유어와 한자어의 대응 현상』, 탑출판사.

김광해(1990), 「어휘소간의 의미 관계에 대한 재검토」, 『국어학』 20, 28~46.

김광해(1993), 『국어 어휘론 개설』, 집문당.

김미영(1998), 『국어 용언의 접어화』, 한국문화사.

김민수·고영근(2008), 『역대한국문법대계』(102책)(제2판), 도서출판 박이정.

김민수·고영근·최호철·최형용(2015), 『역대한국문법대계(Ⅱ)』, 도서출판 박이정.

김민수·남광우·유창돈·허 웅(1960), 『새고교문법』, 동아출판사(역대한국문법대계
　　　　 ① 96).

김민수·하동호·고영근(1977~1986), 『역대한국문법대계』(102책), 탑출판사.

김선영(2005), 「'X잖/찮-' 형용사에 대하여」, 『형태론』 7-1, 23~44.

김선효(2002), 「현대 국어의 관형어 연구」, 서울대 박사학위논문.

김성규(1987), 「어휘소 설정과 음운현상」, 서울대 석사학위논문.

김양진(2008), 「접어와 기능어-형태론적 단위와 통사론적 단위-」, 『한국어학』 38,
　　　　 1~31.

김영욱(1997), 「공형태소에 대하여」, 『전농어문연구』 9(서울시립대), 181~198.

김유겸(2015), 「유추에 의한 파생접미사의 생성과 분화-강릉 지역어 '-엥이', '-에기'
　　　　 류 접사를 대상으로-」, 『국어학』 73, 229~267.

김일환(2000), 「어근적 단어의 형태·통사론」, 『한국어학』 11, 213~226.

김일환(2003), 「국어의 어근과 어근적 단어」, 『형태론』 5-1, 67~80.

김정남(2007a), 「의미 투명성과 관련한 국어의 제 현상에 대하여」, 『한국어 의미학』
　　　　 22, 1~23.

김정남(2007b), 「동일 어미 반복 구문의 통사와 의미-한국어 문법·어휘 연계 교육에
　　　　 대한 제안」, 『이중언어학』 34, 49~75.

김정남(2011), 「AABB형 반복 합성어에 대하여」, 『언어와 언어학』 52, 1~23.

김진규(2003), 「러시아어 단어 내적 반의어의 유형별 분류에 관한 연구」, 『슬라브어연
　　　　 구』 8, 169-186.

김진우(2016), 『언어와 의미-의미론의 현황과 전망』, 한국문화사.

김진해(2014), 「은유적 합성명사의 결합관계와 인지언어학적 해석」, 『국어학』 70,
　　　　 29~57.

김창섭(1981), 「현대국어의 복합동사 연구」, 서울대 석사학위논문.

김창섭(1984/1993), 「형용사 파생 접미사들의 기능과 의미-'-답-, -스럽-, -롭-, 하-'
　　　　 와 '-的'의 경우-」, 『형태』, 태학사, 151~181.

김창섭(1985), 「시각형용사의 어휘론」, 『관악어문연구』 10, 149~176.

김창섭(1996a), 「국어 파생어의 통사론적 문제들」, 『이기문교수정년퇴임기념논총』,
　　　　 156~181.

김창섭(1996b), 『국어의 단어형성과 단어구조 연구』, 태학사.

김창섭(1999), 『국어 어휘 자료 처리를 위한 한자어의 형태·통사론적 연구』, 국립국어연구원.

김창섭(2001a), 「'X하다'와 'X를 하다'의 관계에 대하여」, 『어학연구』 37-1, 63~85.

김창섭(2001b), 「한자어 형성과 고유어 문법의 제약」, 『국어학』 37, 177~195.

김창섭(2014), 「'헛발'류의 문법」, 『국어학』 72, 71~102.

김철남(1997), 『우리말 어휘소 되기』, 한국문화사.

김한샘(2005), 『현대 국어 사용 빈도 조사 2』, 국립국어원.

김혜령(2009), 「'몰(沒)-', '무(無)-', '미(未)-', '불(不)-', '비(非)-'계 접두 파생어와 어기의 의미 관계」, 『한국사전학』 14, 111~139.

김혜지(2014a), 「국어의 [명사+동사+-(으)ㅁ/이/기]형 단어의 형성 연구-구성 문법 이론을 중심으로-」, 이화여자대학교 석사학위논문.

김혜지(2014b), 「'구성적 틀'의 관점에서 본 '[N+V+-(으)ㅁ/이/기]'형 단어」, 『형태론』 16-2, 185~205.

김혜지(2015), 「국어의 중복 표현에 대한 화자의 의도 고찰」, 『국어학』 75, 373~404.

김혜지(2016), 「축약형 단어와 유추」, 『형태론』 18-2, 183~215.

나은미(2006), 「어휘부의 존재 방식과 단어 형성-연결주의(connectionism) 관점에서-」, 『한국어 의미학』 20, 325~345.

남기심 외(2006), 『왜 다시 품사론인가』, 커뮤니케이션북스.

남기심·고영근(2014), 『표준국어문법론』(4판), 탑출판사.

남길임(2014), 『2014년 신어』, 국립국어원.

남윤진(1997), 『현대국어의 조사에 대한 계량언어학적 연구』, 태학사.

노명희(1998), 「현대국어 한자어의 단어 구조 연구」, 서울대 박사학위논문.

노명희(2004), 「어기의 범주를 바꾸는 접두한자어」, 『한국언어문학』 53, 123~151.

노명희(2005), 『현대국어 한자어 연구』, 태학사.

노명희(2006), 「국어 한자어와 고유어의 동의중복 현상」, 『국어학』 48, 259~288.

노명희(2007), 「한자어의 어휘 범주와 내적 구조」, 『진단학보』 103, 167~191.

노명희(2008), 「한자어의 구성성분과 의미 투명도」, 『국어학』 51, 89~113.

노명희(2009a), 「국어 동의중복 현상」, 『국어학』 54, 275~302.

노명희(2009b), 「어근 개념의 재검토」, 『어문연구』 37-1, 59~84.

노명희(2010), 「혼성어 형성 방식에 대한 고찰」, 『국어학』 58, 255~281.

도재학(2013), 「대립적 의미 관계에 대하여」, 『국어학』 66, 41~77.

도재학(2018), 『국어의 문장 의미와 어휘 의미』, 역락.

문금현(2011), 「어휘장을 활용한 한국어 어휘 교육」, 『우리말교육현장연구』 5-2, 7~47.

박보연(2005), 「현대국어 음절축소형에 대한 연구」, 서울대 석사학위논문.

박소영(2011), 「한국어 통합합성어의 통사구조와 형태-통사론의 접면」, 『생성문법연구』 21, 685~706.

박용찬(2008), 「국어의 단어 형성법에 관한 일고찰-우리말 속의 혼성어를 찾아서-」, 『형태론』 10-1, 111~128.

박재연(2010), 「이형태 교체와 관련한 몇 문제」, 『국어학』 58, 129~155.

박종갑(2001), 『(토론식 강의를 위한) 국어 의미론』, 박이정.

박주원(2011), 「술목 구조 VN형 한자어의 논항 실현에 대하여-'VN-하다'의 목적어 출현을 중심으로-」, 『형태론』 13-2, 267~290.

박진호(1994), 「통사적 결합 관계와 논항구조」, 서울대 석사학위논문.

박진호(1999), 「형태론의 제자리 찾기-인접 학문과의 관계를 중심으로-」, 『형태론』 1-2, 319~340.

박진호(2007), 「유형론적 관점에서 본 한국어 대명사 체계의 특징」, 『국어학』 50, 115~147.

박진호(2010), 「언어학에서의 범주와 유형」, 『인문학연구』(경희대) 17, 265~292.

박철우(2013), 「어휘부와 의미론」, 『국어학』 66, 445~485.

박형익(2004), 『한국의 사전과 사전학』, 월인.

배주채(2009), 「'달다, 다오'의 어휘론」, 『국어학』 56, 192~220.

손남익(2006), 「국어 반의어의 존재양상 : '무-' 접두어를 중심으로」, 『한국어 의미학』 19, 65~83.

손달임(2012), 「현대국어 의성의태어의 형태와 음운 연구」, 이화여대 박사학위논문.

손혜옥(2008), 「'조사결합어'에 관한 연구」, 『형태론』 10-1, 85~110.

송기중(1998), 「어휘 생성의 특수한 유형-한자차용어-」, 『국어 어휘의 기반과 역사』, 태학사, 593~615.

송근영(2014), 「어휘관계의 한 특수한 경우 : 자동 어휘관계」, 『한국프랑스학논집』 88, 197~223.

송원용(2002), 「국어의 어휘부와 단어 형성 체계에 대한 연구」, 서울대 박사학위논문.

송원용(2005a), 『국어 어휘부와 단어 형성』, 태학사.

송원용(2005b), 「다중 어휘부 구조 가설의 실험심리학적 검증-생산적 접사 '-개, -질, -적'을 중심으로-」, 『형태론』 7-2, 257~276.

송원용(2005c), 「신어의 어휘부 등재 시점 연구-어휘 지식 유무 검사를 통한 검증-」, 『국어학』 46, 97~123.

송원용(2009), 「국어 선어말어미의 심리적 실재성 검증」, 『어문학』 104, 83~102.

송원용(2011a), 「한자계 어근 분류 방식의 심리적 실재성」, 『형태론』 13-2, 225~244.

송원용(2011b), 「불규칙적 고유어 어근의 심리적 실재성」, 『국어국문학』 159, 5~30.

송철의(1992), 『국어의 파생어형성 연구』, 태학사.

송철의(1993), 「언어 변화와 언어의 화석」, 『국어사 자료와 국어학의 연구』, 문학과 지성사, 352~370.

송철의(2006), 「국어 형태론 연구의 문제점」, 『배달말』 39, 117~141.

시정곤(1998), 『국어 단어형성의 원리』(수정판), 한국문화사.

시정곤(1999), 「규칙은 과연 필요 없는가?」, 『형태론』 1-2, 261~283.

시정곤(2000), 「공형태소를 다시 생각함」, 『한국어학』 12-1, 147~165.

시정곤(2001), 「국어의 어휘부 사전에 대한 연구」, 『언어연구』 17-1, 163~184.

시정곤(2006), 「국어 형태론에서의 '생산성' 문제에 대한 연구」, 『형태론』 8-2, 257~276.

시정곤(2010), 「공형태소와 형태 분석에 대하여」, 『국어학』 57, 3~30.

신서인(2000), 「현대국어 의존명사에 대한 연구」, 서울대 석사학위논문.

신서인(2011), 「문장부사의 위치에 대한 고찰」, 『국어학』 61, 207~238.

신중진(1998), 「현대국어 의성의태어 연구」, 서울대 석사학위논문.

심재기(1979), 「관형화의 의미기능」, 『어학연구』 15-2, 109~121.

심재기(2000), 『국어 어휘론 신강』, 태학사.

심재기 외(2011), 『국어 어휘론 개설』, 지식과교양.

안병희(1965), 「문법론」, 『국어학 개론』, 수도출판사.

안병희(1968), 「중세국어 속격어미 '-ㅅ'에 대하여」, 『이숭녕박사 송수기념논총』, 을유문화사, 335~345.

안병희·임홍빈·권재일(1997), 「언어 연구의 회고와 전망」, 『인문논총』 38(서울대), 1~86.

안소진(2010), 「국어화자 2음절 한자어 구성요소 파악에 대한 고찰—'직·간접류'의 형성과 관련하여—」, 『형태론』 12-2, 201~216.

안소진(2011), 「심리어휘부에 기반한 한자어 연구」, 서울대 박사학위논문.

안소진(2012), 「어휘부 등재 논의의 경향과 쟁점」, 『형태론』 14-1, 1~23.

안소진(2014), 『심리어휘부에 기반한 한자어 연구』, 태학사.

안예리(2014), 「사라진 '2음절 한자어+하다' 용언의 유형」, 『국어사 연구』 18, 397~430.

안주호(1997), 『한국어 명사의 문법화 현상 연구』, 한국문화사.

안주호(2001), 「한국어의 문법화와 역문법화 현상」, 『담화와 인지』 8-2, 93~112.

양명희(1998), 「부사의 사전적 처리에 대하여(1)」, 『한국어학』 8, 173~206.

양정호(2003), 「'이다'의 문법범주에 대한 고찰」, 『형태론』 5-2, 255~271.

엄정호(1993), 「'이다'의 범주 규정」, 『국어국문학』 110, 317~332.

엄태수(2007), 「사이시옷 현상과 한글 맞춤법」, 『시학과 언어학』 13, 239~288.

연재훈(2001), 「이른바 '고기잡이'류 통합합성어의 단어형성에 대한 문제」, 『형태론』 3-2, 333~343.

연재훈(2008), 「한국어에 능격성이 존재하는가—능격의 개념과 그 오용—」, 『한글』

282, 124~154.

연재훈·목정수(2000), 「상징부사(의성·의태어)의 서술성과 기능동사」, 『한국어학』 12, 89~118.

오규환(2008), 「현대 국어 조사 결합형의 단어화에 대한 연구」, 서울대학교 석사학위 논문.

오규환(2016), 「한국어 어휘 단위의 형성과 변화 연구」, 서울대학교 박사학위논문.

오규환·김민국·정한데로·송재영 역(2015), 『형태론의 이해』, 역락[Haspelmath, M. & A. D. Sims (2010), Understanding morphology(2nd), Oxford University Press].

유경민(2005), 「'X하-'와 'X되-' 및 'X시키-'의 대응쌍 연구」, 『국어학』 46, 147~182.

유현경(2003), 「'주다' 구문에 나타나는 조사 '에게'와 '에'」, 『한국어학』 20, 155~174.

유현경(2006), 「형용사에 결합된 어미 '-게' 연구」, 『한글』 273, 99~123.

유현경(2007), 「'에게'와 유정성」, 『형태론』 9-2, 257~275.

이 훈(2003), 「통사적 접사 설정에 대한 비판적 검토」, 『어문연구』 31-3, 121~145.

이광정(2008), 『국어문법연구Ⅲ-한국어 품사 연구-』, 도서출판 역락.

이광호(2002), 「유의어 정도성 측정을 위한 집합론적 유형화」, 『문학과 언어』 24, 57~78.

이광호(2006), 「선행 성분 없이 사용되는 의존 명사 구성에 대한 고찰」, 『관악어문연구』 31, 219~236.

이광호(2007a), 「국어 파생 접사의 생산성에 대한 계량적 연구」, 서울대 박사학위논문.

이광호(2007b), 「상대 빈도를 이용한 생산성 측정에 대한 연구」, 『국어학』 50, 57~76.

이광호(2009), 「코퍼스를 활용한 반의어의 총체적 목록 확보 방법에 대한 연구」, 『국어학』 56, 281-318.

이규호(2008), 「체언 수식 부사-부사 관형 구성 연구-」, 『국어학』 51, 3~28.

이규호(2015), 「관형사의 하위분류-인칭/의문·부정 관형사의 설정-」, 『국어학』 74, 207~232.

이기문(1972), 『(개정판)국어사개설』, 탑출판사.

이기문(1991), 『국어어휘사연구』, 동아출판사.

이기문(1998), 『국어사개설』(신정판), 태학사.

이남순(1998), 「격표지의 비실현과 생략」, 『국어학』 31, 339~360.

이동혁(2004), 「의미 관계의 저장과 기능에 대하여」, 『한글』 263, 95~124.

이동혁(2011), 「어휘 의미관계의 발현과 규범화에 대하여」, 『우리말연구』 29, 125~151.

이민우(2011), 「'명사+명사' 합성어 구성요소의 의미관계 연구」, 『한국어 의미학』 34, 235~257.

이민우(2015), 「의미관계를 이용한 어휘교육의 효과 연구-고급 학습자를 중심으로-」,

『한국어 교육』 20-4, 165~190.

이병기(1997), 「미래 시제 형태의 통시적 연구-'-리-', '-ㄹ 것이-', '-겠-'을 중심으로-」, 서울대 석사학위논문.

이상욱(2004), 「'-음', '-기' 명사형의 단어화에 대한 연구」, 서울대 석사학위논문.

이상욱(2007), 「임시어의 위상 정립을 위한 소고」, 『형태론』 9-1, 47~67.

이선웅(2000), 「국어의 한자어 '관형명사'에 대하여」, 『한국문화』 26, 35~56.

이선웅(2005), 『국어 명사의 논항구조 연구』, 월인.

이선웅(2012), 『한국어 문법론의 개념어 연구』, 월인.

이숭녕(1953), 「격의 독립품사 시비」, 『국어국문학』 3, 49~51.

이숭녕(1954), 『고전문법』, 을유문화사.

이숭녕(1956), 『고등국어문법』, 을유문화사.

이숭녕(1961), 『중세국어문법』, 을유문화사.

이양혜(2000), 『국어의 파생접사화 연구』, 도서출판 박이정.

이영경(2008), 「'오래'와 '오래다'의 문법적 위상에 대하여」, 『형태론』 10-1, 1~18.

이영제(2014), 「명사류의 명사성 판단 규준과 어근적 단어」, 『국어학』 72, 289~321.

이은섭(2004), 「동작 동사 파생과 동작성-'-거리-', '-대-', '-이-'의 동작성 구명을 중심으로-」, 『정신문화연구』 27-3, 115~136.

이은섭(2007), 「형식이 삭감된 단위의 형태론적 정체성」, 『형태론』 9-1, 93~113.

이익섭(2000), 『국어학개설』(개정판), 학연사.

이익섭(2005), 『한국어문법』, 서울대학교출판부.

이익섭·채완(1999), 『국어문법론강의』, 학연사.

이지양(1993), 「국어의 융합현상과 융합형식」, 서울대 박사학위논문.

이현희(1996), 「중세국어 부사 '도로'와 '너무'의 내적 구조」, 『이기문교수 정년퇴임기념논총』, 신구문화사, 644~659.

이호승(2001), 「단어형성과정의 공시성과 통시성」, 『형태론』 3-1, 113~119.

이희자(1997), 「'준말'과 '줄어든 꼴'과 '줄인 꼴'」, 『사전편찬학연구』 7, 19~42.

임동훈(1995), 「통사론과 통사 단위」, 『어학연구』 31-1, 87~138.

임동훈(1996), 「'-겠-'의 문법화」, 국립국어연구원 5월 월례 발표회 발표요지.

임동훈(2004), 「한국어 조사의 하위 부류와 결합 유형」, 『국어학』 43, 119~154.

임동훈(2010), 「현대국어 어미 '느'의 범주와 변화」, 『국어학』 59, 3~44.

임지룡(1992), 『국어 의미론』, 탑출판사.

임지룡(2004), 「국어에 내재한 도상성의 양상과 의미 특성」, 『한글』 266, 169~205.

임지룡(2006), 「의미 구조의 비대칭성」, 『이병근선생퇴임기념국어학논총』, 태학사, 893~913.

임채훈(2009), 「반의관계와 문장 의미 형성-형용사, 동사 반의관계 어휘의 공기관계를 중심으로－」, 『한국어 의미학』 30, 231~256.

임홍빈(1979), 「용언의 어근분리 현상에 대하여」, 『언어』 4-2, 55~76.

임홍빈(1981), 「사이시옷 문제의 해결을 위하여」, 『국어학』 10, 1~35.

임홍빈(1982), 「기술보다는 설명을 중시하는 형태론의 기능 정립을 위하여」, 『한국학보』 26, 168~192.

임홍빈(1989/1993), 「통사적 파생에 대하여」, 『형태』, 183~226.

임홍빈·장소원(1995), 『국어문법론 Ⅰ』, 한국방송통신대학교출판부.

장윤희(2006), 「중세국어 비통사적 합성동사와 관련된 몇 문제」, 『이병근선생퇴임기념 국어학논총』, 623~641.

장하일(1947), 『중등새말본』, 교재연구사(역대한국문법대계 ① 74).

전상범(1995), 『형태론』, 한신문화사.

전상범·김영석·김진형 역(1994), 『형태론』, 한신문화사.

전후민(2011), 「'-느-'의 형태소 분석에 대하여－'-느-'의 이형태 교체를 중심으로－」, 『형태론』 13-2, 311~333.

정렬모(1946), 『신편고등국어문법』, 한글문화사(역대한국문법대계 ① 61).

정시호(1994), 『어휘장이론연구』, 경북대학교 출판부.

정시호(2000), 「가족유사성 개념과 공통속성－어휘장 이론과 관련하여－」, 『한국어 내용론』 7, 491~520.

정연주·이영제·이화자(2011), 「대상 이동 동사의 낱말밭 연구」, 『어문논집』 63, 77~111.

정한데로(2010), 「문법 차원의 등재에 대한 연구」, 『형태론』 12-1, 1~22.

정한데로(2011), 「임시어의 형성과 등재－'통사론적 구성의 단어화'를 중심으로－」, 『한국학』 52, 211~241.

정한데로(2015), 『한국어 등재소의 형성과 변화』, 태학사.

조남호(1988), 「현대국어의 파생접미사 연구－생산력이 높은 접미사를 중심으로－」, 서울대 석사학위논문.

주경희(2000), 「'좀'과 '조금'」, 『국어학』 36, 379~399.

주시경(1910), 『국어문법』, 박문서관(역대한국문법대계 ① 11).

주시경(1914), 『말의소리』, 신문관(역대한국문법대계 ① 13).

채 완(2003), 『한국어의 의성어와 의태어』, 서울대학교 출판부.

채현식(1994), 「국어 어휘부의 등재소에 관한 연구」, 서울대 석사학위논문.

채현식(1999), 「조어론의 규칙과 표시」, 『형태론』 1-1, 25~42.

채현식(2000), 「유추에 의한 복합명사 형성 연구」, 서울대 박사학위논문.

채현식(2001), 「한자어 연결 구성에 대하여」, 『형태론』 3-2, 241~263.

채현식(2003a), 「대치에 의한 단어 형성」, 『형태론』 5-1, 1~21.

채현식(2003b), 『유추에 의한 복합명사 형성 연구』, 태학사.

채현식(2006a), 「규칙과 유추의 틀」, 『이병근선생퇴임기념국어학논총』, 태학사, 567~583.

채현식(2006b), 「합성명사에서의 의미 전이와 관습화」, 『한국언어문학』 58, 5~23.

채현식(2006c), 「은유표현의 해석과 유추-심리과정을 중심으로-」, 『한말연구』 19, 377~397.

채현식(2007), 「어휘부의 자기조직화」, 『한국언어문학』 63, 137~155.

채현식(2009), 「용례 기반 이론에서의 어휘 지식 표상」, 『형태론』 11-2, 269~286.

채현식(2010), 「정보의 처리와 표상의 측면에서 본 괄호매김역설」, 『한국언어문학』 74, 147~169.

채현식(2012), 「계열관계에 기반한 단어 분석과 단어 형성」, 『형태론』 14-2, 208~232.

최경봉(1995), 「국어 명사 관형구성의 의미결합 관계에 대한 고찰」, 『국어학』 26, 33~58.

최경봉(2010), 「계열적 의미관계의 특성과 연구 목표-유의 및 반의관계를 중심으로-」, 『한국어학』 49, 65~90.

최경봉(2015), 『어휘의미론-의미의 존재 양식과 실현 양상에 대한 탐구』, 한국문화사.

최명옥(2006), 「국어의 공시형태론」, 『이병근선생퇴임기념국어학논총』, 태학사, 13~39.

최명옥(2008), 『현대 한국어의 공시형태론-경주지역어를 실례로-』, 서울대학교 출판부.

최상진(1992), 「복합명사 어순에 있어서의 공감도 연구」, 『언어연구』 11, 53~69.

최지훈(1999), 「전의(轉義) 합성 명사의 인지의미론적 연구」, 이화여대 석사학위논문.

최지훈(2010), 『한국어 관용구의 은유·환유 연구-인지의미론적 관점을 중심으로-』, 혜안.

최현배(1937/1975), 『우리말본』(다섯번째 고침), 정음사.

최형강(2009), 「'형성소'와 '어근' 개념의 재고를 통한 '어근 분리 현상'의 해석」, 『국어학』 56, 33~60.

최형용(1997a), 「형식명사·보조사·접미사의 상관관계」, 서울대 석사학위논문.

최형용(1997b), 「문법화의 한 양상에 대하여」, 『관악어문연구』 22, 469~489.

최형용(1999), 「국어의 단어 구조에 대하여」, 『형태론』 1-2, 245~260.

최형용(2000), 「단어 형성과 직접 성분 분석」, 『국어학』 36, 161~190.

최형용(2002a), 「형태소와 어소 재론」, 『문법과 텍스트』(고영근선생정년퇴임논총), 서울대학교출판부, 263~276.

최형용(2002b), 「어근과 어기에 대하여」, 『형태론』 4-2, 301~318.

최형용(2003a), 『국어 단어의 형태와 통사-통사적 결합어를 중심으로-』, 태학사.

최형용(2003b), 「'줄임말'과 통사적 결합어」, 『국어국문학』 135, 191~220.

최형용(2004a), 「파생어 형성과 빈칸」, 『어학연구』 40-3, 619~636.

최형용(2004b), 「단어 형성과 음절수」, 『국어국문학』 138, 183~205.

최형용(2004c), 「격조사의 핵성에 대하여」, 『우리말연구서른아홉마당』(임홍빈선생회갑기념논총), 401~418.

최형용(2005a), 「단어 형성에 있어서의 조사와 어미」, 『한국언어학회 2005년 겨울학술대회발표논문집』.

최형용(2005b), 「의미 중심 단어 형성론―황화상, 『국어 형태 단위의 의미와 단어 형성』(2001) 다시 읽기―」, 『형태론』 7-2, 469~488.

최형용(2006a), 「합성어 형성과 어순」, 『국어국문학』 143, 235~272.

최형용(2006b), 「'술래잡기'에 대하여」, 『이병근선생퇴임기념국어학논총』, 1019~1033.

최형용(2006c), 「한자 접사와 고유어 접사의 대응 양상에 대하여」, 『한중인문학연구』 19, 339~361.

최형용(2007a), 「가치평가에서의 의미 변화에 대하여―말뭉치 텍스트의 '점입가경(漸入佳境)'과 '타산지석(他山之石)'의 용례를 중심으로―」, 『텍스트언어학』 22, 201~221.

최형용(2007b), 「동의 충돌에 따른 의미 변화의 한 양상에 대하여」, 『국어학』 50, 329~355.

최형용(2008), 「국어 동의파생어 연구」, 『국어학』 52, 27~53.

최형용(2009a), 「현대 국어의 사이시옷은 과연 형태소인가」, 『형태론』 11-1, 61~78.

최형용(2009b), 「국어의 비접사 부사 형성에 대하여」, 『정신문화연구』 32-1, 3~26.

최형용(2009c), 「한국어 형태론의 유형론적 보편성과 특수성―하스펠마트(2002)와 관련하여―」, 『형태론』 11-2, 425~438.

최형용(2010), 「품사의 경계―조사, 어미, 어근, 접사를 중심으로―」, 『한국어학』 47, 61~92.

최형용(2011a), 「한국어의 형태론적 현저성에 대하여」, 『형태론』 13-1, 1~28.

최형용(2011b), 「형태론과 어휘―어휘적 단어, 어휘부, 어휘 관계를 중심으로―」, 『관악어문연구』 36, 6~48.

최형용(2012a), 「분류 기준에서 본 주시경 품사 체계의 변천에 대하여」, 『국어학』 63, 313~340.

최형용(2012b), 「유형론적 관점에서 본 한국어의 품사 분류 기준에 대하여」, 『형태론』 14-2, 233~263.

최형용(2013a), 「어휘부와 형태론」, 『국어학』 66, 361~413.

최형용(2013b), 「구성 형태론은 가능한가―보이(2010), Construction Morphology를 중심으로―」, 『형태론』 15-1, 82~114.

최형용(2013c), 『한국어 형태론의 유형론』, 박이정.

최형용(2014a), 「'덧셈', '뺄셈', '곱셈', '나눗셈'의 형태론―어휘장 형태론을 제안하며-」, 『형태론』 16-1, 1~23.

최형용(2014b), 「복합어 구성 요소의 의미 관계에 대하여」, 『국어학』 70, 85~115.

최형용(2014c), 「안확과 수사-초판본 <조선문법>(1917)을 중심으로-」, 『한중인문학연구』 44, 231~254.

최형용(2015a), 「형태론의 융합과 유형」, 『국어국문학』 170, 139~178.

최형용(2015b), 「문법에서 유추의 역할은 무엇인가-블레빈스 외 편(2009), Analogy in Grammar를 중심으로-」, 『형태론』 17-2, 285~335.

최형용(2015c), 「학교 문법 교과서의 품사 분류에 대한 비판적 고찰」, 『언어와 정보 사회』 26, 507~548.

최형용(2016a), 『한국어 형태론』, 역락.

최형용(2016b), 「반의 관계 형태론」, 『형태론』 18-1, 52~75.

최형용(2016c), 「구성족 개념에 따른 사이시옷의 실현과 비실현」, 『국어학』 80, 195~227.

최형용(2017), 「단어 형성과 형태소」, 『국어학』 81, 351~391.

최형용·劉婉瑩(2015), 「한중일 품사 대조를 위한 품사 분류 기준 설정」, 『어문연구』 43-2, 117~149.

최형용·劉婉瑩(2016), 「한국어와 일본어의 부사 통사적 결합어에 대하여」, 『어문연구』 44-3, 67~97.

최형용·劉婉瑩(2017), 「한국어와 일본어의 '앞서다'류 동사에 대하여」, 『어문연구』 45-2, 89~125.

최형용 외(2015), 『한국어 연구와 유추』, 역락.

최형용 외(2017), 『한국어 분류사 연구』, 역락.

한정한(2003), 「격조사는 핵이 아니다」, 『한글』 260, 149~182.

한정한(2011), 「통사 단위 단어」, 『국어학』 60, 211~232.

허 웅(1963), 『언어학개론』, 정음사.

허 웅(1975), 『우리 옛말본』, 샘문화사.

홍석준(2015), 「국어 색채형용사의 어휘형태론적 연구」, 서울대 박사학위논문.

홍윤기(2009), 「문장에서의 반의관계 실현 방식 연구-반의관계와 문법 구성 및 표현의 상관성을 바탕으로-」, 『한국어 교육』 20-3, 185~204.

황도생(1991), 「명사의 파생체계에 나타난 빈칸의 문제」, 『주시경학보』 7, 140~149.

황화상(2001), 『국어 형태 단위의 의미와 단어 형성』, 월인.

황화상(2010), 「단어형성 기제로서의 규칙에 대하여」, 『국어학』 58, 61~91.

황화상(2016), 「어근 분리의 공시론과 통시론-단어 구조의 인식, 문장의 형성, 그리고 문법의 변화-」, 『국어학』 77, 65~100.

Ackema, P. & Neeleman, A.(2007), Morphology≠Syntax, In G. Ramchand & C. Reiss(eds.) *The Oxford Handbook of Linguistic Interfaces*, New York : Oxford University

Press, 325~352.

Aikhenvald, A. Y.(2007), Typological distinctions in word-formation, In T. Shopen(eds.) (2007), *Language Typology and Syntactic Description*(2nd ed.) Vol. 3, *Grammatical Categories and the Lexicon*, Cambridge : Cambridge University Press.

Allen M. R.(1978), Morphological investigations, Doctoral dissertation, University of Connecticut.

Anderson, S. R.(1992), *A-Morphous Morphology*, Cambridge : Cambridge University Press.

Anward, J. & Moravcsik, E. A. & Stassen, L.(1997), Parts of Speech : A Challenge for Typology, *Linguistic Typology* 1, 167~183.

Aronoff, M.(1976), *Word Formation in Generative Grammar*, Cambridge, Mass : MIT Press.

Aronoff, M.(1994), *Morphology by Itself*, Cambridge, Mass : MIT Press.

Aronoff, M. & F. Anshen(1998), Morphology and the lexicon : lexicalization and productivity, in A. Spencer & A.M. Zwicky(eds.). *The Handbook of morphology*, Oxford : Blackwell, 237~247.

Asher, N.(2011), *Lexical Meaning in Context : A Web of Words*, New York : Cambridge University Press.

Baker, M.(1988), *Incorporation : A Theory of Grammatical Function Changing*, Chicago : The University of Chicago Press.

Bauer, L.(1988), *Introducing Linguistic Morphology*, Edinburgh : Edinburgh University Press.

Bauer, L.(2001), Compounding, In Martin Haspelmath & Ekkehard König & Wulf Oesterreicher & Wolfgang Raible(eds.), *Language Typology and Language Universals* Vol. 1, Berlin · New York : Walter de Gruyter, 695~707.

Bhat. D. N. S.(2004), *Pronouns*, Oxford : Oxford University Press.

Bhat. D. N. S.(2005), Third-person Pronouns and Demonstratives, In Haspelmath et als.(eds.), *The World Atlas of Language Structure*, Oxford : Oxford University Press, 178~181.

Bickel, B. & Nichols, J.(2005), Inflectional Synthesis of the Verb, In Haspelmath et als.(eds.), *The World Atlas of Language Structure*, Oxford : Oxford University Press, 174~175.

Bisang, W.(2011), Word Classes, in J. J. Song(eds.), *The Oxford Handbook of Linguistic Typology*, Oxford : Oxford University Press.

Bloomfield, L.(1933), *Language*, New York : Holt.

Booij, G.(2005), *The Grammar of Words*, New York : Oxford University Press.

Booij, G.(2010), *Construction Morphology*, New York : Oxford University Press.

Bybee, J.(1985), *Morphology*, Amsterdam : Benjamins.

Bybee, J.(2001), *Phonology and Language Use*, Cambridge : Cambridge University press.

Bybee, J.(2010), *Language, Usage and Cognition*, Cambridge : Cambridge University Press.

Bybee, J. & W. Pagliuca & R. Perkins(1990), On the Asymmetries in the Affixation of Grammatical Material, In W. Croft & K. Denning & S. Kemmer(eds.), *Studies in Typology and Diachrony : Papers presented to Joseph H. Greenberg on His 75th Birthday*, Amsterdam : Benjamins.

Chomsky, N.(1970), Remarks on Nominalization, In R. A. Jacobs & P. S. Rosenbaum(eds.), *Readings in English Transformational Grammar*, Ginn and Company, 184~221.

Chomsky, N.(1995), *The Minimalist Program*. Cambridge : The MIT Press.

Clark, E. V.(1993), *The Lexicon in Acquisition*, Cambridge : Cambridge University Press.

Comrie, B.(1989), *Language Universals and Linguistic Typology(2nd)*, Chicago : University of Chicago Press.

Comrie, B.(2005), Numeral Bases, In Haspelmath et als.(eds.), *The World Atlas of Language Structure*, Oxford : Oxford University Press, 530~531.

Croft, W.(1990), *Typology and universals*, Cambridge : Cambridge University Press.

Croft, W.(2000), Parts of speech as language universals and as language-particular categories, in : P. M. Vogel & B. Comrie(eds.), *Approaches to the typology of word Classes*, Berlin : Mouton de Gruyter, 65~102.

Croft, W.(2001), *Radical Construction Grammar : syntactic theory in typological perspective*, Oxford : Oxford University Press.

Cruse, D. A.(1986), *Lexical semantics*, Cambridge : Cambridge University Press.

Di Sciullo, A. M. & E. Williams(1987), *On the Definition of Word*, Cambridge. MA : MIT Press.

Dixon, R. M. W. & A. Y. Aikhenvald(eds.)(2002), *Word : A Cross-Linguistic Typology*, Cambridge : Cambridge University Press.

Dryer, M. S.(1992), The Greenbergian Word Order Correlations, *Language* 68, 81~138.

Dryer, M. S.(2005a), Prefixing versus Suffixing in Inflectional Morphology, In Haspelmath et als.(eds.), *The World Atlas of Language Structure*, Oxford : Oxford University Press, 110~111.

Dryer, M. S.(2005b), Order of Subject, Object, and Verb, In Haspelmath et als.(eds.), *The World Atlas of Language Structure*, Oxford : Oxford University Press, 330~331.

Dryer, M. S.(2005c), Expression of Pronominal Subjects, In Haspelmath et als.(eds.), *The World Atlas of Language Structure*, Oxford : Oxford University Press, 410~413.

Geeraerts, D.(2010), *Theories of Lexical Semantics*, New York : Oxford University Press.

Goldberg, A. E.(1995), *Constructions : A Construction Grammar Approach to Argument Structure*, Chicago : The University of Chicago Press.

Goldberg, A. E.(2006), *Constructions at work : the nature of generalization in language*, Oxford : Oxford University Press.

Goldberg, A. E.(2009), The nature of generalization in language, *Cognitive Linguistics* 20-1, 93~127.

Greenberg, J. H.(eds.)(1966), *Universals of Language*, Cambridge, MA : MIT Press.

Greenberg, J. H.(1974), *Language Typology : a Historical and Analytic Overview*, The Hague : Mouton.

Halle, M.(1973), Prolegomena to a Theory of Word Formation, *Linguistic Inquiry* 4-1, 3~16.

Halpern, A. L.(1998), Clitics, In A. Spencer and A. M. Zwicky(eds.), *The Handbook of Morphology*. Oxford : Blackwell, 101~122.

Handke, J.(1995), *The Structure of the Lexicon : human versus machine*, Berlin : Mouton de Gruyter.

Haspelmath, M.(2001), The European linguistic area : Standard Averafe European, In Martin Haspelmath & Ekkehard König & Wulf Oesterreicher & Wolfgang Raible(eds.), *Language Typology and Language Universals* Vol. 2, Berlin · New York : Walter de Gruyter, 1492~1510.

Haspelmath, M.(2002), *Understanding Morphology*, London : Arnold.

Haspelmath, M. et als.(eds.)(2005), *The World Atlas of Language Structure*, Oxford : Oxford University Press.

Hawkins, J. A.(1983), *Word Order Universals*, New York : Academic Press.

Helmbrecht, J.(2005), Politeness Distinctions in Pronouns, In Haspelmath et als.(eds.), *The World Atlas of Language Structure*, Oxford : Oxford University Press, 186~189.

Inkelas, S. & Zoll, C.(2005), *Reduplication*, Cambridge : Cambridge University Press.

Jackendoff, R.(2008), Construction after construction and its theoretical challenges, *Language* 84-1, 8~28.

Jang, Yong-Seon and Sung-won Bang(1996), On constraining incorporation in Korean word formation, Paper presented at the 10th International Conference on Korean Linguistics, Australia : Griffith University.

Julien, M.(2007), On the Relation between Morphology and Syntax, In G. Ramchand & C. Reiss(eds.), *The Oxford Handbook of Linguistic Interfaces*, New York : Oxford

University Press, 209~238.

Katamba, F.(1993), *Morphology*, London : The Macmillan Press.

Kiparsky, P.(1982), *Word formation and the lexicon*, F. Ingemann(eds.) Proceedings of the 1982 Mid-American Linguistics Conference, Lawrence : University of Kansas.

Lakoff, G. & M. Johnson(1980), *Metaphors we live by*, Chicago : The University of Chicago Press.(노양진·나익주 옮김(1995), 『삶으로서의 은유』, 서광사)

Lakoff, G. & M. Johnson(2003), *Metaphors we live by*, Chicago : The University of Chicago Press.(노양진·나익주 옮김(2006), 『삶으로서의 은유』, 박이정)

Langacker, R. W.(1987), *Foundations of Cognitive Grammar*, Vol. 1, Stanford : Stanford University Press.(김종도 옮김(1999), 『인지문법의 토대 I』, 박이정)

Lehman W. P.(1973), A Structural Principle of Language and Its Implications, *Language* 49, 47~66.

Lehman W. P.(1978), Conclusion : Toward an Understanding of the Propound Unity Underlying Languages, In W. P. Lehman(eds.), *Syntactic Typology*, Austin : The University of Texas Press.

Lieber, R.(1992), *Deconstructing Morphology : Word Formation in Syntactic Theory*, Chicago : The University of Chicago Press.

Lyons, J.(1977), *Semantics* Vol 1, 2, Cambridge : Cambridge University Press.

Matthews, P. H.(1991), *Morphology*(2nd), Cambridge : Cambridge University press.

Micelli G. & A. Caramazza(1988), Dissociation of Inflectional and Derivational Morphology, *Brain and Language* 35, 24~65.

Mugdan, J.(1986), Was ist eigentlich ein Morphem?, *Zeitschrift für Phonetik, Sprachwissenschaft und Kommunikationsforschung* 39, 29~43.

Nichols, J.(1986), Head-Marking and Dependent-Marking Grammar, *Language* 62, 56~119.

Nichols, J. & Peterson, D. A.(2005), Personal Pronouns, In Haspelmath et als.(eds.), *The World Atlas of Language Structure*, Oxford : Oxford University Press, 546~549.

Plag, I.(2003), *Word-Formation in English*, Cambridge : Cambridge University Press.

Rubino, C.(2005), *Reduplication, The World Atlas of Language Structure*, Oxford : Oxford University Press, 114~115.

Scalise, S.(1984), *Generative Morphology*, Dordrecht : Foris.(전상범 역(1987), 『생성형태론』, 한신문화사.)

Sohn, H. M.(1999), *The Korean Language*, Cambridge : Cambridge University Press.

Song, J. M.(2011), Verbal Inflections in Korean and Mongolian : a Contrastive Analysis,

The Journal of Studies in Language 27-1, 99~116.

Spencer, A.(1991), *Morphological Theory : An Introduction to Word Structure in Generative Grammar*, Oxford : Blackwell.

Stassen, L.(2005), Comparative Consructions, *The World Atlas of Language Structure*, Oxford : Oxford University Press, 490~491.

Wälchli, B.(2005), *Co-Compounds and Natural Coordination*, New York : Oxford University Press.

Whaley, L. J.(1997), *Introduction to Typology : The Unity and Diversity of Language*, Sage Publications.(김기혁 옮김(2010), 『언어유형론－언어의 통일성과 다양성－』, 소통.)

Wierzbicka, A.(2000), Lexical prototypes as a universal basis for cross-linguistic identification of "parts of speech", in : P. M. Vogel & B. Comrie(eds.), *Approaches to the typology of word Classes*, Berlin : Mouton de Gruyter, 285~317.

부록

1. 어휘 사이의 유의 관계

1.1. 동의파생어(§ 3.2 한국어의 동의파생어와 저지 현상)

1.1.1. 접미 동의파생어

가닐대다=가닐거리다, 가동대다=가동거리다, 가둥대다=가둥거리다, 가드락대다=가드락거리다, 가들대다=가들거리다, 가들랑대다=가들랑거리다, 가들막대다=가들막거리다, 가랑대다=가랑거리다1, 가랑대다=가랑거리다2, 가르랑대다=가르랑거리다, 가물대다=가물거리다, 가박대다=가박거리다, 가불대다=가불거리다, 가불딱대다=가불딱거리다, 가불짝대다=가불짝거리다, 가스랑대다=가스랑거리다, 가쫀대다=가쫀거리다, 가치작대다=가치작거리다, 가칫대다=가칫거리다, 가탈대다=가탈거리다, 각삭대다=각삭거리다, 간닥대다=간닥거리다, 간당대다=간당거리다, 간댕대다=간댕거리다, 간드락대다=간드락거리다, 간드랑대다=간드랑거리다, 간드작대다=간드작거리다, 간득대다=간득거리다, 간들대다=간들거리다, 간들막대다=간들막거리다, 간질대다=간질거리다, 갈갈대다=갈갈거리다, 갈강대다=갈강거리다, 갈그랑대다=갈그랑거리다,

갈근대다갈=갈근거리다1, 갈근대다갈=갈근거리다2, 갈깃대다=갈깃거리다, 갈신대다
=갈신거리다, 갈쌍대다=갈쌍거리다, 갈씬대다=갈씬거리다, 갈팡대다=갈팡거리다,
갉작대다=갉작거리다, 갉죽대다=갉죽거리다, 갑삭대다=갑삭거리다, 갑신대다=갑신
거리다, 강동대다=강동거리다, 강똥대다=강똥거리다, 강뚱대다=강뚱거리다, 강장대
다=강장거리다, 강종대다=강종거리다, 강중대다=강중거리다, 강충대다=강충거리다,
개신대다=개신거리다, 개우뚱대다=개우뚱거리다, 개우랑대다=개우랑거리다, 개울대
다=개울거리다, 개울딱대다=개울딱거리다, 개웃대다=개웃거리다, 갸우뚱대다=갸우
뚱거리다, 갸우랑대다=갸우랑거리다, 갸울대다=갸울거리다, 갸울딱대다=갸울딱거리
다, 걀걀대다=걀걀거리다, 거드럭대다=거드럭거리다, 거들대다=거들거리다, 거들렁
대다=거들렁거리다, 거들먹대다=거들먹거리다, 거뜰대다=거뜰거리다, 거렁대다=거
렁거리다, 거르렁대다=거르렁거리다, 거물대다=거물거리다, 거벅대다=거벅거리다,
거불대다=거불거리다, 거불떡대다=거불떡거리다, 거불쩍대다=거불쩍거리다, 거치적
대다=거치적거리다, 거칫대다=거칫거리다, 거푼대다=거푼거리다, 거풀대다=거풀거
리다, 거풋대다=거풋거리다, 걱석대다=걱석거리다, 걱실대다=걱실거리다, 건덕대다
=건덕거리다, 건덩대다=건덩거리다, 건뎅대다=건뎅거리다, 건드럭대다=건드럭거리
다, 건득대다=건득거리다, 건들대다=건들거리다, 건들먹대다=건들먹거리다, 건정대
다=건정거리다, 걸걸대다=걸걸거리다, 걸경대다=걸경거리다, 걸그렁대다=걸그렁거
리다, 걸근대다=걸근거리다1, 걸근대다=걸근거리다2, 걸씬대다=걸씬거리다, 걸쩍대
다=걸쩍거리다, 검실대다=검실거리다, 겁석대다=겁석거리다, 겁신대다=겁신거리다,
겅둥대다=겅둥거리다, 겅뚱대다=겅뚱거리다, 겅정대다=겅정거리다, 겅중대다=겅중
거리다, 겅충대다=겅충거리다, 게걸대다=게걸거리다, 게두덜대다=게두덜거리다, 게
정대다=게정거리다, 게질대다=게질거리다, 고기작대다=고기작거리다, 고깃대다=고
깃거리다, 고로록대다=고로록거리다, 고로롱대다=고로롱거리다, 고롱대다=고롱거리
다, 고무락대다=고무락거리다, 고무작대다=고무작거리다, 고물대다=고물거리다, 고
박대다=고박거리다, 고부랑대다=고부랑거리다, 고분대다=고분거리다, 고불대다=고
불거리다, 고불딱대다=고불딱거리다, 고불락대다=고불락거리다, 고시랑대다=고시랑
거리다, 고풀대다=고풀거리다, 고풀딱대다=고풀딱거리다, 곤독대다=곤독거리다, 곤
돌대다=곤돌거리다, 곤드랑대다=곤드랑거리다, 곤득대다=곤득거리다, 곤들대다=곤
들거리다, 골골대다=골골거리다1, 골골대다=골골거리다2, 곰실대다=곰실거리다, 곰
작대다=곰작거리다, 곰지락대다=곰지락거리다, 곰질대다=곰질거리다, 곰틀대다=곰
틀거리다, 곱삭대다=곱삭거리다, 곱실대다=곱실거리다, 곱작대다=곱작거리다, 광광
대다=광광거리다, 구구대다=구구거리다, 구기적대다=구기적거리다, 구깃대다=구깃
거리다, 구두덜대다=구두덜거리다, 구르릉대다=구르릉거리다, 구무럭대다=구무럭거
리다, 구무적대다=구무적거리다, 구물대다=구물거리다, 구벅대다=구벅거리다, 구부
렁대다=구부렁거리다, 구불대다=구불거리다, 구불떡대다=구불떡거리다, 구불럭대다

=구불럭거리다, 구시렁대다구시렁거리다, 구풀대다=구풀거리다, 구풀떡대다=구풀떡거리다, 구핏대다=구핏거리다, 군둑대다=군둑거리다, 군드렁대다=군드렁거리다, 군득대다=군득거리다, 군들대다=군들거리다, 군실대다=군실거리다, 굼닐대다=굼닐거리다, 굼실대다=굼실거리다, 굼적대다=굼적거리다, 굼지럭대다=굼지럭거리다, 굼질대다=굼질거리다, 굼틀대다=굼틀거리다, 굽석대다=굽석거리다, 굽신대다=굽신거리다, 굽실대다=굽실거리다, 굽적대다=굽적거리다, 궁싯대다=궁싯거리다, 그닐대다=그닐거리다, 그렁대다=그렁거리다, 그르렁대다=그르렁거리다, 그물대다=그물거리다, 근덕대다=근덕거리다, 근뎅대다=근뎅거리다, 근드렁대다=근드렁거리다, 근드적대다=근드적거리다, 근들대다=근들거리다, 근실대다=근실거리다, 근질대다=근질거리다, 글겅대다=글겅거리다, 글그렁대다=글그렁거리다, 글깃대다=글깃거리다, 글썽대다=글썽거리다, 글컹대다=글컹거리다, 긁적대다=긁적거리다, 긁죽대다=긁죽거리다, 금실대다=금실거리다, 기신대다=기신거리다, 기우뚱대다=기우뚱거리다, 기우렁대다=기우렁거리다, 기울대다=기울거리다, 기울떡대다=기울떡거리다, 기웃대다=기웃거리다, 까닥대다=까닥거리다1, 까닥대다=까닥거리다2, 까드락대다=까드락거리다, 까득대다=까득거리다, 까들대다=까들거리다, 까들랑대다=까들랑거리다, 까들막대다=까들막거리다, 까딱대다=까딱거리다1, 까딱대다=까딱거리다2, 까뜨락대다=까뜨락거리다, 까뜰대다=까뜰거리다, 까뜰랑대다=까뜰랑거리다, 까뜰막대다=까뜰막거리다, 까르르대다=까르르거리다, 까르륵대다=까르륵거리다, 까르릉대다=까르릉거리다, 까막대다=까막거리다, 까무락대다=까무락거리다, 까물대다=까물거리다, 까박대다=까박거리다, 까부랑대다=까부랑거리다, 까부장대다=까부장거리다, 까불대다=까불거리다, 까불딱대다=까불딱거리다, 까불짝대다=까불짝거리다, 까악대다=까악거리다, 까옥대다=까옥거리다, 까치작대다=까치작거리다, 까칫대다=까칫거리다, 까탈대다=까탈거리다, 깍깍대다=깍깍거리다, 깍둑대다=깍둑거리다, 깐닥대다=깐닥거리다, 깐딱대다=깐딱거리다, 깐작대다=깐작거리다, 깐족대다=깐족거리다, 깐죽대다=깐죽거리다, 깔그랑대다=깔그랑거리다, 깔기둥대다=깔기둥거리다, 깔깃대다=깔깃거리다, 깔깔대다=깔깔거리다, 깔끔대다=깔끔거리다, 깔딱대다=깔딱거리다, 깔짝대다=깔짝거리다1, 깔짝대다=깔짝거리다2, 깔쭉대다=깔쭉거리다, 감박대다=감박거리다, 감빡대다=감빡거리다, 감작대다=감작거리다, 감짝대다=감짝거리다1, 감짝대다=감짝거리다2, 갑삭대다=갑삭거리다, 갑신대다=갑신거리다, 갑작대다=갑작거리다1, 갑작대다=갑작거리다2, 갑죽대다=갑죽거리다, 갑진대다=갑진거리다, 깡동대다=깡동거리다, 깡둥대다=깡둥거리다, 깡뚱대다=깡뚱거리다, 깡뚱대다=깡뚱거리다, 깡짱대다=깡짱거리다, 깡쫑대다=깡쫑거리다, 깡창대다=깡창거리다, 깡충대다=깡충거리다, 깨갱대다=깨갱거리다, 깨드득대다=깨드득거리다, 깨득대다=깨득거리다, 깨들대다=깨들거리다, 깨르르대다=깨르르거리다, 깨울대다=깨울거리다, 깨울딱대다=깨울딱거리다, 깨웃대다=깨웃거리다, 깨작대다=깨작거리다1, 깨작대다=깨작거리다2, 깨죽대다=깨죽

거리다, 깨지락대다=깨지락거리다, 깨질대다=깨질거리다, 객객대다=객객거리다, 깰객대다=깰객거리다, 깰깰대다=깰깰거리다, 깽깽대다=깽깽거리다, 꺄룩대다=꺄룩거리다, 꺄우뚱대다=꺄우뚱거리다, 꺄울대다=꺄울거리다, 꺄울딱대다=꺄울딱거리다, 꺄웃대다=꺄웃거리다, 꺅꺅대다=꺅꺅거리다, 꺌꺌대다=꺌꺌거리다, 꺼겅대다=꺼겅거리다, 꺼덕대다=꺼덕거리다1, 꺼덕대다=꺼덕거리다2, 꺼드럭대다=꺼드럭거리다, 꺼들대다=꺼들거리다, 꺼들렁대다=꺼들렁거리다, 꺼들먹대다=꺼들먹거리다, 꺼떡대다=꺼떡거리다1, 꺼떡대다=꺼떡거리다2, 꺼뜨럭대다=꺼뜨럭거리다, 꺼뜰대다=꺼뜰거리다, 꺼뜰렁대다=꺼뜰렁거리다, 꺼뜰먹대다=꺼뜰먹거리다, 꺼먹대다=꺼먹거리다, 꺼무럭대다=꺼무럭거리다, 꺼물대다=꺼물거리다, 꺼벅대다=꺼벅거리다, 꺼부정대다=꺼부정거리다, 꺼분대다=꺼분거리다, 꺼불대다=꺼불거리다, 꺼불떡대다=꺼불떡거리다, 꺼불쩍대다=꺼불쩍거리다, 꺼치적대다=꺼치적거리다, 꺼칫대다=꺼칫거리다, 꺼풀대다=꺼풀거리다, 꺼풋대다=꺼풋거리다, 꺽꺽대다=꺽꺽거리다1, 꺽꺽대다=꺽꺽거리다2, 꺽둑대다=꺽둑거리다1, 꺽둑대다=꺽둑거리다2, 꺽죽대다=꺽죽거리다, 껀덕대다=껀덕거리다, 껄그렁대다=껄그렁거리다, 껄껄대다=껄껄거리다, 껄끔대다=껄끔거리다, 껄떡대다=껄떡거리다, 껄렁대다=껄렁거리다, 껄쭉대다=껄쭉거리다, 껌벅대다=껌벅거리다, 껌뻑대다=껌뻑거리다, 껌적대다=껌적거리다, 껌쩍대다=껌쩍거리다, 껍석대다=껍석거리다, 껍신대다=껍신거리다, 껍적대다=껍적거리다1, 껍적대다=껍적거리다2, 껍적대다=껍적거리다3, 껍죽대다=껍죽거리다, 껍진대다=껍진거리다, 껑둥대다=껑둥거리다, 껑뚱대다=껑뚱거리다, 껑쩡대다=껑쩡거리다, 껑쭝대다=껑쭝거리다, 껑청대다=껑청거리다, 껑충대다=껑충거리다, 께욱대다=께욱거리다, 께적대다=께적거리다, 께죽대다=께죽거리다, 께지럭대다=께지럭거리다, 께질대다=께질거리다, 꼬기작대다=꼬기작거리다, 꼬깃대다=꼬깃거리다, 꼬꼬댁대다=꼬꼬댁거리다, 꼬르륵대다=꼬르륵거리다, 꼬륵대다=꼬륵거리다, 꼬무락대다=꼬무락거리다, 꼬무작대다=꼬무작거리다, 꼬물대다=꼬물거리다, 꼬박대다=꼬박거리다, 꼬부랑대다=꼬부랑거리다, 꼬불대다=꼬불거리다, 꼬불딱대다=꼬불딱거리다, 꼬불락대다=꼬불락거리다, 꼬빡대다=꼬빡거리다, 꼬약대다=꼬약거리다, 꼬풀대다=꼬풀거리다, 꼬풀딱대다=꼬풀딱거리다, 꼭꼭대다=꼭꼭거리다, 꼰독대다=꼰독거리다, 꼰들대다=꼰들거리다, 꼴까닥대다=꼴까닥거리다, 꼴깍대다=꼴깍거리다, 꼴꼴대다=꼴꼴거리다1, 꼴꼴대다=꼴꼴거리다2, 꼴딱대다=꼴딱거리다, 꼴락대다=꼴락거리다, 꼴랑대다=꼴랑거리다, 꼴짝대다=꼴짝거리다, 꼴찌락대다=꼴찌락거리다, 꼴칵대다=꼴칵거리다, 꼼실대다=꼼실거리다, 꼼작대다=꼼작거리다, 꼼지락대다=꼼지락거리다, 꼼질대다=꼼질거리다, 꼼짝대다=꼼짝거리다, 꼼트락대다=꼼트락거리다, 꼼틀대다=꼼틀거리다, 꼽실대다=꼽실거리다, 꼽작대다=꼽작거리다, 꽁꽁대다=꽁꽁거리다1, 꽁꽁대다=꽁꽁거리다2, 꽁알대다=꽁알거리다, 꽈당대다=꽈당거리다, 꽈당당대다=꽈당당거리다, 꽈당탕대다=꽈당탕거리다, 꽈르릉대다=꽈르릉거리다, 꽈릉대다=꽈릉거리다, 꽈욱대다=꽈욱거리다, 꽐꽐대다=꽐꽐거리다, 꽝꽝대다=꽝꽝거리다, 꽝당대다=꽝당거리다, 꽥꽥대다=꽥꽥거리다, 꽹그랑대다=꽹그랑거리다, 꽹꽹대다=꽹꽹거리다, 꽹당대다=꽹당거리다, 꽹창대다=꽹창거리다, 꾸기적대다=꾸기적거리다, 꾸깃대다=꾸깃거리다, 꾸꾸대다=꾸꾸거리다, 꾸르륵대다=꾸르륵거리다, 꾸르릉대다=꾸르릉거리다, 꾸륵대다=꾸륵거리다, 꾸릉대다=꾸릉거리다, 꾸무럭대다=꾸무럭거리다, 꾸무적대다=꾸무적거리다, 꾸물대다=꾸물거리다, 꾸벅대다=꾸벅거리다, 꾸부렁대다=꾸부렁거리다, 꾸불대다=꾸불거리다, 꾸불떡대다=꾸불떡거리다, 꾸불럭대다=꾸불럭거리다, 꾸뻑대다=꾸뻑거리다, 꾸역대다=꾸역거리다, 꾸풀대다=꾸풀거리다, 꾸풀떡대다=꾸풀떡거리다, 꾸핏대다=꾸핏거리다, 꾹꾹대다=꾹꾹거리다, 꾼둑대다=꾼둑거리다1, 꾼둑대다=꾼둑거리다2, 꾼들대다=꾼들거리다, 꿀꺼덕대다=꿀꺼덕거리다, 꿀꺽대다=꿀꺽거리다, 꿀꿀대다=꿀꿀거리다1, 꿀꿀대다=꿀꿀거리다2, 꿀럭대다=꿀럭거리다, 꿀렁대다=꿀렁거리다, 꿀쩍대다=꿀쩍거리다, 꿀찌럭대다=꿀찌럭거리다, 꿀컥대다=꿀컥거리다, 꿈실대다=꿈실거리다, 꿈적대다=꿈적거리다, 꿈지럭대다=꿈지럭거리다, 꿈질대다=꿈질거리다, 꿈쩍대다=꿈쩍거리다, 꿈트럭대다=꿈트럭거리다, 꿈틀대다=꿈틀거리다, 꿉신대다=꿉신거리다, 꿉실대다=꿉실거리다, 꿉적대다=꿉적거리다, 꿍꽝대다=꿍꽝거리다, 꿍꿍대다=꿍꿍거리다1, 꿍꿍대다=꿍꿍거리다2, 꿍싯대다=꿍싯거리다, 꿍얼대다=꿍얼거리다, 뀔뀔대다=뀔뀔거리다, 꽥꽥대다=꽥꽥거리다, ㄲ덕대다=ㄲ덕거리다, ㄲ드럭대다=ㄲ드럭거리다, ㄲ떡대다=ㄲ떡거리다, ㄲ르륵대다=ㄲ르륵거리다, ㄲ먹대다=ㄲ먹거리다, ㄲ물대다=ㄲ물거리다, 끅끅대다=끅끅거리다, 끈덕대다=끈덕거리다, 끈떡대다=끈떡거리다, 끈적대다=끈적거리다, 끈죽대다=끈죽거리다, 끌깃대다=끌깃거리다, 끌꺽대다=끌꺽거리다, 끌끌대다=끌끌거리다1, 끌끌대다=끌끌거리다2, 끌쩍대다=끌쩍거리다, 끔벅대다=끔벅거리다, 끔뻑대다=끔뻑거리다, 끔적대다=끔적거리다, 끔쩍대다=끔쩍거리다1, 끔쩍대다=끔쩍거리다2, 끙끙대다=끙끙거리다, 끼깅대다=끼깅거리다, 끼드득대다=끼드득대다, 끼득대다=끼득거리다, 끼들대다=끼들거리다, 끼루룩대다=끼루룩거리다, 끼룩대다=끼룩거리다1, 끼룩대다=끼룩거리다2, 끼우뚱대다=끼우뚱거리다, 끼울대다=끼울거리다, 끼울떡대다=끼울떡거리다, 끼웃대다=끼웃거리다, 끼적대다=끼적거리다1, 끼적대다=끼적거리다2, 끼지럭대다=끼지럭거리다, 끽끽대다=끽끽거리다, 낄끽대다=낄끽거리다, 낄낄대다=낄낄거리다1, 낄낄대다=낄낄거리다2, 낑낑대다=낑낑거리다, 나근대다=나근거리다, 나달대다=나달거리다, 나들대다=나들거리다, 나뜰대다=나뜰거리다, 나물대다=나물거리다, 나분대다=나분거리다, 나분작대다=나분작거리다, 나불대다=나불거리다1, 나불대다=나불거리다2, 나붓대다=나붓거리다, 나슬대다=나슬거리다, 나실대다=나실거리다, 나울대다=나울거리다, 나울짝대다=나울짝거리다, 나탈대다=나탈거리다, 나팔대다=나팔거리다, 나푼대다=나푼거리다, 나풀대다=나풀거리다, 나풋대다=나풋거리다, 난작대다=난작거리다, 난지락대다=난지락거리다, 난질대다=난질거리다, 날름대다=

날름거리다, 날짝대다=날짝거리다, 날짱대다=날짱거리다, 날찐대다=날찐거리다, 날캉대다=날캉거리다, 날큰대다=날큰거리다, 남상대다=남상거리다, 남실대다=남실거리다, 납신대다=납신거리다, 납작대다=납작거리다, 납죽대다=납죽거리다, 낭창대다=낭창거리다, 냠냠대다=냠냠거리다, 너덜대다=너덜거리다, 너뜰대다=너뜰거리다, 너물대다=너물거리다, 너분대다=너분거리다, 너분적대다=너분적거리다, 너불대다=너불거리다1, 너불대다=너불거리다2, 너붓대다=너붓거리다, 너슬대다=너슬거리다, 너실대다=너실거리다, 너울대다=너울거리다, 너울쩍대다=너울쩍거리다, 너털대다=너털거리다, 너펄대다=너펄거리다, 너푼대다=너푼거리다, 너풀대다=너풀거리다, 너풋대다=너풋거리다, 넌덜대다=넌덜거리다, 넌들대다=넌들거리다, 넌적대다=넌적거리다, 넌지럭대다=넌지럭거리다, 넌질대다=넌질거리다, 널름대다=널름거리다, 넘늘대다=넘늘거리다, 넘성대다=넘성거리다, 넘실대다=넘실거리다, 넙신대다=넙신거리다, 넙적대다=넙적거리다, 넙죽대다=넙죽거리다, 노닥대다=노닥거리다, 녹신대다=녹신거리다, 녹진대다=녹진거리다, 눅진대다=눅진거리다, 뉘엿대다=뉘엿거리다, 느근대다=느근거리다1, 느근대다=느근거리다2, 느글대다=느글거리다, 느긋대다=느긋거리다, 느물대다=느물거리다, 느실대다=느실거리다, 는적대다=는적거리다, 는지럭대다=는지럭거리다, 는질대다=는질거리다, 늘름대다=늘름거리다, 늘쩍대다=늘쩍거리다, 늘쩡대다=늘쩡거리다, 늘찐대다=늘찐거리다, 늘컹대다=늘컹거리다, 늘큰대다=늘큰거리다, 늠실대다=늠실거리다, 능글대다=능글거리다, 능청대다=능청거리다1, 능청대다=능청거리다2, 니글대다=니글거리다, 다가닥대다=다가닥거리다, 다다닥대다=다다닥거리다, 다달대다=다달거리다, 다당실대다=다당실거리다, 다독대다=다독거리다, 다드락대다=다드락거리다, 다듬대다=다듬거리다, 다듬작대다=다듬작거리다, 다르락대다=다르락거리다, 다르랑대다=다르랑거리다, 다르륵대다=다르륵거리다, 다르릉대다=다르릉거리다, 다륵대다=다륵거리다, 다릉대다=다릉거리다, 다박대다=다박거리다, 다볼대다=다볼거리다, 다부락대다=다부락거리다, 다불대다=다불거리다, 다빡대다=다빡거리다, 다꽉대다=다꽉거리다, 다팔대다=다팔거리다, 닥다글대다=닥다글거리다, 달가닥대다=달가닥거리다, 달가당대다=달가당거리다, 달각대다=달각거리다, 달강대다=달강거리다, 달그락대다=달그락거리다, 달그랑대다=달그랑거리다, 달까닥대다=달까닥거리다, 달까당대다=달까당거리다, 달깍대다=달깍거리다, 달깡대다=달깡거리다, 달달대다=달달거리다, 달라당대다=달라당거리다, 달랑대다=달랑거리다, 달막대다=달막거리다, 달망대다=달망거리다, 달싸닥대다달싸닥거리다, 달싹대다=달싹거리다, 달카닥대다=달카닥거리다, 달카당대다=달카당거리다, 달칵대다=달칵거리다, 달캉대다=달캉거리다, 담바당대다=담바당거리다, 담방대다=담방거리다1, 담방대다=담방거리다2, 답삭대다=답삭거리다, 답작대다=답작거리다, 당그랑대다=당그랑거리다, 당실대다=당실거리다, 당싯대다=당싯거리다, 대가닥대다=대가닥거리다, 대각대다=대각거리다, 대굴대다=대굴거리다, 대그락대다=대그락거리다, 대깍대다=대깍거리다, 대뚝대다=대뚝거리다, 대뚱대다=대뚱거리다, 대록대다=대록거리다, 대롱대다=대롱거리다, 대롱궁대다=대롱궁거리다, 대룩대다=대룩거리다, 대룽대다= 대룽거리다, 대룽궁대다=대룽궁거리다, 댁대굴대다=댁대굴거리다, 댕가당대다=댕가당거리다, 댕갈대다=댕갈거리다, 댕강대다=댕강거리다, 댕그랑대다=댕그랑거리다, 댕댕대다=댕댕거리다, 더거덕대다=더거덕거리다, 더덜대다=더덜거리다, 더덩실대다 =더덩실거리다, 더드럭대다=더드럭거리다, 더듬대다=더듬거리다, 더듬적대다=더듬적거리다, 더벅대다=더벅거리다, 더부럭대다=더부럭거리다, 더뻑대다=더뻑거리다, 더퍽대다=더퍽거리다, 더펄대다=더펄거리다, 덕더글대다=덕더글거리다, 딜거덕대다 =덜거덕거리다, 덜거덩대다=덜거덩거리다, 덜걱대다=덜걱거리다, 덜겅대다=덜겅거리다, 덜그럭대다=덜그럭거리다, 덜그렁대다=덜그렁거리다, 덜꺼덕대다=덜꺼덕거리다, 덜꺼덩대다=덜꺼덩거리다, 덜꺽대다=덜꺽거리다, 덜껑대다=덜껑거리다, 덜덜대다=덜덜거리다1, 덜덜대다=덜덜거리다2, 덜러덩대다=덜러덩거리다, 덜럭대다=덜럭거리다, 덜렁대다=덜렁거리다, 덜룩대다=덜룩거리다, 덜썩대다=덜썩거리다, 덜커덕대다=덜커덕거리다, 덜커덩대다=덜커덩거리다, 덜컥대다=덜컥거리다1, 덜컥대다=덜컥거리다2, 덜컹대다=덜컹거리다1, 덜컹대다=덜컹거리다2, 덤버덩대다=덤버덩거리다, 덤벙대다=덤벙거리다1, 덤벙대다=덤벙거리다2, 덥석대다=덥석거리다, 덥적대다=덥적거리다, 덩그럭대다=덩그럭거리다, 덩그렁대다=덩그렁거리다, 덩더꿍대다=덩더꿍거리다, 덩덩대다=덩덩거리다, 덩드럭대다=덩드럭거리다, 덩실대다=덩실거리다, 덩싯대다=덩싯거리다, 데거덕대다=데거덕거리다, 데걱대다=데걱거리다, 데굴대다=데굴거리다, 데그럭대다=데그럭거리다, 데꺽대다=데꺽거리다, 데룩대다=데룩거리다, 데룽대다=데룽거리다, 데룽궁대다=데룽궁거리다, 덱데굴대다=덱데굴거리다, 뎅가당대다=뎅가당거리다, 뎅강대다=뎅강거리다, 뎅거덩대다=뎅거덩거리다, 뎅걸대다=뎅걸거리다, 뎅겅대다=뎅겅거리다, 뎅그렁대다=뎅그렁거리다, 뎅뎅대다=뎅뎅거리다, 도근대다=도근거리다, 도근닥대다=도근닥거리다, 도닥대다=도닥거리다, 도달대다=도달거리다, 도드락대다=도드락거리다, 도란대다=도란거리다, 도리반대다=도리반거리다, 도릿대다=도릿거리다, 도손대다=도손거리다, 돌돌대다=돌돌거리다, 동당대다=동당거리다, 동동대다=동동거리다1, 동동대다=동동거리다2, 동실대다=동실거리다, 되똑대다=되똑거리다, 되똥대다=되똥거리다, 되뚝대다=되뚝거리다, 되뚱대다=되뚱거리다, 되록대다=되록거리다1, 되록대다=되록거리다2, 되롱대다=되롱거리다, 되롱궁대다=되롱궁거리다, 되룩대다=되룩거리다, 되룽대다=되룽거리다, 되우뚱대다=되우뚱거리다, 되작대다=되작거리다, 되착대다=되착거리다, 두근대다=두근거리다, 두근덕대다=두근덕거리다, 두꺼덕대다=두꺼덕거리다, 두꺽대다=두꺽거리다, 두덕대다=두덕거리다, 두덜대다=두덜거리다, 두둥실대다=두둥실거리다, 두드럭대다=두드럭거리다, 두런대다=두런거리다, 두렷대다=두렷거리다, 두룩대다=두룩거리다, 두리번대다=두리번거리다, 두부럭대다=두부럭거리다, 두선대다=두선거리다, 두설대

348 한국어 의미 관계 형태론

다=두설거리다, 두순대다=두순거리다, 둘둘대다=둘둘거리다, 둥당대다=둥당거리다, 둥덩대다=둥덩거리다, 둥둥대다=둥둥거리다, 둥실대다=둥실거리다, 둥싯대다=둥싯거리다, 뒤덤벙대다=뒤덤벙거리다, 뒤뚝대다=뒤뚝거리다, 뒤뚱대다=뒤뚱거리다, 뒤룩대다=뒤룩거리다1, 뒤룩대다=뒤룩거리다2, 뒤룽대다=뒤룽거리다, 뒤룽궁대다=뒤룽궁거리다, 뒤범석대다=뒤범석거리다, 뒤부럭대다=뒤부럭거리다, 뒤스럭대다=뒤스럭거리다, 뒤우뚱대다=뒤우뚱거리다, 뒤적대다=뒤적거리다, 뒤척대다=뒤척거리다, 뒤치락대다=뒤치락거리다, 드글대다=드글거리다, 드렁대다=드렁거리다1, 드렁대다=드렁거리다2, 드르렁대다=드르렁거리다, 드르륵대다=드르륵거리다1, 드르릉대다=드르릉거리다, 드륵대다=드륵거리다, 드릉대다=드릉거리다, 드부럭대다=드부럭거리다, 드적대다=드적거리다, 득시글대다=득시글거리다, 득실대다=득실거리다, 들까불대다=들까불거리다, 들들대다=들들거리다, 들락대다=들락거리다, 들랑대다=들랑거리다, 들먹대다=들먹거리다, 들멍대다=들멍거리다, 들써덕대다=들써덕거리다, 들썩대다=들썩거리다, 들썽대다=들썽거리다, 들척대다=들척거리다, 들추덕대다=들추덕거리다, 들축대다=들축거리다, 들충대다=들충거리다, 들큰대다=들큰거리다, 들핀대다=들핀거리다, 디굴대다=디굴거리다, 디뚝대다=디뚝거리다, 디뚱대다=디뚱거리다, 디룩대다=디룩거리다, 디룽대다=디룽거리다, 디룽궁대다=디룽궁거리다, 딩겅대다=딩겅거리다, 따가닥대다=따가닥거리다, 따끔대다=따끔거리다, 따다닥대다=따다닥거리다, 따당대다=따당거리다, 따똑대다=따똑거리다, 따드름대다=따드름거리다, 따듬대다=따듬거리다, 따듬작대다=따듬작거리다, 따르륵대다=따르륵거리다, 따르릉대다=따르릉거리다, 따릉대다=따릉거리다, 따부락대다=따부락거리다, 따짝대다=따짝거리다, 딱다그르르대다=딱다그르르거리다, 딱다글대다=딱다글거리다, 딱따글대다=딱따글거리다, 딱딱대다=딱딱거리다1, 딱딱대다=딱딱거리다2, 딸가닥대다=딸가닥거리다, 딸가당대다=딸가당거리다, 딸각대다=딸각거리다, 딸강대다=딸강거리다, 딸그락대다=딸그락거리다, 딸그랑대다=딸그랑거리다, 딸까닥대다=딸까닥거리다, 딸까당대다=딸까당거리다, 딸깍대다=딸깍거리다, 딸깡대다=딸깡거리다, 딸꾹대다=딸꾹거리다, 딸딸대다=딸딸거리다, 딸랑대다=딸랑거리다, 딸막대다=딸막거리다, 딸싹대다=딸싹거리다, 딸카닥대다=딸카닥거리다, 딸카당대다=딸카당거리다, 딸칵대다=딸칵거리다, 딸캉대다=딸캉거리다, 땅땅대다=땅땅거리다1, 땅땅대다=땅땅거리다2, 때가닥대다=때가닥거리다, 때각대다=때각거리다, 때굴대다=때굴거리다, 때그락대다=때그락거리다, 때각대다=때각거리다, 때끔대다=때끔거리다, 때뚝대다=때뚝거리다, 때록대다=때록거리다, 때룩대다=때룩거리다, 땍때굴대다=땍때굴거리다, 땍땍대다=땍땍거리다, 땡가당대다=땡가당거리다, 땡강대다=땡강거리다, 땡그랑대다=땡그랑거리다, 땡땡대다=땡땡거리다, 떠거덕대다=떠거덕거리다, 떠들썩대다=떠들썩거리다, 떠듬대다=떠듬거리다, 떠듬적대다=떠듬적거리다, 떠뜨름대다=떠뜨름거리다, 떠부럭대다=떠부럭거리다, 떠죽대다=떠죽거리다, 떠지껄대다=떠지껄거리다, 떡더그르르대다=떡

더그르르거리다, 떡떠글대다=떡떠글거리다, 떡떡대다=떡떡거리다1, 떡떡대다=떡떡
거리다2, 떨거덕대다=떨거덕거리다, 떨거덩대다=떨거덩거리다, 떨걱대다=떨걱거리
다, 떨겅대다=떨겅거리다, 떨그럭대다=떨그럭거리다, 떨그렁대다=떨그렁거리다, 떨
꺼덕대다=떨꺼덕거리다, 떨꺼덩대다=떨꺼덩거리다, 떨꺽대다=떨꺽거리다, 떨껑대다
=떨껑거리다, 떨떨대다=떨떨거리다, 떨렁대다=떨렁거리다, 떨커덕대다=떨커덕거리
다, 떨커덩대다=떨커덩거리다, 떨컥대다=떨컥거리다, 떨컹대다=떨컹거리다, 떰벙대
다=떰벙거리다, 떵떵대다=떵떵거리다1, 떵떵대다=떵떵거리다2, 떼거덕대다=떼거덕
거리다, 떼걱대다=떼걱거리다, 떼굴대다=떼굴거리다, 떼그럭대다=떼그럭거리다, 떼
걱대다=떼걱거리다, 떼룩대다=떼룩거리다, 떽떼굴대다=떽떼굴거리다, 떽떽대다=떽
떽거리다, 뗑가당대다=뗑가당거리다, 뗑강대다=뗑강거리다, 뗑거덩대다=뗑거덩거리
다, 뗑겅대다=뗑겅거리다, 뗑그렁대다=뗑그렁거리다, 뗑뗑대다=뗑뗑거리다, 또가닥
대다=또가닥거리다, 또각대다=또각거리다, 또닥대다=또닥거리다, 또달대다=또달거
리다, 또드락대다=또드락거리다, 또록대다=또록거리다, 또릿대다=또릿거리다, 또박
대다=또박거리다, 똑딱대다=똑딱거리다, 똘똘대다=똘똘거리다, 똘랑대다=똘랑거리
다, 똥땅대다=똥땅거리다, 뙤똑대다=뙤똑거리다, 뙤뚱대다=뙤뚱거리다, 뙤뙤대다=
뙤뙤거리다, 뙤뚝대다=뙤뚝거리다, 뙤뚱대다=뙤뚱거리다, 뙤록대다=뙤록거리다1,
뙤록대다=뙤록거리다2, 뙤룩대다=뙤룩거리다, 뚜거덕대다=뚜거덕거리다, 뚜걱대다
=뚜걱거리다, 뚜꺽대다=뚜꺽거리다, 뚜덕대다=뚜덕거리다, 뚜덜대다=뚜덜거리다,
뚜드럭대다=뚜드럭거리다, 뚜렷대다=뚜렷거리다, 뚜루룩대다=뚜루룩거리다, 뚜룩대
다=뚜룩거리다, 뚜벅대다=뚜벅거리다, 뚜부럭대다=뚜부럭거리다, 뚜적대다=뚜적거
리다, 뚝딱대다=뚝딱거리다, 뚝떡대다=뚝떡거리다, 뚤뚤대다=뚤뚤거리다, 뚤렁대다
=뚤렁거리다, 뚱기적대다=뚱기적거리다, 뚱깃대다=뚱깃거리다, 뚱땅대다=뚱땅거리
다, 뚱싯대다=뚱싯거리다, 뛰뚝대다=뛰뚝거리다, 뛰뚱대다=뛰뚱거리다, 뛰뛰대다=
뛰뛰거리다, 뛰룩대다=뛰룩거리다1, 뛰룩대다=뛰룩거리다2, 뛰부럭대다=뛰부럭거리
다, 뜨끔대다=뜨끔거리다, 뜨덤대다=뜨덤거리다, 뜨르륵대다=뜨르륵거리다1, 뜨르
륵대다=뜨르륵거리다2, 뜨르릉대다=뜨르릉거리다, 뜨부럭대다=뜨부럭거리다, 뜯적
대다=뜯적거리다, 뜰뜰대다=뜰뜰거리다, 뜰먹대다=뜰먹거리다, 뜰썩대다=뜰썩거리
다, 띠굴대다=띠굴거리다, 띠끔대다=띠끔거리다, 띠룩대다=띠룩거리다, 만작대다=
만작거리다, 만지작대다=만지작거리다, 말똥대다=말똥거리다, 말뚱대다=말뚱거리다,
말랑대다=말랑거리다, 말씬대다=말씬거리다, 말카닥대다=말카닥거리다, 말캉대다=
말캉거리다, 망글대다=망글거리다, 망설대다=망설거리다, 매끄당대다=매끄당거리다,
매끈대다=매끈거리다, 매끈둥대다=매끈둥거리다, 매끌대다=매끌거리다, 매슥대다=
매슥거리다, 머무적대다=머무적거리다, 머뭇대다=머뭇거리다, 멀뚱대다=멀뚱거리다,
멀커덕대다=멀커덕거리다, 멀컹대다=멀컹거리다, 멈짓대다=멈짓거리다, 멈칫대다=
멈칫거리다, 멍멍대다=멍멍거리다, 메슥대다=메슥거리다, 몰랑대다=몰랑거리다, 몰

씬대다=몰씬거리다, 몰카닥대다=몰카닥거리다, 몰카당대다=몰카당거리다, 몰칵대다
=몰칵거리다1, 몰칵대다=몰칵거리다2, 몰캉대다=몰캉거리다, 몽그작대다=몽그작거
리다, 몽글대다=몽글거리다, 몽긋대다=몽긋거리다, 몽기작대다=몽기작거리다, 몽깃
대다=몽깃거리다, 몽올대다=몽올거리다, 몽클대다=몽클거리다, 무춤대다=무춤거리
다, 문치적대다=문치적거리다, 문칫대다=문칫거리다, 물렁대다=물렁거리다, 물씬대
다=물씬거리다, 물커덕대다=물커덕거리다, 물커덩대다=물커덩거리다, 물컥대다=물
컥거리다1, 물컥대다=물컥거리다2, 물컹대다=물컹거리다, 뭉그적대다=뭉그적거리
다, 뭉글대다=뭉글거리다, 뭉긋대다=뭉긋거리다, 뭉기적대다=뭉기적거리다, 뭉깃대
다=뭉깃거리다, 뭉울대다=뭉울거리다, 뭉클대다=뭉클거리다, 미끄덕대다=미끄덕거
리다, 미끄덩대다=미끄덩거리다, 미끈대다=미끈거리다, 미끈둥대다=미끈둥거리다,
미끌대다=미끌거리다, 미루적대다=미루적거리다, 미미적대다=미미적거리다, 미적대
다=미적거리다, 밀치락대다=밀치락거리다, 밍그적대다=밍그적거리다, 바가각대다=
바가각거리다, 바가닥대다=바가닥거리다, 바각대다=바각거리다, 바그극대다=바그극
거리다, 바그닥대다=바그닥거리다, 바근대다=바근거리다, 바글대다=바글거리다, 바
동대다=바동거리다, 바드득대다=바드득거리다, 바드등대다=바드등거리다, 바드락대
다=바드락거리다, 바득대다=바득거리다, 바들대다=바들거리다, 바들짝대다=바들짝
거리다, 바등대다=바등거리다, 바락대다=바락거리다, 바록대다=바록거리다, 바룩대
다=바룩거리다, 바르작대다=바르작거리다, 바르짝대다=바르짝거리다, 바릇대다=바
릇거리다, 바사삭대다=바사삭거리다, 바삭대다=바삭거리다, 바스락대다=바스락거리
다, 바슬대다=바슬거리다, 바시락대다=바시락거리다, 바시랑대다=바시랑거리다, 바
실대다=바실거리다, 바싹대다=바싹거리다, 바작대다=바작거리다, 바장대다=바장거
리다, 바지직대다=바지직거리다, 바직대다=바직거리다, 바질대다=바질거리다, 박박
대다=박박거리다, 박신대다=박신거리다, 박작대다=박작거리다1, 박작대다=박작거
리다2, 반둥대다=반둥거리다, 반득대다=반득거리다, 반들대다=반들거리다1, 반들대
다=반들거리다2, 반듯대다=반듯거리다, 반뜩대다=반뜩거리다, 반뜻대다=반뜻거리
다, 반작대다=반작거리다, 반질대다=반질거리다 반짝대다=반짝거리다, 발가닥대다
=발가닥거리다, 발각대다=발각거리다, 발까닥대다=발까닥거리다, 발깍대다=발깍거
리다, 발끈대다=발끈거리다, 발딱대다=발딱거리다, 발락대다=발락거리다, 발랑대다
=발랑거리다, 발록대다=발록거리다, 발록대다=발록거리다2, 발롱대다=발롱거리다1,
발롱대다=발롱거리다2, 발룩대다=발룩거리다, 발룽대다=발룽거리다1, 발룽대다=발
룽거리다2, 발름대다=발름거리다, 발발대다=발발거리다, 발발대다=발발거리다2, 발
씬대다=발씬거리다, 발짝대다=발짝거리다, 발쪽대다=발쪽거리다, 발쭉대다=발쭉거
리다, 발카닥대다=발카닥거리다, 발칵대다=발칵거리다, 방글대다=방글거리다, 방긋
대다=방긋거리다, 방끗대다=방끗거리다, 방실대다=방실거리다, 방싯대다=방싯거리
다, 배가닥대다=배가닥거리다, 배각대다=배각거리다, 배끗대다=배끗거리다, 배들대

다=배들거리다, 배딱대다=배딱거리다, 배뚜적대다=배뚜적거리다, 배뚝대다=배뚝거리다, 배뚤대다=배뚤거리다, 배슥대다=배슥거리다, 배슬대다=배슬거리다1, 배슬대다=배슬거리다2, 배실대다=배실거리다1, 배실대다=배실거리다2, 배쏙대다=배쏙거리다1, 배쏙대다=배쏙거리다2, 배죽대다=배죽거리다, 배줄대다=배줄거리다, 배쭉대다=배쭉거리다, 배착대다=배착거리다, 배창대다=배창거리다, 배치락대다=배치락거리다, 배치작대다=배치작거리다, 배칠대다=배칠거리다, 배트락대다=배트락거리다, 배트작대다=배트작거리다, 배틀대다=배틀거리다, 밴둥대다=밴둥거리다, 밴들대다=밴들거리다, 밴죽대다=밴죽거리다, 밸밸대다=밸밸거리다, 뱅글대다=뱅글거리다, 뱅긋대다=뱅긋거리다, 뱅끗대다=뱅끗거리다, 뱅뱅대다=뱅뱅거리다, 뱅실대다=뱅실거리다, 뱅싯대다=뱅싯거리다, 뱌비작대다=뱌비작거리다, 뱌빗대다=뱌빗거리다, 뱌슬대다=뱌슬거리다, 뱐죽대다=뱐죽거리다, 버거덕대다=버거덕거리다, 버격대다=버격거리다, 버그극대다=버그극거리다, 버그덕대다=버그덕거리다, 버근대다=버근거리다, 버글대다=버글거리다, 버둥대다=버둥거리다, 버드럭대다=버드럭거리다, 버들대다=버들거리다, 버들쩍대다=버들쩍거리다, 버럭대다=버럭거리다, 버룩대다=버룩거리다, 버르적대다=버르적거리다, 버르쩍대다=버르쩍거리다, 버릇대다=버릇거리다, 버서석대다=버서석거리다, 버석대다=버석거리다, 버스럭대다=버스럭거리다, 버시럭대다=버시럭거리다, 버썩대다=버썩거리다, 버적대다=버적거리다, 버정대다=버정거리다, 벅벅대다=벅벅거리다, 벅신대다=벅신거리다, 벅적대다=벅적거리다1, 벅적대다=벅적거리다2, 번둥대다=번둥거리다, 번득대다=번득거리다, 번들대다=번들거리다1, 번들대다=번들거리다2, 번듯대다=번듯거리다, 번뜩대다=번뜩거리다, 번뜻대다=번뜻거리다, 번적대다=번적거리다, 번죽대다=번죽거리다, 번질대다=번질거리다, 번쩍대다=번쩍거리다, 번장대다=번장거리다, 벌걱대다=벌걱거리다, 벌꺼덕대다=벌꺼덕거리다, 벌컥대다=벌컥거리다, 벌끈대다=벌끈거리다, 벌떡대다=벌떡거리다, 벌렁대다=벌렁거리다, 벌렁대다=벌렁거리다, 벌룩대다=벌룩거리다1, 벌룩대다=벌룩거리다2, 벌룽대다=벌룽거리다1, 벌룽대다=벌룽거리다2, 벌름대다=벌름거리다, 벌벌대다=벌벌거리다1, 벌벌대다=벌벌거리다2, 벌씬대다=벌씬거리다1, 벌씬대다=벌씬거리다2, 벌쩍대다=벌쩍거리다, 벌쭉대다=벌쭉거리다, 벌커덕대다=벌커덕거리다, 벌컥대다=벌컥거리다, 법석대다=법석거리다, 벙글대다=벙글거리다, 벙긋대다=벙긋거리다1, 벙긋대다=벙긋거리다2, 벙긋대다=벙긋거리다3, 벙끗대다=벙끗거리다1, 벙끗대다=벙끗거리다2, 벙끗대다=벙끗거리다3, 벙실대다=벙실거리다, 벙싯대다=벙싯거리다, 베슥대다=베슥거리다, 베슬대다=베슬거리다, 보각대다=보각거리다, 보골대다=보골거리다, 보글대다=보글거리다, 보도독대다=보도독거리다, 보드득대다=보드득거리다, 보드등대다=보드등거리다, 보득대다=보득거리다, 보사삭대다=보사삭거리다, 보삭대다=보삭거리다, 보스닥대다=보스닥거리다, 보스락대다=보스락거리다, 보슬대다=보슬거리다, 보시닥대다=보시닥거리다, 보시락대다=보시락거리다, 보실대다=보실거리다, 보싹대다=보싹거리다, 보지직대다=보지직거리다, 보직대다=보직거리다, 보질대다=보질거리다, 복닥대다=복닥거리다1, 복닥대다=복닥거리다2, 복복대다=복복거리다, 복작대다=복작거리다1, 복작대다=복작거리다2, 볼각대다=볼각거리다, 볼강대다=볼강거리다, 볼근대다=볼근거리다, 볼끈대다=볼끈거리다, 볼똑대다=볼똑거리다, 볼똥대다=볼똥거리다, 볼뚝대다=볼뚝거리다 볼뜽대다=볼뜽거리다, 볼록대다=볼록거리다, 볼룩대다=볼룩거리다, 볼쏙대다=볼쏙거리다, 볼칵대다=볼칵거리다, 볼통대다=볼통거리다, 봉봉대다=봉봉거리다, 봉실대다=봉실거리다, 봉싯대다=봉싯거리다, 부걱대다=부걱거리다, 부글대다=부글거리다, 부두둑대다=부두둑거리다, 부드득대다=부드득거리다, 부드등대다=부드등거리다, 부득대다=부득거리다, 부들대다=부들거리다, 부등대다=부등거리다, 부르릉대다=부르릉거리다, 부릉대다=부릉거리다, 부비적대다=부비적거리다, 부서석대다=부서석거리다, 부석대다=부석거리다, 부스덕대다=부스덕거리다, 부스럭대다=부스럭거리다, 부슬대다=부슬거리다, 부시덕대다=부시덕거리다, 부시럭대다=부시럭거리다, 부실대다=부실거리다, 부썩대다=부썩거리다, 부지직대다=부지직거리다, 부직대다=부직거리다, 부질대다=부질거리다, 북덕대다=북덕거리다1, 북덕대다=북덕거리다2, 북북대다=북북거리다, 북적대다=북적거리다1, 북적대다=북적거리다2, 불거덕대다=불거덕거리다, 불걱대다=불걱거리다, 불겅대다=불겅거리다, 불근대다=불근거리다, 불끈대다=불끈거리다, 불뚝대다=불뚝거리다, 불뜽대다=불뜽거리다, 불룩대다=불룩거리다, 불쑥대다=불쑥거리다, 불쩍대다=불쩍거리다, 불컥대다=불컥거리다, 불퉁대다=불퉁거리다, 붐빠대다=붐빠거리다, 붕붕대다=붕붕거리다, 비거덕대다=비거덕거리다, 비걱대다=비걱거리다, 비근대다=비근거리다, 비꺼덕대다=비꺼덕거리다, 비꺽대다=비꺽거리다, 비끗대다=비끗거리다, 비들대다=비들거리다, 비딱대다=비딱거리다, 비뚜적대다=비뚜적거리다, 비뚝대다=비뚝거리다, 비뚤대다=비뚤거리다, 비비닥대다=비비닥거리다, 비비적대다=비비적거리다, 비빗대다=비빗거리다, 비슥대다=비슥거리다, 비슬대다=비슬거리다1, 비식대다=비식거리다, 비실대다=비실거리다, 비쓱대다=비쓱거리다, 비쓸대다=비쓸거리다, 비씰대다=비씰거리다, 비아냥대다=비아냥거리다, 비악대다=비악거리다, 비영대다=비영거리다, 비웃적대다=비웃적거리다, 비죽대다=비죽거리다, 비줄대다=비줄거리다, 비쭉대다=비쭉거리다, 비척대다=비척거리다, 비청대다=비청거리다, 비치럭대다=비치럭거리다, 비치적대다=비치적거리다, 비칠대다=비칠거리다, 비트럭대다=비트럭거리다, 비트적대다=비트적거리다, 비틀대다=비틀거리다, 빈둥대다=빈둥거리다, 빈들대다=빈들거리다, 빈정대다=빈정거리다, 빈죽대다=빈죽거리다, 빌빌대다=빌빌거리다1, 빌빌대다=빌빌거리다2, 빙글대다=빙글거리다, 빙긋대다=빙긋거리다, 빙끗대다=빙끗거리다, 빙빙대다=빙빙거리다, 빙실대다=빙실거리다, 빙싯대다=빙싯거리다, 빠가각대다=빠가각거리다, 빠가닥대다=빠가닥거리다, 빠각대다=빠각거리다, 빠그극대다=빠그극거리다, 빠그닥대다=빠그닥거리다, 빠그락대다=빠그락거리다, 빠극대다=

빠극거리다, 빠글대다=빠글거리다, 빠금대다=빠금거리다, 빠까닥대다=빠까닥거리다, 빠깍대다=빠깍거리다, 빠꼼대다=빠꼼거리다, 빠끔대다=빠끔거리다, 빠드득대다=빠득거리다, 빠드등대다=빠드등거리다, 빠드락대다=빠드락거리다, 빠득대다=빠득거리다, 빠등대다=빠등거리다, 빠르작대다=빠르작거리다, 빠릇대다=빠릇거리다, 빠사삭대다=빠사삭거리다, 빠삭대다=빠삭거리다, 빠스락대다=빠스락거리다, 빠작대다=빠작거리다, 빠지직대다=빠지직거리다, 빠직대다=빠직거리다, 빠질대다=빠질거리다, 빡빡대다=빡빡거리다1, 빡빡대다=빡빡거리다2, 빤둥대다=빤둥거리다, 빤득대다=빤득거리다, 빤들대다=빤들거리다1, 빤들대다=빤들거리다2, 빤뜩대다=빤뜩거리다, 빤작대다=빤작거리다, 빤질대다=빤질거리다 빤짝대다=빤짝거리다, 빨각대다=빨각거리다, 빨끈대다=빨끈거리다, 빨딱대다=빨딱거리다, 빨락대다=빨락거리다, 빨랑대다=빨랑거리다, 빨롱대다=빨롱거리다, 빨빨대다=빨빨거리다, 빨씬대다=빨씬거리다, 빨짝대다=빨짝거리다, 빨쪽대다=빨쪽거리다, 빨쭉대다=빨쭉거리다, 빵글대다=빵글거리다, 빵긋대다=빵긋거리다, 빵끗대다=빵끗거리다, 빵빵대다=빵빵거리다, 빵실대다=빵실거리다, 빵싯대다=빵싯거리다, 빼가닥대다=빼가닥거리다, 빼각대다=빼각거리다, 빼궁대다=빼궁거리다, 빼까닥대다=빼까닥거리다, 빼깍대다=빼깍거리다, 빼꼼대다=빼꼼거리다, 빼끗대다=빼끗거리다, 빼드득대다=빼드득거리다, 빼딱대다=빼딱거리다, 빼뚜룩대다=빼뚜룩거리다, 빼뚝대다=빼뚝거리다, 빼뚤대다=빼뚤거리다, 빼빼대다=빼빼거리다, 빼죽대다=빼죽거리다, 빼쪽대다=빼쪽거리다, 빼트작대다=빼트작거리다, 빼틀대다=빼틀거리다, 빽빽대다=빽빽거리다, 뺀둥대다=뺀둥거리다, 뺀들대다=뺀들거리다, 뺀죽대다=뺀죽거리다, 뺀질대다=뺀질거리다, 뺄뺄대다=뺄뺄거리다, 뺑글대다=뺑글거리다, 뺑긋대다=뺑긋거리다, 뺑끗대다=뺑끗거리다, 뺑뺑대다=뺑뺑거리다, 뺑실대다=뺑실거리다, 뺑싯대다=뺑싯거리다, 뻐드득대다=뻐드득거리다, 뻐죽대다=뻐죽거리다, 뻐거덕대다=뻐거덕거리다, 뻐걱대다=뻐걱거리다, 뻐그극대다=뻐그극거리다, 뻐그덕대다=뻐그덕거리다, 뻐극대다=뻐극거리다, 뻐글대다=뻐글거리다, 뻐금대다=뻐금거리다, 뻐꺼덕대다=뻐꺼덕거리다, 뻐꺽대다=뻐꺽거리다, 뻐끔대다=뻐끔거리다, 뻐드럭대다=뻐드럭거리다, 뻐르적대다=뻐르적거리다, 뻐릇대다=뻐릇거리다, 뻐서석대다=뻐서석거리다, 뻐석대다=뻐석거리다, 뻐스럭대다=뻐스럭거리다, 뻐적대다=뻐적거리다, 뻑뻑대다=뻑뻑거리다1, 뻑뻑대다=뻑뻑거리다2, 뻔둥대다=뻔둥거리다, 뻔득대다=뻔득거리다, 뻔들대다=뻔들거리다1, 뻔들대다=뻔들거리다2, 뻔뜩대다=뻔뜩거리다, 뻔적대다=뻔적거리다, 뻔죽대다=뻔죽거리다, 뻔질대다=뻔질거리다, 뻔쩍대다=뻔쩍거리다, 뻘장대다=뻘장거리다, 뻘꺽대다=뻘꺽거리다, 뻘끈대다=뻘끈거리다, 뻘떡대다=뻘떡거리다, 뻘럭대다=뻘럭거리다, 뻘렁대다=뻘렁거리다, 뻘룽대다=뻘룽거리다, 뻘뻘대다=뻘뻘거리다, 뻘씬대다=뻘씬거리다, 뻘쩍대다=뻘쩍거리다, 뻘쭉대다=뻘쭉거리다, 뻥글대다=뻥글거리다, 뻥긋대다=뻥긋거리다1, 뻥긋대다=뻥긋거리다2, 뻥끗대다=뻥끗거리다1, 뻥끗대다=뻥끗거리다2, 뻥뻥대다=

뻥뻥거리다, 뻥실대다=뻥실거리다, 뻥싯대다=뻥싯거리다, 뽀글대다=뽀글거리다, 뽀도독대다=뽀도독거리다, 뽀드득대다=뽀드득거리다, 뽀드등대다=뽀드등거리다, 뽀득대다=뽀득거리다, 뽀사삭대다=뽀사삭거리다, 뽀삭대다=뽀삭거리다, 뽀스락대다=뽀스락거리다, 뽀시락대다=뽀시락거리다, 뽀지직대다=뽀지직거리다, 뽀직대다=뽀직거리다, 뽀질대다=뽀질거리다, 뽁뽁대다=뽁뽁거리다, 뽈끈대다=뽈끈거리다, 뽈똑대다=뽈똑거리다, 뽈록대다=뽈록거리다, 뽈룩대다=뽈룩거리다, 뽕뽕대다=뽕뽕거리다, 뿌글대다=뿌글거리다, 뿌두둑대다=뿌두둑거리다, 뿌드득대다=뿌드득거리다, 뿌드등대다=뿌드등거리다, 뿌득대다=뿌득거리다, 뿌등대다=뿌등거리다, 뿌서석대다=뿌서석거리다, 뿌석대다=뿌석거리다, 뿌스럭대다=뿌스럭거리다, 뿌시럭대다=뿌시럭거리다, 뿌지직대다=뿌지직거리다, 뿌직대다=뿌직거리다, 뿌질대다=뿌질거리다, 뿍뿍대다=뿍뿍거리다, 뿔끈대다=뿔끈거리다, 뿔뚝대다=뿔뚝거리다, 뿔룩대다=뿔룩거리다, 뿔쩍대다=뿔쩍거리다, 뿜빠대다=뿜빠거리다, 뿡빵대다=뿡빵거리다, 뿡뿡대다=뿡뿡거리다, 삐가닥대다=삐가닥거리다, 삐각대다=삐각거리다, 삐거덕대다=삐거덕거리다, 삐걱대다=삐걱거리다, 삐궁대다=삐궁거리다, 삐그극대다=삐그극거리다, 삐꺼덕대다=삐꺼덕거리다, 삐꺽대다=삐꺽거리다, 삐끗대다=삐끗거리다, 삐드득대다=삐드득거리다, 삐딱대다=삐딱거리다, 삐뚜룩대다=삐뚜룩거리다, 삐뚝대다=삐뚝거리다, 삐뚤대다=삐뚤거리다, 삐삐대다=삐삐거리다, 삐악대다=삐악거리다, 삐양대다=삐양거리다, 삐용대다=삐용거리다, 삐죽대다=삐죽거리다, 삐쭉대다=삐쭉거리다, 삐쭉빼쭉대다=삐쭉빼쭉거리다, 삐트적대다=삐트적거리다, 삐틀대다=삐틀거리다, 삑삑대다=삑삑거리다, 삔둥대다=삔둥거리다, 삔들대다=삔들거리다, 삔죽대다=삔죽거리다, 삥글대다=삥글거리다, 삥긋대다=삥긋거리다, 삥끗대다=삥끗거리다, 삥뻥대다=삥뻥거리다, 삥실대다=삥실거리다, 삥싯대다=삥싯거리다, 사각대다=사각거리다, 사라락대다=사라락거리다, 사락대다=사락거리다, 사르락대다=사르락거리다, 사르랑대다=사르랑거리다, 사르륵대다=사르륵거리다, 사르릉대다=사르릉거리다, 사륵대다=사륵거리다, 사물대다=사물거리다1, 사물대다=사물거리다2, 사물대다=사물거리다3, 사박대다=사박거리다, 사부랑대다=사부랑거리다, 사부작대다=사부작거리다, 사분대다=사분거리다, 사붓대다=사붓거리다, 사빡대다=사빡거리다, 사뿐대다=사뿐거리다, 사뿟대다=사뿟거리다, 사스락대다=사스락거리다, 사악대다=사악거리다, 사푼대다==사푼거리다, 사풋대다=사풋거리다, 삭독대다=삭독거리다, 삭둑대다=삭둑거리다, 삭삭대다=삭삭거리다, 산득대다=산득거리다, 산들대다=산들거리다, 산뜩대다=산뜩거리다, 살강대다=살강거리다, 살그락대다=살그락거리다, 살그랑대다=살그랑거리다, 살근대다=살근거리다, 살긋대다=살긋거리다, 살랑대다=살랑거리다1, 살랑대다=살랑거리다2, 살룩대다=살룩거리다, 살름대다=살름거리다, 살살대다=살살거리다1, 살살대다=살살거리다2, 살캉대다=살캉거리다, 삼박대다=삼박거리다1, 삼박대다=삼박거리다2, 삼빡대다=삼빡거리다1, 삼빡대다=삼빡거리다2, 상글방글대다=상글방글거리

다, 상긋대다=상긋거리다, 상긋방긋대다=상긋방긋거리다, 상끗대다=상끗거리다, 상
끗방끗대다=상끗방끗거리다, 상동대다=상동거리다, 새근대다=새근거리다1, 새근대
다=새근거리다2, 새근덕대다=새근덕거리다, 새근발딱대다=새근발딱거리다, 새들대
다=새들거리다1, 새들대다=새들거리다2, 새뚝대다=새뚝거리다, 새롱대다=새롱거리
다, 새물대다=새물거리다, 새뭇대다=새뭇거리다, 새부랑대다=새부랑거리다, 새살대
다=새살거리다, 새새대다=새새거리다, 새새덕대다=새새덕거리다, 새슬대다=새슬거
리다, 새실대다=새실거리다, 새큰대다=새큰거리다, 색색대다=색색거리다, 샐긋대다
=샐긋거리다, 샐기죽대다=샐기죽거리다, 샐룩대다=샐룩거리다, 샐샐대다=샐샐거리
다1, 샐샐대다=샐샐거리다2, 샐쭉대다=샐쭉거리다, 생글대다=생글거리다, 생글방글
대다=생글방글거리다, 생글뱅글대다=생글뱅글거리다, 생긋대다=생긋거리다, 생긋방
긋대다=생긋방긋거리다, 생긋뱅긋대다=생긋뱅긋거리다, 생끗대다=생끗거리다, 생끗
방끗대다=생끗방끗거리다, 생끗뱅끗대다=생끗뱅끗거리다, 서격대다=서걱거리다, 서
물대다=서물거리다1, 서물대다=서물거리다2, 서벅대다=서벅거리다, 서분대다=서분
거리다, 서붓대다=서붓거리다, 서뻑대다=서뻑거리다, 서뿐대다=서뿐거리다, 서뿟대
다=서뿟거리다, 서성대다=서성거리다, 서슴대다=서슴거리다, 서푼대다=서푼거리다,
서풋대다=서풋거리다, 석둑대다=석둑거리다, 석석대다=석석거리다, 선득대다=선득
거리다, 선들대다=선들거리다, 선뜩대다=선뜩거리다, 설경대다=설경거리다, 설렁대
다=설렁거리다, 설설대다=설설거리다, 설컹대다=설컹거리다, 섬벅대다=섬벅거리다
1, 섬벅대다=섬벅거리다2, 섬뻑대다=섬뻑거리다1, 섬뻑대다=섬뻑거리다2, 성글대다
=성글거리다, 성글벙글대다=성글벙글거리다, 성긋대다=성긋거리다, 성긋벙긋대다=
성긋벙긋거리다, 성끗대다=성끗거리다, 성끗벙끗대다=성끗벙끗거리다, 성둥대다=성
둥거리다, 소곤대다=소곤거리다, 소곤닥대다=소곤닥거리다, 소시락대다=소시락거리
다, 속닥대다=속닥거리다, 속달대다=속달거리다, 속삭대다=속삭거리다, 속살대다=
속살거리다, 송당대다=송당거리다, 송알대다=송알거리다, 쇅쇅대다=쇅쇅거리다, 쇅
쇅대다=쇅쇅거리다, 수군대다=수군거리다, 수군덕대다=수군덕거리다, 수군숙덕대다
=수군숙덕거리다, 수런대다=수런거리다, 수선대다=수선거리다, 수성대다=수성거리
다, 수얼대다=수얼거리다, 숙덕대다=숙덕거리다, 숙덜대다=숙덜거리다, 숙설대다=
숙설거리다, 술렁대다=술렁거리다, 숭덩대다=숭덩거리다, 숭얼대다=숭얼거리다, 쉑
쉑대다=쉑쉑거리다, 쉬쉬대다=쉬쉬거리다, 쉬쿵대다=쉬쿵거리다, 쉭쉭대다=쉭쉭거
리다, 스르럭대다=스르럭거리다, 스르렁대다=스르렁거리다, 스르륵대다=스르륵거리
다, 스르릉대다=스르릉거리다, 스륵대다=스륵거리다, 스멀대다=스멀거리다, 스적대
다=스적거리다1, 스적대다=스적거리다2, 슬근대다=슬근거리다, 슬렁대다=슬렁거리
다, 슴벅대다=슴벅거리다, 슴뻑대다=슴뻑거리다, 시근대다=시근거리다1, 시근대다=
시근거리다2, 시근덕대다=시근덕거리다, 시근벌떡대다=시근벌떡거리다, 시끌벅적대
다=시끌벅적거리다, 시들대다=시들거리다, 시뚝대다=시뚝거리다, 시룽대다=시룽거

리다, 시물대다=시물거리다, 시뭇대다=시뭇거리다, 시부렁대다=시부렁거리다, 시부
적대다=시부적거리다, 시설대다=시설거리다, 시시대다=시시거리다, 시시닥대다=시
시닥거리다, 시시덕대다=시시덕거리다, 시실대다=시실거리다, 시위적대다=시위적거
리다, 시적대다=시적거리다, 시큰대다=시큰거리다, 식식대다=식식거리다, 실그럭대
다=실그럭거리다, 실긋대다=실긋거리다, 실기죽대다=실기죽거리다, 실떡대다=실떡
거리다, 실룩대다=실룩거리다, 실실대다=실실거리다, 실쭉대다=실쭉거리다, 싱글
다=싱글거리다, 싱글벙글대다=싱글벙글거리다, 싱글빙글대다=싱글빙글거리다, 싱긋
대다=싱긋거리다, 싱긋벙긋대다=싱긋벙긋거리다, 싱긋빙긋대다=싱긋빙긋거리다, 싱
끗대다=싱끗거리다, 싱끗벙끗대다=싱끗벙끗거리다, 싱끗빙끗대다=싱끗빙끗거리다,
싸각대다=싸각거리다, 싸라락대다=싸라락거리다, 싸락대다=싸락거리다, 싸르락대다
=싸르락거리다, 싸르륵대다=싸르륵거리다, 싸륵대다=싸륵거리다, 싸부랑대다=싸부
랑거리다, 싸작대다=싸작거리다, 싹독대다=싹독거리다, 싹둑대다=싹둑거리다, 싹싹
대다=싹싹거리다, 싼득대다=싼득거리다, 쌀강대다=쌀강거리다, 쌀긋대다=쌀긋거리
다, 쌀랑대다=쌀랑거리다, 쌀래대다=쌀래거리다, 쌀쌀대다=쌀쌀거리다, 쌀캉대다=
쌀캉거리다, 쌈박대다=쌈박거리다1, 쌈박대다=쌈박거리다2, 쌈빡대다=쌈빡거리다1,
쌈빡대다=쌈빡거리다2, 쌍글대다=쌍글거리다, 쌍글빵글대다=쌍글빵글거리다, 쌍긋
대다=쌍긋거리다, 쌍긋빵긋대다=쌍긋빵긋거리다, 쌍끗대다=쌍끗거리다, 쌍끗빵끗대
다=쌍끗빵끗거리다, 쌍동대다=쌍동거리다, 쌍둥대다=쌍둥거리다, 쌔근대다=쌔근거
리다, 쌔근덕대다=쌔근덕거리다, 쌔근발딱대다=쌔근발딱거리다, 쌔근팔딱대다=쌔근
팔딱거리다, 쌔물대다=쌔물거리다, 쌕쌕대다=쌕쌕거리다, 쌜긋대다=쌜긋거리다, 쌜
기죽대다=쌜기죽거리다, 쌜룩대다=쌜룩거리다, 쌜쭉대다=쌜쭉거리다, 쌩글대다=쌩
글거리다, 쌩글빵글대다=쌩글빵글거리다, 쌩글뺑글대다=쌩글뺑글거리다, 쌩긋대다=
쌩긋거리다, 쌩긋빵긋대다=쌩긋빵긋거리다, 쌩끗빵끗대다=쌩끗빵끗거리다, 쌩끗대다
=쌩끗거리다, 쌩끗빵끗대다=쌩끗빵끗거리다, 쌩끗뺑끗대다=쌩끗뺑끗거리다, 써걱대
다=써걱거리다, 썩둑대다=썩둑거리다, 썩썩대다=썩썩거리다, 썬득대다=썬득거리다,
썰겅대다=썰겅거리다, 썰렁대다=썰렁거리다, 썰레대다=썰레거리다, 썰썰대다=썰썰
거리다, 썰컹대다=썰컹거리다, 썸벅대다=썸벅거리다1, 썸벅대다=썸벅거리다2, 썸뻑
대다=썸뻑거리다1, 썸뻑대다=썸뻑거리다2, 썽글대다=썽글거리다, 썽글뺑글대다=썽
글뺑글거리다, 썽긋대다=썽긋거리다, 썽긋뺑긋대다=썽긋뺑긋거리다, 썽끗대다=썽끗
거리다, 썽끗뺑끗대다=썽끗뺑끗거리다, 썽둥대다=썽둥거리다, 쏘곤대다=쏘곤거리다,
쏘곤닥대다=쏘곤닥거리다, 쏘삭대다=쏘삭거리다, 쏘알대다=쏘알거리다, 쏙닥대다=
쏙닥거리다, 쏙달대다=쏙달거리다, 쏙삭대다=쏙삭거리다, 쏙살대다=쏙살거리다, 쏠
까닥대다=쏠까닥거리다, 쏠깍대다=쏠깍거리다, 쏠닥대다=쏠닥거리다, 쏠라닥대다=
쏠라닥거리다, 쏠락대다=쏠락거리다, 쏭당대다=쏭당거리다, 쏭알대다=쏭알거리다,
쏴락대다=쏴락거리다, 쑤군대다=쑤군거리다, 쑤군덕대다=쑤군덕거리다, 쑤석대다=

쑤석거리다, 쑤알대다=쑤알거리다, 쑤얼대다=쑤얼거리다, 쑥덕대다=쑥덕거리다, 쑥
덜대다=쑥덜거리다, 쑥설대다=쑥설거리다, 쑬꺼덕대다=쑬꺼덕거리다, 쑬꺽대다=쑬
꺽거리다, 쑹덩대다=쑹덩거리다, 쑹얼대다=쑹얼거리다, 쓰르륵대다=쓰르륵거리다,
쓰르릉대다=쓰르릉거리다, 쓰륵대다=쓰륵거리다, 쓰멀대다=쓰멀거리다, 쓰적대다=
쓰적거리다, 쏙싹대다=쏙싹거리다, 씀벅대다=씀벅거리다, 씀뻑대다=씀뻑거리다, 씨
걸대다=씨걸거리다, 씨근대다=씨근거리다, 씨근덕대다=씨근덕거리다, 씨근벌떡대다
=씨근벌떡거리다, 씨근펄떡대다=씨근펄떡거리다, 씨글대다=씨글거리다, 씨룩대다=
씨룩거리다, 씨르륵대다=씨르륵거리다, 씨물대다=씨물거리다, 씨부렁대다=씨부렁거
리다, 씨불대다=씨불거리다, 씨우적대다=씨우적거리다, 씨죽대다=씨죽거리다, 씩둑
대다=씩둑거리다, 씩씩대다=씩씩거리다, 씰그렁대다=씰그렁거리다, 씰긋대다=씰긋
거리다, 씰기죽대다=씰기죽거리다, 씰룩대다=씰룩거리다, 씰씰대다=씰씰거리다, 씰
쭉대다=씰쭉거리다, 씽글대다=씽글거리다, 씽글뺑글대다=씽글뺑글거리다, 씽글뺑글
대다=씽글뺑글거리다, 씽긋대다=씽긋거리다, 씽긋뺑긋대다=씽긋뺑긋거리다, 씽긋뺑
긋대다=씽긋뺑긋거리다, 씽끗대다=씽끗거리다, 씽끗뺑끗대다=씽끗뺑끗거리다, 씽끗
뺑끗대다=씽끗뺑끗거리다, 아귀작대다=아귀작거리다, 아글대다=아글거리다, 아기뚱
대다=아기뚱거리다, 아기뚱대다=아기뚱거리다, 아기작대다=아기작거리다1, 아기작
대다=아기작거리다2, 아기장대다=아기장거리다, 아기족대다=아기족거리다, 아깃대
다=아깃거리다1, 아깃대다=아깃거리다2, 아느작대다=아느작거리다, 아늑대다=아늑
거리다, 아늘대다=아늘거리다, 아드득대다=아드득거리다, 아드등대다=아드등거리다,
아득대다=아득거리다, 아득바득대다=아득바득거리다, 아등대다=아등거리다, 아롱
대다=아롱거리다, 아르렁대다=아르렁거리다, 아르릉대다=아르릉거리다, 아른대다=
아른거리다, 아름대다=아름거리다, 아름작대다=아름작거리다, 아릿대다=아릿거리다,
아무작대다=아무작거리다, 아물대다=아물거리다, 아사삭대다=아사삭거리다, 아삭대
다=아삭거리다, 아슬랑대다=아슬랑거리다, 아싹대다=아싹거리다, 아옹·대다=아옹거
리다1, 아옹·대다=아옹거리다2, 아옹·대다=아옹·거리다1, 아옹·대다=아옹거리다2, 아자
작대다=아자작거리다, 아작대다=아작거리다, 아장대다=아장거리다, 아지작대다=아
지작거리다, 아지직대다=아지직거리다, 아짝대다=아짝거리다, 아창대다=아창거리다,
아치랑대다=아치랑거리다, 아치장대다=아치장거리다, 아칫대다=아칫거리다, 악악대
다=악악거리다, 알랑대다=알랑거리다, 알른대다=알른거리다, 알씬대다=알씬거리다,
알짱대다=알짱거리다, 알쫑대다=알쫑거리다, 알찐대다=알찐거리다, 앙글대다=앙글
거리다, 앙기작대다=앙기작거리다, 앙알대다=앙알거리다, 앙앙대다=앙앙거리다, 앙
잘대다=앙잘거리다, 애죽대다=애죽거리다, 애질대다=애질거리다, 앵앵대다=앵앵거
리다1, 앵앵대다=앵앵거리다2, 야금대다=야금거리다, 야기죽대다=야기죽거리다, 야
물대다=야물거리다, 야불대다=야불거리다, 야스락대다=야스락거리다, 야슬대다=야
슬거리다, 야옹·대다=야옹거리다, 야위죽대다=야위죽거리다, 야죽대다=야죽거리다,

야즐대다=야즐거리다, 야질대다=야질거리다, 약죽대다=약죽거리다, 얄긋대다=얄긋
거리다, 얄기죽대다=얄기죽거리다, 얄깃대다=얄깃거리다, 얄랑대다=얄랑거리다, 얄
쭉대다=얄쭉거리다, 양냥대다=양냥거리다, 양양대다=양양거리다, 얘물대다=얘물거
리다, 얘밀대다=얘밀거리다, 얘위죽대다=얘위죽거리다, 얘죽대다=얘죽거리다, 얘질
대다=얘질거리다, 앵앵대다=앵앵거리다, 어귀적대다=어귀적거리다, 어기뚱대다=어
기뚱거리다, 어기적대다=어기적거리다1, 어기적대다=어기적거리다2, 어기죽대다=어
기죽거리다, 어깃대다=어깃거리다1, 어깃대다=어깃거리다2, 어뜩대다=어뜩거리다,
어룽대다=어룽거리다, 어른대다=어른거리다, 어름대다=어름거리다, 어름적대다=어
름적거리다, 어릿대다=어릿거리다, 어무적대다=어무적거리다, 어물대다=어물거리다,
어물쩍대다=어물쩍거리다, 어밀대다=어밀거리다, 어서석대다=어서석거리다, 어석대
다=어석거리다, 어스벙대다=어스벙거리다, 어슬렁대다=어슬렁거리다, 어슷대다=어
슷거리다, 어시렁대다=어시렁거리다, 어실대다=어실거리다, 어썩대다=어썩거리다,
어저적대다=어저적거리다, 어적대다=어적거리다, 어정대다=어정거리다, 어질대다=
어질거리다, 어쩍대다=어쩍거리다, 어쭉대다=어쭉거리다, 어청대다=어청거리다, 어
치렁대다=어치렁거리다, 어치정대다=어치정거리다, 어칠대다=어칠거리다, 억억대다
=억억거리다, 언듯대다=언듯거리다, 언뜻대다=언뜻거리다, 얼렁대다=얼렁거리다1,
얼렁대다=얼렁거리다2, 얼른대다=얼른거리다, 얼밋대다=얼밋거리다, 얼씬대다=얼
씬거리다, 얼쩡대다=얼쩡거리다, 얼쭝대다=얼쭝거리다, 얼찐대다=얼찐거리다, 엄벙
대다=엄벙거리다, 엉글대다=엉글거리다, 엉기적대다=엉기적거리다, 엉두덜대다=엉
두덜거리다, 엉얼대다=엉얼거리다, 엉엉대다=엉엉거리다, 엉절대다=엉절거리다, 여
짓대다=여짓거리다, 열렁대다=열렁거리다, 오글대다=오글거리다1, 오글대다=오글
거리다2, 오도당대다=오도당거리다, 오도독대다=오도독거리다, 오독대다=오독거리
다, 오돌대다=오돌거리다, 오돌랑대다=오돌랑거리다, 오드득대다=오드득거리다, 오
들대다=오들거리다, 오똘대다=오똘거리다, 오똘랑대다=오똘랑거리다, 오무락대다=
오무락거리다, 오무작대다=오무작거리다, 오물대다=오물거리다1, 오물대다=오물거
리다2, 오비작대다 =오비작거리다, 오빗대다=오빗거리다, 오삭대다=오삭거리다1,
오삭대다=오삭거리다2, 오싹대다=오싹거리다, 오졸대다=오졸거리다, 오졸랑대다=
오졸랑거리다, 오지끈대다=오지끈거리다, 오지끈딱대다=오지끈딱거리다, 오지끈뚝딱
대다=오지끈뚝딱거리다, 오지끈자끈대다=오지끈자끈거리다, 오지직대다=오지직거
리다, 오직대다=오직거리다, 오쫄대다=오쫄거리다, 오쫄랑대다=오쫄랑거리다, 옥시
글대다=옥시글거리다, 옥신대다=옥신거리다, 옥실대다=옥실거리다, 옥작대다=옥작
거리다, 옥작복작대다=옥작복작거리다, 올각대다=올각거리다, 올강대다=올강거리다,
올공대다=올공거리다, 올근대다=올근거리다, 올깍대다=올깍거리다, 올끈대다=올끈
거리다, 올딱대다=올딱거리다, 올랑대다=올랑거리다, 올씬갈씬대다=올씬갈씬거리다,
올카닥대다=올카닥거리다, 올칵대다=올칵거리다, 옴실대다=옴실거리다, 옴쏙대다=

옴쏙거리다, 옴씰대다=옴씰거리다, 옴작대다=옴작거리다, 옴죽대다=옴죽거리다, 옴지락대다=옴지락거리다, 옴직대다=옴직거리다, 옴질대다=옴질거리다1, 옴질대다=옴질거리다2, 옴짝대다=옴짝거리다, 옴쭉대다=옴쭉거리다, 옴찍대다때=옴찍거리다, 옴찔대다=옴찔거리다1, 옴찔대다=옴찔거리다2, 옴칠대다=옴칠거리다, 옴칫대다=옴칫거리다, 옹성대다=옹성거리다, 옹알대다=옹알거리다, 옹옹대다=옹옹거리다, 옹잘대다=옹잘거리다, 와각대다=와각거리다, 와그작대다=와그작거리다, 와글대다=와글거리다, 와글북적대다=와글북적거리다, 와다닥대다=와다닥거리다, 와닥닥대다=와닥닥거리다, 와당대다=와당거리다, 와당탕대다=와당탕거리다, 와드득대다=와드득거리다, 와드등대다=와드등거리다, 와들대다=와들거리다, 와뜰대다=와뜰거리다, 와르릉대다=와르릉거리다, 와릉대다=와릉거리다, 와사삭대다=와사삭거리다, 와삭대다=와삭거리다, 와스락대다=와스락거리다, 와슬랑대다=와슬랑거리다, 와슬렁대다=와슬렁거리다, 와시락대다=와시락거리다, 와실대다=와실거리다, 와실랑대다=와실랑거리다, 와싹대다=와싹거리다1, 와싹대다=와싹거리다2, 와자작대다=와자작거리다, 와작대다=와작거리다, 와지끈대다=와지끈거리다, 와지끈딱대다=와지끈딱거리다, 와지끈뚝딱대다=와지끈뚝딱거리다, 와지끈자끈대다=와지끈자끈거리다, 와지직대다=와지직거리다, 와직대다=와직거리다, 와짝대다=와짝거리다, 왁다글대다=왁다글거리다, 왁살대다=왁살거리다, 왁시글대다=왁시글거리다, 왁실대다=왁실거리다, 왁작대다=왁작거리다, 왁작벅작대다=왁작벅작거리다, 왈가닥대다=왈가닥거리다, 왈가당대다=왈가당거리다, 왈각대다=왈각거리다, 왈강대다=왈강거리다, 왈그르대다=왈그르거리다, 왈각대다=왈각거리다, 왈랑대다=왈랑거리다, 왈랑절랑대다=왈랑절랑거리다, 왈왈대다=왈왈거리다, 왈카닥대다=왈카닥거리다, 왈카당대다=왈카당거리다, 왈칵대다=왈칵거리다, 왈캉대다=왈캉거리다, 왕왕대다=왕왕거리다, 왜글대다=왜글거리다, 왜죽대다=왜죽거리다, 왜쭉대다=왜쭉거리다, 왝땍대다=왝땍거리다, 왝왝대다=왝왝거리다, 왱가당대다=왱가당거리다, 왱강대다=왱강거리다, 왱강댕강대다=왱강댕강거리다, 왱강쟁강대다=왱강쟁강거리다, 왱그랑대다=왱그랑거리다, 왱왱대다=왱왱거리다, 윙윙대다=윙윙거리다, 욜랑대다=욜랑거리다, 우글대다=우글거리다1, 우글대다=우글거리다2, 우글벅작대다=우글벅작거리다, 우당탕대다=우당탕거리다, 우두덩대다=우두덩거리다, 우두둑대다=우두둑거리다, 우둑대다=우둑거리다, 우둔대다=우둔거리다, 우둘대다=우둘거리다, 우둘렁대다=우둘렁거리다, 우둘먹대다=우둘먹거리다, 우둘쩍대다=우둘쩍거리다, 우드득대다=우드득거리다, 우들대다=우들거리다, 우뚤대다=우뚤거리다, 우뚤렁대다=우뚤렁거리다, 우뜰대다=우뜰거리다, 우르릉대다=우르릉거리다, 우릉대다=우릉거리다, 우무럭대다=우무럭거리다, 우무적대다=우무적거리다, 우물대다=우물거리다1, 우물대다=우물거리다2, 우물쩍대다=우물쩍거리다, 우비적대다=우비적거리다, 우빗대다=우빗거리다, 우석대다=우석거리다, 우슬대다=우슬거리다, 우실대다=우실거리다, 우실렁대다=우실렁거리다, 우썩대다=우썩거리다1, 우썩대다

=우썩거리다2, 우저적대다=우저적거리다, 우적대다=우적거리다, 우죽대다=우죽거리다, 우줄대다=우줄거리다, 우줄렁대다=우줄렁거리다, 우즑대다=우즑거리다, 우지끈대다=우지끈거리다, 우지끈딱대다=우지끈딱거리다, 우지끈뚝딱대다=우지끈뚝딱거리다, 우지끈지끈대다=우지끈지끈거리다, 우지직대다=우지직거리다, 우직대다=우직거리다, 우질대다=우질거리다, 우쩍대다=우쩍거리다, 우쭐대다=우쭐거리다, 우쭐렁대다=우쭐렁거리다, 욱닥대다=욱닥거리다, 욱시글대다=욱시글거리다, 욱신대다=욱신거리다, 욱실대다=욱실거리다, 욱적대다=욱적거리다, 욱적북적대다=욱적북적거리다, 울거덕대다=울거덕거리다, 울걱대다=울걱거리다, 울겅대다=울겅거리다, 울근대다=울근거리다, 울격대다=울격거리다, 울끈대다=울끈거리다, 울렁대다=울렁거리다, 울먹대다=울먹거리다, 울커덕대다=울커덕거리다, 울컥대다=울컥거리다, 움실대다=움실거리다1, 움실대다=움실거리다2, 움쑥대다=움쑥거리다, 움씰대다=움씰거리다, 움적대다=움적거리다, 움죽대다=움죽거리다, 움지럭대다=움지럭거리다, 움직대다=움직거리다, 움질대다=움질거리다1, 움질대다=움질거리다2, 움쩍대다=움쩍거리다, 움쭉대다=움쭉거리다, 움찍대다=움찍거리다, 움찔대다=움찔거리다1, 움찔대다=움찔거리다2, 움칠대다=움칠거리다, 움칫대다=움칫거리다, 웅성대다=웅성거리다, 웅얼대다=웅얼거리다, 웅절대다=웅절거리다, 워걱대다=워걱거리다, 워그적대다=워그적거리다, 워글대다=워글거리다, 워석대다=워석거리다, 워스럭대다=워스럭거리다, 워슬렁대다=워슬렁거리다, 위시럭대다=위시럭거리다, 워썩대다=워썩거리다, 웍더글대다=웍더글거리다, 월거덕대다=월거덕거리다, 월거덩대다=월거덩거리다, 월걱대다=월걱거리다, 월겅대다=월겅거리다, 월커덕대다=월커덕거리다, 월컥대다=월컥거리다, 월컹대다=월컹거리다, 윙윙대다=윙윙거리다, 웨죽대다=웨죽거리다, 웩떽대다=웩떽거리다, 웩웩대다=웩웩거리다, 웽거덩대다=웽거덩거리다, 웽겅대다=웽겅거리다, 웽겅젱겅대다=웽겅젱겅거리다, 웽그렁대다=웽그렁거리다, 웽웽대다=웽웽거리다, 윙윙대다=윙윙거리다, 유들대다=유들거리다, 융융대다=융융거리다, 으드득대다=으드득거리다, 으드등대다=으드등거리다, 으득대다=으득거리다, 으등대다=으등거리다1, 으등대다=으등거리다2, 으르딱딱대다=으르딱딱거리다, 으르렁대다=으르렁거리다, 으르릉대다=으르릉거리다, 으슬렁대다=으슬렁거리다, 으썩대다=으썩거리다, 으쓱대다=으쓱거리다, 으쓸대다=으쓸거리다, 으적대다=으적거리다, 으지적대다=으지적거리다, 으지직대다=으지직거리다, 으쩍대다=으쩍거리다, 윽윽대다=윽윽거리다, 을근대다=을근거리다, 응얼대다=응얼거리다, 응응대다=응응거리다, 이글대다=이글거리다, 이기죽대다=이기죽거리다, 이릉대다=이릉거리다, 이죽대다=이죽거리다, 이질대다=이질거리다, 익죽대다=익죽거리다, 일긋대다=일긋거리다, 일기죽대다=일기죽거리다, 일렁대다=일렁거리다, 일쭉대다=일쭉거리다, 잉잉대다=잉잉거리다1, 잉잉대다=잉잉거리다2, 자가닥대다=자가닥거리다, 자갈대다=자갈거리다, 자그락대다=자그락대다1, 자그락대다=자그락거리다2, 자근대다=자근거리다1, 자근대다=자근거리

다2, 자근덕대다=자근덕거리다, 자글대다=자글거리다, 자금대다=자금거리다, 자깔대다=자깔거리다, 자끈대다=자끈거리다1, 자끈대다=자끈거리다2, 자끔대다=자끔거리다, 자드락대다=자드락거리다, 자랑대다=자랑거리다, 자르랑대다=자르랑거리다, 자르르대다=자르르거리다, 자르릉대다=자르릉거리다, 자박대다=자박거리다, 자부락대다=자부락거리다, 자부랑대다=자부랑거리다, 자분대다=자분거리다1, 자분대다=자분거리다2, 자분닥대다=자분닥거리다, 자작대다=자작거리다1, 자작대다=자작거리다2, 자축대다=자축거리다, 자춤대다=자춤거리다, 자칫대다=자칫거리다, 작신대다=작신거리다, 작작대다=작작거리다, 잔득대다=잔득거리다, 잔즐대다=잔즐거리다, 잘가닥대다=잘가닥거리다, 잘가당대다=잘가당거리다, 잘각대다=잘각거리다, 잘강대다=잘강거리다1, 잘강대다=잘강거리다2, 잘그락대다=잘그락거리다, 잘그랑대다=잘그랑거리다, 잘근대다=잘근거리다, 잘금대다=잘금거리다, 잘까닥대다=잘까닥거리다, 잘까당대다=잘까당거리다, 잘깍대다=잘깍거리다, 잘깡대다=잘깡거리다, 잘똑대다=잘똑거리다, 잘뚜룩대다=잘뚜룩거리다, 잘뚝대다=잘뚝거리다, 잘라당대다=잘라당거리다, 잘락대다=잘락거리다, 잘랑대다=잘랑거리다, 잘록대다=잘록거리다, 잘룩대다=잘룩거리다, 잘름대다=잘름거리다1, 잘름대다=잘름거리다2, 잘름대다=잘름거리다3, 잘바닥대다=잘바닥거리다1, 잘바닥대다=잘바닥거리다2, 잘바당대다=잘바당거리다, 잘박대다=잘박거리다1, 잘박대다=잘박거리다2, 잘방대다=잘방거리다, 잘싸닥대다=잘싸닥거리다, 잘싹대다=잘싹거리다, 잘쏙대다=잘쏙거리다, 잘잘대다=잘잘거리다1, 잘잘대다=잘잘거리다2 잘착대다=잘착거리다, 잘카닥대다=잘카닥거리다1, 잘카닥대다=잘카닥거리다2, 잘카당대다=잘카당거리다, 잘칵대다=잘칵거리다1, 잘칵대다=잘칵거리다2, 잘캉대다=잘캉거리다, 잘파닥대다=잘파닥거리다1, 잘파닥대다=잘파닥거리다2, 잘팍대다=잘팍거리다1, 잘팍대다=잘팍거리다, 잠바당대다=잠바당거리다, 잠박대다=잠박거리다, 잠방대다=잠방거리다, 잣뚝대다=잣뚝거리다, 장글대다=장글거리다, 장알대다=장알거리다, 재갈대다=재갈거리다, 재그럭대다=재그럭거리다, 재글대다=재글거리다, 재까닥대다=재까닥거리다, 재깍대다=재깍거리다, 재깔대다=재깔거리다, 재끈대다=재끈거리다, 재르릉대다=재르릉거리다, 재자대다=재자거리다, 재잘대다=재잘거리다, 재재대다=재재거리다, 재질대다=재질거리다, 잰득대다=잰득거리다, 잴강대다=잴강거리다, 잴근대다=잴근거리다, 잴뚜룩대다=잴뚜룩거리다, 잴뚝대다=잴뚝거리다, 잴룩대다=잴룩거리다, 잴잴대다=잴잴거리다1, 잴잴대다=잴잴거리다2, 잴잴대다=잴잴거리다3, 쟁강대다=쟁강거리다, 쟁그랑대다=쟁그랑거리다, 쟁글대다=쟁글거리다, 쟁알대다=쟁알거리다, 쟁쟁대다=쟁쟁거리다1, 쟁쟁대다=쟁쟁거리다2, 쟁쟁대다=쟁쟁거리다3, 저거덕대다=저거덕거리다, 저걱대다=저걱거리다, 저글대다=저글거리다, 저렁대다=저렁거리다, 저르렁대다=저르렁거리다, 저르르대다=저르르거리다, 저르륵대다=저르륵거리다, 저르릉대다=저르릉거리다, 저벅대다=저벅거리다, 저빗대다=저빗거리다, 저적대다=저적거리다, 저축대다=저축거리다,

저춤대다=저춤거리다, 저칫대다=저칫거리다, 절가닥대다=절가닥거리다, 절가당대다
=절가당거리다, 절거덕대다=절거덕거리다, 절거덩대다=절거덩거리다, 절걱대다=절
걱거리다, 절겅대다=절겅거리다, 절그럭대다=절그럭거리다, 절그렁대다=절그렁거리
다, 절까닥대다=절까닥거리다, 절깍대다=절깍거리다, 절꺼덕대다=절꺼덕거리다, 절
꺼덩대다=절꺼덩거리다, 절꺽대다=절꺽거리다, 절껑대다=절껑거리다, 절뚜룩대다=
절뚜룩거리다, 절뚝대다=절뚝거리다, 절라당대다=절라당거리다, 절랑대다=절랑거리
다, 절러덩대다=절러덩거리다, 절럭대다=절럭거리다, 절렁대다=절렁거리다, 절룩대
다=절룩거리다, 절름대다=절름거리다, 절버덕대다=절버덕거리다, 절버덩대다=절버
덩거리다, 절벅대다=절벅거리다, 절벙대다=절벙거리다, 절싸닥대다=절싸닥거리다,
절싹대다=절싹거리다, 절써덕대다=절써덕거리다, 절썩대다=절썩거리다, 절쑥대다=
절쑥거리다, 절절대다=절절거리다1, 절절대다=절절거리다2, 절카닥대다=절카닥거리
다, 절카당대다=절카당거리다, 절칵대다=절칵거리다, 절커덕대다=절커덕거리다, 절
커덩대다=절커덩거리다, 절컥대다=절컥거리다, 절컹대다=절컹거리다, 절퍼덕대다=
절퍼덕거리다, 절퍽대다=절퍽거리다, 점버덩대다=점버덩거리다, 점벅대다=점벅거리
다, 점벙대다=점벙거리다, 젓뚝대다=젓뚝거리다, 제글대다=제글거리다, 제꺼덕대다
=제꺼덕거리다, 제꺽대다=제꺽거리다, 젱가당대다=젱가당거리다, 젱강대다=젱강거
리다, 젱겅대다=젱겅거리다, 젱그렁대다=젱그렁거리다, 조로록대다=조로록거리다,
조록대다=조록거리다, 조르륵대다=조르륵거리다, 조몰락대다=조몰락거리다, 조뼛대
다=조뼛거리다, 조악대다=조악거리다, 조작대다=조작거리다, 조잔대다=조잔거리다,
조잘대다=조잘거리다, 조착대다=조착거리다, 조춤대다=조춤거리다, 조츰대다=조츰
거리다, 족신대다=족신거리다, 족족대다=족족거리다, 존득대다=존득거리다, 졸금대
다=졸금거리다, 졸라당대다=졸라당거리다, 졸랑대다=졸랑거리다, 졸졸대다=졸졸거
리다, 종달대다=종달거리다, 종알대다=종알거리다, 종잘대다=종잘거리다, 종종대다
=종종거리다1, 종종대다=종종거리다2, 좌락대다=좌락거리다, 좌르르대다=좌르르거
리다, 좌르륵대다=좌르륵거리다, 촬촬대다=촬촬거리다, 죄죄대다=죄죄거리다, 주루
룩대다=주루룩거리다, 주룩대다=주룩거리다, 주르륵대다=주르륵거리다, 주물럭대다
=주물럭거리다, 주빗대다=주빗거리다, 주뺏대다=주뺏거리다, 주뼛대다=주뼛거리다,
주억대다=주억거리다, 주저대다=주저거리다, 주적대다=주적거리다, 주전대다=주전
거리다, 주절대다=주절거리다, 주척대다=주척거리다, 주춤대다=주춤거리다, 주츰대
다=주츰거리다, 죽신대다=죽신거리다, 준득대다=준득거리다, 줄금대다=줄금거리다,
줄끔대다=줄끔거리다, 줄러덩대다=줄러덩거리다, 줄렁대다=줄렁거리다, 줄줄대다=
줄줄거리다, 중덜대다=중덜거리다, 중얼대다=중얼거리다, 중절대다=중절거리다, 중
중대다=중중거리다, 쥐죽대다=쥐죽거리다, 즈렁대다=즈렁거리다, 즈르렁대다=즈르
렁거리다, 즈르릉대다=즈르릉거리다, 지걸대다=지걸거리다, 지그럭대다=지그럭거리
다1, 지그럭대다=지그럭거리다2, 지근대다=지근거리다1, 지근대다=지근거리다, 지

근덕대다=지근덕거리다, 지글대다=지글거리다, 지금대다=지금거리다, 지껄대다=지껄거리다, 지끈대다=지끈거리다1, 지끈대다=지끈거리다2, 지끔대다=지끔거리다, 지드럭대다=지드럭거리다, 지딱대다=지딱거리다, 지르릉대다=지르릉거리다, 지벅대다=지벅거리다, 지범대다=지범거리다, 지부럭대다=지부럭거리다, 지부렁대다=지부렁거리다, 지분대다=지분거리다1, 지분대다=지분거리다2, 지분대다=지분거리다3, 지분덕대다=지분덕거리다, 지빽대다=지빽거리다, 지싯대다=지싯거리다, 지저대다=지저거리다, 지절대다=지절거리다1, 지절대다=지절거리다, 지정대다=지정거리다, 지종대다=지종거리다, 지지대다=지지거리다, 지지직대다=지지직거리다, 지짐대다=지짐거리다, 지척대다=지척거리다1, 지척대다=지척거리다2, 지칫대다=지칫거리다, 직신대다=직신거리다, 직직대다=직직거리다, 진득대다=진득거리다, 질겅대다=질겅거리다, 질근대다=질근거리다, 질금대다=질금거리다, 질뚜룩대다=질뚜룩거리다, 질뚝대다=질뚝거리다, 질룩대다=질룩거리다, 질름대다=질름거리다1, 질름대다=질름거리다2, 질바닥대다=질바닥거리다, 질박대다=질박거리다, 질버덕대다=질버덕거리다, 질벅대다=질벅거리다, 질질대다=질질거리다1, 질질대다=질질거리다2, 질짜닥대다=질짜닥거리다, 질짝대다=질짝거리다, 질쩌덕대다=질쩌덕거리다, 질쩍대다=질쩍거리다, 질착대다=질착거리다, 질척대다=질척거리다, 질카닥대다=질카닥거리다, 질칵대다=질칵거리다, 질커덕대다=질커덕거리다, 질컥대다=질컥거리다, 질탕대다=질탕거리다, 질파닥대다=질파닥거리다, 질팍대다=질팍거리다, 질퍼덕대다=질퍼덕거리다, 질퍽대다=질퍽거리다, 집적대다=집적거리다, 짓뚝대다=짓뚝거리다, 징얼대다=징얼거리다, 징징대다=징징거리다, 짜그락대다=짜그락거리다1, 짜그락대다=짜그락거리다2, 짜근대다=짜근거리다, 짜근덕대다=짜근덕거리다, 짜글대다=짜글거리다, 짜금대다=짜금거리다, 짜긋대다=짜긋거리다, 짜끈대다=짜끈거리다, 짜드락대다=짜드락거리다, 짜들름대다=짜들름거리다, 짜뜰름대다=짜뜰름거리다, 짜라랑대다=짜라랑거리다, 짜락대다=짜락거리다, 짜랑대다=짜랑거리다, 짜르랑대다=짜르랑거리다, 짜르르대다=짜르르거리다, 짜르륵대다=짜르륵거리다, 짜르릉대다=짜르릉거리다, 짜박대다=짜박거리다, 짝짝대다=짝짝거리다1, 짝짝대다=짝짝거리다2, 짝짝대다=짝짝거리다3, 짠득대다=짠득거리다, 짤가닥대다=짤가닥거리다, 짤가당대다=짤가당거리다, 짤각대다=짤각거리다, 짤강대다=짤강거리다, 짤그락대다=짤그락거리다, 짤그랑대다=짤그랑거리다, 짤금대다=짤금거리다, 짤까닥대다=짤까닥거리다, 짤까당대다=짤까당거리다, 짤깍대다=짤깍거리다, 짤깡대다=짤깡거리다, 짤꼼대다=짤꼼거리다, 짤끔대다=짤끔거리다, 짤똑대다=짤똑거리다, 짤뚜룩대다=짤뚜룩거리다, 짤뚝대다=짤뚝거리다, 짤라당대다=짤라당거리다, 짤락대다=짤락거리다, 짤랑대다=짤랑거리다, 짤록대다=짤록거리다, 짤름대다=짤름거리다1, 짤름대다=짤름거리다2, 짤름대다=짤름거리다3, 짤방대다=짤방거리다, 짤싸닥대다=짤싸닥거리다, 짤쏙대다=짤쏙거리다, 짤짤대다=짤짤거리다1, 짤짤대다=짤짤거리다2, 짤카닥대다=짤카닥거리다, 짤카당대

다=짤카당거리다, 짤칵대다=짤칵거리다, 짤캉대다=짤캉거리다, 짬바당대다=짬바당
거리다, 짬방대다=짬방거리다, 짭짭대다=짭짭거리다, 짯뚝대다=짯뚝거리다, 짱알대
다=짱알거리다, 짱짱대다=짱짱거리다, 째각대다=째각거리다, 째그덕대다=째그덕거
리다, 째그덩대다=째그덩거리다, 째긋대다=째긋거리다, 째까닥대다=째까닥거리다,
째각대다=째각거리다, 째끈대다=째끈거리다, 째릉대다=째릉거리다, 째릿대다=째릿
거리다, 짹짹대다=짹짹거리다, 쨋득대다=쨋득거리다, 쨀뚝대다=쨀뚝거리다, 쨀룩
다=쨀룩거리다, 쨀쨀대다=쨀쨀거리다1, 쨀쨀대다=쨀쨀거리다2, 쨍강대다=쨍강거리
다, 쨍그랑대다=쨍그랑거리다, 쨍글대다=쨍글거리다, 쨍긋대다=쨍긋거리다, 쨍끗대
다=쨍끗거리다, 쨍알대다=쨍알거리다, 쨍쨍대다=쨍쨍거리다, 쩌금대다=쩌금거리다,
쩌러렁대다=쩌러렁거리다, 쩌렁대다=쩌렁거리다, 쩌르렁대다=쩌르렁거리다, 쩌르르
대다=쩌르르거리다, 쩌벅대다=쩌벅거리다, 쩍쩍대다=쩍쩍거리다, 쩔가닥대다=쩔가
닥거리다, 쩔거덕대다=쩔거덕거리다, 쩔거덩대다=쩔거덩거리다, 쩔걱대다=쩔걱거리
다, 쩔겅대다=쩔겅거리다, 쩔그럭대다=쩔그럭거리다, 쩔그렁대다=쩔그렁거리다, 쩔
까닥대다=쩔까닥거리다, 쩔깍대다=쩔깍거리다, 쩔꺼덕대다=쩔꺼덕거리다, 쩔꺼덩대
다=쩔꺼덩거리다, 쩔꺽대다=쩔꺽거리다, 쩔껑대다=쩔껑거리다, 쩔뚜룩대다=쩔뚜룩
거리다, 쩔뚝대다=쩔뚝거리다, 쩔러덩대다=쩔러덩거리다, 쩔럭대다=쩔럭거리다, 쩔
렁대다=쩔렁거리다, 쩔룩대다=쩔룩거리다, 쩔름대다=쩔름거리다, 쩔쑥대다=쩔쑥거
리다, 쩔쩔대다=쩔쩔거리다1, 쩔쩔대다=쩔쩔거리다2, 쩔카닥대다=쩔카닥거리다, 쩔
칵대다=쩔칵거리다, 쩔커덕대다=쩔커덕거리다, 쩔커덩대다=쩔커덩거리다, 쩔컥대다
=쩔컥거리다, 쩔컹대다=쩔컹거리다, 쩜버덩대다=쩜버덩거리다, 쩜벙대다=쩜벙거리
다, 쩝쩝대다=쩝쩝거리다, 쩟뚝대다=쩟뚝거리다, 쩡쩡대다=쩡쩡거리다, 쩨걱대다=
쩨걱거리다, 쩨꺼덕대다=쩨꺼덕거리다, 쩨꺽대다=쩨꺽거리다, 쩽가당대다=쩽가당거
리다, 쩽강대다=쩽강거리다, 쩽겅대다=쩽겅거리다, 쩽그렁대다=쩽그렁거리다, 쪼로
록대다=쪼로록거리다, 쪼록대다=쪼록거리다, 쪼르륵대다=쪼르륵거리다, 쪼물대다=
쪼물거리다, 쪼뺏대다=쪼뺏거리다, 쪼작대다=쪼작거리다, 쪼잘대다=쪼잘거리다, 쪽
잘대다=쪽잘거리다, 쪽쪽대다=쪽쪽거리다, 쫀득대다=쫀득거리다, 쫄금대다=쫄금거
리다, 쫄끔대다=쫄끔거리다, 쫄라당대다=쫄라당거리다, 쫄랑대다=쫄랑거리다, 쫄막
대다=쫄막거리다, 쫄밋대다=쫄밋거리다, 쫄쫄대다=쫄쫄거리다, 쫑긋대다=쫑긋거리
다, 쫑깃대다=쫑깃거리다, 쫑달대다=쫑달거리다, 쫑알대다=쫑알거리다, 쫑잘대다=
쫑잘거리다, 쫑쫑대다=쫑쫑거리다1, 쫑쫑대다=쫑쫑거리다2, 쫘락대다=쫘락거리다,
쫘르르대다=쫘르르거리다, 쫘르륵대다=쫘르륵거리다, 쫠쫠대다=쫠쫠거리다, 쭈루룩
대다=쭈루룩거리다, 쭈룩대다=쭈룩거리다, 쭈르륵대다=쭈르륵거리다, 쭈물대다=쭈
물거리다, 쭈밋대다=쭈밋거리다, 쭈빗대다=쭈빗거리다, 쭈뼛대다=쭈뼛거리다, 쭈뼛
대다=쭈뼛거리다, 쭈절대다=쭈절거리다, 쭉쭉대다=쭉쭉거리다, 쭌득대다=쭌득거리
다, 쭐금대다=쭐금거리다, 쭐꺽대다=쭐꺽거리다, 쭐러덩대다=쭐러덩거리다, 쭐렁대

다=쭐렁거리다, 쭈룩대다=쭈룩거리다, 쭐먹대다=쭐먹거리다, 쭐벙대다=쫄벙거리다, 쭐쭐대다=쭐쭐거리다, 쭝긋대다=쭝긋거리다, 쭝덜대다=쭝덜거리다, 쭝얼대다=쭝얼거리다, 쭝절대다=쭝절거리다, 쭝쭝대다=쭝쭝거리다, 찌걱대다=찌걱거리다, 찌국대다=찌국거리다, 찌궁대다=찌궁거리다, 찌그덕대다=찌그덕거리다, 찌그덩대다=찌그덩거리다, 찌그럭대다=찌그럭거리다1, 찌그럭대다=찌그럭거리다2, 찌근대다=찌근거리다, 찌근덕대다=찌근덕거리다, 찌글대다=찌글거리다, 찌긋대다=찌긋거리다, 찌걱대다=찌걱거리다, 찌꾹대다=찌꾹거리다, 찌꿍대다=찌꿍거리다, 찌끈대다=찌끈거리다, 찌드럭대다=찌드럭거리다, 찌들름대다=찌들름거리다, 찌뜰름대다=찌뜰름거리다, 찌렁대다=찌렁거리다, 찌르륵대다=찌르륵거리다1, 찌르륵대다=찌르륵거리다2, 찌르릉대다다=찌르릉거리다, 찌륵대다=찌륵거리다, 찌릇대다=찌릇거리다, 찌부럭대다=찌부럭거리다, 찌뻑대다=찌뻑거리다, 찌죽대다=찌죽거리다, 찌 직대다=찌지직거리다, 찌직대다=찌직거리다, 찍쩍대다=찍쩍거리다1, 찍쩍대다=찍쩍거리다2, 찐득대다=찐득거리다, 찔금대다=찔금거리다, 찔걱대다=찔걱거리다, 찔끔대다=찔끔거리다, 찔뚜룩대다=찔뚜룩거리다, 찔뚝대다=찔뚝거리다, 찔룩대다=찔룩거리다, 찔름대다=찔름거리다1, 찔름대다=찔름거리다2, 찔찔대다=찔찔거리다1, 찔찔대다=찔찔거리다2, 찝쩍대다동=찝쩍거리다, 찟뚝대다=찟뚝거리다, 찡긋대다=찡긋거리다, 찡끗대다=찡끗거리다, 찡얼대다=찡얼거리다, 찡찡대다=찡찡거리다, 차근대다=차근거리다, 차근덕대다=차근덕거리다, 차닥대다=차닥거리다, 차락대다=차락거리다, 차랑대다=차랑거리다1, 차랑대다=차랑거리다2, 차르랑대다=차르랑거리다, 차박대다=차박거리다, 차분대다=차분거리다, 차잘싹대다=차잘싹거리다, 찰가닥대다=찰가닥거리다, 찰가당대다=찰가당거리다, 찰각대다=찰각거리다, 찰강대다=찰강거리다, 찰그랑대다=찰그랑거리다, 찰까닥대다=찰까닥거리다, 찰까당대다=찰까당거리다, 찰깍대다=찰깍거리다, 찰깡대다=찰깡거리다, 찰딱대다=찰딱거리다, 찰락대다=찰락거리다, 찰람대다=찰람거리다, 찰랑대다=찰랑거리다1, 찰랑대다=찰랑거리다2, 찰바닥대다=찰바닥거리다, 찰바당대다=찰바당거리다, 찰박대다=찰박거리다, 찰방대다=찰방거리다, 찰싸닥대다=찰싸닥거리다, 찰싹대다=찰싹거리다, 찰카닥대다=찰카닥거리다, 찰카당대다=찰카당거리다, 찰칵대다=찰칵거리다, 찰캉대다=찰캉거리다, 찰파닥대다=찰파닥거리다, 찰팍대다=찰팍거리다, 참바당대다=참바당거리다, 참방대다=참방거리다, 창알대다=창알거리다, 책각대다=책각거리다, 챙가당대다=챙가당거리다, 챙강대다=챙강거리다, 챙그랑대다=챙그랑거리다, 챙그렁대다=챙그렁거리다, 처덕대다=처덕거리다, 처뚝대다=처뚝거리다, 처렁대다=처렁거리다1, 처렁대다=처렁거리다2, 처르렁대다=처르렁거리다, 처벅대다=처벅거리다, 처분대다=처분거리다, 처절썩대다=처절썩거리다, 척뚝대다=척뚝거리다, 천덩대다=천덩거리다, 철가닥대다=철가닥거리다, 철각대다=철각거리다, 철거덕대다=철거덕거리다, 철거덩대다=철거덩거리다, 철걱대다=철걱거리다, 철겅대다=철겅거리다, 철그렁대다=철그렁거리다, 철까닥대다=철까닥거리다, 철깍대다=철깍거리다, 철꺼덕대다=철꺼덕거리다, 철꺼덩대다=철꺼덩거리다, 철걱대다=철걱거리다, 철껑대다=철껑거리다, 철떡대다=철떡거리다, 철럭대다=철럭거리다, 철럼대다=철럼거리다, 철렁대다=철렁거리다1, 철렁대다=철렁거리다2, 철버덕대다=철버덕거리다, 철버덩대다=철버덩거리다, 철벅대다=철벅거리다, 철벙대다=철벙거리다, 철싸닥대다=철싸닥거리다, 철싹대다=철싹거리다, 철써덕대다=철써덕거리다, 철썩대다=철썩거리다, 철카닥대다=철카닥거리다, 철칵대다=철칵거리다, 철커덕대다=철커덕거리다, 철커덩대다=철커덩거리다, 철컥대다=철컥거리다, 철컹대다=철컹거리다, 철퍼덕대다=철퍼덕거리다, 철픽대다=철픽거리다, 첨버덩대다=첨벙거리다, 첨벙대다=첨벙거리다, 쳉거덩대다=쳉거덩거리다, 쳉겅대다=쳉겅거리다, 쳉그렁대다=쳉그렁거리다, 초싹대다=초싹거리다1, 초싹대다=초싹거리다2, 촐랑대다=촐랑거리다, 촐싹대다=촐싹거리다, 촐촐대다=촐촐거리다, 총총대다=총총거리다, 활활대다=활활거리다, 추근대다=추근거리다, 추석대다=추석거리다, 추썩대다=추썩거리다, 추적대다=추적거리다, 출렁대다=출렁거리다, 출썩대다=출썩거리다, 출출대다=출출거리다, 충동대다=충동거리다, 충충대다=충충거리다, 츠렁대다=츠렁거리다, 치근대다=치근거리다, 치근덕대다=치근덕거리다, 치덕대다=치덕거리다, 치렁대다=치렁거리다, 치직대다=치직거리다, 칙칙대다=칙칙거리다, 칠떡대다=칠떡거리다, 칠럼대다=칠럼거리다, 칠렁대다=칠렁거리다, 칭얼대다=칭얼거리다, 칭칭대다=칭칭거리다, 칵칵대다=칵칵거리다, 칼락대다=칼락거리다, 칼랑대다=칼랑거리다, 캉캉대다=캉캉거리다, 캐드득대다=캐드득거리다, 캐득대다=캐득거리다, 캐들대다=캐들거리다, 캐등대다=캐등거리다, 캑캑대다=캑캑거리다, 캘캘대다=캘캘거리다, 캥캥대다=캥캥거리다, 캭득대다=캭득거리다, 캭캭대다=캭캭거리다, 캉캉대다=캉캉거리다, 컥컥대다=컥컥거리다1, 컥컥대다=컥컥거리다2, 컬럭대다=컬럭거리다, 컬렁대다=컬렁거리다, 컹컹대다=컹컹거리다, 코당대다=코당거리다, 코랑대다=코랑거리다, 코릉대다=코릉거리다, 콕콕대다=콕콕거리다, 콜락대다=콜락거리다, 콜랑대다=콜랑거리다, 콜록대다=콜록거리다, 콜롱대다=콜롱거리다, 콜짝대다=콜짝거리다, 콜찌락대다=콜찌락거리다, 콜콜대다=콜콜거리다1, 콜콜대다=콜콜거리다2, 콜콜랑대다=콜콜랑거리다, 콩다콩대다=콩다콩거리다, 콩닥대다=콩닥거리다, 콩다닥대다=콩닥닥거리다, 콩당대다=콩당거리다, 콩작대다=콩작거리다, 콩작작대다=콩작작거리다, 콩작콩대다=콩작콩거리다, 콩콩대다=콩콩거리다1, 콩콩대다=콩콩거리다2, 콰당탕대다=콰당탕거리다, 콰르릉대다=콰르릉거리다, 콱콱대다=콱콱거리다, 콸콸대다=콸콸거리다, 쾅당대다=쾅당거리다, 쾅쾅대다=쾅쾅거리다, 쿠렁대다=쿠렁거리다, 쿠르릉대다=쿠르릉거리다, 쿠룽대다=쿠룽거리다, 쿠릉대다=쿠릉거리다, 쿠르릉대다=쿠르릉거리다, 쿡쿡대다=쿡쿡거리다, 쿨럭대다=쿨럭거리다, 쿨렁대다=쿨렁거리다, 쿨룩대다=쿨룩거리다, 쿨룽대다=쿨룽거리다, 쿨쩍대다=쿨쩍거리다, 쿨찌럭대다=쿨찌럭거리다, 쿨쿨대다=쿨쿨거리다1, 쿨쿨대다=쿨쿨거리다2, 쿵그렁대다=쿵그렁거리다, 쿵닥대다=쿵닥거리다, 쿵닥딱대다=쿵닥딱거리다, 쿵당대다=쿵당거리다, 쿵더쿵대다=쿵더쿵거리다, 쿵덕대다=쿵덕거리다, 쿵덕덕대다=쿵덕덕거리다, 쿵덕떡대다=쿵덕떡거리다, 쿵덩대다=쿵덩거리다, 쿵작대다=쿵작거리다, 쿵적대다=쿵적거리다, 쿵적적대다=쿵적적거리다, 쿵적쿵대다=쿵적쿵거리다, 쿵창대다=쿵창거리다, 쿵쾅대다=쿵쾅거리다, 쿵쿵대다=쿵쿵거리다, 쿵탕대다=쿵탕거리다, 퀄퀄대다=퀄퀄거리다, 큉큉대다=큉큉거리다, 클락대다=클락거리다, 큼큼대다=큼큼거리다, 킁킁대다=킁킁거리다, 키드득대다=키드득거리다, 키득대다=키득거리다, 키들대다=키들거리다, 키등대다=키등거리다, 킥킥대다=킥킥거리다1, 킥킥대다=킥킥거리다2, 킬킬대다=킬킬거리다, 킹킹대다=킹킹거리다, 타다닥대다=타다닥거리다, 타닥대다=타닥거리다, 타달대다=타달거리다, 타드락대다=타드락거리다1, 타드락대다=타드락거리다2, 타드랑대다=타드랑거리다, 타랑대다=타랑거리다, 타박대다=타박거리다, 타발대다=타발거리다, 타불대다=타불거리다, 타시락대다=타시락거리다, 타울대다=타울거리다, 타팔대다=타팔거리다, 탁탁대다=탁탁거리다, 탈가닥대다=탈가닥거리다, 탈가당대다=탈가당거리다, 탈각대다=탈각거리다, 탈강대다=탈강거리다, 탈락대다=탈락거리다, 탈랑대다=탈랑거리다1, 탈랑대다=탈랑거리다2, 탈바닥대다=탈바닥거리다, 탈바당대다=탈바당거리다, 탈박대다=탈박거리다, 탈방대다=탈방거리다, 탈싸닥대다=탈싸닥거리다, 탈싹대다=탈싹거리다, 탈카닥대다=탈카닥거리다, 탈카당대다=탈카당거리다, 탈칵대다=탈칵거리다, 탈캉대다=탈캉거리다, 탈탈대다=탈탈거리다, 탈파닥대다=탈파닥거리다, 탐바당대다=탐바당거리다, 탐방대다=탐방거리다, 탑삭대다=탑삭거리다, 탕탕대다=탕탕거리다, 태각대다=태각거리다, 터덕대다=터덕거리다, 터덜대다=터덜거리다, 터드럭대다=터드럭거리다1, 터드럭대다=터드럭거리다2, 터드렁대다=터드렁거리다, 터들대다=터들거리다, 터렁대다=터렁거리다, 터벅대다=터벅거리다, 터벌대다=터벌거리다, 터벙대다=터벙거리다, 터울대다=터울거리다, 터펄대다=터펄거리다, 턱턱대다=턱턱거리다, 털거덕대다=털거덕거리다, 털거덩대다=털거덩거리다, 털걱대다=털걱거리다, 털겅대다=털겅거리다, 털럭대다=털럭거리다, 털렁대다=털렁거리다, 털버덕대다=털버덕거리다, 털버덩대다=털버덩거리다, 털벅대다=털벅거리다, 털벙대다=털벙거리다, 털써덕대다=털써덕거리다, 털썩대다=털썩거리다, 털커덕대다=털커덕거리다, 털커덩대다=털커덩거리다, 털컥대다=털컥거리다1, 털컥대다=털컥거리다2, 털컹대다=털컹거리다, 털털대다=털털거리다, 털퍼덕대다=털퍼덕거리다, 텀버덩대다=텀버덩거리다, 텀벙대다=텀벙거리다, 텁석대다=텁석거리다, 텅텅대다=텅텅거리다, 토닥대다=토닥거리다, 토달대다=토달거리다, 토도독대다=토도독거리다, 토드락대다=토드락거리다, 톡탁대다=톡탁거리다, 톡톡대다=톡톡거리다, 톨라당대다=톨라당거리다, 톨랑대다=톨랑거리다, 톨롱대다=톨롱거리다, 톨톨대다=톨톨거리다, 톰방대다=톰방거리다, 통탕대다=통탕거리다, 통통대다=통통거리다, 투닥대다=투닥거리다, 투덕대다=투덕거리다, 투덜대다=투덜거리다, 투덜렁대다=투덜렁거리다, 투두둑대다=투두둑거리다,

투드럭대다=투드럭거리다, 툭탁대다=툭탁거리다, 툭턱대다=툭턱거리다, 툭툭대다=
툭툭거리다, 툴러덩대다=툴러덩거리다, 툴렁대다=툴렁거리다, 툴룽대다=툴룽거리다,
툴툴대다=툴툴거리다, 툼벙대다=툼벙거리다, 퉁탕대다=퉁탕거리다, 퉁텅대다=퉁텅
거리다, 퉁퉁대다=퉁퉁거리다, 튀각대다=튀각거리다, 티적대다=티적거리다, 파닥대
다=파닥거리다, 파드닥대다=파드닥거리다, 파드득대다=파드득거리다1, 파드득대다
=파드득거리다2, 파득대다=파득거리다1, 파득대다=파득거리다2, 파들대다=파들거
리다, 파들짝대다=파들짝거리다, 파딱대다=파딱거리다, 파뜩대다=파뜩거리다, 파사
삭대다=파사삭거리다, 파삭대다=파삭거리다, 곽곽대다=곽곽거리다, 판둥대다=판둥
거리다, 판득대다=판득거리다, 판들대다=판들거리다1, 판들대다=판들거리다2, 판뜩
대다=판뜩거리다, 팔딱대다=팔딱거리다, 팔라닥대다=팔라닥거리다, 팔라당대다=팔
라당거리다, 팔락대다=팔락거리다, 팔랑대다=팔랑거리다1, 팔랑대다=팔랑거리다2,
팔싹대다=팔싹거리다, 팔짝대다=팔짝거리다, 팡당대다=팡당거리다, 팡팡대다=팡팡
거리다1, 팡팡대다=팡팡거리다2, 팡팡대다=팡팡거리다3, 팡팡대다=팡팡거리다4, 팩
팩대다=팩팩거리다, 팬둥대다=팬둥거리다, 팬들대다=팬들거리다, 팽글대다=팽글거
리다, 팽팽대다=팽팽거리다, 퍅퍅대다=퍅퍅거리다, 퍼덕대다=퍼덕거리다, 퍼드덕
대다=퍼드덕거리다, 퍼들대다=퍼들거리다, 퍼들쩍대다=퍼들쩍거리다, 퍼떡대다=퍼떡
거리다, 퍼뜩대다=퍼뜩거리다, 퍼서석대다=퍼서석거리다, 퍼석대다=퍼석거리다, 퍽
퍽대다=퍽퍽거리다, 펀둥대다=펀둥거리다, 펀득대다=펀득거리다, 펀들대다=펀들거
리다1, 펀들대다=펀들거리다2, 펀뜩대다=펀뜩거리다, 펄떡대다=펄떡거리다, 펄러덕
대다=펄러덕거리다, 펄러덩대다=펄러덩거리다, 펄럭대다=펄럭거리다, 펄렁대다=펄
렁거리다1, 펄렁대다=펄렁거리다2, 펄썩대다=펄썩거리다, 펄쩍대다=펄쩍거리다, 펑
덩대다=펑덩거리다, 펑펑대다=펑펑거리다1, 펑펑대다=펑펑거리다2, 펑펑대다펑=펑
펑거리다3, 포닥대다=포닥거리다, 포도독대다=포도독거리다, 포도동대다=포도동거
리다, 포드닥대다=포드닥거리다, 포드드대다=포드드거리다, 포드득대다=포드득거리
다1, 포드득대다=포드득거리다2, 포득대다=포득거리다1, 포득대다=포득거리다2, 포
들대다=포들거리다, 포들짝대다=포들짝거리다, 포딱대다=포딱거리다, 포롱대다=포
롱거리다, 포르르대다=포르르거리다, 포르륵대다=포르륵거리다, 포르릉대다=포르릉
거리다, 포륵대다=포륵거리다, 포릉대다=포릉거리다, 포삭대다=포삭거리다, 포슬대
다=포슬거리다, 포실대다=포실거리다, 폭삭대다=폭삭거리다, 폴딱대다=폴딱거리다,
폴락대다=폴락거리다, 폴랑대다=폴랑거리다, 폴싹대다=폴싹거리다, 폴짝대다=폴짝
거리다, 폴폴대다=폴폴거리다, 퐁당대다=퐁당거리다, 퐁퐁대다=퐁퐁거리다1, 퐁퐁
대다=퐁퐁거리다2, 퐁퐁대다=퐁퐁거리다3, 퐁퐁대다=퐁퐁거리다, 푸다닥대다=푸다
닥거리다, 푸닥대다=푸닥거리다1, 푸닥대다=푸닥거리다2, 푸더덕대다=푸더덕거리
다, 푸덕대다=푸덕거리다, 푸두둑대다=푸두둑거리다, 푸두둥대다=푸두둥거리다, 푸
드덕대다=푸드덕거리다, 푸드드대다=푸드드거리다, 푸드득대다=푸드득거리다1, 푸

드득대다=푸드득거리다2, 푸득대다=푸득거리다1, 푸득대다=푸득거리다2, 푸들대다
=푸들거리다, 푸들쩍대다=푸들쩍거리다, 푸떡대다=푸떡거리다, 푸르르대다=푸르르
거리다, 푸르륵대다=푸르륵거리다, 푸르릉대다=푸르릉거리다1, 푸르릉대다=푸르릉
거리다2, 푸륵대다=푸륵거리다, 푸석대다=푸석거리다, 푸설대다=푸설거리다, 푸슬
대다=푸슬거리다, 푸실대다=푸실거리다, 푸푸대다=푸푸거리다, 푹석대다=푹석거리
다, 풀떡대다=풀떡거리다, 풀럭대다=풀럭거리다, 풀렁대다=풀렁거리다, 풀썩대다=
풀썩거리다, 풀쩍대다=풀쩍거리다, 풀풀대다=풀풀거리다, 풍덩대다=풍덩거리다, 풍
빵대다=풍빵거리다, 풍작대다=풍작거리다, 풍풍대다=풍풍거리다1, 풍풍대다=풍풍
거리다2, 풍풍대다=풍풍거리다3, 풍풍대다=풍풍거리다, 피뜩대다=피뜩거리다, 피식
대다=피식거리다, 피적대다=피적거리다, 픽픽대다=픽픽거리다, 핀둥대다=핀둥거리
다, 핀들대다=핀들거리다, 핑글대다=핑글거리다, 핑핑대다=핑핑거리다, 하느작대다
=하느작거리다, 하늑대다=하늑거리다, 하늘대다=하늘거리다, 하늘짝대다=하늘짝거
리다, 하동대다=하동거리다, 하드닥대다=하드닥거리다, 하드득거리다=하드닥거리다,
하드득대다=하드닥거리다, 하들대다=하들거리다, 하롱대다=하롱거리다, 하르륵대다
=하르륵거리다, 하물대다=하물거리다, 하비작대다=하비작거리다, 하빗대다=하빗거
리다, 하소대다=하소거리다, 하작대다=하작거리다, 하하대다=하하거리다, 학학대다
=학학거리다, 한닥대다=한닥거리다, 한댕대다=한댕거리다, 한드랑대다=한드랑거리
다, 한드작대다=한드작거리다, 한들대다=한들거리다, 할근대다=할근거리다, 할금대
다=할금거리다, 할긋대다=할긋거리다, 할기족대다=할기족거리다, 할깃대다=할깃거
리다, 할끔대다=할끔거리다, 할끗대다=할끗거리다, 할낏대다=할낏거리다, 할딱대다
=할딱거리다, 할락대다=할락거리다, 할랑대다=할랑거리다, 할래발딱대다=할래발딱
거리다, 할싹대다=할싹거리다, 할씨근대다=할씨근거리다, 할짝대다=할짝거리다, 할
쭉대다=할쭉거리다, 할할대다=할할거리다, 함칠대다=함칠거리다, 함칫대다=함칫거
리다, 합죽대다=합죽거리다, 항청대다=항청거리다, 해끗대다=해끗거리다, 해드득대
다=해드득거리다, 해득대다=해득거리다, 해들대다=해들거리다, 해뜩대다=해뜩거리
다1, 해뜩대다=해뜩거리다2, 해롱대다=해롱거리다, 해물대다=해물거리다, 해물딱대
다=해물딱거리다, 해반닥대다=해반닥거리다, 해반들대다=해반들거리다, 해발쪽대다
=해발쪽거리다, 해발쭉대다=해발쭉거리다, 해작대다=해작거리다1, 해작대다=해작
거리다2, 해족대다=해족거리다, 해죽대다=해죽거리다1, 해죽대다=해죽거리다2, 해
쪽대다=해쪽거리다, 해쭉대다=해쭉거리다, 해치작대다=해치작거리다, 해해대다=해
해거리다, 해해닥대다=해해닥거리다, 핼금대다=핼금거리다, 핼긋대다=핼긋거리다,
핼끔대다=핼끔거리다, 핼끗대다=핼끗거리다, 허덕대다=허덕거리다, 허둥대다=허둥
거리다, 허든대다=허든거리다, 허롱대다=허롱거리다, 허비적대다=허비적거리다, 허
빗대다=허빗거리다, 허영대다=허영거리다, 허우적대다=허우적거리다, 허적대다=허
적거리다, 허전대다=허전거리다, 허정대다=허정거리다, 허쩐대다=허쩐거리다, 허쩐

대다=허찐거리다, 허청대다=허청거리다, 허치럭대다=허치럭거리다, 허퉁대다=허퉁
거리다, 허허대다=허허거리다, 헉헉대다=헉헉거리다, 헐근대다=헐근거리다, 헐금씨
금대다=헐금씨금거리다, 헐떡대다=헐떡거리다, 헐럭대다=헐럭거리다, 헐렁대다=헐
렁거리다, 헐레벌떡대다=헐레벌떡거리다, 헐썩대다=헐썩거리다, 헐씨근대다=헐씨근
거리다, 헐헐대다=헐헐거리다, 헝글대다=헝글거리다, 헤근대다=헤근거리다, 헤든대
다=헤든거리다, 헤번덕대다=헤번덕거리다, 헤번쩍대다=헤번쩍거리다, 헤벌쭉대다=
헤벌쭉거리다, 헤적대다=헤적거리다1, 헤적대다=헤적거리다2, 헤죽대다=헤죽거리다
1, 헤죽대다=헤죽거리다2, 헤쭉대다=헤쭉거리다, 헤치작대다=헤치적거리다, 헤치적
대다=헤치적거리다, 헤헤대다=헤헤거리다, 호끈대다=호끈거리다, 호도독대다=호도
독거리다, 호독대다=호독거리다, 호드득대다=호드득거리다, 호득대다=호득거리다,
호들대다=호들거리다, 호들랑대다=호들랑거리다, 호똘대다=호똘거리다, 호뜰대다=
호뜰거리다, 호로록대다=호로록거리다, 호록대다=호록거리다, 호르르대다=호르르거
리다, 호르륵대다=호르륵거리다, 호륵대다=호륵거리다, 호물대다=호물거리다, 호비
작대다=호비작거리다, 호빗대다=호빗거리다, 호호대다=호호거리다1, 호호대다=호
호거리다2, 혼돌대다=혼돌거리다, 혼들대다=혼들거리다, 홀곤대다=홀곤거리다, 홀
까닥대다=홀까닥거리다, 홀깍대다=홀깍거리다, 홀딱대다=홀딱거리다1, 홀딱대다=
홀딱거리다2, 홀라닥대다=홀라닥거리다, 홀라당대다=홀라당거리다, 홀락대다=홀락
거리다, 홀랑대다=홀랑거리다, 홀짝대다=홀짝거리다, 홈착대다=홈착거리다, 홈치작
대다=홈치작거리다, 홈칠대다=홈칠거리다, 홈칫대다=홈칫거리다, 홍알대다=홍알거
리다, 화끈대다=화끈거리다, 화다닥대다=화다닥거리다, 화닥닥대다=화닥닥거리다,
화드득대다=화드득거리다, 화들대다=화들거리다, 화들랑대다=화들랑거리다, 화들짝
대다=화 짝거리다, 화뜰대다=화뜰거리다, 화르륵대다=화르륵거리다, 활까닥대다=
활까닥거리다, 활끈대다=활끈거리다, 활딱대다=활딱거리다, 활랑대다=활랑거리다,
회들대다=회들거리다, 회똑대다=회똑거리다, 회똘대다=회똘거리다, 회창대다=회창
거리다, 회촌대다=회촌거리다, 회친대다=회친거리다, 획획대다=획획거리다, 후끈대
다=후끈거리다, 후다닥대다=후다닥거리다, 후닥닥대다=후닥닥거리다, 후두둑대다=
후두둑거리다, 후둑대다=후둑거리다, 후드득대다=후드득거리다, 후들대다=후들거리
다, 후들렁대다=후들렁거리다, 후들쩍대다=후들쩍거리다, 후뜰대다=후뜰거리다, 후
루룩대다=후루룩거리다, 후룩대다=후룩거리다, 후르르대다=후르르거리다, 후르륵대
다=후르륵거리다, 후륵대다=후륵거리다, 후물대다=후물거리다, 후비적대다=후비적
거리다, 후빗대다=후빗거리다, 후후대다=후후거리다, 훌군대다=훌군거리다, 훌근대
다=훌근거리다, 훌근번쩍대다=훌근번쩍거리다, 훌꺼덕대다=훌꺼덕거리다, 훌꺽대다
=훌꺽거리다, 훌끈대다=훌끈거리다, 훌떡대다=훌떡거리다1, 훌떡대다=훌떡거리다2,
훌러덕대다=훌러덕거리다, 훌러덩대다=훌러덩거리다, 훌럭대다=훌럭거리다, 훌렁대
다=훌렁거리다, 훌쩍대다=훌쩍거리다, 훔척대다=훔척거리다, 훔치적대다=훔치적거

리다, 휠떡대다=휠떡거리다, 휘들대다=휘들거리다, 휘뚝대다=휘뚝거리다, 휘뚤대다
=휘뚤거리다, 휘뜩대다=휘뜩거리다, 휘영대다=휘영거리다, 휘우뚱대다=휘우뚱거리
다, 휘우청대다=휘우청거리다, 휘적대다=휘적거리다, 휘전대다=휘전거리다, 휘정대
다=휘정거리다, 휘줄대다=휘줄거리다, 휘청대다=휘청거리다, 휘춘대다=휘춘거리다,
휘친대다=휘친거리다, 획획대다=획획거리다, 흐느적대다=흐느적거리다, 흐늑대다=
흐늑거리다1, 흐늑대다=흐늑거리다2, 흐늘대다=흐늘거리다, 흐늘쩍대다=흐늘쩍거리
다, 흐드덕대다=흐드덕거리다, 흐득대다=흐득거리다, 흐물대다=흐물거리다1, 흐물
대다=흐물거리다2, 흐물떡대다=흐물떡거리다, 흐아대다=흐아거리다, 흐악대다=흐
악거리다, 흐억대다=흐억거리다, 흐흐대다=흐흐거리다, 흑흑대다=흑흑거리다, 흔덕
대다=흔덕거리다, 흔뎅대다=흔뎅거리다, 흔드렁대다=흔드렁거리다, 흔드적대다=흔
드적거리다, 흔들대다=흔들거리다, 흔들삐쭉대다=흔들삐쭉거리다, 흔전대다=흔전거
리다, 흘근대다=흘근거리다, 흘근번쩍대다=흘근번쩍거리다, 흘금대다=흘금거리다,
흘긋대다=흘긋거리다, 흘기죽대다=흘기죽거리다, 흘깃대다=흘깃거리다, 흘끔대다=
흘끔거리다, 흘끗대다=흘끗거리다, 흘낏대다=흘낏거리다, 흘쩍대다=흘쩍거리다, 흘
쭉대다=흘쭉거리다, 흠실대다=흠실거리다, 흠썰대다=흠썰거리다, 흠칠대다=흠칠거
리다, 흠칫대다=흠칫거리다, 흠흠대다=흠흠거리다, 흥글대다=흥글거리다, 흥덩대다
=흥덩거리다, 흥떡대다=흥떡거리다, 흥떵대다=흥떵거리다, 흥뚱대다=흥뚱거리다,
흥성대다=흥성거리다, 흥얼대다=흥얼거리다, 흥청대다=흥청거리다, 흥흥대다=흥흥
거리다, 희끈대다=희끈거리다, 희끗대다=희끗거리다1, 희끗대다=희끗거리다2, 희뜩
대다=희뜩거리다1, 희뜩대다=희뜩거리다2, 희룽대다=희룽거리다, 희번덕대다=희번
덕거리다, 희번들대다=희번들거리다, 희번쩍대다=희번쩍거리다, 희희대다=희희거리
다, 희희낙락대다=희희낙락거리다, 희희덕대다=희희덕거리다, 히드득대다=히드득거
리다, 히득대다=히득거리다, 히들대다=히들거리다, 히뜩대다=히뜩거리다, 히물대다
=히물거리다, 히물떡대다=히물떡거리다, 히벌쭉대다=히벌쭉거리다, 히죽대다=히죽
거리다1, 히죽대다=히죽거리다2, 히쭉대다=히쭉거리다, 히히대다=히히거리다, 히히
닥대다=히히닥거리다, 히히덕대다=히히덕거리다, 힐금대다=힐금거리다, 힐긋대다=
힐긋거리다, 힐끔대다=힐끔거리다, 힐끗대다=힐끗거리다, 힝뚱대다=힝뚱거리다, 힝
힝대다=힝힝거리다
가경일=가경절, 부활일=부활절, 사명절=사명일, 성탄일=성탄절
가무스레하다=가무스름하다, 꺼무스레하다=꺼무스름하다, 발그스레하다=발그스름
하다, 벌거스레하다=벌그스름하다, 벌그스레하다=벌그스름하다, 보유스레하다=보유
스름하다, 볼그스레하다=볼그스름하다, 부유스레하다=부유스름하다, 불그스레하다=
불그스름하다, 빨그스레하다=빨그스름하다, 뻘그스레하다=뻘그스름하다, 뽀유스레하
다=뽀유스름하다, 뽈그스레하다=뽈그스름하다, 뿌유스레하다=뿌유스름하다, 뿔그스
레하다=뿔그스름하다, 푸르스레하다=푸르스름하다, 하야스레하다=하야스름하다, 해

읍스레하다=해읍스름하다, 허여스레하다=허여스름하다, 희누르스레하다=희누르스
름하다, 희읍스레하다=희읍스름하다

거주소=거주지

검장=검공

겸양사=겸양어

경락자=경락인, 계승인=계승자, 고발자=고발인, 고용자1=고용인1, 고용자2=고용자
2, 관람인=관람자, 관리자=관리인, 광업인=광업자, 귀화자=귀화인, 기서인=기서자,
담보인=담보자, 당선인=당선자, 대리자=대리인, 대변자=대변인, 대표인=대표자, 동
거자=동거인, 동숙자=동숙인, 동호자=동호인, 명의자=명의인, 모반자1=모반인1,
모반자2=모반인2, 발기자=발기인, 발명인=발명자, 발송자=발송인, 발신자=발신인,
발행자=발행인, 방관인=방관자, 범죄자=범죄인, 병인=병자, 보관인=보관자, 보행인
=보행자, 사망인=사망자, 사용자=사용인, 상속자=상속인, 서명인=서명자, 선거인=
선거자, 소개자=소개인, 소유인=소유자, 송신자=송신인, 수령자=수령인, 수신자=수
신인, 수임자=수임인, 수탁인=수탁자, 신청자=신청인, 악자=악인, 안내자=안내인,
영업인=영업자, 왕래자=왕래인, 원매자1=원매인1, 원매자2=원매인2, 위임자=위임
인, 위탁자=위탁인, 인과자=인과인, 인쇄자=인쇄인, 인수자=인수인, 입찰인=입찰
자, 장애자=장애인, 중재자=중재인, 집행인=집행자, 참가자=참가인, 참관자=참관
인, 청구자=청구인, 추천자=추천인, 출옥인=출옥자, 출원자=출원인, 출입인=출입
자, 출자자=출자인, 출판자=출판인, 출품인=출품자, 충고인=충고자, 취급자=취급
인, 취득자=취득인, 탄원자=탄원인, 통행자=통행인, 투서인=투서자, 투표인=투표
자, 편집자=편집인, 후견인=후견자

경호인=경호원, 수금인=수금원, 수행인=수행원, 집배인=집배원, 출납인=출납원

고문장=고문실

고실자=고실가, 광신가=광신자, 권력가=권력자, 기술가=기술자, 기업자1=기업가1,
기업자2=기업가2, 도학가=도학자, 망명자=망명가, 문학자=문학가, 사학자=사학가,
상업자=상업가, 수요가=수요자, 애호자=애호가, 연설가=연설자, 영업가=영업자, 육
식자=육식가, 투자자=투자가, 호사자=호사가

공무부=공무국

공작품=공작물, 국산물=국산품, 담보품=담보물, 부식품=부식물, 부장물=부장품, 상
물=상품, 세공품=세공물, 위탁품=위탁물, 장식물=장식품, 전매물=전매품, 증거품=
증거물, 차용품=차용물, 차입품=차입물, 회중물=회중품, 획득품=획득물

광고장=광고지

교차가=교차율

구금소=구금장, 대피장=대피소, 사업장=사업소, 시험소=시험장, 정류소=정류장, 조
선장=조선소, 주차소=주차장, 투표장=투표소

구류장=구류간
구실바치=구실아치
구적기=구적계, 밀도기=밀도계, 측운계=측운기
그렁저렁=그럭저럭, 들랑날랑=들락날락, 요렁조렁=요럭조럭, 이렁저렁=이럭저럭
기동도=기공률, 보수률=보수도, 점성률=점성도
기관수=기관사, 정원수=정원사, 조절사=조절수, 통신수=통신사
기어이=기어코
꾀꾼=꾀보
꾀쟁이=꾀보
난봉쟁이=난봉꾼, 무식꾼=무식쟁이, 미두쟁이=미두꾼, 아첨쟁이=아첨꾼, 연애쟁이
=연애꾼, 예수꾼=예수쟁이, 중매꾼=중매쟁이, 토역장이=토역꾼, 투정쟁이=투정꾼
날파람쟁이=날파람둥이, 바람쟁이=바람둥이, 싱검쟁이=싱검둥이
내향성=내향형
노동가=노동요
노릇꾼=노릇바치
느림뱅이=느림보
늦잠쟁이=늦잠꾸러기, 말썽쟁이=말썽꾸러기, 심술쟁이=심술꾸러기, 암상쟁이=암상
꾸러기, 욕심쟁이=욕심꾸러기, 용심쟁이=용심꾸러기
다혈성=다혈질
대장공=대장장이, 도배공=도배장이, 마조공=마조장이, 토기공=토기장이, 함석공=
함석장이
덜렁꾼=덜렁쇠
덜렁이=덜렁쇠
덤병꾼=덤병이
도덕인=도덕가, 문필인=문필가, 문학인=문학가, 애견인=애견가, 정치인=정치가, 중
소기업가=중소기업인
도리깨꾼=도리깨잡이, 등롱잡이=등롱꾼, 장부잡이=장부꾼, 줄잡이=줄꾼
도매소=도매점, 사기소=사기점
도회처=도회지, 매복처=매복지, 부근지=부근처, 휴양처=휴양지
독단설=독단론, 동기론=동기설, 범의설=범의론, 병행설=병행론, 비관설=비관론, 생
기설=생기론, 선천설=선천론, 실체설=실체론, 일원설=일원론, 진화론=진화설, 화성
설=화성론, 회의설=회의론
돌짜리=돌쟁이
동물질=동물성
동일화=동일시

등대수=등대지기
땅딸이=땅딸보, 뚱뚱보=뚱뚱이
매장인=매장꾼, 한산꾼=한산인
무지자=무지한
미괄형=미괄식, 외랑형=외랑식
밀렵자=밀렵꾼, 조력꾼=조력자
밀회처=밀회소, 발매처=발매소, 발신처=발신소, 발행처=발행소, 접수소=접수처, 피난소=피난처
바람직스럽다=바람직하다
발목쟁이=발모가지
발아세=발아력
방독복=방독의, 방탄의=방탄복, 방한의=방한복
방랑객=방랑자, 방청자=방청객, 유랑객=유랑자
방수액=방수제
방청인=방청객, 초면인=초면객, 투숙인=투숙객, 풍류인=풍류객
배달부=배달원, 잠수원=잠수부
배수구=배수로
배심관=배심원
배중론=배중률
배차계=배차원
벌목공=벌목꾼
벌목부=벌목꾼, 잡역꾼=잡역부
변덕맞다=변덕스럽다
보리주=보리자, 소유주=소유자, 예금주=예금자, 점유주=점유자, 조물자=조물주
보험액=보험금
부양비=부양료, 수술료=수술비, 하숙료=하숙비
북극양=북극해
불교도=불교가
불평객=불평가, 수단객=수단가, 음양객=음양가, 호사객=호사가, 호주객=호주가, 활동객=활동가
사기사=사기꾼
사기한=사기꾼
사령서=사령장, 지령장=지령서, 추천장=추천서
사임장=사임원
생산고=생산액=생산량

생판쟁이＝생판내기
서양류＝서양풍
선입견＝선입관
선전자＝선전원, 심사자＝심사원, 찬성원＝찬성자, 출납자＝출납원, 해설원＝해설자
성탄제＝성탄절, 승천절＝승천제
수단꾼＝수단객, 정탐객＝정탐꾼, 폐꾼＝폐객
수단가＝수단꾼, 엽색가＝엽색꾼
수속료＝수속금, 위자금＝위자료
수직간＝수직실
수축소＝수축공
숙설소＝숙설청
시계장이＝시계사
시장증＝시장기
시장배＝시장아치
신뢰심＝신뢰감
신호수＝신호원, 전철원＝전철수, 타자원＝타자수
실제파＝실제가
심사율＝심사령
안경잡이＝안경쟁이
안달이＝안달뱅이
야경원＝야경꾼
야살이＝야살쟁이
양심수＝양심범
어학도＝어학생
염색사＝염색가, 작명사＝작명가, 조각사＝조각가
옥인＝옥장이
요양소＝요양원
욕심보＝욕심꾸러기, 잠보＝잠꾸러기
운반자＝운반체
유치수＝유치인
의심쩍다＝의심스럽다, 의아쩍다＝의아스럽다, 혐의쩍다＝혐의스럽다
이발관＝이발소
입찰액＝입찰가
자유인＝자유민
잠수공＝잠수부

잠수구=잠수기
장사꾼=장사치
장악서=장악원
전환기=전환자
점자=점쟁이
정비원=정비공
조각장이=조각가
조율공=조율사
졸업자=졸업생
졸업증=졸업장
주정배기=주정뱅이
징역꾼=징역수
채약사=채약인
철물상=철물점
철물전=철물점
출납장=출납부
칠성당=칠성각
칠성전=칠성각
토포관=토포사
통행증=통행권
투시화=투시도, 투영화=투영도, 풍속화=풍속도
풍요하다=풍요롭다
필경공=필경생
필경사=필경생
혼혈인=혼혈아
화류장=화류계
가담하다=가담되다, 가맹하다=가맹되다, 가입하다=가입되다, 감응하다=감응되다, 개입하다=개입되다, 개화(開花)하다=개화되다, 격감하다=격감되다, 결빙하다=결빙되다, 경과하다=경과되다, 계루하다=계류되다, 고립하다=고립되다, 교차하다=교차되다, 굴복하다=굴복되다, 궤멸하다=궤멸되다, 낙후하다=낙후되다, 노화하다=노화되다, 도달하다=도달되다, 도착하다=도착되다, 동요하다=동요되다, 동파하다=동파되다, 둔화하다=둔화되다, 마멸하다=마멸되다, 마모하다=마모되다, 마찰하다=마찰되다, 만료하다=만료되다, 만취하다=만취되다, 멸망하다=멸망되다, 몰락하다=몰락되다, 무장하다=무장되다, 미달하다=미달되다, 미혹하다=미혹되다, 밀집하다=밀집되다, 밀착하다=밀착되다, 반감하다=반감되다, 반결하다=반결되다, 발기하다=발기

되다, 발달하다=발달되다, 발아하다=발아되다, 발열하다=발열되다, 발육하다=발육
되다, 발전하다=발전되다, 발현하다=발현되다, 복귀하다=복귀되다, 복멸하다=복멸
되다, 복발하다=복발되다, 복직하다=복직되다, 봉착하다=봉착되다, 부임하다=부임
되다, 부합하다=부합되다, 분립하다=분립되다, 분포하다=분포되다, 붕괴하다=붕괴
되다, 붕락하다=붕락되다, 붕퇴하다=붕퇴되다, 빙결하다=빙결되다, 사멸하다=사멸
되다, 산발하다=산발되다, 산생하다=산생되다, 산재하다=산재되다, 산적하다=산적
되다, 산패하다=산패되다, 삼출하다=삼출되다, 상기하다=상기되다, 상통하다=상통
되다, 상혈하다=상혈되다, 생기하다=생기되다, 생환하다=생환되다, 서퇴하다=서퇴
되다, 성장하다=성장되다, 성혼하다=성혼되다, 소멸하다=소멸되다, 소진하다=소진
되다, 속발하다=속발되다, 속출하다=속출되다, 쇠멸하다=쇠멸되다, 쇠모하다=쇠모
되다, 쇠진하다=쇠진되다, 쇠퇴하다=쇠퇴되다, 수반하다=수반되다, 수축하다=수축
되다, 수침하다=수침되다, 숙달하다=숙달되다, 승격하다=승격되다, 실격하다=실격
되다, 실명하다=실명되다, 심렬하다=심렬되다, 심취하다=심취되다, 악변하다=악변
되다, 악화하다=악화되다, 저촉하다=저촉되다, 적중하다=적중되다, 적패하다=적패
되다, 전멸하다=전멸되다, 전복하다=전복되다, 전소하다=전소되다, 전이하다=전이
되다, 전측하다=전측되다, 절골하다=절골되다, 절명하다=절명되다, 절사하다=절사
되다, 절손하다=절손되다, 절후하다=절후되다, 점착하다=점착되다, 좌초하다=좌초
되다, 증가하다=증가되다, 질식하다=질식되다, 착륙하다=착륙되다, 친화하다=친화
되다, 침강하다=침강되다, 혼취하다=혼취되다, 화합하다=화합되다, 황폐하다=황폐
되다

1.1.2. 접두 동의파생어

건구역=헛구역, 건구역질=헛구역질
건주낙=민주낙
공걸음=헛걸음
군기침=헛기침
날고치=생고치, 날나무=생나무, 날도둑=생도둑, 날송진=생송진, 날쌀=생쌀, 날아편
=생아편, 생감=날감, 생감자=날감자, 생고구마=날고구마, 생고기=날고기, 생김치=
날김치, 생된장=날된장, 생밤=날밤, 생벼락=날벼락, 생전복, 날전복, 생콩=날콩
날바닥=맨바닥
다소득=고소득
대사리=한사리
몰비판=무비판, 무염치=몰염치,
불가역=비가역, 불합리=비합리, 불활성=비활성, 비건성유=불건성유, 비법화=불법
화, 비정의=부정의

불강도=날강도
생술=풋술
생아버지=친아버지, 생어머니=친어머니
연수필=경수필
잡식구=군식구

2. 어휘 사이의 반의 관계

2.1. 반의 관계 접두 파생어(§ 4.1. 반의 관계 파생어의 형성과 유형)

가능↔불가능, 가분↔불가분, 가역↔불가역, 가지↔불가지, 간섭↔불간섭, 감당↔불감당, 개입↔불개입, 결실↔불결실, 경제↔불경제, 공정↔불공정, 구속↔불구속, 규율↔불규율, 규칙↔불규칙, 균등↔불균등, 균형↔불균형, 근신↔불근신, 기소↔불기소, 만족↔불만족, 매매↔불매매, 면목↔불면목, 명예↔불명예, 명확↔불명확, 법↔불법, 변경↔불변경, 복일↔불복일, 복종↔불복종, 본의↔불본의, 분할↔불분할, 비례↔불비례, 살생↔불살생, 상견↔불상견, 상담↔불상담, 상동↔불상동, 상득↔불상득, 상용↔불상용, 상응↔불상응, 상정↔불상정, 상합↔불상합, 상화↔불상화, 선명↔불선명, 섭생↔불섭생, 성공↔불성공, 성문↔불성문, 성실↔불성실, 소급↔불소급, 소화↔불소화, 수년↔불수년, 수리↔불수리, 수의↔불수의, 수일↔불수일, 순종↔불순종, 승인↔불승인, 신실↔불신실, 신심↔불신심, 신앙↔불신앙, 신용↔불신용, 신용↔불신용, 신임↔불신임, 안전↔불안전, 안정↔불안정, 연속↔불연속, 완전↔불완전, 왕법↔불왕법, 요인↔불요인, 운↔불운, 육식↔불육식, 융통↔불융통, 음주↔불음주, 이익↔불이익, 이행↔불이행, 인가↔불인가, 인망↔불인망, 일치↔불일치, 참가↔불참가, 참석↔불참석, 채용↔불채용, 천노↔불천노, 철저↔불철저, 출마↔불출마, 출석↔불출석, 출세↔불출세, 충분↔불충분, 충실↔불충실, 친절↔불친절, 친화↔불친화, 침략↔불침략, 통과↔불통과, 통일↔불통일, 퇴전↔불퇴전, 퇴진↔불퇴진, 투도↔불투도, 투명↔불투명, 특정↔불특정, 패↔불패, 편리↔불편리, 평균↔불평균, 평등↔불평등, 평판↔불평판, 포화↔불포화, 품행↔불품행, 필요↔불필요, 합격↔불합격, 합위↔불합의, 행위↔불행위, 허가↔불허가, 협화↔불협화, 확대↔불확대, 확실↔불확실, 확정↔불확정, 활성↔불활성, 답↔부답, 대우↔부대우, 대접↔부대접(=푸대접), 덕↔부덕, 도덕↔부도덕, 자랑↔부자랑, 작위↔부작위, 적격↔부적격, 적응↔부적응, 적임↔부적임, 적합↔부적합, 절제↔부절제, 정기↔부정기, 정의↔부정의, 정합↔부정합, 정확↔부정확, 조리↔부조리, 조화↔부조화, 주의↔부주의
가사↔무가사, 가치↔무가치, 갈등↔무갈등, 감각↔무감각, 감동↔무감동, 감사↔무감

사, 감정↔무감정, 개성↔무개성, 결근↔무결근, 결석↔무결석, 결함↔무결함, 경고↔무경고, 경쟁↔무경쟁, 경험↔무경험, 계급↔무계급, 계획↔무계획, 공덕↔무공덕, 공용↔무공용, 공해↔무공해, 과실↔무과실, 관세↔무관세, 관심↔무관심, 교양↔무교양, 교육↔무교육, 국적↔무국적, 권리↔무권리, 궤도↔무궤도, 규각↔무규각, 규범↔무규범, 규율↔무규율, 규칙↔무규칙, 균↔무균, 극↔무극, 근거↔무근거, 기강↔무기강, 기교↔무기교, 기능↔무기능, 기력↔무기력, 기록↔무기록, 기명↔무기명, 기한↔무기한, 능력↔무능력, 담보↔무담보, 대가↔무대가, 대상↔무대상, 대소↔무대소, 대응↔무대응, 대책↔무대책, 도수↔무도수, 동기↔무동기, 득점↔무득점, 맛↔무맛, 매개↔무매개, 맥박↔무맥박, 면허↔무면허, 명색↔무명색, 목적↔무목적, 반동↔무반동, 반응↔무반응, 반주↔무반주, 발생↔무발생, 방비↔무방비, 방어↔무방어, 배당↔무배당, 배유↔무배유, 법↔무법, 법칙↔무법칙, 변태↔무변태, 병↔무병, 보수↔무보수, 보험↔무보험, 부하↔무부하, 분규↔무분규, 분별↔무분별, 불성↔무불성, 비판↔무비판, 사고↔무사고, 사상↔무사상, 사증↔무사증, 상시↔무상시, 색↔무색, 색소↔무색소, 성격↔무성격, 성의↔무성의, 소권↔무소권, 소득↔무소득, 소속↔무소속, 소식↔무소식, 소신↔무소신, 소양↔무소양, 소외↔무소외, 소용↔무소용1, 소용↔무소용2, 소유↔무소유, 수입↔무수입, 수정↔무수정, 수확↔무수확, 승부↔무승부, 시험↔무시험, 신경↔무신경, 신념↔무신념, 실점↔무실점, 안타↔무안타, 여지↔무여지, 연고↔무연고, 염치↔무염치, 예고↔무예고, 용건↔무용건, 원칙↔무원칙, 월경↔무월경, 음↔무음, 응답↔무응답, 의미↔무의미, 의식↔무의식, 의욕↔무의욕, 의지↔무의지, 의탁↔무의탁, 이상↔무이상, 이식↔무이식, 이언↔무이언, 이자↔무이자, 익공↔무익공, 인칭↔무인칭, 일물↔무일물, 일변↔무일변, 일불↔무일불, 일전↔무일전, 일푼↔무일푼, 임소↔무임소, 자각↔무자각, 자격↔무자격, 자력↔무자력, 자본↔무자본, 자비↔부자비, 자산↔무자산, 자식↔무자식, 작위↔무작위, 작정↔무작정, 장하↔무장하, 쟁의↔무쟁의, 저당↔무저당, 저항↔무저항, 적↔무적, 절제↔무절제, 절조↔무절조, 정견↔무정견, 정기↔무정기, 정부↔무정부, 정위↔무정위, 정조↔무정조, 정처↔무정처, 정형↔무정형1, 정형↔무정형2, 제한↔무제한, 조건↔무조건, 종교↔무종교, 주소↔무주소, 주의↔무주의, 주자↔무주자, 주택↔무주택, 준비↔무준비, 중력↔무중력, 증거↔무증거, 증상↔무증상, 지각↔무지각, 직업↔무직업, 진사↔무진사, 질서↔무질서, 질소↔무질소, 집수↔무집수, 차별↔무차별, 착륙↔무착륙, 착색↔무착색, 책임↔무책임, 천자↔무천자, 테↔무테, 통제↔무통제, 투표↔무투표, 패↔무패, 폭력↔무폭력, 표정↔무표정, 하기↔무하기, 한량↔무한량, 한정↔무한정, 항산↔무항산, 항심↔무항심, 해↔무해, 허가↔무허가, 현관↔무현관, 혐의↔무혐의, 형식↔무형식, 호흡↔무호흡, 회계↔무회계

가역↔비가역, 감동성↔비감동성, 감쇠파↔비감쇠파, 거주자↔비거주자, 건성유↔비건성유, 격식체↔비격식체, 결정론↔비결정론, 결정상↔비결정상, 결정성↔비결정성, 결

정질↔비결정질, 경구↔비경구, 경력직↔비경력직, 경제적↔비경제적, 계량적↔비계량적, 공개↔비공개, 공개적↔비공개적, 공식↔비공식, 공식적↔비공식적, 공인↔비공인, 과세↔비과세, 과학적↔비과학적, 교인↔비교인, 교전국↔비교전국, 교전자↔비교전자, 구상↔비구상, 국교도↔비국교도, 국민↔비국민, 국사범↔비국사범, 군사적↔비군사적, 군사화↔비군사화, 규범적↔비규범적, 균질권↔비균질권, 균질로↔비균질로, 극성↔비극성, 극영화↔비극영화, 근로자↔비근로자, 금속↔비금속, 기관선↔비기관선, 내구재↔비내구재, 논리적↔비논리적, 농가↔비농가, 능률↔비능률, 능률적↔비능률적, 대칭↔비대칭, 덕치주의↔비덕치주의, 도덕적↔비도덕적, 도덕주의↔비도덕주의, 독립국↔비독립국, 돌극형↔비돌극형, 동기↔비동기, 동맹국↔비동맹국, 등기선↔비등기선, 등방↔비등방, 등방성↔비등방성, 모채주의↔비모채주의, 무장↔비무장, 문법적↔비문법적, 문화적↔비문화적, 민주적↔비민주적, 반전↔비반전, 발효차↔비발효차, 배우자체↔비배우자체, 법↔비법, 보도↔비보도, 본적인↔비본적인, 본질적↔비본질적, 분리↔비분리, 불능↔비불능, 산유국↔비산유국, 상근↔비상근, 상설↔비상설, 생산성↔비생산성, 생산적↔비생산적, 선형↔비선형, 성절음↔비성절음, 소비물↔비소비물, 소설↔비소설, 소수↔비소수, 수용액↔비수용액, 숙련공↔비숙련공, 신사적↔비신사적, 신자↔비신자, 실용적↔비실용적, 악음↔비악음, 압축성↔비압축성, 양심적↔비양심적, 에너지↔비에너지, 이성↔비이성, 이성주의↔비이성주의, 인간↔비인간, 인격자↔비인격자, 인도적↔비인도적, 인정↔비인정, 임지↔비임지, 자본주의↔비자본주의, 자치↔비자치, 적출자↔비적출자, 전문가↔비전문가, 전문적↔비전문적, 전투원↔비전투원, 전해질↔비전해질, 점결탄↔비점결탄, 정규↔비정규, 정규군↔비정규군, 정규병↔비정규병, 정규전↔비정규전, 정규직↔비정규직, 정명론↔비정명론, 정상↔비정상, 정의↔비정의, 정질↔비정질, 정합↔비정합, 정형↔비정형, 정형파↔비정형파, 조직적↔비조직적, 존재↔비존재, 주류↔비주류, 중심력↔비중심력, 철↔비철, 취약성↔비취약성, 판결↔비판결, 팽창주의↔비팽창주의, 포장도로↔비포장도로, 폭력주의↔비폭력주의, 표준어↔비표준어, 풍증↔비풍증, 학자↔비학자, 합리↔비합리, 합리주의↔비합리주의, 합법↔비합법, 합법주의↔비합법주의, 합헌성↔비합헌성, 항구적↔비항구적, 핵무장↔비핵무장, 현실성↔비현실성, 현실적↔비현실적, 현업↔비현업, 현정질↔비현정질, 현행범↔비현행범, 협조↔비협조, 화선↔비화선, 확산↔비확산, 환원당↔비환원당, 활성↔비활성, 회원↔비회원, 회원국↔비회원국, 효용↔비효용, 효율↔비효율, 흑체↔비흑체, 흡연자↔비흡연자

가동↔미가동, 가필↔미가필, 각성↔미각성, 개간↔미개간, 개발↔미개발, 개척↔미개척, 결산↔미결산, 결재↔미결재, 결정↔미결정, 결제↔미결제, 경사↔미경사, 경험↔미경험, 공개↔미공개, 달성↔미달성, 도착↔미도착, 등기↔미등기, 발령↔미발령, 발표↔미발표, 배급↔미배급, 배당↔미배당, 배정↔미배정, 부임↔미부임, 분양↔미분양, 분화↔미분화, 불입↔미불입, 상환↔미상환, 성년↔미성년, 성숙↔미성숙, 성인↔미성

인, 성취↔미성취, 성편↔미성편, 송환↔미송환, 수정란↔미수정란, 숙련↔미숙련, 심
사↔미심사, 완료↔미완료, 완성↔미완성, 장가↔미장가, 정비↔미정비, 조직↔미조직,
지급↔미지급, 지불↔미지불, 착수↔미착수, 착용↔미착용, 처리↔미처리, 취학↔미취
학, 타결↔미타결, 필연↔미필연, 합의↔미합의, 해결↔미해결, 해명↔미해명, 확보↔
미확보, 확산↔미확산, 확인↔미확인, 확정↔미확정
개성↔몰개성, 경계↔몰경계, 경위↔몰경위, 비판↔몰비판, 상식↔몰상식, 염치↔몰염
치, 이상↔몰이상, 이해↔몰이해1, 이해↔몰이해2, 인격↔몰인격, 인식↔몰인식, 인정
↔몰인정, 지각↔몰지각, 착락↔몰착락, 취미↔몰취미, 풍류↔몰풍류, 풍정↔몰풍정
악감정↔호감정, 악결과↔호결과, 악영향↔호영향, 악운↔호운, 악인상↔호인상, 악조
건↔호조건, 악천후↔호천후
악담↔덕담, 악서↔양서
악의↔선의, 악인↔선인, 악행↔선행
남권↔여권, 남동생↔여동생, 남배우↔여배우, 남사당↔여사당, 남사원↔여사원, 남상
↔여상, 남선생↔여선생, 남성↔여성, 남스님↔여스님, 남승↔여승, 남아↔여아, 남우
↔여우, 남자↔여자, 남장↔여장, 남종↔여종, 남창↔여창, 남청↔여청, 남체↔여체, 남
탕↔여탕, 남학교↔여학교, 남학도↔여학도, 남학생↔여학생, 남혼↔여혼

2.2. 반의 관계 합성어(§ 4.2. 반의 관계 합성어의 형성과 유형)

2.2.1. 고유어

값없다↔값있다, 관계없다↔관계있다, 맛없다↔맛있다, 멋없다↔멋있다, 빛없다↔빛있
다, 상관없다↔상관있다, 재미없다↔재미있다

2.2.2. 한자어

무료↔유료, 무명↔유명, 무선↔유선, 무식↔유식, 무정↔유정

3. 어휘 내부의 유의 관계(§7. 단어 형성의 측면에서 본 어휘 내부의 유의 관계)

3.1. 고유어+고유어

가다듬다, 곧바로, 곧바르다, 굶주리다, 길거리, 더더욱, 더욱더, 또다시, 밑바닥, 밑바
탕, 좀더, 죄다, 틈새, 흙허물

3.2. 고유어+한자(어)

굳건(建)하다, 글자(字), 기(機)틀, 널판(板), 담장(墻 또는 牆), 몸체(體), 본(本)밑, 뼛골
(骨), 애간장(肝臟), 애초(初)에, 언(堰)덕, 연(淵)못, 온전(全)하다, 옻칠(漆), 익숙(熟)하다,
족(足)발, 형(型)틀

3.3. 한자(어)+한자(어)

가옥(家屋), 가치(價值), 곡절(曲折), 비애(悲哀), 사상(思想), 신체(身體), 안목(眼目), 증오
(憎惡), 환희(歡喜)

4. 어휘 내부의 반의 관계(§8. 단어 형성의 측면에서 본 어휘 내부의 반의 관계)

4.1. 한자(어)+한자(어)

가감(加減), 가부(可否), 강약(强弱), 개폐(開閉), 고저(高低), 남녀(男女), 남북(南北), 냉온
(冷溫), 노소(老少), 대소(大小), 동서(東西), 부모(父母), 상하(上下), 선후(先後), 수족(手
足), 승제(乘除), 시비(是非), 신구(新舊), 원근(遠近), 음양(陰陽), 자녀(子女), 자웅(雌雄),
자타(自他), 장단(長短), 전후(前後), 존비(尊卑), 종횡(縱橫), 좌우(左右), 주야(晝夜), 천지
(天地), 출결(出缺), 출입(出入), 허실(虛實), 허허실실(虛虛實實)
가감승제(加減乘除), 고저장단(高低長短), 남녀노소(男女老少), 동서남북(東西南北), 상하
좌우(上下左右), 전후좌우(前後左右)
가불가(可不可), 과불급(過不及), 긴불긴(緊不緊), 복불복(福不福), 실불실(實不實), 용불
용(用不用), 위불위(爲不爲), 이불리(利不利), 친불친(親不親), 호불호(好不好)
공사립, 국공립, 남북한, 내외국, 냉온대, 대소변, 상하권, 선후배, 송수신, 승하차, 유
불리, 음양각, 입퇴원, 주야간, 직간접, 출입국
국내외, 시부모, 친부모, 양자녀

4.2. 고유어+고유어

가로세로, 밤낮, 손발, 암수, 앞뒤, 위아래, 잘잘못
손발톱, 앞뒷문

찾아보기

ㅅ

ㅇ

저자 최형용(崔炯龍)

　　서울대학교 국어국문학과를 졸업하고 동대학원에서 석사, 박사 학위를 받았다. 공군사
　　관학교 교수부 국어과 교관, 전임강사를 거쳐 아주대학교 인문과학대학 국어국문학전
　　공 교수를 지냈다. 현재 이화여자대학교 인문과학대학 국어국문학과 교수로 있다.

저서 『국어 단어의 형태와 통사-통사적 결합어를 중심으로-』
　　『주시경 국어문법의 교감과 현대화』(공저)
　　『한국어 형태론의 유형론』
　　『한국어 연구와 유추』(공저)
　　『한국어 형태론』
　　『한국어 분류사 연구』(공저) 등

논문 「파생어 형성과 빈칸」
　　「합성어 형성과 어순」
　　「국어 동의파생어 연구」
　　「한국어의 형태론적 현저성에 대하여」
　　「유형론적 관점에서 본 한국어의 품사 분류 기준에 대하여」
　　「'덧셈'·'뺄셈'·'곱셈'·'나눗셈'의 형태론-어휘장 형태론을 제안하며-」
　　「복합어 구성 요소의 의미 관계에 대하여」
　　「형태론의 융합과 유형」
　　「문법에서 유추의 역할은 무엇인가」
　　「반의 관계 형태론」 등

한국어 의미 관계 형태론

　　초판 1쇄 발행 2018년 10월 29일
　　초판 2쇄 발행 2019년 11월 20일

　　저　자 최형용
　　펴낸이 이대현
　　편　집 권분옥
　　디자인 안혜진

　　펴낸곳 도서출판 역락
　　주소 서울시 서초구 동광로 46길 6-6 문창빌딩 2층
　　전화 02-3409-2058, 2060
　　팩스 02-3409-2059
　　등록 1999년 4월 19일 제303-2002-000014호
　　이메일 youkrack@hanmail.net
　　역락홈페이지 http://www.youkrackbooks.com
　　역락블로그 http://blog.naver.com/youkrack3888

　　ISBN 979-11-6244-298-2 93710

　　* 책값은 표지에 있습니다.
　　* 파본은 구입처에서 교환해 드립니다.

이 도서의 국립중앙도서관 출판예정도서목록(CIP)은 서지정보유통지원시스템 홈페이지(http://seoji.nl.go.kr)와 국
가자료공동목록시스템(http://www.nl.go.kr/kolisnet)에서 이용하실 수 있습니다.(CIP제어번호: CIP2018032568)